Gottfried von Straßburg
Tristan
2

W
DE
G

Gottfried von Straßburg

Tristan

Band 2: Übersetzung

von
Peter Knecht

Mit einer Einführung in das Werk
von Tomas Tomasek

Walter de Gruyter · Berlin · New York

Einbandabbildung: Höfisches Liebespaar mit Trinkflasche (Miniatur zu den Strophen
Günthers von dem Forste in der Heidelberger Liederhandschrift C)

♾ Gedruckt auf säurefreiem Papier,
das die US-ANSI-Norm über Haltbarkeit erfüllt.

ISBN 3-11-017695-5

Bibliografische Information Der Deutschen Bibliothek

Die Deutsche Bibliothek verzeichnet diese Publikation in der Deutschen Nationalbibliogra-
fie; detaillierte bibliografische Daten sind im Internet über <http://dnb.ddb.de> abrufbar

Printed in Germany

Satz: Dörlemann Satz, Lemförde
Einbandgestaltung: Hansbernd Lindemann, Berlin
Druck und buchbinderische Verarbeitung: Hubert & Co. GmbH & Co. KG, Göttingen

Inhaltsverzeichnis

Einführung

Vor etwa 900 Jahren schufen Erzähler im westlichen Europa aus teilweise sehr altem Motivmaterial die Geschichte von Tristan und Isolde, die seitdem ihren festen Platz in der Weltkultur einnimmt. Auch heute ist dieser Stoff nicht allein von akademischer Bedeutung, denn ‚Tristan‘-Bearbeitungen finden vielerorts ein interessiertes Publikum: Richard Wagners Oper ‚Tristan und Isolde‘ ist auf den Bühnen aller Kontinente zu Hause, bildende Künstler, darunter Salvadore Dali, haben sich seit dem Mittelalter in zahlreichen Arbeiten dieses Themas angenommen, und auch die literarische Tristantradition, die eine Fülle von Werken in verschiedenen Sprachen und Gattungen hervorgebracht hat, ist keineswegs abgerissen. Erst vor einigen Jahren machten John Updikes ‚Tristan‘-Adaptation ‚Brazil‘ und ein sarkastisches deutschsprachiges ‚Tristan‘-Hörspiel (Kieseritzky/Bellingkrodt) auf sich aufmerksam.

1. Ein Mythos

Die Frage, warum der Tristanstoff nicht nur die literarischen Kreise des Mittelalters faszinierte, als er von Portugal bis auf den Balkan in mehreren Versionen kursierte, wovon noch über 150 Handschriften und Fragmente zeugen, sondern auch die Menschen der Moderne zu beeindrucken vermag, in der allein zwei Dutzend Bühnenfassungen entstanden sind, wird gern mit dem Hinweis beantwortet, daß der ‚Tristan‘ die Ausstrahlungskraft eines Mythos besitze. Und in der Tat lassen sich die Parameter des Mythosbegriffs auf diesen Stoff anwenden,[1] der eine menschliche Erfahrungskonstellation erzählerisch umsetzt, die, obgleich in ferner Vergangenheit angesiedelt, für spätere Epochen aussagekräftig bleibt: Geht es doch um die Entstehung, das Wagnis und den Wert einer schicksalhaften Liebe, die ein junges Paar unvorbereitet erfaßt und ohne Rücksicht auf die Normen der Gesellschaft bis in den Tod in tiefer Hingabe verbindet.

In den Episoden des ‚Tristan‘ wird die mythosnahe Qualität des Stoffes durch einprägsame Motive – vor allem das eines Minnetranks, für dessen Macht das trinkende Paar keine Verantwortung trägt – verstärkt. Und wie jeder Mythos hat sich auch der Tristanstoff als unerschöpflich erwiesen, da ihm in zahlreichen Bearbeitungen neue Gesichtspunkte abgewonnen wurden. Alle Tristanversionen – wie etwa der im europäischen Spät-

---

[1] Vgl. dazu de Rougemont 1966, S. 22 ff.; Payen 1973; Wolf 1989, S. 1–7; Grill 1997, S. 112 ff.

mittelalter und in der frühen Neuzeit weitverbreitete ,Tristan en Prose‘ (über 80 Handschriften und Drucke) oder der international vielbeachtete ,Roman de Tristan et Iseut‘ Joseph Bédiers (1900), um nur zwei besonders einflußreiche Beispiele aus weit über hundert Tristandichtungen des Mittelalters und der Neuzeit zu erwähnen – arbeiten eigene Nuancen des Tristanmythos heraus.[2]

2. Gottfrieds ,Tristan‘ – ein Maßstäbe setzendes, vielschichtiges Werk

In dieser langen Reihe der Tristandichtungen, von denen manche zu ihrer Entstehungszeit sehr bedeutend gewesen, heute aber nur noch Spezialisten bekannt sind, gebührt dem um 1210 entstandenen Roman Gottfrieds von Straßburg ein besonderer Rang. Obgleich er ein Fragment geblieben ist, gilt Gottfrieds ,Tristan‘ als eines der wichtigsten Zeugnisse der gesamten Tristanliteratur, das aus heutiger Sicht die Leistungen der Vorgänger, wie z. B. den ,Tristrant‘ Eilharts von Oberg, und der mittelalterlichen Nachfolger überragt. Denn der Straßburger Dichter hat nicht nur, wie eine oft gebrauchte Formulierung Friedrich Rankes besagt, dem Tristanstoff seine „klassische“ Form gegeben (Ranke 1925, S. 178), er hat unter Aufbietung hoher Sprachkunst erstmals das Bedeutungspotential des Tristanmythos mit aller Konsequenz herausgearbeitet und dabei die Ansprüche der Liebenden genauso gewürdigt wie die Belange der Gesellschaft. Diese Leistung Gottfrieds zeigte bei namhaften Autoren des deutschen Mittelalters, wie z. B. Rudolf von Ems oder Konrad von Würzburg, Wirkung und hat vor allem die Tristandichter der Neuzeit, nicht zuletzt Richard Wagner, maßgeblich beeinflußt.

Noch der heutige Rezipient – ob er Gottfrieds Werk in der Originalsprache liest oder die Übertragung Peter Knechts heranzieht – kann spüren, daß der Tristanstoff in Gottfrieds Metaphern, Antithesen, Allegorien und Exkursen einen „neuen Aggregatzustand“ erreicht (Wolf 1989, S. 91) und Aspekte freigelegt werden, die auch die gegenwärtige Sicht des Tristanmythos prägen. Ausdrücklich fordert der Erzähler sein Publikum auf, das in der Vergangenheit spielende Romangeschehen vor dem Hintergrund aktueller Liebeserfahrung zu lesen (77–130).

Je mehr sich ein Rezipient diesem modern anmutenden Appell öffnet, desto eigenständiger wird seine Lektüre des Gottfriedschen Werks ausfallen, das in seinen bewegenden Partien, wie etwa der Abschiedsszene

---

[2] Einen umfassenden Überblick über die Tristanproduktion des Mittelalters bietet Stein 2001. Für die Neuzeit vgl. die Zusammenstellung bei Müller 2003.

Tristans und Isoldes (18260 ff., 18471 ff.), stark zu ergreifen vermag, aber sich zugleich in seiner Vielschichtigkeit jeder unkritischen Aneignung versperrt (vgl. Konietzko 1983, S. 22): Auch insofern setzt Gottfrieds Werk in der Geschichte der Tristanbearbeitungen Maßstäbe, als es die Affekte des Publikums (vgl. dazu Christ 1977) und dessen Intellekt in gleich hohem Maße anspricht.

Da jeder Rezipient aufgerufen ist, einen eigenen Zugang zu dieser komplexen Dichtung zu finden – etwa zu Gottfrieds Behandlung des Ehebruchsthemas, die dem Dichter im 19. Jahrhundert heftige moralische Kritik eingetragen hat –, wird sich die vorliegende Einführung darauf beschränken, die Episodenstruktur des Romanverlaufs, ausgehend vom Prolog, nachzuzeichnen, Merkmale und Brennpunkte des Werks herauszuarbeiten und auf die oft kontroverse Forschungslage hinzuweisen (Abschnitt 3). Während mehrere Gottfriedkenner annehmen, die Dichtung des Straßburger Autors lasse wegen ihres Facettenreichtums „eine einheitliche, integrative Auslegung ... nicht zu" (Krohn 1998, S. 364), wird im folgenden der ‚Tristan' als ein Werk behandelt, das Interpretationsversuchen durchaus zugänglich ist. Gleichwohl gehört es zum Konzept Gottfrieds, Emotionen und Assoziationen zu stimulieren und so die Werkrezeption zu einer sehr persönlichen Erfahrung zu machen.

Einige Bemerkungen zur Geschichte des Tristanstoffs (Abschnitt 4) sowie Informationen über Gottfried und seine Zeit (Abschnitt 5) werden die Ausführungen abrunden.

3. Zum Werkverlauf

Den Anspruch eines vielschichtigen Kunstwerks erhebt Gottfrieds Roman bereits in den allerersten Zeilen des Prologs (1–242),[3] aus denen ersichtlich wird, daß im ‚Tristan' verschiedene Rezeptionswege angelegt sind. Wenn sich durch die ersten Prologverse die Worte *guot* und *werlt* als Klangspiel hindurchziehen, zeigt sich, daß Gottfrieds musikalische Sprache unter anderem darauf ausgerichtet ist, den Hörsinn des Publikums anzuregen (vgl. auch 241), was zahlreiche Wortspiele im Prolog und im gesamten Werk bestätigen.

Einem reinen Hörpublikum entgehen aber die Schrift-Spiele, mit denen Prolog und Werk ebenfalls von Beginn an durchsetzt sind: das sich hinter den Initialen der Verse 1, 41, 131 (u. a.) verbergende Namenkryptogramm und das Akrostichon der Verse 5–37. Die Einsicht, daß die Initialen der elf Vierreimstrophen, die den erst mit Vers 45 in stichische

---

3 Auf die Fülle der Forschungspositionen zum Prolog kann hier nicht eingegangen werden. Empfehlenswert ist die Darstellung von Haug 1992, S. 197 ff.

Reimpaare übergehenden Prolog eröffnen, auch sekundäre Bedeutungs-
träger sind, fordert die ganze Aufmerksamkeit des lesenden Rezipienten
heraus: Es ergeben nämlich nicht nur die Initialen der Strophen 2–10
den Namen DIETERICH, der wahrscheinlich den Gönner Gottfrieds
bezeichnet, sondern es stehen auch die Anfangsbuchstaben G und T der
ersten und elften Strophe für GOTEFRIT und TRISTAN. Dies findet
der Leser bestätigt, wenn er die etwas später in den stichischen Prolog
eingelegte, mit der Initiale I beginnende zwölfte Vierreimstrophe (131 ff.)
entdeckt und bei fortschreitender Lektüre wahrnimmt, daß die Anfangsbuchstaben der weiteren in das Romanfragment eingefügten Vierreimstrophen die Namen GOTE[FRIT], TRIS[TAN] und ISOL[DEN?]
komplettieren (vgl. 1749, 5067, 12187; 1789, 5097, 12435; 1863, 5175,
12507). Mehr noch: Auch die Initialen der auf die Vierreimstrophen
der Protagonistennamen folgenden stichischen Texteinsätze (45, 1793,
5101, 12439; 135, 1867, 5179, 12511) bieten einen Buchstaben des
Namens der Partnerfigur, so daß die Initialenreihen ISOL[DEN?]
und TRIS[TAN] ein weiteres Mal das Werk durchziehen. Diese Zusam-
menhänge, die erst von der jüngeren Forschung überzeugend geklärt
wurden (vgl. dazu im einzelnen Schirok 1984; Bonath 1986), finden sich
bislang in keiner Textausgabe mit wünschenswerter Deutlichkeit abge-
bildet.

Die am Beginn stehende Vierreimstrophe – eine von mehr als 130 Sentenzen des Romans – sensibilisiert den Rezipienten sogleich für die komplexe Aussagestruktur des von zahlreichen Reflexionen durchsetzten
Werks. Denn es fragt sich, worauf diese Exordialsentenz, die besagt, daß
gute Handlungen ohne die Erinnerung an ihren Urheber hinfällig werden, zu beziehen ist: auf Tristan und Isolde, deren Leben und Sterben für
die Welt etwas Gutes bedeuten, was naheliegend ist und wofür die Prologverse 224 f. sprechen, oder auf den der Welt sein Werk darbietenden
Autor, was sich mit der Kunstreflexion anderer Textstellen (21 ff., 33 ff.
usw.) stützen ließe? Da beides plausibel erscheint, ermöglicht der Text
offenbar von Beginn an unterschiedliche Zugänge: ein sich auf den Handlungsverlauf konzentrierendes Textverständnis ebenso wie eine sich vom
Handlungsverlauf lösende Denkhaltung in Analogien, Antithesen, aktuellen Bezügen u. ä. Diese – syntagmatischen und paradigmatischen – Re-
zeptionsweisen müßten einander im Idealfall genauso ergänzen, wie das
emotionale Sich-Einfühlen und das kritische Durchdenken oder das aufmerksame Hören und das sorgfältige Lesen.

Eine autorbezogene Deutung der Eingangssentenz kann sich mit der
Kunst-Thematik auf eines der zahlreichen werkübergreifenden Themen
berufen, die im Prolog ihren Anfang nehmen. Hierzu zählen außerdem
die menschlichen Erfahrungsbereiche *werlt, guot, nît, zît, triuwe, êre, liep,*

leit, leben und *tôt*, zu denen in den ersten Episoden noch andere, wie die Gottes-, Rechts-, Sprach-, List- oder Zufallsthematik, hinzutreten. Diese Themen werden im Verlauf des Romans in Figuren- und Erzählerbemerkungen, Sentenzen und Exkursen wiederholt aufgegriffen, wobei sich nicht selten, wie im Falle der Eröffnungssentenz, Fragen hinsichtlich ihres Bezugs zur Handlung ergeben.

Für den Prolog ist festzustellen, daß sich dessen Distanz zur Handlung in drei Schritten verringert. Während der strophische Prolog sehr allgemeine Aussagen zu Ethik und Kunst enthält,[4] bietet der zweite Prologteil (ab v. 45 ff. mit der davorstehenden 11. Vierreimstrophe als Scharnier) spezifischere Ausführungen zur Rezeption von Liebesdichtung, die in einer chiastisch verschränkten Nennung der Hauptfiguren *Tristan Isolt, Isolt Tristan* (130) gipfeln. Der Schlußabschnitt des Prologs (ab v. 135 ff. mit der davorstehenden 12. Vierreimstrophe als Scharnier) widmet sich sodann dem Tristanroman selbst.

Am Beginn des stichischen Prologs führt der Erzähler den vielzitierten Begriff der *edelen herzen* ein (47). Dieses Prädikat, das im Handlungsverlauf auch auf einige Figuren übertragen wird (für Einzelheiten s. Spekkenbach 1965), dient dem Erzähler vor allem dazu, sein Publikum zu umwerben (vgl. Eifler 1975), doch nicht mit dem Ziel, Rezipienten um jeden Preis zu gewinnen. Vielmehr zeichnet der Begriff *edelez herze* diejenigen aus, die ihr Leben nicht nach dem bloßen Freude-Prinzip gestalten wollen (*niwan in fröuden welle sweben*, 53), sondern zu tiefen, gegensätzlichen Empfindungen befähigt sind, wie sie auch die Hauptfiguren durchleben. Die berühmte Oxymoronkette des stichischen Prologs umschreibt diese Erfahrungswelt *edeler herzen*:

> beglückende Bitterkeit, willkommenes Leid,
> innige Liebe, Sehnsuchtsqual,
> bejahtes Leben, unerwünschter Tod,
> willkommener Tod, verhaßtes Leben (60 ff.).

Kein anderer Tristandichter des Mittelalters hat die antithetischen Erfahrungen einer radikalen, zum *verderben oder genesen* (66) bereiten Liebe derart komprimiert in Sprache zu fassen vermocht.

Ebenso eindringlich wird im Schlußbild des Prologs der Gedanke eines Umschlagens von Tod in Leben in ein Sprachspiel gefaßt (228 ff.), wobei der Prolog einen deutlich metaphorischen Schlußakzent erhält. Denn die am Prologende eingeführte Brotmetapher (*wir lesen ir leben, wir lesen ir tôt, / unde ist uns daz süeze alse brôt* ...) birgt nach Auffassung vieler Forscher eine Anspielung auf das christliche Sakrament der Eucharistie. So

---

4 Zur Debatte darüber, ob der strophische Prolog überhaupt etwas mit der Tristanhandlung zu tun hat, vgl. den Forschungsrückblick bei Haupt 1977, S. 113 ff.; Schröder 1990, S. 134 ff.

gesehen, endet Gottfrieds Prolog, der mit einer Sentenz über das rechte Gedenken (1 ff.) beginnt, in einer emphatischen Darlegung der *memoria*-Funktion des Werks.

Unlängst ist der Eucharistiebezug dieser Prologverse durch Eva Willms bestritten worden (Willms 1994, mit Forschungsbericht). An dieser Kontroverse läßt sich – sieht man von der Frage ab, ob Willms' Vergleichsmaterial für eine solche Schlußfolgerung ausreicht – erkennen, daß Gottfrieds Gebrauch literarischer Tropen (Metaphern, Allegorien, Ironie usw.) die Vielschichtigkeit des Werks noch verstärkt, indem er dem Rezipienten assoziative Spielräume eröffnet. Nicht nur angesichts der Brotmetapher des Prologs, sondern auch in zahlreichen weiteren Fällen stellt sich im Werkverlauf die Frage, inwieweit Gottfrieds Bildlichkeit als religiös konnotiert aufzufassen ist (vgl. Stökle 1915; Nauen 1947; sowie den kritischen Beitrag von Ehrismann 1991). Insgesamt ist hierzu festzustellen, daß vielen Bildern und Metaphern Gottfrieds geistliche Bezüge nicht abzusprechen sind (vgl. z.B. 925, 17089, 18070 f.), jedoch der Grad, in dem sich der Rezipient ihnen hinzugeben gedenkt, diesem natürlich selbst überlassen bleibt.

Die Vorgeschichte (243–1748), die in der Tristandichtung Eilharts von Oberg nur wenige Verse umfaßt, bildet bei Gottfried einen regelrechten kleinen Roman. Im Zentrum steht die innere Wandlung Riwalîns, des jungen Herrschers von Parmenîe, den während eines Maienfestes die Liebe zu Blanscheflûr, der Schwester des mächtigen Königs Marke von Cornwall, erfaßt. Die Heftigkeit der plötzlichen Überwältigung Riwalîns durch die Minne kommt u.a. im Leimrutengleichnis (839 ff.) zum Ausdruck, einem eindrucksvollen Bild aus der Vogeljagd, an dem das Interesse des Straßburger Dichters an der Darstellung seelischer Vorgänge erkennbar wird: Je mehr sich der Verliebte aus seinen Gedanken zu befreien versucht, um so stärker wird er von der Minne angezogen. Obwohl für Gottfrieds Figuren gilt, daß sie in Erzählschemata eingebunden sind, die den erwartbaren Fortgang eines Geschehens (Kindheitsverlauf, Brautwerbung usw.) regeln, wirken seine Gestalten nicht zuletzt wegen ihres differenziert und bewegt geschilderten Innenlebens oftmals erstaunlich „personalisiert" (vgl. dazu Hollandt 1966).

An Riwalîn und seiner Geliebten Blanscheflûr, die ebenfalls tiefgreifende innere Veränderungen durchlebt, erweist die Minne ihre außergewöhnliche Macht: Der von einer Kampfwunde *halptôte* Riwalîn wird durch die heimliche Liebesvereinigung mit Blanscheflûr auf dem Totenbett dem Sterben noch näher gebracht, und doch ist dies der Moment, der ihn wieder aufleben und gesunden läßt (1285–1328). Ein ähnlich spektakulärer Wechsel von Leben und Tod, wie er im Augenblick der Zeugung Tristans geschieht, vollzieht sich bei dessen Geburt: Als

XII

Blanscheflûr, die sich bereitwillig von Riwalîn nach Parmenîe entführen läßt, nach einer Zeit gemeinsamer Liebeswonnen (1350ff.) vom plötzlichen Tod ihres Mannes im Kampf gegen seinen Erzfeind Morgân erfährt, gibt sie ihr Leben auf, doch der jammervolle Moment ihres Todes wird zur Geburtsstunde Tristans (1712–1748).

Riwalîn und Blanscheflûr, die höchste Freude und tiefes Leid gemeinsam durchleben und am Ende in rascher Folge einander nachsterben, nehmen viel vom Schicksal Tristans und Isoldes vorweg. In zahlreichen Details – wie z.B. dem Umstand, daß die Eltern ihre Liebe vor der Gesellschaft verheimlichen – präfiguriert die Vorgeschichte die spätere Haupthandlung (vgl. dazu Nowe 1982; Wynn 1984; Wolf 1989, S. 111–123). Zugleich ist zwischen Riwalîn und seinem Sohn auch eine Relation der Steigerung erkennbar: Während z.B. der Vater ein unvorsichtiger Mensch ist (vgl. 299f.), besitzt Tristan die Fähigkeit zu kluger Voraussicht (vgl. 7907ff.), und während Riwalîn an den Markehof zieht, um seine Lebensführung zu verbessern (vgl. 455ff.), zeigt sich Tristan dort allen Hofmitgliedern von Anfang an überlegen.

Die für die Romanhandlung bedeutende Figur König Markes wird in der Vorgeschichte als Inbegriff höfischer Kultur eingeführt: Sein Markenzeichen ist die höfische Freudenwelt des Maienfestes. In Gottfrieds ‚Tristan‘ bildet die Institution des Herrscherhofes – ob in Cornwall, Irland oder Arundel – den häufigsten Schauplatz der Handlung, an dem die Hauptfiguren glanzvolle Auftritte erleben (zur Bedeutung des Hofes im ‚Tristan‘ vgl. Kolb 1977; Küsters 1986). Dementsprechend ist *hof* ein häufig gebrauchtes Leitwort des Textes, mit dem sich auch der Erzähler identifiziert (vgl. z.B. 7956ff.).

Es mag verwundern, daß der als Idealkönig eingeführte Marke, dem sich ganz England freiwillig unterstellt (vgl. 426ff.), auf die Entführung seiner Schwester durch Riwalîn nicht reagiert – ein Umstand der auf Markes Passivität bei der späteren Entführung Isoldes durch Gandîn vorausweist. Insgesamt aber finden sich in der Vorgeschichte keine explizit kritischen Aussagen über den König. Erst später, als er sich mit der Liebe Tristans und Isoldes konfrontiert sieht, wird Marke ausdrücklich als problematische Figur geschildert.[5]

Zu den vielfältigen Aufgaben, die der Vorgeschichte als Exposition der Haupthandlung zukommen, zählt auch ihre Funktion, dem Geschehen räumliche und zeitliche Koordinaten zu geben. Während der erste Ortsname der Handlung, Parmenîe, keine genauen geographischen Anhaltspunkte bietet, liefert Riwalîns Reise nach Tintajoêl zur Residenz König

---

[5] Marke ist bei Gottfried eine komplexe Gestalt, die in der Forschung kontrovers beurteilt wird. Vgl. dazu z.B. Konecny 1977; Hoffmann 1991; Classen 1992; Spiewok 1995; Kerth 1990; Karg 1994.

Markes in Cornwall (473 ff.) einen räumlichen Fixpunkt, auf den sich alle weiteren Reisebewegungen der Figuren beziehen lassen (über die Misch-Geographie des ‚Tristan' vgl. Hahn 1963, 34 ff.; Chinca 1993, S. 71 ff.). Zudem bietet die Erwähnung Markes auch historische Anhaltspunkte, durch die das Tristangeschehen in die Zeit nach den angelsächsischen Eroberungen auf den britischen Inseln, d.h. ins 5./6. Jahrhundert n.Chr., datiert werden kann (vgl. 423 ff.). Dies eröffnet mittelalterlichen Rezipienten die Möglichkeit, in der Tristanhandlung einen geschichtlichen Kern anzunehmen, zumal im Prolog (vgl. 150 ff.) betont wird, daß Gottfrieds *maere* auf historischen Quellen beruhe (vgl. dazu Chinca 1993).

Der Ausruf des Erzählers: *seht, daz [kint] genas, und lac si [Blanscheflûr] tôt* (1748) beschließt die Vorgeschichte mit einem prägnanten Chiasmus, der das bisherige Wechselspiel von Leben und Tod zusammenfaßt. Die folgende Dreiersequenz sentenzhafter Vierreimstrophen (1749 ff., 1789 ff., 1863 ff.), zwischen denen einige Reflexionen eingestreut sind, signalisiert, daß sich die Erzählung nunmehr neu formiert, denn mit der Episode von Tristans Taufe und Erziehung (1749–2146) beginnt die eigentliche Haupthandlung des Romans. Zunächst steht die Namengebung Tristans durch seinen ihn als Sohn ausgebenden Ziehvater, den Marschall Rûal, im Zentrum, die ganz unter dem Eindruck der traurigen Vorgeschichte erfolgt: *nu heizet triste triure / und von der âventiure / sô wart daz kint Tristan genant* (1997 ff.). Wie der anschließende Erzählerexkurs deutlich macht, trägt Tristans Name aber nicht nur den vergangenen Ereignissen Rechnung, sondern stellt im Sinne mittelalterlicher Namendeutung auch ein Omen für sein weiteres Schicksal dar (vgl. dazu Huber 1979, S. 271 ff.; Ruberg 1989, S. 315 ff.).

Tristan ist zwar ein Mensch von außergewöhnlichen Talenten, der seine Eltern und – sieht man von Isolde ab – alle, die ihm begegnen, weit überragt, doch bedeutet dies nicht, daß ihm ein ungetrübtes Lebensglück beschieden wäre. Vielmehr wird das Leid dauerhaft zu seinem Schicksal gehören, wofür der Erzähler den Ausdruck *arbeitsaelic* (‚notgesegnet') prägt: *wan er leider arbeitsaelic was* (2128). Bereits die Erziehung des hochbegabten Jungen ist mit ersten schmerzlichen Erfahrungen verbunden (2066 ff.).

Die Episode von Tristans Entführung (2147–3376), die am Markehof endet, bedarf einer besonders sorgfältigen Betrachtung, da ihr wichtige Anhaltspunkte für das Verständnis des weiteren Werks zu entnehmen sind. Sie scheint unter dem Motto zu stehen: ‚Es regiert der Zufall, aber nichts geschieht zufällig'. Denn mit der Landung eines norwegischen Kaufmannsschiffs an der parmenischen Küste, die *von âventiure* (2148), d.h. zufällig, erfolgt, beginnt eine Handlungskette, die nicht geradlinig verläuft und den Anschein erweckt, kein Ziel zu besitzen, und dennoch den Protagonisten immer näher an Isolde heranführt: Über den Markehof und dessen (feindliche) Beziehung zum irischen Königshaus gelangt Tristan später in die irische Hauptstadt mit der Konsequenz, daß ihm der Auftrag zukommt, die irische Prinzessin Isolde für Marke zu erwerben, bei dessen Ausführung er ungewollt mit Markes Braut den Minnetrank trinken wird. Auf diesen Stationen ist mehrmals der Zufall im Spiel (vgl. Haug 1972), der vom Ergebnis her aber nicht als ‚blind‘ betrachtet werden kann (vgl. Worstbrock 1995), da unter allen Figuren des Romans nur Tristan und Isolde füreinander in Betracht kommen. Nicht von ungefähr klingt des öfteren (z.B. 2368) auch der Gedanke der (göttlichen) Providenz an (vgl. Tomasek 1985, S. 114f.), und mehrfach werden Handlungsabläufe vom Erzähler und von Figuren als *billich*, d.h. ‚angemessen‘, eingestuft (vgl. Hahn 1963, S. 98; Mieth 1976, S. 188f. Anm. 9).

Unter diesen Vorzeichen ist aufschlußreich, was Tristan das fremde Schiff, auf dem er entführt wird, betreten läßt: der Auftrag, Falken zu kaufen (2208f.). Da der Falke in der zeitgenössischen Literatur ein Symbol für den geliebten Partner darstellt, kann dieser Auftrag – auch vor dem Hintergrund der Vogeljagdmetaphorik der Vorgeschichte (Leimrutengleichnis) – die Assoziation wecken, daß der junge Tristan auf bildlicher Ebene eine minneanaloge Handlung vollführt. Und in der Tat ist der Falke ein prominentes Signum Isoldes (vgl. Hatto 1957), welche die Bezeichnung *der Minnen vederspil*, ‚Falke der Liebe‘ (11989), trägt. Diesen „Falken“ soll Tristan später im Auftrag Markes erwerben, was Isolde zu der Bemerkung veranlassen wird, sie sei *verkoufet* (11594) worden. Und wie die spätere Werbung um Isolde nach dem Minnetrank eine radikale Wendung nimmt, so gerät bereits das Leben des jungen Tristan infolge eines Falkenkaufs aus der Bahn.

Die Entführungsepisode zeigt also, daß Handlungen, die sich weit im Vorfeld des eigentlichen Minnegeschehens ereignen, bereits eine minnemetaphorische Lesart zulassen. Seit der grundlegenden Untersuchung Franziska Wessels (Wessel 1984), ist deutlich geworden, das Gottfrieds Werk von einem engen Netz von Minnemetaphern durchzogen wird (Jagd-, Kauf-, Kunst-, Licht-, Spiel-, Verwundungs-, Pflanzenmetaphern u.a.m.), die dafür sprechen, daß Tristans in Isolde liegende Minnebestimmung, lange bevor sie den Figuren bewußt wird, auf metaphorischer Ebene präsent ist.[6]

---

[6] Dies wird dem aufmerksamen Rezipienten noch deutlicher, wenn der von seinen Entführern ausgesetzte Tristan auf Markes Jäger trifft und sie den *bastlist* lehrt. Die mehrere hundert Verse lange, mit weidmännischem Spezialwissen gespickte, auffällige Szene (2786–3078) erfüllt im Text u.a. die Funktion, die Jagdbildlichkeit mit ihrer traditionell auf die Minne verweisenden Funktion nachdrücklich zu markieren, so daß sie dem Rezipienten im Gedächtnis bleibt (vgl. Kolb 1977; Dick 1996; Wessel 1984, S. 378–398).

Auch insofern ist die Entführungsepisode für das Weitere von Bedeutung, als Tristan, nachdem er von den norwegischen Kaufleuten hintergangen wurde, sein Verhalten grundlegend verändert. Von nun an läßt er sich nicht mehr in die Karten schauen und belügt, indem er sich z.B. als einen Kaufmannssohn ausgibt, selbst wohlmeinende Figuren, wie seinen Förderer Marke, der ihn als Jägermeister an seinen Hof aufnimmt. Tristans Handeln wird fortan von Listen bestimmt, die ein wesentliches Moment des Tristanromans ausmachen (vgl. dazu z.B. Semmler 1991; Pasierbsky 1996, S. 147–206). Zugleich stellt sich das Verhältnis von Wahrheit und Lüge bei Gottfried als höchst komplex dar, weil die ersten Lügen des Protagonisten, wie Siegfried Grosse und Wolfgang Jupé gezeigt haben, in einem übertragenen Sinne auch „wahr" sind, so daß die Listen, ähnlich wie die Minnemetaphern, auf einer zweiten Bedeutungsebene interpretiert werden können (für Einzelheiten s. Grosse 1970; Jupé 1976).

In dem auf die Entführungsepisode folgenden Abschnitt etabliert sich Tristan als Künstler (3377–3754) am Markehof (vgl. dazu Mohr 1959; Jackson 1973). Im Zentrum steht hier das an den biblischen Harfenspieler David erinnernde Bild des musizierenden Helden (vgl. Kästner 1981, S. 54ff.). Da das Jagd- und das Musikmotiv metaphorisch auf die Minne verweisen (vgl. Gnaedinger 1967; Ruh 1980, S. 229f.; Wessel 1984, S. 316–324), hat sich Tristan nicht nur auf der Handlungsebene wichtige Hofämter erworben, sondern auch im übertragenen Sinne als der für die Liebe Geeignetste erwiesen.

Mit Rûals Auftritt am Markehof und Tristans Schwertleite (3755–5066) findet die Jugendzeit des Protagonisten ihren Abschluß. Rûal, der, wie sein Beiname li Foitenant besagt, ein Muster an Treue darstellt, hat vier Jahre aufopferungsvoll nach seinem entführten Ziehsohn gesucht und ihn endlich in Cornwall wiedergefunden. Sein außergewöhnliches Treueverhalten weist, wenngleich es nie in Konflikt mit den Normen der Gesellschaft gerät, Parallelen zur späteren Liebestreue Tristans und Isoldes auf, die mit ähnlicher Hingabe zueinanderstehen.

Durch Rûals Enthüllungen wird Tristans Tarnung als Kaufmannssohn hinfällig und die Frage: wer ist Tristan? (4168) in bezug auf seine Abstammung beantwortet. In einem tieferen Sinne aber bleibt sie weiterhin offen, denn der von seiner Umwelt zumeist als fremede (vgl. z.B. 4136) wahrgenommene Protagonist hat noch immer keine Heimat gefunden, besitzt er doch mit Marke und Rûal nunmehr zwei sehr unterschiedliche Ersatzväter (vgl. 4360ff.). Bis zum Ende des Romans wird er zudem verschiedenste Rollen zu spielen haben, die alle ein (metaphorisches) Licht auf ihn werfen und demonstrieren, daß die Frage, wer Tristan sei, kaum mit einem Wort zu beantworten ist.

Seine Weihe zum Ritter, die sog. Schwertleite, scheint Tristans Leben vorerst in geordnete Bahnen zu lenken. Um so auffälliger aber ist es, daß diesem für den Werdegang eines Ritters wichtigen Moment vom Erzähler wenig Beachtung geschenkt wird: Hier gäbe es nicht viel zu berichten, bemerkt er, da *ritterlîchiu zierheit* schon *manege wîs beschriben* und *mit rede ... zetriben* worden sei (4614 ff.). Stattdessen gestattet er sich an dieser Stelle einen umfangreichen Einschub, den sog. Literaturexkurs (4553–4972), der in der Literaturgeschichte u. a. deshalb berühmt geworden ist, weil er die erste kritische Dichterschau in deutscher Sprache enthält.

Darin macht sich der Erzähler zunächst für eine allegorische Ausdeutung der Kleider der Schwertleite-Ritter stark (vgl. 4565 ff.). Dann läßt er die Leitfiguren der zeitgenössischen literarischen Szene seit Heinrich von Veldeke Revue passieren und prunkt mit seinen Kenntnissen der antiken Mythologie – bis hin zur Andeutung eines Musenanrufs (vgl. 4851 ff.; dazu z. B. Kolb 1967; Wolf 1974) –, um am Ende zu bekräftigen, daß der eingangs gebotenen allegorischen Kleiderdeutung nichts hinzuzufügen sei (vgl. 4959 ff.). Diese auffällige Disproportion zwischen einer mit großem rhetorischem Aufwand betriebenen (Selbst-)Inszenierung und einer von vornherein feststehenden Aussage gilt es, bei der Interpretation des in seiner Deutung umstrittenen Exkurses zu erklären (vgl. Fromm 1967, S. 334). Insgesamt spricht aus dem Literaturexkurs ein bemerkenswertes Autorselbstbewußtsein (vgl. dazu Schulze 1967, S. 302), zugleich ist er ein Hinweis darauf, daß sich Gottfried in seinen Darstellungen nicht nur des Literalsinns zu bedienen gedenkt.

In seinem Kern bietet der Literaturexkurs ein Bekenntnis des Erzählers zu einem Stilideal, das die Mitte zwischen der kritisierten abgegriffenen Diktion und einer gewollt dunklen Sprache hält (vgl. dazu Huber 1979; Müller-Kleimann 1990). Dabei polemisiert der Erzähler gegen einen ungenannten Dichter, der wilde Sprünge auf der *wortheide* vollführe und den er als *des hasen gesellen* tituliert (4636 ff.). In diesem *vindaere wilder maere* (4663) erkennt die Mehrzahl der Forscher seit langem den Parzivaldichter Wolfram von Eschenbach, den Vertreter eines eigenwilligen Stils. Für diese, von Gottfried geradezu suggerierte, Deutung spricht vieles, wenngleich sie nicht unwidersprochen geblieben ist (vgl. Nellmann 1988; Hoffmann 1995).

Als Vorbild eines ausgewogenen Stils wird Hartmann von Aue gepriesen, in dessen Dichtersprache *ûzen* und *innen* (4621) in rechter Relation zueinander stehen. Wie Christoph Huber gezeigt hat, propagiert Gottfried, der an verschiedenen Stellen seines Werks Sprachreflexionen anstellt, durch sein Hartmann-Lob ein literarisches „Konsonanz-Modell" von Wort und Sinn, das Bezüge zur zeitgenössischen mittellateinischen

Poetik aufweist (vgl. dazu Huber 1979). Wenn Gottfried Hartmann, dem Schöpfer *kristallîner wortelîn*, den Lorbeerkranz des besten Dichters zuspricht (vgl. 4619 ff.), scheint es zugleich, als wolle er sich unausgesprochen um die Nachfolge Hartmanns bewerben (vgl. Brinker-von der Heyde 1999, S. 454 f.).

An die Schwertleite schließt sich eine erneute Dreierstaffel von Vierreimstrophen an (5067 ff., 5097 ff., 5175 ff.), die Tristans nun beginnenden Lebensabschnitt, in dem er als ritterliche Führungsperson im Einvernehmen mit Marke agiert, als einen eigenen Handlungsblock markiert.

Bereits Tristans Fahrt nach Parmenîe, ins Land seines Vaters, erfolgt mit ausdrücklicher Zustimmung Markes, der ihn noch vor der Abreise zu seinem Nachfolger bestimmt (5124–5169). In der Episode vom S i e g ü b e r M o r g â n (5067–5871) begleicht Tristan die seit dem Tod Riwalîns offene (Familien-)Rechnung mit dem Erzfeind seines Vaters und bringt sich in den Besitz von dessen Lehen. Gemäß dem *enfance*-Muster[7] der mittelalterlichen Literatur müßte der elternlos aufgewachsene Protagonist nunmehr zu Herrschaft und Identität gefunden haben, doch der Fall Tristans, der weiterhin zwischen den Ansprüchen Rûals und Markes steht, übersteigt das einfache *enfance*-Schema.

Aufschlußreich ist, mit welchem Argument in diesem Konflikt zweier Rollenerwartungen die Entscheidung Tristans zugunsten seines *erbevaters* Marke (4299), die Rûal in tiefe Trauer stürzt, im Text gerechtfertigt wird: Tristans Streben *ze hoeheren êren* (5670) sei, so der Erzähler, von aufrechter Intention getragen (*wan al sîn muot der stât derzuo*) und müsse deshalb gebilligt werden (5676 ff.). Hier wie an anderen Stellen des Werks zeigt sich, welch hoher Wert der inneren Einstellung des einzelnen in Gottfrieds Konzeption zukommt. Dementsprechend haben seit längerem zahlreiche Forscher den Begriff des Individuums zur Interpretation des ‚Tristan‘ herangezogen, wogegen sich aber unlängst Walter Haug ausgesprochen hat (für Einzelheiten s. Haug 1990, S. 61 f.). Seitdem ist die für die geistesgeschichtliche Einordnung des Gottfriedschen Werks wichtige Frage, ob darin mit Reflexen einer bereits im Mittelalter einsetzenden Wahrnehmung von Symptomen des Individuellen zu rechnen ist, wieder offen. In jedem Falle bleibt, wie Tristans Entscheidung, an den Markehof zu gehen, illustriert, die Bedeutung des einzelnen, seines Gefühlslebens, seiner Selbstreflexion (vgl. auch Haug 1993, S. 51 zu 18495–18604) und Intention (vgl. auch 144 f.) in Gottfrieds ‚Tristan‘ hoch zu veranschlagen.

---

[7] Vgl. Wolfzettel, Friedrich: Zur Stellung und Bedeutung der *enfances* in der altfranzösischen Epik II. In: ZfSL 84 (1974). S. 10–12.

Den Sieg über Morgân, der den Erwerb des väterlichen Lehens und damit auch den Erweis von Legitimität bedeutet, erringt Tristan auf eine für ihn charakteristische Weise: Indem er und seine Männer bei der Begegnung mit dem Herzog Reisekleidung über ihren Rüstungen tragen, wiegt er Morgân in Sicherheit, so daß Tristan, der Listigere, die Option erhält, seinen Rechtsanspruch mit Gewalt durchzusetzen. *Sîn unreht daz was allez reht* (5631), lautet hierzu der sibyllinische Kommentar des Erzählers.

In der folgenden Episode vom Sieg über Môrolt (5871–7234) spielt die das gesamt Werk durchziehende Rechtsthematik (vgl. dazu Combridge 1964) weiterhin eine zentrale Rolle. Der Erzähler läßt keinen Zweifel daran, daß das Auftreten des hünenhaften irischen Zinsforderers am Markehof von Hochmut und Unrecht bestimmt ist (vgl. 7228 ff.) – wie der biblische Goliath wird Môrolt am Ende enthauptet (vgl. Kästner 1981, S. 54 ff.). Bezeichnenderweise setzt sich Tristan mit dem Argument, Gott habe noch nie einen Menschen im Stich gelassen, der auf seiten des Rechts stand (6131 f.), dafür ein, gegen Môrolt einen Kämpfer aufzubieten, und als ihm angesichts der Feigheit der Barone diese Aufgabe vom König übertragen wird, entwickelt sich der Holmgang der beiden ungleichen Kontrahenten in Gottfrieds Darstellung zu einem Zweikampf mit allegorischer Dimension: Môrolts vierfacher physischer Überlegenheit stehen Tristan, sein Mut, Gott und das Recht als Bundesgenossen gegenüber (6881 ff.). Kaum aber hat der Kampf begonnen, wird Tristan von Môrolts vergiftetem Schwert lebensgefährlich verletzt, was den Erzähler fragen läßt, warum Gott und das Recht noch nicht zur Unterstützung Tristans erschienen seien (*got unde reht, wâ sint si nuo?*, 6984; *si sûment sich*, 6988; *koment si al ze spâte*, 6992). Diese Verspätung Gottes und des Rechts wird vom Erzähler derart ausdrücklich thematisiert, daß ein naiver Glaube Gottfrieds an die Wirksamkeit von Gottesurteilen ausgeschlossen scheint (vgl. auch Combridge 1964, S. 49).

Im Hinblick auf das Minnegeschehen aber ergibt es durchaus einen Sinn, daß Tristans Sieg um den Preis einer lebensgefährlichen Verwundung erkauft wird, zumal der Protagonist, dessen Helmzier und Wappen der Minnepfeil und das minnemetaphorisch deutbare Ebersignum sind (6597–6620; vgl. 4940–4944), gegen Môrolt im Zeichen der Liebe kämpft: Môrolt ist der Onkel der jungen Isolde, und die Tristan zugefügte Verletzung zwingt den todwunden Helden, als Spielmann Tantris verkleidet, seine erste Irlandfahrt anzutreten (7235–8304), da nur die zauberkundige Schwester Môrolts, die alte Isolde, Tristans Giftwunde zu heilen vermag. Da er hierbei auch der jungen Isolde begegnet, ist ein minnemetaphorisches Potential des Môroltkampfs und der ersten Irlandfahrt nicht zu leugnen (vgl. Wessel 1984, S. 260, 295 f.). Die seit der

Antike geläufige Vorstellung von der Liebe als einer potentiell todbringenden Verwundung, die von den Geliebten selbst kuriert werden muß, läßt sich nämlich nicht nur bei Riwalîns Genesung, sondern auch hier – auf die Verwandtenfiguren verschoben (Verwundung durch den Onkel Isoldes, Heilung durch ihre Mutter) – assoziieren. Dafür ist es nicht nötig, mit Franziska Wessel eine unbewußte Liebesbeziehung zwischen den Hauptfiguren anzunehmen, vielmehr deutet das Verwundungs- und Heilungsgeschehen, das sich im Zusammenhang mit Tristans Drachenkampf wiederholen wird, wenn man es als „inszenierte Minnemetapher" auffaßt, auf eine verborgene Minneregie hin.

Dies gilt auch für den ersten Kontakt Tristans mit der jungen Isolde, die seine Schülerin wird. Denn so sehr ein solches Szenarium an Abaelard und Heloise denken läßt, deren Schicksal eine gewisse Ähnlichkeit mit dem Tristanmythos aufweist (vgl. für Einzelheiten Fromm 1973), so fehlen in Gottfrieds Darstellung die klaren Anzeichen eines derart frühen Liebesbeginns. Andererseits kann es aber kein Zufall sein, daß es gerade die bei Gottfried minnemetaphorisch bedeutsame Musik ist, die Tristan und Isolde in dieser Episode besonders verbindet.

Als Tristan geheilt an Markes Hof zurückkehrt und nach der jungen Isolde gefragt wird, preist er ihre Schönheit mit bemerkenswerten Worten: Bisher habe man geglaubt, die schönste Frau der Weltgeschichte sei die antike Helena (*sunne von Myzene*, 8278) gewesen, doch könne Tristan bezeugen, daß die junge Isolde von Irland die Vollkommenste und geradezu der Inbegriff aller Frauen sei, eine *niuwe sunne*, angesichts derer ihre Mutter, die alte Isolde zu einem *morgenrôt* (8284f.) verblaßt. Mehrfach werden im ‚Tristan‘ historische Bezüge in ähnlicher Weise für Überbietungszusammenhänge herangezogen, wobei des öfteren die charakteristischen Adjektive *niuwe* und *wâr* (z.B. 7816, 17233) Anwendung finden, so daß verschiedene Forscher mit der Möglichkeit rechnen, daß Gottfried die der geistlichen Hermeneutik entstammende Denkfigur der Typologie – vielleicht im Sinne einer „säkularisierte[n] Typologie" (Wolf 1974, S. 129) – in seinem Werk genutzt hat.[8]

Da die Nachricht von einer unverheirateten Frau mit dem Ruf, die Schönste zu sein, in mittelalterlichen Erzählungen Anlaß zu einer Brautwerbung gibt (die Schönste will von dem Besten errungen werden), legt Tristan mit seinem Lob Isoldes die Grundlage für die zweite Irlandfahrt. Doch wird nicht Tristan, sondern Marke um Isolde anhalten und sich seines Neffen als Helfer bedienen, so daß eine schemawidrige Konstellation entsteht – ähnlich der Werbung Gunthers um Kriemhilt im ‚Nibe-

---

[8] Zur Frage der Übertragbarkeit typologischen Denkens auf die erzählende Literatur des Mittelalters s. Haug 1992, S. 224ff.

lungenlied', bei der Siegfried die Werbungshelferdienste leistet –, deren Folgen sich als konfliktträchtig erweisen werden (vgl. dazu Kuhn 1973). Vor diesem Hintergrund verwundert es nicht, wenn die zweite Irlandfahrt, die in fünf Phasen verläuft (Aufbruch und Überfahrt, Erwerb des Anspruchs auf die Braut, interne Klärung, öffentliche Klärung, Rückreise), eine weitaus komplexere Erzähleinheit als die erste Irlandfahrt darstellt.

Aufbruch und Überfahrt nach Irland (8305–8900) werden letztlich nicht allein durch Tristans Lob der jungen Isolde, sondern maßgeblich auch durch den Druck, den die neidischen Barone am Markehof auf den König und seinen Schützling ausüben, motiviert. Tristan, der sich erneut als kluger Taktiker erweist, zwingt sie, an der von ihnen hinterlistig vorgeschlagenen Brautwerbungsfahrt teilzunehmen. Wie in allen anderen Episoden bemüht sich der Erzähler auch hier, die Handlungsabfolge aus dem Interessenhorizont der Figuren zu gestalten und, anders als etwa im zeitgenössischen arthurischen Roman, weitgehend kausale Motivationen für das Geschehen zu bieten. So erklärt sich auch seine scharfe Polemik gegen Tristandichtungen vom Stile Eilharts, der den Aufbruch zur zweiten Irlandfahrt mit dem märchenhaften Schwalben-Haar-Motiv begründet (vgl. 8605 ff.; zu den Unterschieden der narrativen Motivation bei Gottfried und Eilhart vgl. Schultz 1987 und 1987a).

In der Drachenkampf-Episode (8901–9986) gelingt es Gottfried durch wiederholten Schauplatzwechsel darzustellen, wie mehrere Parteien gleichzeitig ihre Interessen verfolgen. Mit seinem Sieg über das Untier erwirbt sich Tristan als der Mutigste das Anrecht auf die irische Prinzessin, obwohl er kein persönliches Interesse verfolgt. Anders der hinterlistige Truchseß, das Zerrbild eines Minneritters (vgl. 9160 ff.), der sich Isoldes Hand erschleichen möchte und vorgibt, der Drachentöter zu sein. Dies ruft die Frauen des Königshofs, die junge und die alte Isolde sowie deren Zofe Brangäne, als eine weitere Interessengemeinschaft auf den Plan, die das Vorhaben des Truchsessen zu vereiteln sucht. Die vierte Partei im Spiel bilden Markes Barone, die zunächst ängstlich im Schiffsbauch warten. Doch scheint auch noch eine weitere Instanz am Geschehen beteiligt zu sein: Als nämlich Isolde Tristan, den wahren Drachentöter, ohnmächtig im Sumpf liegend findet, weist sein in der Sonne blinkender Helm, der Amors Zeichen trägt, ihr den Weg.

In der folgenden Episode fungiert der Splitter aus Tristans Schwert, der beim Zweikampf in Môrolts Schädel steckengeblieben und inzwischen in Isoldes Besitz gelangt ist, als Katalysator der Handlung (9987–10806). Er führt zur Aufdeckung der Identität Tristans und letztendlich zur Formulierung gemeinsamer Interessen der verfeindeten Königshäuser.

Bevor jedoch Isolde an der Scharte in Tristans Schwert den Sieger über Môrolt erkennt, inspiziert sie nicht allein die Waffen, sondern betrachtet auch den Körper des vom Drachenkampf genesenen Mannes. Diesen intensiven Blick (9996 ff.) haben mehrere Forscher als Symptom einer aufkeimenden „Jungmädchenliebe" (z.B. Herzmann 1976, S. 80–83) interpretiert. Doch widerspricht einer solchen Deutung die Tatsache, daß der Erzähler den Liebesbeginn später ausdrücklich an den Minnetrank knüpft:

> Nu daz diu maget unde der man,
> Îsôt unde Tristan,
> den tranc getrunken beide, sâ
> was ouch der werlde unmuoze dâ
> Minne, aller herzen lâgaerîn,
> und sleich zir beider herzen în. (11711 ff.)

Obwohl bereits Hans Furstner hierauf aufmerksam gemacht hat (Furstner 1957), sind die Plädoyers für die Annahme einer unbewußten Liebe vor dem Minnetrank bis in die jüngere Forschung nicht verstummt (vgl. z.B. Wessel 1984, S. 569–585). Gottfrieds Darstellung Isoldes, die den jungen Helden eingehend mustert, wirkt auch durchaus suggestiv, so daß der Dichter hier möglicherweise mit den Erwartungen seiner Rezipienten spielt. Erst später (11711 ff.) werden sie das klärende Wort des Erzählers erhalten.

Solche dem Publikum immer wieder Deutungsspielräume eröffnenden Passagen, zu denen z.B. auch die Wolfram-Anspielung des Literaturexkurses, die minnemetaphorisch lesbaren Abschnitte, ironische Erzählerbemerkungen (vgl. dazu Green 1979) und jene Stellen, an denen sich geistliche Untertöne spüren lassen, zu zählen sind, unterstreichen, daß Gottfried sein Werk auf ein aktives Mitdenken und Mitempfinden der Rezipienten hin angelegt hat.

Auf dem Hoftag in Weisefort (10807–11370) wird im Rahmen eines eindrucksvoll inszenierten Zeremoniells Tristans Drachentötung im Beisein aller Parteien öffentlich bestätigt und der Truchseß der Lächerlichkeit preisgegeben. Gottfried beweist hier u.a. seine Meisterschaft in der Personenbeschreibung, indem er Isolde (10889 ff.) und Tristan (11084 ff.) als einander ebenbürtige Figuren herausarbeitet (zur *descriptio* bei Gottfried vgl. Sawicki 1932, S. 72 ff., 89 ff.).

Der Minnetrank, den die zauberkundige irische Königin herstellt und der Obhut Brangänes übergibt, damit durch ihn die vereinbarte Ehe zwischen Marke und Isolde gefestigt wird, ist das bestimmende Element der nächsten Episode (11371–12186). Denn Brangänes Unachtsamkeit gibt während der Rückfahrt nach Cornwall dem Zufall die Chance, diejenigen durch den Trank zu verbinden, die aus der Perspektive der Minne einzig füreinander in Frage kommen (vgl. Ruh 1980, S. 236; Mikasch-Köthner 1991, S. 55 f.).

So greift es sicher zu kurz, wenn man die bei Gottfried in vielfältigen Erscheinungsformen auftretende Minne, die *vogetinne* (12004) Tristans und Isoldes, mit Rüdiger Schnell hauptsächlich als eine Personifikation menschlicher Gefühle versteht (vgl. Schnell, 1985, S. 343 f.). Unbeschadet des offenkundigen liebespsychologischen Interesses des Straßburger Dichters stellt die Minne bei Gottfried eine aktive Instanz dar, eine „Lebensmacht" (Mieth 1976, S. 127 Anm. 28), die in der Minnetrankszene in letzter Minute mit Hilfe des Zufalls ihren Anspruch gegen die Verfügungen zweier Königshäuser durchsetzt und damit eine in der Dichtung längst vorbereitete, von den beteiligten Figuren aber nie in Betracht gezogene Konsequenz zieht.

Vordergründig ist der Trank ein pharmakologisches Erzeugnis, das vor allem in den Trennungsphasen des Paares heftige psycho-physische Reaktionen auslöst (vgl. z.B. Müller 1984; Mertens 1995, S. 52 ff.). Obwohl seine Wirkung lebenslang anhält, findet er bei Gottfried, anders als bei Eilhart, in den folgenden Episoden aber kaum noch Erwähnung. Zudem willigen die Liebenden bei Gottfried im Nachhinein ausdrücklich in ihr Liebesschicksal ein (vgl. 11745–11844), so daß der Trank, im Gegensatz zur Darstellung Eilharts, nicht als volle Entschuldigung für das weitere Verhalten Tristans und Isoldes dienen kann. Daraus hat die Forschung seit längerem den Schluß ziehen wollen, daß dem Minnetrank bei Gottfried eine symbolische Bedeutung zukomme (so z.B. Trimborn 1987), wogegen sich aber neuerdings Otfrid Ehrismann mit beachtenswerten Argumenten ausgesprochen hat (vgl. Ehrismann 1989).

Die vom Erzähler gegebene Definition des Minnetranks:

> mit sweme sîn ieman getranc,
> den muose er âne sînen danc
> vor allen dingen meinen,
> und er dâ wider in einen;
> in was ein tôt unde ein leben,
> ein triure, ein fröude samet gegeben (11443 ff.)

nennt wesentliche Aspekte der Tristanminne, wie sie z.B. auch im Prolog Erwähnung finden: Das Denken und Empfinden zweier Menschen wird durch die Liebe aufs engste in Einklang gebracht, unabhängig von ihrem Willen werden beide zu einer bis in den Tod währenden Einheit zusammengeschlossen, die allen übrigen Bindungen übergeordnet bleibt. Im Gegensatz zum zeitgenössischen Konzept der sog. Hohen Minne propagiert die Tristanminne somit eine symmetrische Partnerbeziehung, die auf die Einung eines Paares zielt und sich deshalb auch den sinnlichen Aspekten der Liebe nicht verschließt. Im Zusammenhang mit dem Minnetrank bleiben aber Werte wie *triuwe* oder *êre*, deren Gewicht im Prolog und in den Minneexkursen groß ist, unerwähnt. Insgesamt läßt sich feststellen, daß Gotfrieds Minnekonzept einen eigenständigen

Beitrag zu den zeitgenössischen Liebesdiskursen darstellt, der dem Problemfeld der Tageliedminne in mancher Hinsicht nahesteht.

Mit dem ersten Vollzug ihrer Liebe auf dem Schiff geraten beide Protagonisten in eine neue Lebenslage: Während Tristan bisher in enger Abstimmung mit Marke handelte, bricht er ihm die Treue und ist nun vordringlich bestrebt, seine ehebrecherische Liebe zu Isolde unter schwieriger werdenden Bedingungen aufrechtzuerhalten; auch Isolde lernt, sich listig zu verhalten (vgl. 12447 ff.). Den Beginn dieses Handlungsabschnitts markiert eine erneute Dreiersequenz von Vierreimstrophen (12187 ff., 12435 ff., 12507 ff.).

Im Umkreis dieser Strophen befinden sich mehrere bemerkenswerte Textpassagen: vornehmlich die *rede von minnen* („Minnebußpredigt', 12187–12361), der erste der drei großen miteinander korrespondierenden Minneexkurse (vgl. dazu z.B. Peiffer 1971; Urbanek 1979), in dem der Erzähler das von Tristan und Isolde gelebte Liebesideal mit der pervertierten Liebe der Gegenwart konfrontiert, sowie Tristans „Bekenntnis" zum *êwec lîchen sterben* (12498 ff.), eine in der Deutung stark umstrittene Passage, in der sich Tristan zu seiner Liebe bekennt und in mehrdeutiger Weise die Todesthematik (vgl. dazu Rolf 1974; Haas 1989; Haug 1993; Huber 1996) aufgreift.

Ausdrücklich weist der Erzähler in diesem Zusammenhang darauf hin, daß es unmöglich sei, sich nur der Liebe hinzugeben, denn der Mensch habe stets auch sein gesellschaftliches Ansehen, die *êre*, zu wahren (vgl. 12511 ff.). Damit ist der leidbringende Antagonismus (vgl. 12507 ff.) von *minne* und *êre* (vgl. dazu Maurer [4]1969) angesprochen, der von nun an die Handlung beherrscht: Da es für die Liebenden kein Entweder-Oder geben kann, entscheiden sie sich für eine Doppelrolle, für den aufreibenden Versuch, den Gesetzen der Minne und denen der *êre* gleichermaßen gerecht zu werden. Doch sind das Bedürfnis nach inniger Zweisamkeit und der Wunsch, im gesellschaftlichen Repräsentationsraum den eigenen Status zu wahren, im Falle Tristans und Isoldes nur schwer miteinander zu vereinbaren.

In der Hochzeitsnacht gelingt es Isolde aber zunächst mit Hilfe Brangänes, die sich ihr als Stellvertreterin zur Verfügung stellt, den König durch den B r a u t u n t e r s c h u b (12187–12678) über ihre verlorene Unschuld hinwegzutäuschen. Damit etabliert Isolde ihren gesellschaftlichen Anspruch als Ehefrau Markes, zumal der König durch seine mangelnde Sensibilität (vgl. die durchgehende Falschgeldmetaphorik der Szene) die Täuschung leicht macht.

Das spektakuläre Motiv des Brautunterschubs, das verdeutlicht, auf welch riskantes Spiel sich die Liebenden fortan einlassen, ist alt und in der Weltliteratur weit verbreitet (vgl. dazu Dicke 1997, S. 71 ff.). Es findet sich sonst zumeist in Kontexten, deren ethische Bewertung eindeutig ausfällt, im Tristanroman aber steht es im Schnittpunkt verschiedener Wertesysteme, des Minneanspruchs und der gesellschaftlichen Normen, so daß hier die Frage der Einschätzung des Geschehens eine entsprechend komplexe Antwort verlangt.

Isoldes anschließender Mordanschlag auf Brangäne (12679–13100) stellt, wie Gerd Dicke gezeigt hat, eine motivgeschichtlich konsequente Fortsetzung der vorangehenden Episode dar. Der Brautunterschub und der Versuch der Braut, ihre Substitutin als Mitwisserin bzw. Konkurrentin zu beseitigen, sind in der Literatur des öfteren zu einer Doppelepisode zusammengewachsen (für Einzelheiten s. Dicke 1997, S. 92ff.). In Gottfrieds ‚Tristan‘ wird Isoldes Mordversuch vor allem genutzt, um daran die Grenzen des vertretbaren Listverhaltens aufzuzeigen: Während Brangäne der extremen Treueprobe standhält, distanziert sich der Erzähler ausdrücklich von Isoldes Handeln, die in diesem Falle ein Beispiel dafür darstellt, *daz man laster unde spot / mêre fürhtet danne got* (12715f.).

Wie es Isolde durch den Brautunterschub gelingt, ihre Legitimität als Ehefrau des Königs zu etablieren, beglaubigt Tristan in der Gandin-Episode (13101–13454) noch einmal seine Position als Markes unverzichtbarer Helfer. Dieser Episode liegt nach Gert Dicke das Motiv der Rückeroberung einer erworbenen und sogleich wieder entführten Braut zugrunde (vgl. Dicke 1998), die eigentlich die Aufgabe des Ehemannes wäre (vgl. 13253ff.). Am Ende der Gandîn-Episode haben sich Tristan und Isolde damit eine nahezu komfortable Position erworben, die ihnen jederzeitige Treffen gestattet. Tristan wagt es sogar, dem König, nachdem er ihm die entführte Isolde zurückgebracht hat, eine Strafpredigt zu halten (vgl. 13442ff.).

In diesem Augenblick scheinbarer Sicherheit verändert sich mit der Verleumdung durch Marjodô (13455–14238) die Lage der Liebenden grundlegend. Aufgeschreckt durch einen Traum von einem Eber, der das Bett Markes besudelt – eine visionäre Vorwegnahme des späteren Bettsprungs des Protagonisten, bei der das Wappentier Tristans als Sinnbild aggressiver Triebhaftigkeit gedeutet werden kann[9] –, folgt Marjodô den Spuren im Schnee, die Tristan auf dem Weg zu Isolde hinterließ (vgl. 13567ff.), und entdeckt die Liebenden in flagranti.

So gewichtig die bildliche Aussage von Marjodôs Traum ist, er selbst stellt eine unwürdige Figur dar, die Tristan und Isolde aus niedrigen Motiven (vgl. z.B. 13600ff.) beim König verleumdet und sich für das Gesehene nicht persönlich zu verbürgen wagt. Doch ist die Saat des Mißtrauens gesät und damit die Zeit des unbekümmerten Daseins am Hof für

---

[9] Die kontroverse Forschung zu diesem zentralen Bild wird behandelt bei Wessel 1984, S. 238–250.

das Paar vorüber. Isolde muß zunächst in mehreren Ehebett-Gesprächen den Verdacht von sich und Tristan lenken (13680 ff.; vgl. dazu Christ 1977, S. 74 f.; Semmler 1991, S. 129–134).[10]

Als Marjodôs Plan, Marke gegen Tristan und Isolde aufzubringen, fehlschlägt, erhält er durch den Zwerg Melôt Unterstützung, und nun beginnt, da die Ehebrecher im Falle ihrer Ergreifung keine Gnade zu erwarten haben, ein Spiel auf Leben und Tod. Nicht zufällig wird Melôt, der Tristan und Isolde zur Strecke bringen möchte, ein Geschöpf des Teufels (14516) genannt. Nachdem den Liebenden jeglicher Kontakt untersagt wurde, arrangiert Melôt in der ersten Baumgartenepisode (14239–15046) einen Lauschangriff, dessen äußere Umstände an die Ikonographie des Sündenfallgeschehens erinnern, was sich auch in zahlreichen mittelalterlichen Abbildungen dieser Episode niederschlägt (für Einzelheiten vgl. Ott 1982, S. 197, 216): Tristan und Isolde treffen sich unerlaubt im Baumgarten unter einem ausladenden Ölbaum, in dessen Krone Marke und der Zwerg auf sie lauern. Doch verhalten sich die Liebenden, auf den Schutz Gottes bauend, im Unterschied zu Adam und Eva äußerst umsichtig, so daß Melôts erster Versuch, das Paar ins Verderben zu stürzen, mißlingt.

Im folgenden Abschnitt, der die Mehlstreu- und Gottesurteilszene umfaßt (15051–15768), steigert Melôt, die *slange* (vgl. 15104), den Druck der Versuchung, indem er die Liebenden während eines Aderlasses in einer Kammer, deren Fußboden mit Mehl bestreut ist, allein läßt. Und diesmal läßt sich Tristan zu einer gefährlichen Handlung provozieren: Zwar begeht er nicht den Fehler, auf dem Estrich Spuren zu hinterlassen, wie einst im Schnee, doch überschätzt er, durch die Macht der Minne geblendet (15190 ff.), seine körperliche Verfassung und wagt einen Sprung *ze harte über sîne kraft* (15192) in Isoldes Bett, wobei aus seiner Aderlaßwunde Blut hervorbricht.

Mit den Blutflecken in Isoldes Bett besitzt Marke erstmals handfeste Indizien für einen Ehebruch und könnte – wie in der Fassung Eilharts – über die Liebenden die Todesstrafe verhängen, doch zaudert er und möchte angesichts der fehlenden Fußspuren die Beweislage durch ein Gottesurteil, das er nach Karliûn anberaumt, klären lassen. Für Kelley Kucaba (vgl. Kucaba 1997) geht es ihm dabei weniger um die Aufdeckung der Wahrheit als um den Versuch, seine angeschlagene Ehre mit Hilfe einer höfischen Inszenierung zu stabilisieren. Dies würde auch erklären, warum Marke und Isolde beim Gottesurteil nicht gegeneinander zu handeln scheinen.

---

[10] Das Bettgespräch ist motivgeschichtlich eine weibliche Domäne. Vgl. z.B. die Unterhaltung zwischen Kriemhilt und Etzel in der 23. Aventiure des Nibelungenlieds.

Nachdem sie mit Hilfe des verkleidet in Karliûn erschienenen Tristan den zu beschwörenden Sachverhalt manipuliert hat, kann Isolde bei der Eisenprobe die Öffentlichkeit täuschen und zugleich die Wahrheit sagen (15655 ff.). Ähnlich hatte das Paar in der Baumgartenszene unter Berufung auf Gott ein doppelbödiges Gespräch geführt, ohne die Unwahrheit zu sprechen.

Da sich Isolde beim Tragen des heißen Eisens nicht verbrennt, schützt Gott in dieser Episode offenkundig das Leben und die *êre* (vgl. 15542, 15654) der Liebenden, was den Erzähler nicht davon abhält, in seinem berühmten Kommentar über den *wintschaffenen krist* (15739 ff.) Isoldes Eid ‚vergiftet‘ (15752) zu nennen und von Gottes Willfährigkeit (15745 ff.) zu sprechen. Ob sich hinter diesen bemerkenswerten Ausführungen eine ernstgemeinte (kritische bzw. lobende) Aussage über Gott verbirgt oder ob eine ironische Kritik an der Ordalienpraxis bzw. eine Absage an ein anthropomorphes Gottesbild vorliegt, ist seit langem umstritten,[11] doch neigt die Mehrheit der Forscher der letzteren Möglichkeit zu (z. B. Combridge 1964, S. 100 ff.; Kolb 1988, S. 333 ff.; Schnell 1992, S. 65 ff.).

In der Petitcriû-Episode (15769–16406) wird berichtet, was Tristan im Anschluß an seinen unerkannten Auftritt in Karliûn widerfahren ist. Diese Passage bietet eine Mischung aus Motiven, die bereits Tristans Weg zu Isolde begleitet haben (vgl. 16000 ff.): Am Hof des Herzogs Gilân gerät der sorgenvolle Tristan in eine Freudenwelt (15778 ff.), die an den Markehof des Anfangs erinnert. Wie Marke damals, nicht ahnend, was er damit sagt, Tristan anbot, an allem, was er besitze, zu partizipieren (4459 f.) – eine Offerte, die er leichtfertig auch dem Isolde-Entführer Gandîn macht (13197 ff.) –, so lädt auch Gilân Tristan ein, sich von ihm zu wünschen, was er wolle (15946). Doch als dieser Petitcriû, den leidbesiegenden Wunderhund aus der Feenwelt wählt, bereut Gilân sein voreiliges Versprechen (zu diesem Motiv s. Dicke 1998).

Wenn Tristan als Vorleistung für das Hundegeschenk den Herzog von dem gewalttätigen Zinsforderer Urgân befreit, wie einst das Reich Markes von Môrolt, bildet dies ebenfalls eine Parallele zu einer vorangegangenen Episode. Neu ist allerdings das Motiv des Wundertiers, dessen genaue Deutung in der Forschung umstritten ist. Der Hund, den Tristan erringt, um ihn Isolde zu senden (16267 ff.), kann als Sinnbild der Treue gewertet werden und läßt sich darüber hinaus in die Themenkreise ‚Kunst‘ und ‚Freude-Leid‘ des Werks einordnen (vgl. z. B. Crossgrove 1969; Tomasek 1985, S. 61 f.).

Die berühmte Minnegrottenepisode (16407–17820) verdeutlicht anschließend, daß Tristan und Isolde selbst unter optimalen Bedin-

---

[11] Einen Überblick über die Fülle der Forschungsliteratur zu dieser Szene bietet Schnell 1992, S. 62 ff.

gungen keine Perspektive darin sehen, ein Leben außerhalb der Gesellschaft zu führen. Nachdem Marke, der die gegenseitige Zuneigung der Liebenden nicht mehr übersehen konnte, sie gemeinsam fortgeschickt hat, hält das Paar mit Hilfe ihrer Vertrauten auch weiterhin Verbindung zum Hof (16635ff., 16777ff.), da sie in der Verbannung unter dem Verlust ihres gesellschaftlichen Ansehens leiden:

> sine haeten umbe ein bezzer leben
> niht eine bône gegeben
> wan eine umbe ir êre (16879ff.).

Wie wunderbar sich auch ansonsten ihr Dasein im *locus amoenus* der Grottenregion (dazu Gruenter 1961; Hahn 1963, 119ff.) gestaltet (vgl. das Ernährungs- und Gesellschaftswunder 16811ff., 16851ff.), wie unübertrefflich sie dort ihre Zweisamkeit zu leben vermögen (vgl. 17229ff.) – sie verlassen ohne zu zögern bei sich bietender Gelegenheit den paradiesischen Ort (vgl. 17700ff.).

In das Grottenleben als Höhepunkt der Liebesentfaltung Tristans und Isoldes findet sich der zweite große Minneexkurs des Werks, die sog. Grottenallegorese (16927–17103), eingefügt. Darin wird die vor Urzeiten hergerichtete Grotte einer allegorischen Ausdeutung unterzogen und ein ethisches Lehr-Gebäude der Tristanminne entworfen (vgl. Ernst 1976, S. 18–39). Während das Grottenleben auf der Handlungsebene unvollkommen bleibt, bietet die Allegorese ein vollständiges Minnemodell, in das auch der Aspekt der *êre* integriert ist, den das durch die Grottenfenster einstrahlende Sonnenlicht versinnbildlicht (17070ff.). Kein zeitgenössischer mittelhochdeutscher Roman verfügt über ein ähnlich differenziertes Minnemodell.

Diese erste profane Gebäudeauslegung in deutscher Sprache, ist, wie Friedrich Ranke gezeigt hat, mit großer Wahrscheinlichkeit an die geistliche Tradition der Allegorese des Kirchengebäudes angelehnt (vgl. Ranke 1925a; anders Kolb 1962), das Bett in der Grotte aber bleibt der *gotinne Minne* (16727) geweiht. Diese Mischung aus heidnischen Mythologemen und christlichen Anschauungen ergibt eine „Teilhaberschaft an zwei konträren geistigen Sphären" (Gruenter 1961, S. 396), die für Gottfrieds Minnedarstellung insgesamt charakteristisch ist und zu komplexen hermeneutischen Konstellationen führt (vgl. auch Kern 2001).

Die Minnegrottenepisode ist zudem ein gutes Beispiel für die konzeptionelle Sorgfalt, mit der Gottfried in seinem Werk sowohl kleinere Versabschnitte als auch größere Passagen arrangiert, denn um die Grottenallegorese als ideelles Zentrum der Episode (16927–17103) legen sich mehrere Schalen: 1. die beiden sog. autobiographischen Exkurse, in denen der Erzähler die Wahrheit des Gesagten durch eigene Erfahrung bekräftigt (16913–16926; 17104–17142), 2. ausführliche Schilderungen des Verhaltens der Liebenden am Lustort (16811–16912; 17143–17278), 3. die Darstellungen des sich in der Grottenregion mit Hilfe ihres Vertrauten Kurvenal einrichtenden Paares bzw. die Vorbereitung des Auszugs aus der Grotte aufgrund des Eindringens des Königs (16625–16810; 17229–17726) und 4. zwei Beschreibungen des Verhaltens Markes gegenüber den Liebenden vor deren Weggang vom Hof und nach ihrer Rückkehr dorthin (16407–16624; 17727–17820). So einig sich die Forschung über die wohlgeplante Bauform dieser Episode ist, die ein rhetorisches Glanzstück darstellt, so unterschiedlich fallen indes die bislang vorgelegten Strukturierungsversuche aus (vgl. z.B. Gruenter 1957; Ruh 1980, S. 237f.; Huber 2001, S. 99).

Die Rolle Markes, den am Anfang der Episode maßloser Zorn (vgl. 16519f.) dazu bewegt, Tristan und Isolde öffentlich des Ehebruchs zu beschuldigen, was er bis dahin vermieden hatte, und den am Ende die bloße Begierde (vgl. 17595ff., 17727ff.) veranlaßt, seine Haltung gegenüber dem Paar wieder zu revidieren, ist in diesem Handlungsabschnitt als besonders problematisch anzusehen.

Tristan und Isolde verspielen allerdings ihre Chance, nach der Rückkehr aus der Grotte erneut am Königshof gemeinsam leben zu können, bereits nach kurzer Zeit. Denn in der z w e i t e n B a u m g a r t e n e p i s o d e (17821–18408) läßt sich Tristan von seiner Geliebten am hellichten Tag zu einem Stelldichein verleiten, so daß es zur Entdeckung durch Marke kommt. Was Tristan in der ersten Baumgartenepisode mit Klugheit vermied, ihm nun aber unterläuft, hat für die Liebenden fatale Konsequenzen:

> nu tete er rehte als Âdam tete:
> daz obez, daz ime sîn Êve bôt,
> daz nam er und az mit ir den tôt (18166ff.).

Das „Paradies", das ihnen während des gemeinsamen Daseins am Hofe durch die beglückende Wirkung ihrer Zweierbeziehung und die gleichzeitige Teilhabe am Leben der Gesellschaft offenstand, ist nun verschlossen, denn Tristan muß, um Isoldes Verbleib am Hof zu sichern, die Flucht ergreifen, bevor Marke mit Zeugen zurückkehrt.

Die in den beiden Baumgartenszenen enthaltenen Paradies- und Sündenfallanklänge zeigen, daß die Liebenden vom Erzähler keineswegs aus der Mitwirkungspflicht entlassen werden, wenn es darum geht, den Antagonismus von Liebe und Gesellschaft unter Kontrolle zu halten. Der am Anfang der zweiten Baumgartenepisode eingefügte sog. *huote*-Exkurs (17862–18118), der dritte der großen Minneexkurse des ‚Tristan', belegt aber auch, daß der Mitwelt hierbei eine besondere Verantwortung zukommt. Denn in diesem Exkurs wendet sich der Erzähler nachdrücklich gegen die Ausübung der *huote*, der gesellschaftlichen Aufsicht über Liebende, insbesondere Frauen (17862ff.). Marke hat, so die Einschätzung des Erzählers, durch seine Verbote und Verfolgungen die unvernünftige, evahafte Reaktion Isoldes im Baumgarten geradezu provoziert.

Während solche Kritik an der *huote* ein in der zeitgenössischen Dichtung verbreitetes Thema darstellt, bietet der Exkurs in seinem weiteren Verlauf (17971 ff.) einen Gedankengang, der in der mittelalterlichen deutschen Literatur seinesgleichen sucht: Ausgehend von der Gestalt Evas, der Urmutter des weiblichen Geschlechts, werden zunächst zwei Frauentypen entworfen, die den Makel Evas zu überwinden vermögen: eine Frau, die ihre Sinnlichkeit mannhaft unterdrückt (17971–17989), und ein *reinez wîp*, dem es gelingt, je nach Gelegenheit (18004), den Anforderungen der Gesellschaft (*êre*) und den sinnlichen Bedürfnissen (*lîp*) gerecht zu werden (17990–18018). Letzteres entspricht jener flexiblen Strategie Isoldes, die sie in der zweiten Baumgartenepisode nicht mehr durchzuhalten vermag (vgl. auch 12131–12150).

In der Forschung herrscht Uneinigkeit darüber, ob im Anschluß hieran ein drittes Frauenbild entworfen wird (so z.B. Hahn 1963a, S. 190; Tomasek 1985, S. 194 ff.; Huber 1988, 125 f.) oder ob weiterhin vom zweiten Typ die Rede ist (so vor allem Schnell 1992, S. 45 f.). Im folgenden Teil des *huote*-Exkurses (18019 ff.) wird nämlich ausgeführt, wie es einer *saeligen* Frau gelingt, den Antagonismus von Liebe und Gesellschaft dadurch grundlegend zu versöhnen, *daz sî ir selber liep ist* (18026). Eine solche Frau, die sich selbst in rechter Weise zu lieben vermag, erhält die Anerkennung der Welt und eröffnet ihrem Partner *daz lebende paradîs* (18070).

Für einige Forscher stellen die anspruchsvollen Aussagen im letzten Drittel des *huote*-Exkurses einen utopischen Entwurf dar, dessen Vision eines neuen Menschen und einer sich aufrichtig verhaltenden Gesellschaft den Tristankonflikt lösen würde. Wie auch immer sie zu deuten sind, die Ausführungen des Erzählers übersteigen an dieser Stelle das Geschehen der Handlungsebene erheblich und werfen die grundsätzliche Frage nach dem Verhältnis der Minneexkurse zur Romanhandlung auf (vgl. dazu Schirok 1994).

Die folgende Episode, die Tristan in Arundel (18409–19552) zeigt, illustriert, wie die Protagonisten nach der Trennung mit ihrem kaum tragbaren Leid und der immer konkreter werdenden Todesperspektive umzugehen versuchen. Nun erhalten die Begriffe *leit* und *tôt*, die mit ihren Antonymen vom Prolog an thematisch sind und deren subtile Verwendung von der Forschung kontrovers eingeschätzt wird, ein besonderes Gewicht. Fraglich ist vor allem, ob die Begriffe *leit* und *tôt* als mit ihren jeweiligen Gegenbegriffen verschmolzen aufzufassen sind, sei es, daß *liep* und *leit*, *leben* und *tôt* miteinander identisch werden, sei es daß sie ein programmatisches Paradox ergeben, oder ob diese Begriffe distinkte Einheiten darstellen, die sich zwar des öfteren miteinander verbinden, aber auch getrennt voneinander zu denken sind.[12]

Während Isolde ihr ganzes Denken nach der Trennung darauf ausrichtet, wie sie durch die eigene Lebensführung ihren Partner in der Fremde unterstützen kann (vgl. 18471 ff.), stellt Tristan weit weniger altruistische Reflexionen an. Er sucht das Trennungsleid zu vergessen, indem er sich Ablenkung verschafft, wobei ihm die Zuneigung einer weiteren Isolde, der Isolde Weißhand, gelegen kommt.[13] Doch betrügt er durch sein Verhalten letztlich beide Isolden (19401 f.) und gerät zwischen den namengleichen Frauen in einen selbstzerstörerischen Zwiespalt (vgl. 16167 ff.). Angesichts der programmatischen Aussagen des Prologs (vgl. 50 ff.) stimmt es nachdenklich, wenn Tristan in seinen letzten Worten von seiner Partnerin *fröude unde frôlîchez leben* (19552) einfordert.

Mit Vers 19552 bricht Gottfrieds Dichtung ab. Viel ist darüber spekuliert worden, warum das Werk des Straßburger Dichters unvollendet blieb: Es wurden innere Gründe für den Abbruch angenommen (z.B. Gottfried habe resigniert), äußere Faktoren (wie der Tod des Autors oder der Verlust des Gönners) geltend gemacht, aber auch moderne Fragmenttheorien zur Erklärung herangezogen (nach Peschel 1976 soll der Fragmentstatus der Konzeption des Werks entsprungen sein). Fest steht in jedem Falle, daß der Erzähler im Prolog ankündigt, er wolle von Tristan und Isolde bis zu deren Ende erzählen (239 f.; vgl. auch 2011 ff.), und daß auch das Namenkryptogramm der Vierreimstrophen über die Abbruchgrenze hinaus konzipiert worden ist.

Die Frage: Wie es weiter gegangen wäre? läßt sich natürlich - zumal bei einem anspruchsvollen Autor wie Gottfried - nicht mehr beantworten. Immerhin liegen von Gottfrieds Quelle, dem Werk des *Thômas von Britanje* (vgl. 150), das leider nur zu einem Bruchteil erhalten ist, mehrere Fragmente aus dem bei Gottfried nicht mehr behandelten Schlußteil vor, so daß es - unter Hinzuziehung der von Thomas gleichfalls abhängigen altnordischen Tristrams-Saga - zumindest möglich ist, sich einen Überblick über den weiteren Handlungsverlauf zu verschaffen, wie ihn der Straßburger Dichter aus seiner Vorlage kannte. Dazu einige knappe Stichworte:[14]

---

[12] Vgl. das Nicht-Auftreten bzw. die Leugnung (18072 ff.) des Leid- und Todesphänomens im Schlußdrittel des *huote*-Exkurses. - Während über das Todesthema des ‚Tristan' mehrere Arbeiten vorliegen (vgl. Rolf 1974; Tomasek 1985, S. 95 ff.; Haas 1989; Haug 1993; Huber 1996), fehlt seit der Studie Friedrich Maurers (Maurer ⁴1969) eine weitere ausführliche Untersuchung der Leidthematik (vgl. Tomasek 1985, 104 ff.).

[13] Zu dieser Figur vgl. Meißburger 1954; Ries 1980; Schöning 1989.

[14] Für Einzelheiten s. die Thomas-Ausgabe von Bonath (1985) und die Saga-Edition von Kölbing (Nachdr. 1978), die jeweils auch eine deutsche Übersetzung enthalten.

- Tristan heiratet bei Thomas Isolde Weißhand, unterläßt es aber, die Ehe zu vollziehen.
- Die erste Isolde, die sich nach Tristan sehnt, wird am Markehof von Graf Cariado bedrängt.
- Tristan läßt sich einen unterirdischen Statuensaal bauen, in dem er heimlich die Erinnerung an die erste Isolde pflegt.
- Isolde Weißhand verrät ihrem Bruder Kâedîn, daß sie noch unberührt ist, worauf dieser Tristan zur Rede stellt.
- Tristan kann Kâedîn sein Verhalten begreiflich machen und nimmt ihn mit nach England, wo es ihm gelingt, einige Nächte mit Isolde zu verbringen, während Kâedîn bei Brangäne schläft. Als sie entdeckt zu werden drohen, müssen sie fliehen. Cariado bezichtigt aufgrund einer Verwechslung Tristan und Kâedîn der Feigheit, was Brangäne zu glauben geneigt ist. Erzürnt rechnet sie mit Isolde ab.
- Um die unklare Lage zu bereinigen, kehrt Tristan in der Verkleidung eines Aussätzigen an den Markehof zurück. Nach mehreren qualvollen Versuchen gelingt es ihm, Brangäne zu beruhigen und eine Nacht mit Isolde zu verbringen.
- Isolde kasteit sich, indem sie ein panzerartiges Gewand über ihre bloße Haut zieht. Als Tristan und Kâedîn dies erfahren, eilen sie als Büßer verkleidet zu ihr. Bei Kampfspielen wird Cariado von Kâedîn getötet.
- Tristan unterstützt einen Ritter namens Tristan der Zwerg, um dessen entführte Freundin zurückzuerobern, wobei er von einem vergifteten Speer lebensgefährlich verwundet wird. Er bittet Kâedîn, nach England zu segeln und die erste Isolde herbeizuholen, da nur sie ihn heilen kann. Willigt sie ein, soll Kâedîn mit weißen, ansonsten mit schwarzen Segeln zurückkehren.
- Als das Schiff mit weißen Segel naht, teilt die zornige Isolde Weißhand, die das Gespräch zwischen Tristan und Kâedîn belauscht hatte, ihrem Ehemann mit, das Segel sei schwarz. Daraufhin stirbt Tristan auf der Stelle. Die bald eintreffende erste Isolde umarmt Tristans Leichnam und folgt ihrem Geliebten in den Tod.

4. Zur Geschichte des Tristanstoffs

Der ‚Tristan‘ enthält eine Kette von Motiven, von denen manche ein hohes Alter besitzen und sowohl in der westlichen als auch in der orientalischen Literatur verbreitet sind (Brautwerbung, Brautunterschub, gefälschtes Gottesurteil u.a.). Mehrere von ihnen lassen sich bereits vor der Entstehung des Tristanromans in tristannahen Erzählsequenzen antreffen: So enthält z.B. die im arabischen Mittelalter verbreitete Liebesgeschichte von ‚Kais und Lubna‘, die u.a. in einer Sammlung des 9. Jahrhunderts vorliegt, eine Motivkombination, welche sich in ähnlicher Form in der Handlung um Isolde Weißhand findet; auch die im 10. Jahrhundert erwähnte, erst spät überlieferte keltische Erzählung von ‚Diarmaid und Grainne‘ weist Motivparallelen zum ‚Tristan‘ auf.[15] So ist der Tristanstoff am besten als ein in seinen Elementen internationaler Stoff zu bezeichnen, dessen wichtigste Personen- und Ortsnamen allerdings in den keltischen Raum weisen, wo – nach dem derzeitigen Forschungsstand möglicherweise in Cornwall – der Nährboden für die Ausprägung entscheidender Teile der Tristanerzählung zu suchen ist (vgl. Padel 1981).

---

[15] Zur kontroversen Frage keltischer oder orientalischer Einflüsse auf den Tristanroman vgl. z.B. Tekinay 1980, bes. S. 104; Kunitzsch 1980; McCann 1995.

Zu einer Großdichtung (mit Elternvorgeschichte, Erziehung des Helden, Dienst für Marke, Minnegeschehen, Isolde Weißhand-Teil, Rückkehrabenteuern und Todesszene) wird der ‚Tristan' wohl um die Mitte des 12. Jhs. in französischer Sprache ausgearbeitet, denn mehrere südfranzösische Lyriker, wie z.B. der Trobador Bernart von Ventadorn, nehmen bald nach 1150 auf die Tristangeschichte Bezug. Auch ist es nicht unwahrscheinlich, daß Eleonore von Aquitanien und ihr zweiter Ehemann, König Heinrich II. von England, als Mäzene zur Entstehung und schriftlichen Fixierung des Tristanromans beigetragen haben (vgl. Lejeune 1954).

Lange Zeit ging die Forschung von einem bald nach 1150 entstandenen, heute verschollenen, schriftlichen Ur-Tristanroman, der sog. ‚Estoire', aus (vgl. z.B. Ranke 1925), von dem die fragmentarisch erhaltenen Werke der Anglonormannen Thomas und Berol sowie der ‚Tristrant' des deutschen Dichters Eilhart von Oberg abhängig sind.[16] Wenngleich diese drei Romane auch markante Unterschiede – etwa im Episodenbestand – aufweisen, so daß die Existenz einer ‚Estoire' bestritten wurde (vgl. Varvaro 1967), teilen sie dieselbe Großstruktur und ein beträchtliches gemeinsames Reservoir an signifikanten Episoden. Deshalb ist es sinnvoll, an der Vorstellung einer ‚Estoire' mit modellbildender Wirkung für die späteren Tristan-Versromane festzuhalten – allerdings weniger zur Bezeichnung eines konkreten verschollenen Textes als einer den erhaltenen Romanen vorgelagerten Entwicklungsstufe, auf welcher der Faktor der Mündlichkeit und die damit verbundene Unfestigkeit des Stoffes wohl höher zu veranschlagen ist, als die ältere Forschung annahm.

Das Motiv des Minnetranks, das fest zum Tristanmythos gehört, läßt sich nicht hinter diese ‚Estoire'-Stufe zurückverfolgen. Zwar sind aus vielen Kulturen Liebeszauber bekannt, doch das Konzept eines Tranks, der beide Partner gemeinsam bindet, ist für den ‚Tristan' spezifisch und scheint die Liebesdiskurse der höfischen Kultur Frankreichs im 12. Jahrhundert vorauszusetzen. Die gegenwärtige Forschung tendiert zu der Annahme, daß auf der ‚Estoire'-Stufe die Wirkung des Tranks einer zeitlichen Begrenzung unterlag, wie dies in den Dichtungen Berols und Eilharts der Fall ist, die auch andere signifikante Züge ihrer Vorstufe beibehalten. Hierzu gehört u.a. eine als tatkräftig gestaltete Figur Markes, der die Liebenden z.B. nach der Mehlstreuszene töten lassen will. Bei Eilhart und Berol können Tristan und Isolde allerdings vor der drohen-

---

[16] Über Datierungsfragen und Einzelheiten der Werke dieser Autoren aus der zweiten Hälfte des 12. Jahrhunderts s. Stein 2001, S. 31 ff., 34 ff., 160 ff. Einzig Eilharts Dichtung ist vollständig in zwei Handschriften des 15. Jahrhunderts erhalten, die aber wohl auf eine Überarbeitung des 13. Jahrhunderts zurückgehen.

den Hinrichtung in die Wildnis entfliehen, wo sie bis zum Nachlassen der Trankwirkung ein entbehrungsreiches Waldleben führen.

Dieses Waldleben wird bei Thomas, der an mehreren Stellen in die Handlungsfolge eingreift und von einem Nachlassen der Trankwirkung nichts weiß, durch die Idylle der Minnegrotte ersetzt. Angesichts solcher Unterschiede wird verständlich, warum Gottfried in seinem Prolog nachdrücklich die Kompetenz des Thomas hervorhebt, dessen Werk er als einzige Quelle gelten läßt (vgl. 131–166), denn der Unterschied zwischen den estoirenahen Dichtungen Eilharts und Berols auf der einen und den Werken des Thomas und Gottfrieds, die u. a. zu feineren höfischen Milieuschilderungen und psychologisch vertieften Figurendarstellungen neigen, auf der anderen Seite ist sowohl in stilistischer als auch in konzeptioneller Hinsicht erheblich. Er wird oft mit den unzulänglichen Begriffen ‚version commune‘ und ‚version courtoise‘ umschrieben.

Da die erhaltenen Thomas-Fragmente bis auf wenige sich überschneidende Verse in denjenigen Teil der Handlung fallen, den Gottfried nicht mehr bearbeitet hat, besaß die Forschung bis vor einigen Jahren kaum Möglichkeiten, den Umgang Gottfrieds mit seiner Quelle genauer zu untersuchen. Diese Lage hat sich durch die Auffindung des Carlisle-Fragments, das die Minnetrank- und Hochzeitsnacht-Episode in der Darstellung des Thomas enthält, deutlich verbessert (vgl. Benskin/Hunt/Short 1995; Zotz 2000). Seither wird das Verhältnis Gottfrieds zu seiner Quelle auf neuer Grundlage diskutiert (vgl. Haug 1999; Eifler 2001). Dabei ist deutlich geworden, daß Gottfried, obwohl er keine Thomas-Episode ausläßt, sich keineswegs scheut, innerhalb der Episoden Handlungselemente umzustellen oder zu verändern. Vor allem aber zeigt sich seine Eigenständigkeit darin, daß er das Geschehen in weit höherem Maße als der zurückhaltend agierende Erzähler des Thomas expliziert und kommentiert (vgl. Jantzen/Kröner 1997).

So heftig sich Gottfried auch – etwa hinsichtlich des Schwalben-Haar-Motivs beim Aufbruch Tristans zur zweiten Irlandfahrt – gegen Tristanfassungen im Stile Eilharts verwahrt, er dürfte, wie Eberhard Nellmann bei der Auswertung des Carlisle-Fragments bestätigen konnte, Eilharts ‚Tristrant‘ nicht nur gekannt, sondern auch benutzt haben (vgl. Nellmann 2001). Mit seiner nach den Maßstäben der „Blütezeit“ der mittelhochdeutschen Literatur vorbildlichen Bearbeitung des Tristanstoffs ist es Gottfried zugleich gelungen, die in Ästhetik und Konzeption der vorangegangenen Phase der Romanentwicklung verhaftete Dichtung Eilharts während des gesamten 13. und in der ersten Hälfte des 14. Jahrhunderts zu verdrängen. Dies zeigt sich u. a. daran, daß die beiden bedeutendsten deutschen Tristandichtungen des 13. Jahrhunderts Gottfriedfortsetzungen sind: Wohl noch vor 1240 hat der aus einem schwäbischen Ministerialengeschlecht stammende Ulrich von Türheim Gottfrieds Fragment mit einem Abschluß versehen, und im ausgehenden 13. Jahrhundert legte der wahrscheinlich aus Sachsen stammende Heinrich von Freiberg eine weitere Gottfriedfortsetzung vor. Daß diese Autoren ebenfalls Eilhart-Leser waren, wird von den meisten Forschern angenommen.

Als im späteren 14. und 15. Jahrhundert das Interesse des Romanpublikums an ästhetisch hochentwickelten Darbietungsformen abnahm, gewann die Dichtung Eilharts wieder an Boden. Sie ist es auch gewesen, die in einer Prosafassung von 1484 als sog. „Volksbuch" bis in die Neuzeit überdauerte. Gottfrieds ‚Tristan‘ dagegen wurde vom frühen Buchdruck nicht mehr erfaßt und blieb für längere Zeit vergessen, bis er im ausgehenden 18. Jahrhundert wiederentdeckt wurde. Seitdem erfreut sich das Werk einer ungebrochen großen Aufmerksamkeit.

5. Zum Autor

Der Ausnahmecharakter der in der Thomas-Tradition stehenden Tristandichtung Gottfrieds läßt sich an folgenden ausgewählten Gesichtpunkten verdeutlichen:

– kein anderer mittelalterlicher Autor hat das komplexe Sinnpotential des Tristanstoffs in einer derart anspruchsvollen und entschiedenen Weise zu explizieren versucht;
– nur Gottfrieds Tristandichtung bietet umfangreiche traktatartige Reflexionen, welche die Handlung teilweise weit übersteigen;
– kein Tristanroman des Mittelalters verfügt über einen Erzähler, der das Geschehen ähnlich involviert präsentiert (vgl. z.B. 16913–16926; 17104–17142);
– nur Gottfrieds Dichtung erlaubt – nimmt man den Roman des Thomas wegen dessen Überlieferungslage aus – von Beginn an eine durch allegorische Züge gestützte minnemetaphorische Lesart, womit das Werk durchgängig zu einem Liebesroman wird, obwohl die Minnetrankszene erst nach ca. 12 000 Versen folgt;
– keine Tristanbearbeitung vor Richard Wagner ist in vergleichbarer Weise darauf angelegt, die intellektuelle ebenso wie die affektive Anteilnahme des Publikums zu erringen; zudem eröffnet Gottfrieds Darstellung dem einzelnen Rezipienten vielfältige Assoziations- und Gedankenräume, bis hin zu der Möglichkeit, die Tristanminne als ein quasi-religiöses Phänomen zu erfahren;
– unübertroffen in der Geschichte des ‚Tristan‘ ist die Sprachkunst des Straßburger Dichters, der durch den häufigen Gebrauch von Wortpaaren, Wortspielen, Antithesen und zahlreichen weiteren Stilelementen seinem Werk eine geradezu musikalische Klangqualität verleiht.

Vom Autor dieser bemerkenswerten Dichtung sind außer seiner Kunst keinerlei Zeugnisse erhalten. Aufgrund der im Literaturexkurs des ‚Tristan‘ als lebend bzw. verstorben genannten Personen und unter Hinzuziehung der darin enthaltenen (vermutlichen) Wolfram-Anspielung läßt sich Gottfrieds ‚Tristan‘ immerhin recht genau auf die Jahre um 1210 datieren. Um 1211/1212 hat in Straßburg ein großangelegter Ketzerprozeß stattgefunden, bei dem sich über 80 Personen des Gottesurteils des glühenden Eisens unterziehen mußten, so daß Gottfrieds Gestaltung der entsprechenden Szene im ‚Tristan' möglicherweise vor einem aktuellen Hintergrund geschah. Auch die ausgeprägte (minnemetaphorisch relevante) Kaufmannsmotivik des Werks (vgl. Buschinger 1987) dürfte in der im 13. Jahrhundert aufblühenden Handelsstadt, in deren Oberschicht Gottfrieds primäre Rezipienten zu suchen wären, auf besonderes Interesse gestoßen sein.

Da es aber weder gelungen ist, den Autor noch seinen Gönner Dieterich unter den entsprechenden Namenseinträgen in Straßburger Urkunden zu identifizieren, kann eine Tätigkeit Gottfrieds für einen Förderer im Umland der Stadt zumindest nicht ausgeschlossen werden. Doch finden sich hierfür keine gewichtigen Indizien, so daß Gottfrieds Primärpublikum mit hoher Wahrscheinlichkeit in der oberrheinischen Bischofsstadt zu suchen ist, in der ein dem anspruchsvollen Werk angemessenes intellektuelles Klima geherrscht haben dürfte.

An Gottfrieds hoher Bildung, die sich in seinem Werk vielfältig niederschlägt, besteht kein Zweifel. Er wird von der Forschung zumeist als ein Kleriker in weltlichem Dienst eingeschätzt. Da er von jüngeren Dichterkollegen *meister Gotfrit von Strâzburc* genannt wird, ist es denkbar, daß der des Lateinischen und Französischen mächtige Autor (vgl. 159) einen Magisterabschluß an der Pariser Universität erworben hat, wenngleich der *meister*-Begriff in der mittelhochdeutschen Literatur im Verlauf des 13. Jahrhunderts als Bezeichnung eines volkssprachigen Berufsautors diente. In diesem Zusammenhang ist zu bedenken, daß Gottfried wahrscheinlich auch ein Sangspruchdichter gewesen ist, denn in der sog. Manesseschen Handschrift, einer Lyriksammlung aus dem beginnenden 14. Jahrhundert, werden unter dem Namen Ulrichs von Liechtenstein fälschlich zwei Spruchstrophen überliefert, von denen eine durch Rudolf von Ems, einen jüngeren Zeitgenossen Gottfrieds, ausdrücklich dem Straßburger Dichter zugewiesen wird (vgl. Des Minnesangs Frühling XXIII.I., S. 431 f.; dazu Stackmann 1963; Janota 1995).[17]

Gottfried von Straßburg wird aus heutiger Sicht durch sein Werk als ein volkssprachiger, der höfischen Laienkultur seiner Zeit verpflichteter Dichter (vgl. z.B. 7949–7958) faßbar. Dessen sollte sich der moderne Leser beim Versuch, den Tristanroman zu interpretieren, bewußt sein, zumal in Arbeiten des 20. Jahrhunderts des öfteren stark „theologisie-

---

[17] Die Manessesche Handschrift, welche die mit hoher Wahrscheinlichkeit Gottfried gehörenden Spruchstrophen einem anderen Minnesänger zuweist, führt den Straßburger Dichter als einen Lyriker an und schreibt ihm drei Lieder zu, von denen zwei als unecht nachgewiesen wurden. Auch das dritte, das Minnelied ‚Diu zit ist wunneclich', dürfte nicht aus Gottfrieds Feder stammen (anders Krohn 1995). Bedeutend ist das Autorenbild, das dem Gottfried-Teil in der Manesseschen Handschrift vorangestellt wird. Es handelt sich um die einzige mittelalterliche Darstellung Gottfrieds von Straßburg.

rende" Ansätze verfolgt wurden (dazu Ehrismann 1991). Darüber hinaus muß allerdings auch nach der geistesgeschichtlichen Provenienz jener Züge des Gottfriedschen Romans gefragt werden, die ihn von den Werken der zeitgenössischen mittelhochdeutschen Dichterkollegen abheben. Hierzu zählen das ausgeprägte Interesse Gottfrieds an sprachlicher Reflexion (vgl. u. a. 2001 ff., 12286 ff.), die Neigung zu spekulativ ausgreifenden Exkursen, die prominente Rolle der Allegorie, die besondere Stilqualität des Werks und weitere Aspekte, die sich am besten erklären lassen, wenn man von einer Beeinflussung Gottfrieds durch die Geisteswelt der sog. Schule von Chartres ausgeht (vgl. Jaeger 1977; Huber 1988). Dies könnte bedeuten, daß Gottfrieds Werk auch (moral)philosophische Implikationen enthält. Doch ist hinsichtlich des geistesgeschichtlichen Standortes des gebildeten Straßburger Dichters, der sich z. B. auch mit der intentionsbezogenen Ethik Abaelards vertraut zeigt (vgl. z. B. 144 f.), das letzte Wort noch nicht gesprochen.

Seit jeher hat Gottfrieds anspruchsvolle Dichtung der Forschung viele Rätsel aufgegeben, was die Beschäftigung mit seinem Werk, die im 19. Jahrhundert unter einer moralisierenden Betrachtung litt, seit längerem aber eine Hochkonjunktur verzeichnet, in der Regel nur beflügelte. Noch heute sind sich viele Literaturliebhaber mit denen des Mittelalters in der Wertschätzung der bemerkenswerten Dichtung Gottfrieds einig, die Rudolf von Ems um die Mitte des 13. Jahrhunderts (Alexander v. 3158 f.) zu dem Ausruf veranlaßte:

Wie ist sô gar meisterlich / sîn Tristan!

Bibliographie zur Einführung

I. Werke

Bedier, Joseph: Le Roman de Tristan et Iseut. Paris 1900.

Benskin, Michael, Hunt, Tony und Short, Ian (Hrsg.): Un nouveau fragment du Tristan de Thomas. In: Romania 113 (1995). S. 289–319.

Berol: Tristan und Isolde. Übersetzt von Ulrich Mölk. München 1962.

Curtis, Renée L.: Le Roman de Tristan en Prose. 2 Bde. München 1963, Leiden 1976.

Des Minnesangs Frühling. Bearb. von Hugo Moser und Helmut Tervooren. 36., neugestaltete und erw. Aufl. 2 Bde. Stuttgart 1977.

Die nordische Version der Tristan Sage. Tristrams Saga ok Ísondar. Hrsg. von Eugen Kölbing. Hildesheim, New York 1978 (Nachdr. d. Ausg. Heilbronn 1878).

Eilhart von Oberg: Tristrant. Edition diplomatique des manuscrits et traduction en français moderne avec introduction, notes et index. Hrsg. von Danielle Buschinger. Göppingen 1976.

Heinrich von Freiberg: Tristan. In: Heinrich von Freiberg. Mit Einleitungen über Stil, Sprache, Metrik, Quellen und die Persönlichkeit des Dichters. Hrsg. von Alois Bernt. Halle 1906. (Nachdr. Tübingen 1978). Teil II. S. 1–211.

Kieseritzky, Ingomar und Bellingkrodt, Karin: Tristan und Isolde im Wald von Morois oder Der zerstreute Diskurs. Dialoge. Graz 1987.

Rudolf von Ems: Alexander. Ein höfischer Versroman des 13. Jahrhunderts. Zum ersten Male hrsg. von Viktor Junk. 2 Teile. Leipzig 1928/29.

Thomas: Tristan. Eingel., textkrit. bearb. u. übers. von Gesa Bonath. München 1985.

Ulrich von Türheim: Tristan. Hrsg. von T. Kerth. Tübingen 1979.

Updike, John: Brazil. Harmondsworth 1994.

II. Hilfsmittel, Einführungen, Sammelbände

Chinca, Mark: Gottfried von Strassburg: Tristan. Cambridge 1997.

Combridge, Rosemary: Das Recht im ‚Tristan' Gottfrieds von Straßburg. 2. Aufl. Berlin 1964.

Hall, Clifton D.: A complete concordance to Gottfried von Straßburgs Tristan. Lewiston 1992.

Hasty, Will (Hrsg.): A Companion to Gottfried von Strassburg's „Tristan". Rochester 2003.

Huber, Christoph: Bibliographie zum ‚Tristan' Gottfrieds von Straßburg (seit 1984). In: ‚Encomia-Deutsch'. Sonderheft der Deutschen Section der ICLS (International Courtly Literature Society). Tübingen 2000. S. 80–128.

Huber, Christoph: Gottfried von Straßburg: Tristan. 2. verb. Aufl. Berlin 2001.

Johnson, L. Peter: Die höfische Literatur der Blütezeit (1160/70–1220/30). Tübingen 1999 (Geschichte der deutschen Literatur von den Anfängen bis zum Beginn der Neuzeit. Hrsg. von Joachim Heinzle. Bd. II/1).

Krohn, Rüdiger: Gottfried von Straßburg: Tristan. Bd. 3: Kommentar, Nachwort und Register. Stuttgart ⁵1998.

Okken, Lambertus: Kommentar zum Tristan-Roman Gottfrieds von Straßburg. 2 Bde. Amsterdam ²1996.

Ruh, Kurt: Höfische Epik des deutschen Mittelalters II. ‚Reinhart Fuchs', ‚Lanzelet', Wolfram von Eschenbach, Gottfried von Straßburg. Berlin 1980.

Steinhoff, Hans-Hugo: Bibliographie zu Gottfried von Straßburg. Berlin 1971.

Steinhoff, Hans-Hugo: Bibliographie zu Gottfried von Straßburg II. Berichtzeitraum 1970–1983. Berlin 1986.

Stevens, Adrian und Wisbey, Roy (Hrsg.): Gottfried von Strassburg and the Medieval Tristan Legend. Papers from an Anglo-North American Symposium. Cambridge 1990.

Wolf, Alois (Hrsg.): Gottfried von Straßburg. Darmstadt 1973.

III. Forschungsliteratur

Bonath, Gesa: Nachtrag zu den Akrosticha in Gottfrieds ‚Tristan'. In: ZfdA 115 (1986). S. 101–116.

Brinker-von der Heyde, Claudia: Autorität dank Autoritäten: Literaturexkurse und Dichterkataloge als Mittel zur Selbststilisierung. In: Autorität der/in Sprache, Literatur, Neuen Medien. Vorträge des Bonner Germanistentages 1997. Bd. 2. Hrsg. von Jürgen Fohrmann u.a. Bielefeld 1999. S. 442–464.

Buschinger, Danielle: Das Bild des Kaufmanns im Tristan-Roman und bei Wolfram von Eschenbach. In: Zs. für Germanistik 5 (1987). S. 532–543.

Chinca, Mark: History, Fiction, Verisimilitude. Studies in the Poetics of Gottfried's Tristan. London 1993.

Classen, Albrecht: König Marke in Gottfrieds von Straßburg Tristan: Versuch einer Apologie. In: ABäG 35 (1992). S. 37–63.

Christ, Winfried: Rhetorik und Roman. Untersuchungen zu Gottfrieds von Straßburg ‚Tristan und Isold'. Meisenheim am Glan 1977.

Crossgrove, William C.: Numerical Composition in Gottfried's Tristan. The Petitcreiu Episode. In: MLQ 30 (1969). S. 20–32.

Dick, Ernst S.: The Hunted Stag and the Renewal of Minne: Bast in Gottfried's Tristan. In: Tristania 17 (1996). S. 1–25.

Dicke, Gerd: Erzähltypen im ‚Tristan'. Studien zur Tradition und Transformation internationaler Erzählmaterialien in den Romanversionen bis zu Gottfried von Straßburg. Habilitationsschrift [masch.] Göttingen 1997.

Dicke, Gerd: Gouch Gandin. Bemerkungen zur Intertextualität der Episode von ‚Rotte und Harfe' im ‚Tristan' Gottfrieds von Straßburg. In: ZfdA 127 (1998). S. 121–148.

Ehrismann, Otfrid: Isolde, der Zauber, die Liebe – der Minnetrank in Gottfrieds Tristan zwischen Symbolik und Magie. In: Ergebnisse und Aufgaben der Germanistik am Ende des 20. Jahrhunderts. Fs. Ludwig Erich Schmitt. Hrsg. von Elisabeth Feldbusch. Hildesheim [u.a.] 1989. S. 282–301.

Ehrismann, Otfrid: Theologie und Erotik. Die geistesgeschichtliche Wende der ‚Tristan'-Rezeption und ihr Heiterkeitsdefizit. In: Uf der mâze pfat. Fs. Werner Hoffmann. Hrsg. von Waltraud Fritsch-Rößler. Göppingen 1991. S. 115–134.

Eifler, Günter: Publikumsbeeinflussung im strophischen Prolog zum Tristan Gottfrieds von Straßburg. In: Fs. Karl Bischoff. Hrsg. von Günter Bellmann u.a. Köln, Wien 1975. S. 357–389.

Eifler, Günter: Das Carlisle-Fragment und Gottfried von Straßburg. Unterschiedliche Liebeskonzepte? In: Vox Sermo Res. Beiträge zur Sprachreflexion, Literatur- und Sprachgeschichte vom Mittelalter bis zur Neuzeit. Fs. Uwe Ruberg. Hrsg. von Wolfgang Haubrichs u.a. Stuttgart, Leipzig 2001. S. 113–130.

Ernst, Ulrich: Gottfried von Straßburg in komparatistischer Sicht. Form und Funktion der Allegorese im Tristanepos. In: Euph. 70 (1976). S. 1–72.

Fromm, Hans: Tristans Schwertleite. In: DVjs 41 (1967). S. 333–350.

Fromm, Hans: Gottfried von Straßburg und Abaelard. In: Fs. Ingeborg Schröbler. Hrsg. von Dietrich Schmidtke und Helga Schüppert. Tübingen 1973. S. 196–216.

Furstner, Hans: Der Beginn der Liebe bei Tristan und Isolde in Gottfrieds Epos. In: Neoph. 41 (1957). S. 25–38.

Ganz, Peter F.: Minnetrank und Minne. Zu Tristan, Z. 11707 f. In: Formen mittelalterlicher Literatur. Fs. Siegfried Beyschlag. Hrsg. von Otmar Werner und Bernd Naumann. Göppingen 1970. S. 63–75.

Green, Dennis H.: Irony in the Medieval Romance. Cambridge 1979.

Gruenter, Rainer: Bauformen der Waldleben-Episode in Gotfrids Tristan und Isold. In: Gestaltprobleme der Dichtung. Fs. Günther Müller. Hrsg. von Richard Alewyn u. a. Bonn 1957. S. 21–48.

Gruenter, Rainer: Das wunnecliche tal. In: Euph. 55 (1961). S. 341–404.

Gnaedinger, Louise: Musik und Minne im „Tristan" Gotfrids von Staßburg. Düsseldorf 1967.

Grill, Dorothee: Tristan-Dramen des 19. Jahrhunderts. Göppingen 1997.

Grosse, Siegfried: Vremdiu maere – Tristans Herkunftsberichte. In: WW 20 (1970). S. 289–302.

Haas, Alois: Todesbilder im Mittelalter. Fakten und Hinweise in der deutschen Literatur. Darmstadt 1989.

Hahn, Ingrid: Raum und Landschaft in Gottfrieds Tristan. Ein Beitrag zur Werkdeutung. München 1963.

Hahn, Ingrid: daz lebende paradis. (Tristan 17858–18114). ZfdA 92 (1963). S. 184–195 (= Hahn 1963a).

Hatto, Arthur T.: Der Minnen vederspil Isot. In: Euph. 51 (1957). S. 302–307.

Haug, Walter: Aventiure in Gottfrieds von Straßburg Tristan. In: Fs. Hans Eggers. Hrsg. von Herbert Backes. Tübingen 1972. S. 88–125.

Haug, Walter: Der ‚Tristan' – eine interarthurische Lektüre. In: Artusroman und Intertextualität (Beiträge der Deutschen Sektionstagung der Internationalen Artusgesellschaft vom 16. bis 19. November 1989). Hrsg. von Friedrich Wolfzettel. Gießen 1990. S. 57–72.

Haug, Walter: Literaturtheorie im deutschen Mittelalter. Von den Anfängen bis zum Ende des 13. Jahrhunderts. 2. Aufl. Darmstadt 1992.

Haug, Walter: Eros und Tod. Erotische Grenzerfahrung im mittelalterlichen Roman. In: Annäherungsversuche. Zur Geschichte und Ästhetik des Erotischen in der Literatur. Hrsg. von Horst Albert Glaser. Bern [u. a.] 1993. S. 31–58.

Haug, Walter: Gottfrieds von Straßburg Verhältnis zu Thomas von England im Licht des neu aufgefundenen ‚Tristan'-Fragments von Carlisle. Koninklijke Nederlandse Akademie van Wetenschappen. Mededelingen van de Afdeling Letterkunde, Nieuwe Reeks, Deel 62 No 4. Amsterdam 1999.

Haupt, Barbara: Zum Prolog des ‚Tristan' Gottfrieds von Straßburg. Prolegomenon zu einer wirkungs- und rezeptionsorientierten Untersuchung mittelalterlicher volkssprachlicher Prologe. In: Literatur – Publikum – historischer Kontext. Hrsg. von Gert Kaiser. Bern [u. a.] 1977. S. 109–136.

Herzmann, Herbert: Nochmals zum Minnetrank in Gottfrieds Tristan. Anmerkungen zum Problem der psychologischen Entwicklung in der mittelhochdeutschen Epik. In: Euph. 70 (1976). S. 73–94.

Hoffmann, Werner: Marke in den deutschen Tristandichtungen des Mittelalters. In: Geist und Zeit. Fs. für Roswitha Wisniewski. Hrsg. von Carola L. Gottzmann und Herbert Kolb. Frankfurt/M. 1991. S. 57–76.

Hoffmann, Werner: Die vindaere wilder maere. In: Euph. 89 (1995). S. 129–150.

Hollandt, Gisela: Die Hauptgestalten in Gottfrieds Tristan. Wesenszüge – Handlungsfunktion – Motiv der List. Berlin 1966.

Huber, Christoph: Wort-Ding-Entsprechungen. Zur Sprach- und Stiltheorie Gottfrieds von Straßburg. In: Befund und Deutung. Fs. Hans Fromm. Hrsg. von Klaus Grubmüller u. a. Tübingen 1979. S. 268–302.

Huber, Christoph: Die Aufnahme und Verarbeitung des Alanus ab Insulis in mittelhochdeutschen Dichtungen. Untersuchungen zu Thomasin von Zerklaere, Gottfried von Straßburg, Frauenlob, Heinrich von Neustadt, Heinrich von St. Gallen, Heinrich von Mügeln und Johannes von Tepl. München 1988.

Huber, Christoph: Spiegelungen des Liebestodes im ‚Tristan‘ Gottfrieds von Straßburg. In: Tristan und Isolde. Unvergängliches Thema der Weltkultur. XXX. Jahrestagung des Arbeitskreises „Deutsche Literatur des Mittelalters“ (Mont-Saint-Michel, 27. September – 1. Oktober 1995). Hrsg. von Danielle Buschinger und Wolfgang Spiewok. Greifswald 1996. S. 127–140.

Jackson, William Thomas Hobdell: Der Künstler Tristan in Gottfrieds Dichtung. In: Wolf 1973, S. 280–304.

Jaeger, C. Stephen: Medieval Humanism in Gottfried von Strassburg's Tristan and Isolde. Heidelberg 1977.

Janota, Johannes: Fortuna vitrea. In: Fortuna. Hrsg. von Walther Haug und Burghart Wachinger. Tübingen 1995. S. 344–362.

Jantzen, Ulrike und Kröner, Nils: Zum neugefundenen Tristan-Fragment des Thomas d'Angleterre. Editionskritik und Vergleich mit Gottfrieds Bearbeitung. In: Euph. 91 (1997). S. 291–309.

Jupé, Wolfgang: Die „List“ im Tristanroman Gottfrieds von Straßburg. Intellektualität und Liebe oder die Suche nach dem Wesen der individuellen Existenz. Heidelberg 1976.

Kästner, Hannes: Harfe und Schwert. Der höfische Spielmann bei Gottfried von Straßburg. Tübingen 1981.

Karg, Ina: Die Markefigur im ‚Tristan‘. Versuch über die literaturgeschichtliche Position Gottfrieds von Straßburg. In: ZfdPh 113 (1994). S. 66–87.

Kern, Peter: Gottfried von Straßburg und Ovid. In: „swer sînen vriunt behaltet, daz ist lobelîch“. Fs. András Vizkelety. Hrsg. von Márta Nagy und László Jónácsik. Budapest 2001. S. 35–49.

Kerth, Thomas: Marke's Royal Decline. In: Stevens/Wisbey 1990, S. 105–116.

Kolb, Herbert: Der Minnen hus. Zur Allegorie der Minnegrotte in Gottfrieds Tristan. In: Euph. 56 (1962). S. 229–247.

Kolb, Herbert: Der ware Elikon. Zu Gottfrieds Tristan vv. 4862–4907. In: DVjs 41 (1967). S. 1–26.

Kolb, Herbert: Der Hof und die Höfischen. Bemerkungen zu Gottfried von Straßburg. In: ZfdA 106 (1977). S. 236–252.

Kolb, Herbert: Ars venandi im ‚Tristan‘. In: Medium Aevum deutsch. Fs. Kurt Ruh. Hrsg. von Dietrich Huschenbett u. a. Tübingen 1979. S. 175–197.

Kolb, Herbert: Isoldes Eid. Zu Gottfried von Straßburg, Tristan 15267–15764. In: ZfdPh 107 (1988). S. 321–335.

Konecny, Silvia: Tristan und Marke bei Gottfried von Straßburg. In: Leuv.Bijdr. 66 (1977). S. 43–60.

Konietzko, Peter: ‚Sinn‘ und Interpretation. Zur Hermeneutik mittelalterlicher Texte. Diss. phil. Bonn 1983.

Krohn, Rüdiger: Der Minnesänger Gottfried von Straßburg. Noch ein Plädoyer für ein erweitertes Autor-Verständnis. In: „Dâ hoeret ouch geloube zuo“. Fs. Günther Schweikle. Hrsg. von Rüdiger Krohn. Stuttgart, Leipzig 1995. S. 89–102.

Kucaba, Kelley: Höfisch inszenierte Wahrheiten. Zu Isoldes Gottesurteil bei Gottfried von Straßburg. In: Fremdes wahrnehmen – fremdes Wahrnehmen. Studien zur Geschichte der Wahrnehmung und zur Begegnung von Kulturen in Mittelalter und früher Neuzeit. Hrsg. von Wolfgang Harms und C. Stephen Jaeger. Stuttgart, Leipzig 1997. S. 73–93.

Küsters, Urban: Liebe zum Hof. Vorstellungen und Erscheinungsformen einer ‚höfischen‘

Lebensordnung in Gottfrieds Tristan. In: Höfische Literatur, Hofgesellschaft, Höfische Lebensformen um 1200. Kolloquium am Zentrum für Interdisziplinäre Forschung der Universität Bielefeld (3. bis 5. November 1983). Hrsg. von Gert Kaiser und Jan-Dirk Müller. Düsseldorf 1986. S. 141–176.

Kuhn, Hugo: Tristan, Nibelungenlied, Artusstruktur. In: Sitzungsber. d. Bayer. Akad. d. Wiss., phil. hist. Klasse 1973 H. 5. München 1973.

Kunitzsch, Paul: Are There Oriental Elements in the Tristan Story? In: Vox Romanica 39 (1980). S. 73–85.

Lejeune, Rita: Rôle littéraire d'Aliénor d'Aquitaine et de sa famille. In: Cultura Neolatina 14 (1954). S. 5–57.

Maurer, Friedrich: Leid. Studien zur Bedeutungs- und Problemgeschichte, besonders in den großen Epen der staufischen Zeit. 4. Aufl. Bern, München 1969.

McCann, W[illiam] J[oseph]: The Celtic and Oriental Material Re-examined. In: Tristan and Isolde. A Casebook. Hrsg. von Joan Tasker Grimbert. New York, London 1995. S. 3–35.

Meißburger, Gerhard: Tristan und Isold mit den weißen Händen. Die Auffassung der Minne, der Liebe und der Ehe bei Gottfried von Straßburg und Ulrich von Türheim. Basel 1954.

Mertens, Volker: Bildersaal – Minnegrotte – Liebestrank. Zu Symbol, Allegorie und Mythos im Tristanroman. In: PBB 117 (1995). S. 40–64.

Mieth, Dietmar: Dichtung, Glaube und Moral. Studien zur Begründung einer narrativen Ethik mit einer Interpretation zum Tristanroman Gottfrieds von Straßburg. Mainz 1976.

Mikasch-Köthner, Dagmar: Zur Konzeption der Tristanminne bei Eilhart von Oberg und Gottfried von Straßburg. Stuttgart 1991.

Mohr, Wolfgang: ‚Tristan und Isold‘ als Künstlerroman. In: Euph. 53 (1959). S. 153–174.

Müller, Irmgard: Liebestränke, Liebeszauber und Schlafmittel in der mittelalterlichen Literatur. In: Liebe – Ehe – Ehebruch in der Literatur des Mittelalters. Vorträge des Symposiums vom 13. bis 16. Juni 1983 am Institut für deutsche Sprache und Literatur der Justus Liebig-Universität Gießen. Hrsg. von Xenja von Ertzdorff und Marianne Wynn. Gießen 1984. S. 71–87.

Müller, Ulrich: The Modern Reception of Gottfried's Tristan and the Medieval Legend of Tristan and Isolde. In: Hasty 2003, 285–304.

Müller-Kleimann, Siegrid: Gottfrieds Urteil über den zeitgenössischen deutschen Roman. Ein Kommentar zu den Tristanversen 4619–4748. Stuttgart 1990.

Nauen, Hans-Günther: Die Bedeutung von Religion und Theologie im ‚Tristan‘ Gottfrieds von Straßburg. Diss. phil. Marburg 1947.

Nellmann, Eberhard: Wolfram und Kyot als vindaere wilder maere. Überlegungen zu ‚Tristan‘ 4619–88 und ‚Parzival‘ 453, 1–17. In: ZfdA 117 (1988). S. 31–67.

Nellmann, Eberhard: Brangaene bei Thomas, Eilhart und Gottfried. Konsequenzen aus dem Neufund des Tristan-Fragments von Carlisle. In: ZfdPh 120 (2001). S. 24–38.

Nowe, Johan: Riwalin und Blanscheflur. Analyse und Interpretation der Vorgeschichte von Gottfrieds „Tristan" als formaler und thematischer Vorwegnahme der Gesamtgeschichte. In: Leuv.Bijdr. 71 (1982). S. 265–330.

Ott, Norbert H.: ‚Tristan‘ auf Runkelstein und die übrigen zyklischen Darstellungen des Tristanstoffes. Textrezeption oder medieninterne Eigengesetzlichkeit der Bildprogramme? In: Runkelstein. Die Wandmalereien des Sommerhauses. Hrsg. von Walter Haug, Joachim Heinzle, Dietrich Huschenbett, Norbert H. Ott. Wiebaden 1982. S. 194–239.

Padel, Oliver, J.: The Cornish Background of the Tristan Stories. In: Cambridge Medieval Celtic Studies 1 (1981). S. 53–81.

Pasierbsky, Fritz: Lügensprecher – Ehebrecher – Mordstecher. Warum wir nicht lügen sollen und es doch nicht lassen können ... Frankfurt / M. [u.a.] 1996.

Payen, Jean-Charles: Lancelot contre Tristan: La conjuration d'un mythe subversif (réflexions sur l'idéologie romanesque au moyen age). In: Mélanges de langue et de littérature médiévales. Fs. Pierre le Gentil. Paris 1973. S. 617–632.

Peiffer, Lore: Zur Funktion der Exkurse im ‚Tristan' Gottfrieds von Straßburg. Göppingen 1971.

Peschel, Gerd-Dietmar: Prolog-Programm und Fragment-Schluß in Gotfrits Tristanroman. Erlangen 1976.

Ranke, Friedrich: Tristan und Isold. München 1925.

Ranke, Friedrich: Die Allegorie der Minnegrotte in Gottfrieds Tristan. Berlin 1925 (= Ranke 1925a).

Ries, Sybille: Erkennen und Verkennen in Gottfrieds ‚Tristan' mit besonderer Berücksichtigung der Isold-Weißhand-Episode. In: ZfdA 109 (1980). S. 316–337.

Rolf, Hans: Der Tod in mittelhochdeutschen Dichtungen. Untersuchungen zum St. Trudperter Hohenlied und zu Gottfrieds von Straßburg ‚Tristan und Isolde'. München 1974.

de Rougemont, Denis: Die Liebe und das Abendland. Köln, Berlin 1966.

Ruberg, Uwe: Zur Poetik der Eigennamen in Gottfrieds ‚Tristan'. In: Sprache – Literatur – Kultur: Studien zu ihrer Geschichte im deutschen Süden und Westen. Fs. Wolfgang Kleiber. Hrsg. von Albrecht Greule und Uwe Ruberg. Wiesbaden 1989. S. 301–320.

Sawicki, Stanislaw: Gottfried von Straßburg und die Poetik des Mittelalters. Berlin 1932.

Schild, Wolfgang: Das Gottesurteil der Isolde. Zugleich eine Überlegung zum Verhältnis von Rechtsdenken und Dichtung. In: Alles was Recht war. Fs. Ruth Schmidt-Wiegand. Hrsg. von Hans Höfinghoff u.a. Essen 1996. S. 55–75.

Schirok, Bernd: Zu den Akrosticha in Gottfrieds „Tristan". Versuch einer kritischen und weiterführenden Bestandsaufnahme. In: ZfdA 113 (1984). S. 188–213.

Schirok, Bernd: Handlung und Exkurse in Gottfrieds ‚Tristan'. Textebenen als Interpretationsproblem. In: Texttyp, Sprechergruppe, Kommunikationsbereich. Studien zur deutschen Sprache in Geschichte und Gegenwart. Fs. Hugo Steger. Hrsg. von Heinrich Löffler u.a. Berlin, New York 1994. S. 33–51.

Schnell, Rüdiger: Causa Amoris. Liebeskonzeption und Liebesdarstellung in der mittelalterlichen Literatur. Bern, München 1985.

Schnell, Rüdiger: Suche nach Wahrheit. Gottfrieds „Tristan und Isold" als erkenntniskritischer Roman. Tübingen 1992.

Schöning, Brigitte: Name ohne Person. – Auf den Spuren der Isolde Weißhand. In: Der frauwen buoch. Versuche zu einer feministischen Mediävistik. Hrsg. von Ingrid Bennewitz. Göppingen 1989. S. 159–178.

Schröder, Werner: Text und Interpretation III. Zur Kunstanschauung Gottfrieds von Straßburg und Konrads von Würzburg nach dem Zeugnis ihrer Prologe. Stuttgart 1990 (Sitzungsber. d. Wiss. Ges. an der Johann Wolfgang Goethe-Universität Frankfurt am Main. XXVI, 5).

Schultz, James A.: Why does Marke Marry Isolde? And why do we care? An Essay on Narrative Motivation. In: DVjs 61 (1987). S. 207–222.

Schultz, James A.: Why do Tristan an Isolde Leave for the Woods? Narrative Motivation and Narrative Coherence in Eilhart von Oberg and Gottfried von Straßburg. In: MLN 102 (1987). S. 587–607 [= Schultz 1987a].

Schulze, Ursula: Literarkritische Äußerungen im Tristan Gottfrieds von Straßburg. In: PBB 88 (Tübingen) (1967). S. 285–310.

Semmler, Hartmut: Listmotive in der mittelhochdeutschen Epik. Zum Wandel ethischer Normen im Spiegel der Literatur. Berlin 1991.

Speckenbach, Klaus: Studien zum Begriff edelez herze im Tristan Gottfrieds von Straßburg. München 1965.

Spiewok, Wolfgang: Vexierbilder des Königs Marke. In: Tristan und Isolde. Unvergängliches Thema der Weltkultur. XXX. Jahrestagung des Arbeitskreises ‚Deutsche Literatur des Mittelalters' (Mont-Saint-Michel, 27. September–1. Oktober 1995). Hrsg. von Danielle Buschinger und Wolfgang Spiewok. Greifswald 1995. S. 231–240.

Stackmann, Karl: Gîte und Gelücke. Über die Spruchstrophen Gotfrids. In: Fs. Ulrich Pretzel. Hrsg. von Werner Simon u.a. Berlin 1963. S. 191–204.

Stein, Peter K.: Tristanstudien. Hrsg. von Ingrid Bennewitz. Stuttgart, Leipzig 2001.

Stökle, Ulrich: Die theologischen Ausdrücke und Wendungen im ‚Tristan' Gottfrieds von Straßburg. Ulm 1915.

Tekinay, Alev: Materialien zum vergleichenden Studium von Erzählmotiven in der deutschen Dichtung des Mittelalters und den Literaturen des Orients. Frankfurt/M. [u.a.] 1980.

Tomasek, Tomas: Die Utopie im ‚Tristan' Gotfrids von Straßburg. Tübingen 1985.

Trimborn, Karin: Le philtre d'amour chez Eilhart et chez Gottfried. In: Tristan et Iseut, mythe européen et mondial. Actes du Colloque des 10, 11 et 12 janvier 1986. Hrsg. von Danielle Buschinger. Göppingen 1987. S. 405–421.

Urbanek, Ferdinand: Die drei Minne-Exkurse im ‚Tristan' Gottfrieds von Straßburg. In: ZfdPh 98 (1979). S. 344–371.

Varvaro, Alberto: La teoria dell'archetipo tristiano. In: Romania 88 (1967). S. 13–58.

Willms, Eva: ‚Der lebenden brôt.' Zu Gottfried von Straßburg ‚Tristan' 238 (240). In: ZfdA 123 (1994). S. 19–44.

Wessel, Franziska: Probleme der Metaphorik und die Minnemetaphorik in Gottfrieds von Straßburg ‚Tristan und Isolde'. München 1984.

Wolf, Alois: diu wâre wirtinne – der wâre Elicôn. Zur Frage des typologischen Denkens in volkssprachlicher Dichtung des Hochmittelalters. In: ABäG 6 (1974). S. 93–131.

Wolf, Alois: Gottfried von Straßburg und die Mythe von Tristan und Isolde. Darmstadt 1989.

Worstbrock, Franz Josef: Der Zufall und das Ziel. Über die Handlungsstruktur in Gottfrieds ‚Tristan'. In: Fortuna. Hrsg. von Walter Haug und Burghart Wachinger. Tübingen 1995. S. 34–51.

Wynn, Marianne: Nicht-tristanische Liebe in Gottfrieds ‚Tristan'. Liebesleidenschaft in Gottfrieds Elterngeschichte. In: Liebe – Ehe – Ehebruch in der Literatur des Mittelalters. Vorträge des Symposiums vom 13. bis 16. Juni 1983 am Institut für deutsche Sprache und Literatur der Justus Liebig-Universität Gießen. Hrsg. von Xenja von Ertzdorff und Marianne Wynn. Gießen 1984. S. 56–70.

Zotz, Nicola: Programmatische Vieldeutigkeit und verschlüsselte Eindeutigkeit. Das Liebesbekenntnis bei Thomas und Gottfried von Straßburg (mit einer neuen Übersetzung des Carlisle-Fragments. In: GRM 50 (2000). S. 1–19

Übersetzung von
Peter Knecht

Gedächte man nicht derer im Guten, die Gutes stiften in der Welt, so wäre alles Gute, das in der Welt geschieht, wie ungeschehen.

Das, was ein guter Mann in allerbester Absicht der Welt zu Gute tut, soll man nicht anders als mit Güte annehmen, sonst tut man unrecht.

Ich höre oft, wie man das schlecht macht, [10] was man doch gerne haben will: da ist des wenigen zu viel, da will man, wovon man nichts will.

Es steht einem Mann wohl an, zu loben, was er doch nicht entbehren kann, und so soll er sich wohl gefallen lassen, was er sich sonst gefallen lassen müsste.

Teuer und wert ist mir der Mann, der gut und schlecht zu beurteilen weiß, der mich und jedermann [20] nach seinem Wert zu schätzen versteht.

Ehre und Lob schaffen Meisterwerke, wo Meisterschaft ist, die man loben kann. Wo sie mit dem Blütenkranz des Lobs ausgezeichnet wird, da blüht Meisterschaft aller Art.

Regelmäßig fällt ein Ding, dem Lob und Ehre versagt bleibt, immer mehr in Missachtung, und nach der gleichen Regel empfiehlt sich das und wird beliebt, was Ehre hat und Lob nicht entbehren muss.

Ist es auch heutzutage weithin Brauch, [30] das Gute wie etwas Übles und das Üble wie etwas Gutes zu schätzen, so ist das doch keine Sitte, das ist eine Unsitte.

Critischer Scharfsinn und Kunst mögen einander noch so schön erleuchten – wenn Neid sich bei ihnen einquartiert, löscht er Kunst und Verstand aus.

Hei, Vortrefflichkeit, wie schmal sind deine Pfade, wie beschwerlich deine Wege! Deine Wege und Stege – [40] wohl dem, der auf ihnen geht und wandelt!

Treibe ich, dessen Lebenszeit gemessen ist, meine Zeit umsonst dahin, lebe ich in der Welt nicht so, wie es meine weltliche Berufung ist.

Ich habe mir eine Arbeit vorgenommen der Welt zuliebe und edlen Herzen zu Gefallen – den Herzen, denen mein Herz gehört, der Welt, in die mein Herz blickt. [50] Ich rede nicht von der Welt aller Menschen, so von der, die, wie ich höre, keinen Schmerz ertragen kann und immer nur in Freuden schweben will: Die mag Gott nach ihren Wünschen in Freuden leben lassen. Dieser Welt und diesem Leben ist meine Rede nicht bequem, ihr Leben und das meine gehen auseinander. Ich habe eine andere Welt im Sinn, die ungetrennt in einem Herzen [60] ihre süße Bitternis trägt, ihr liebes Leid, ihres Herzens Seligkeit, ihre brennende Sehnsucht, ihr liebes Leben, ihren bösen Tod, ihren lieben Tod, ihr böses Leben. Diesem Leben weihe ich mein Leben, dieser Welt will ich angehören und mit ihr verderben oder selig werden. Bei ihr war ich bis jetzt und habe mit ihr meine Tage hingebracht, die mir für schwere Zeiten [70] Beleh-

3

rung und Weisung geben sollten. Ihr habe ich meine Arbeit vorgelegt zur Kurzweil, damit meine Geschichte ihren Kummer etwas lindere und ihre Not; denn wer etwas vor Augen hat, mit dem Herz und Sinn sich beschäftigen können, der vertreibt die Schwermut von seinem bedrückten Gemüt: [80] Das hilft gegen Herzenskummer. Alle stimmen mir darin zu: Wenn der Untätige mit Liebesleid zu kämpfen hat, schadet ihm dieses Übel mehr als jedem anderen. Wo zum Liebeskummer Muße tritt, wächst der Kummer immerfort. Darum soll sich der, der sich in seinem Herzen mit Liebesleid und Sehnsuchtsschmerzen plagt, unbedingt [90] Beschäftigung suchen: Das macht die Seele frei und tut ihr gut. Ich rate aber keineswegs dazu, dass einer, der nach Liebe verlangt, je eine Beschäftigung wählt, die nicht zu reiner Liebe passt. Mit einer Geschichte von Sehnsuchtsschmerzen soll ein Sehnender Herz und Mund beschäftigen [100] und seine Leiden lindern. Jetzt hört man aber allzu häufig eine Meinung, der ich mich sonst gern anschließen wollte: Je mehr die Seele, die sich in Sehnsucht verzehrt, mit Sehnsuchtsgeschichten umgehe, desto schlimmer werde ihr Leiden. Diese Ansicht hätte meinen Beifall, wenn da nicht noch etwas wäre, was mich abhält: Wer so recht innig liebt, dem mag es von Herzen weh tun, [110] doch will sein Herz nicht davon lassen. Je ärger die innig liebende Seele in ihrer Glut brennt, desto mächtiger liebt sie. Dieses Leid ist so voller Seligkeit, dieses Übel tut dem Herzen so recht wohl, dass kein edles Herz davon verschont sein will, denn es wird erst dadurch, was es ist. Ich weiß es so gewiss wie meinen Tod [120] und kann diese Not nicht anders deuten: Der Edle, der sich in Sehnsucht verzehrt, liebt Geschichten von Sehnsucht und Liebe. Wen es nach solchen Geschichten verlangt, der soll nicht in die Ferne schweifen, sondern hierher kommen: Ich werde ihm recht berichten von edlen Liebenden, die reines Liebesverlangen schön aller Welt offenbaren: ein Liebender und eine Liebende, ein Mann – eine Frau, eine Frau – ein Mann, [130] Tristan – Isôt, Isôt – Tristan.

Ich weiß wohl, dass schon viele von Tristan erzählt haben, und doch sind es nicht viele, die richtig von ihm erzählten.

Gäbe ich nun aber zu verstehen und setzte ich meine Worte so, als wollte ich sagen, dass mir das, was die anderen alle berichtet haben, missfiele, so redete ich anders, als ich soll. [140] Das tue ich nicht: Sie haben gut erzählt und aus edlem Herzen mir und der Welt zum Besten. Wahrhaftig, sie taten es in guter Absicht, und was man in guter Absicht tut, das ist auch wirklich gut und wohl getan. Und doch ist es wahr, wenn ich sage, dass sie nicht richtig erzählt haben: nicht nach der Richtschnur [150] des Thomas von Britanje. Der war der Meister über diesen Stoff, er hatte in britûnischen Büchern das Leben aller großen Herren beschrieben gefunden, daraus schöpfte er.

4

Geleitet von dem, was er über Tristan sagt, machte ich mich voller Eifer daran, sowohl in französischen als auch in lateinischen Büchern die ganze Wahrheit und Bestätigung zu suchen, [160] und bemühte mich nach Kräften, dieses Werk an seiner Richtschnur auszurichten. So suchte ich lange herum, bis ich in einem Buch alles das geschrieben fand, was er von diesen Geschehnissen berichtet. Und was ich gelesen habe von dieser Liebesgeschichte, das lege ich aus freien Stücken [170] allen edlen Herzen vor, auf dass sie sich damit beschäftigen: Es wird ihnen gut tun, sie zu hören. Gut? Ja, von Herzen gut! Es versüßt das Glück und adelt den Sinn, es festigt die Treue und gibt dem Leben Kraft, es kann einem Leben sehr wohl Wert und Kraft verleihen; denn wo man von so reiner Treue hört oder liest, da werden einem treuen Mann [180] die Treue und andere Tugenden lieb. Freundlichkeit, Treue, Beständigkeit, Ehre und viele andere Werte entfalten nirgendwo so gewinnenden Reiz wie dort, wo man von Liebesglück und Herzeleid aus Liebe erzählt. Liebe ist ein so seliges Ding, ein so segensreiches Streben, dass niemand ohne ihre Weisung [190] zu wahrem Wert und Ehre gelangt. So oft gibt Liebe dem Leben Wert, so viele Tugenden treibt sie hervor – ach, dass nicht alle Menschen nach wahrer Liebe streben! Ach, dass ich so wenige sehe, die im Herzen lauteres Verlangen nach ihrem lieben Schatz tragen, und schuld daran ist nur der elende Jammer, der bisweilen verborgen bei der Liebe [200] im Herzen liegt.

Warum sollte ein edler Sinn nicht gern bereit sein, ein Übel zu leiden um eines tausendmal größeren Guten willen, um vieler Freuden willen einen Kummer? Wem nie von Liebe ein Leid geschah, dem ist auch nie etwas Liebes von ihr geschehen. Freud und Leid waren immer schon in der Liebe untrennbar verbunden. Man muss mit diesen beiden zu Ruhm und Ehre gelangen [210] oder ohne sie verderben. Wenn die zwei, von denen diese Liebesgeschichte erzählt, nicht um der Liebe willen Leid und um des Herzens Wonne willen Sehnsuchtspein in einem Herzen getragen hätten, so wären ihre Namen und ihre Geschichte niemals so vielen edlen Herzen so lieb und teuer geworden. Noch heute ist uns ihre Geschichte süß und immer neu, es tut uns wohl, [220] von ihrer innigen Treue erzählen zu hören, von ihrem Glück, ihrem Leid, ihrer Seligkeit, ihrer Not. Sind sie auch schon lange tot, so lebt ihr süßer Name noch, und im Tod leben sie weiter und werden immer leben und den Menschen Gutes tun: denen, die nach Treue dürsten, Treue geben, denen, die nach Ehre streben, Ehre – ihr Tod wird allezeit uns Lebenden lebendig sein und neu; [230] denn wo immer man erzählen hört von der Reinheit ihrer Treue, von ihrem Glück, ihrem innigen Schmerz – das ist Brot für alle edlen Herzen. Dann lebt ihrer beider Tod. Wir lesen ihr Leben, wir lesen ihren Tod, und es ist uns lieb wie Brot. Ihr Leben, ihr Tod sind unser Brot, so lebt ihr Leben, so lebt ihr Tod. So leben sie noch heute und sind doch tot, und ihr Tod ist der Lebenden Brot. Und wer jetzt gerne möchte, dass man ihm [240] ihr Leben, ihren Tod, ihre Freude, ihre Klage berichte, der wende nur Herz und Ohren her und wird alle seine Wünsche erfüllt finden.

Ein Herr lebte in Parmenîe, ein Kind an Jahren, habe ich gelesen, so hoch geboren wie nur je ein König, sagt die Wahrheit seiner Geschichte, sein Land war nicht geringer als ein Fürstentum, er selbst schön und herrlich anzusehen, [250] treu, tapfer, generös, mächtig und sein Leben lang allen, denen er Freundlichkeit schuldete, eine Sonne, die Freude wachsen ließ. Er war das Entzücken aller Welt, ein vorbildlicher Ritter, der ganze Stolz der Seinen, die Hoffnung seines Landes. Ihm fehlte keine von all den Tugenden, die ein Herr haben soll – [260] nur wollte er immer ins Weite, Freie hinaus und in der luftigen Höhe seines Herzens fliegen, nach Lust und Laune tun und lassen, und das sollte ihm übel bekommen. Es ist ja leider und war immer so: Die drängende Kraft der Jugend und dazu die Fülle eines großen Besitztums, die beiden zusammen schlagen über die Stränge. Eine Sache gütlich austragen, wie es viele erwachsene Männer tun, denen doch gewaltige Machtmittel zur Verfügung stehen, das kam diesem jungen Herrn kaum je in den Sinn: [270] Er kannte nichts anderes, als Böses mit Bösem zu vergelten, Stärke zu beweisen gegen fremde Kraft. Nun kann es aber auf die Dauer nicht gut gehen, wenn einer alles, was ihm zustößt, mit der Münze des Kaisers Karl heimzahlen will. Ein Mann muss allerlei krumme Dinge grade sein lassen, weiß Gott, damit ihm nicht immer neuer Schaden geschieht. Wer kein Übel hinnehmen kann, [280] dem erwachsen daraus viele Übel, und das wird ihm zum Verderben. So erlegt man den Bären: Der will jeden einzelnen Angriff seiner Verfolger rächen, bis ihm schließlich die Menge der Angriffe den Garaus macht. Ihm, dem jungen Mann, erging es, scheint mir, genauso: Er rächte sich immer und immer wieder, bis die Übel übermächtig wurden; das kam aber nicht von der Bosheit, [290] die so manchen zu Fall bringt, sondern von seinem noch kindlichen Wesen: Dass er in der Blüte seiner Jugend mit der ganzen Kraft eines jungen Edelmanns gegen sein eigenes Glück kämpfte, das machte sein ungebändigtes kindliches Wesen, das in seinem Herzen Übermut ins Kraut schießen ließ. Er handelte so wie alle Kinder, [300] die nun einmal wenig vorausschauen. Er achtete nicht darauf, was für Sorgen vor ihm liegen mochten, sondern lebte und lebte und lebte nur immer fort. Und als sein Leben zu leben anfing und aufging wie der Morgenstern, der lachend auf die Welt niedersieht, da kam es ihm so vor, als sollte es immer so bleiben, was doch ganz unmöglich war, als sollte sein Leben nichts anderes sein als schwerelos angenehmes Schweben. Aber dieses junge Leben [310] starb schon früh; kaum hatte die Morgensonne seiner irdischen Seligkeit ihre Pracht entfaltet, da brach sein jäher Abend herein, von dem er nichts geahnt hatte, und löschte seinen morgendlichen Glanz. Wie er hieß, das sagt uns diese Erzählung, seine Geschichte macht es offenbar: [320] Sein richtiger Name war Riwalîn, sein Beiname Kanêlengres. Etliche glauben und behaupten, der edle Herr sei aus Lohnois gewesen und König über dieses Land, aber Thomas, der es so in den Quellen gelesen hat, versichert uns, dass er aus Parmenîe stammte und noch über ein zweites Land herrschte, [330] das er von einem Britûnen zu Lehen hatte: Dieser hieß *le duc* Morgân.

Nun war der Herr Riwalîn mit Erfolg und großen Ehren drei Jahre lang Ritter gewesen und hatte sich in allen Ritterkünsten vervollkommnet. Ihm fehlte nichts von alledem, was man zum Kriegführen braucht: Land, Leute und Reichtum hatte er genug. [340] Ob mit gutem Grund oder aus bloßem Übermut, das kann ich nicht sagen, ich weiß nur, was die Quelle berichtet, nämlich, dass er Morgân als einen Rechtsbrecher angriff. Er zog mit großer Heeresmacht in sein Land und eroberte eine Menge Burgen. Die Städte mussten sich ihm ergeben [350] und ihm Lösegeld bezahlen, wenn ihnen ihre Habe und ihr Leben lieb waren, so dass er viel Gold und Gut anhäufte und noch mehr Ritter anwerben konnte: Wo er mit seinem Heer erschien, vor Burgen oder Städten, das ist ganz gleichgültig, setzte er oft seinen Willen durch. Aber er erlitt auch viele Verluste, [360] der Krieg kostete ihn so manchen tüchtigen Mann, denn Morgân verteidigte sich und fügte ihm in mancher Schlacht viel Schaden zu. Fehde und Rittertum sind ohne Verlust und Gewinn nicht zu haben, so geht es eben zu, wo gekämpft wird: Man verliert, man gewinnt, das ist der Lauf der Kriege. Ich denke, Morgân machte es ebenso, [370] eroberte seinerseits viele Burgen und Städte, nahm dem Feind Leute und Besitz und tat ihm Schaden an, wo er nur konnte. Aber das alles half ihm nicht viel, denn Riwalîn vergalt es ihm unermüdlich und richtete große Verwüstungen an. Das trieb er so lange, bis Morgân schließlich keinen Widerstand mehr leisten [380] und nirgends mehr Sicherheit finden konnte als in seinen stärksten Festungen. Riwalîn belagerte ihn, lieferte ihm zahlreiche Schlachten und Gefechte und jagte ihn jedes Mal zurück hinter die Mauern. Oft veranstaltete er auch vor den Toren Turniere und prächtige Ritterspiele. [390] So bedrängte er ihn mit Macht und verwüstete ihm das Land mit Plündern und Sengen, bis Morgân endlich Verhandlungen anbot und mit großer Mühe erreichte, dass man ein Abkommen schloss: Man vereinbarte einen einjährigen Frieden, gesichert durch Bürgen und Eide, wie es sich gehört, [400] dann zog Riwalîn mit den Seinen im Triumph heim in sein Land. Freigebig belohnte er seine Krieger und machte sie alle zu großen Herren, bevor er sie fröhlich und zu seiner Ehre glänzend nach Hause entließ.

Nach diesem Erfolg dauerte es nicht lang, bis Kanêl [410] das Bedürfnis nach Bewegung verspürte, weswegen er sich zu einem neuen Unternehmen entschloss. Wieder zog er hinaus mit großer Herrlichkeit auf die Jagd nach Ruhm. Die ganze Ausrüstung und alle die Sachen, die er mitnehmen wollte – Vorrat für ein ganzes Jahr –, wurden auf ein Schiff geladen. Er hatte viel von der Courtoisie und von der Macht und Größe [420] des jungen Marke, des Königs von Kurnewal, reden hören: Dessen Ruhm verbreitete sich damals überall. Er herrschte über Kurnewal und England. Kurnewal war sein angestammtes Erbe, mit England verhielt es sich so: Er hatte das Land bekommen, nachdem die Sachsen von Gâles dort die Britûnen vertrieben [430] und sich dauernd niedergelassen hatten. Von den neuen Herren hatte es seinen Namen: Vorher hatte es Britanje geheißen, jetzt nannte man es nach denen von Gâles England. Als die das Land in Besitz nahmen und untereinander aufteilten, da wollte jeder ein kleiner König und sein eigener Herr sein; aber das bekam ihnen allen schlecht: [440] Es gab viel Mord und Totschlag unter ihnen, und schließlich unterwarfen sie sich Marke, dass er das Land regiere. Seitdem waren sie ihm immer gehorsam in allen Dingen, ja, so ängstlich beflissen, ihm zu gefallen, wie nur je die Untertanen irgendeines Königs. Die Quelle versichert, dass auch in allen den Ländern ringsum, [450] in denen man seinen Namen kannte, kein König größere Hochachtung genoss als er.

Dahin zog es Riwalîn, dort beim König wollte er ein Jahr lang leben, um von ihm vollkommen zu werden, Rittertum zu lernen und sich zu verfeinern. Sein edles Herz sagte ihm: Wenn er die Sitten fremder Länder kennen lernte, [460] so könnte er die Seinen verbessern und würde selbst von den Fremden anerkannt. So packte er seine Sache an: Seine Leute und sein Land befahl er in die Obhut seines Marschalls, eines Herrn, dessen Treue er kannte; er hieß Rûal li foitenant. Dann segelte Riwalîn übers Meer, begleitet von zwölf Gefährten – [470] das war Heerschar genug für ihn, mehr Leute brauchte er nicht. Als er sich nun nach einiger Zeit Kurnewal näherte und auf dem Meer erfuhr, dass der berühmte Marke sich in Tintajoêl aufhalte, reiste er dorthin. Da ging er an Land, da traf er ihn tatsächlich an und freute sich von Herzen. [480] Sich und die Seinen kleidete er prächtig nach seinem Rang. Am Hof empfing Marke, dieser große Mann, ihn und die Seinen großartig. So viel Ehre wurde Riwalîn da zur Begrüßung geboten, wie er vorher und anderswo [490] nie genossen hatte. Da wurde ihm leicht in seinem Sinn, und die Courtoisie erschien ihm als eine angenehme Pflicht. Er dachte immer wieder: „Wahrhaftig, Gott selber hat es so gefügt, dass ich zu diesen Leuten ge-

kommen bin. Mein Glück meint es gut mit mir: Alles Gute, das man
Marke nachrühmt, findet sich hier. Er führt wirklich ein Leben in Courtoisie und Vollkommenheit."

[500] Er teilte Marke sein Anliegen mit und warum er gekommen sei.
Als der König seine Geschichte und seine Bitte vernommen hatte,
sprach er: „Seid Gott und mir willkommen. Ich selbst und all mein Hab
und Gut stehen zu Eurer Verfügung."

Kanêlengres fühlte sich sehr wohl dort am Hof, und die Hofgesellschaft schätzte ihn sehr. [510] Niedere und hohe Herrschaften hatten ihn
gern und achteten ihn, nie hat ein Gast mehr Liebe erfahren als er. Und
alles dies Wohlwollen war keineswegs unverdient: Der edle Riwalîn verstand es, sich angenehm zu machen, und war immer zuvorkommend,
wenn jemand ihn um einen Gefallen bat oder sonst seine Großzügigkeit
und Kameradschaft in Anspruch nahm. So lebte er inmitten von lauter
Edelmut und Vortrefflichkeit, [520] die er sich von Tag zu Tag mehr zu
Eigen machte, bis zu der Zeit, da Marke ein großes Fest veranstalten
wollte. Marke hatte eine große Menge Leute teils geladen, teils gebeten.
Einmal im Jahr schickte er seine Boten aus, und dann fand sich bald
[530] die ganze Ritterschaft des Königreichs England in Kurnewal ein.
Die Herren brachten viele Scharen reizender Damen mit und Schönheit
aller Art. Nun hatte man das Fest beschlossen und angesagt und ausge-
rufen; es sollte in den blühenden vier Wochen vom Anfang bis zum Ende
des lieben Monats Mai stattfinden, an einem Ort ganz nahe bei Tintajoêl: [540] Da fanden sie sich in der schönsten Wiesenlandschaft, über
die je eines Auges Licht geschweift ist. Die liebe, freundliche Sommer-
zeit hatte emsig allen lieben Fleiß daran gewandt, sie reizend herzurichten: Kleine Waldvöglein, die mit ihrem Singen das Ohr erfreuen, gab es,
Blumen, Gras, Laub und Blüten [550] und was sonst dem Auge wohl tut
und edle Herzen fröhlich stimmt, davon war die Sommerwiese voll.
Dort fand man alles, was man sich vom Mai nur wünschen kann: den
Schatten zur Sonne, die Linde zur Quelle, die freundlichen, linden
Winde, die zu Markes Leuten von der Wesensart ihres Herrn redeten.
[560] Die leuchtend bunten Blumen lachten aus dem tauigen Gras; des
Maien Freund, der grüne Rasen, hatte ein geblümtes Sommerkleid angezogen, so entzückend, dass der Widerschein der Pracht die Augen der
lieben Gäste leuchten machte. Die süße Herrlichkeit der Baumblüte sah
jeden Menschen so freundlich lachend an, dass sich Herz und Sinn mit
spiegelnden Augen [570] der lachenden Blüte zuwandten und alles ihr
Lachen erwiderte. Der schmeichelnde Gesang der Vögel, der mit seiner
Süßigkeit und Schönheit den Ohren und dem Herzen wohl tut, schallte
über Berg und Tal. Die reizende Nachtigall, das liebe, süße Vöglein,
[580] dessen süßer Gesang nie verstummen möge, schmetterte inmitten

9

der Blütenpracht mit so überschäumender Freude, dass es viele edle Herzen mit Glück und stolzer Zuversicht erfüllte.

Da auf dem grünen Gras hatte die Festgesellschaft in Freuden und Herrlichkeit Quartier genommen, jeder, wie es ihm gefiel. Wie ein jeder [590] selig werden wollte, so hatte er sich eingerichtet, die großen Herren herrlich, die Höfischen höfisch. Diese da wollten unter Seidentuch ruhen, jene dort unter lauter Blüten, und es gab auch etliche, die das Dach der Linde vorzogen: Etliche sah man unter grün belaubten Ästen campieren. Nie hatten die Leute des Königs und die fremden Gäste [600] irgendwo einen so wunderschönen Lagerplatz vorgefunden wie hier. Auch sah man da, wie es sich gehört bei solchen Festen, großen Überfluss: Mit Speisen und vornehmen Gewändern hatte sich jeder wohl versehen. Und außerdem sorgte Marke so großartig und generös für sie, dass sie alle herrlich und in Freuden lebten. [610] So nahm das Fest denn seinen Lauf, und wenn einer schaulustig war, so konnte seine Lust an diesem Ort voll befriedigt werden, ganz gleich, wonach ihm der Sinn stehen mochte. Hier fand jeder, was ihm gefiel: Diese gingen hin, sich edle Damen anzusehen, jene schauten zu, wie getanzt wurde, diese sahen gerne buhurdieren, jene zog es zu den Tjosten. Was ein Herz begehren mochte, [620] fand man da im Überfluss, denn alle die Teilnehmer, die jung genug waren, das Leben zu genießen, wetteiferten miteinander, das Ihre zum Festvergnügen beizutragen. Der edle Marke aber, Inbegriff höfischer Eleganz und heiterer Majestät, hatte zusätzlich zur Schönheit all der anderen Damen, mit denen er sich umgeben hatte, noch etwas Besonderes aufgeboten, [630] ein einzigartiges Wunder: Seine Schwester Blanscheflûr war da, ein Mädchen schöner als alle Frauen irgendwo auf der Welt. Von ihrer Schönheit wird berichtet, dass jeder Mann, der sie sah mit faszinierten Augen, sein Leben lang von Liebe zu den Frauen und zur Vollkommenheit erfüllt war.

Dieses köstlich beglückende Bild machte [640] dort auf der Heide viele Männer kühn und tatendurstig und goss heiteren Stolz in viele edle Herzen. Daneben gab es da noch viele andere schöne Damen, allesamt Königinnen im Reich der Schönheit, die trugen das Ihre zum Hochgefühl und Glück der Anwesenden bei und machten viele Herzen froh.

[650] Da begann nun der Buhurt: Von allen Seiten kamen die Vornehmsten und die Besten des Reichs und fremder Länder geritten. Auch der edle Marke war da, begleitet von seinem Freund Riwalîn, nicht zu reden von den anderen Leuten seines Hofs, die sich ebenfalls nach Kräften darum bemüht hatten, so aufzutreten, dass sie sich sehen lassen konnten [660] und Ehre einlegten. Man sah da viele Pferde reich behängt mit Decken aus Phellel und Zindel, schneeweiß oder gelb, braun, rot, grün oder blau, oder auch aus edlen Seidenstoffen, oft in verschiedener Weise

zu bunten oder kontrastierenden Mustern kombiniert [670] oder sonst kunstvoll verarbeitet. Die Ritter trugen herrliche Gewänder, wunderbar geschnitten und geschlitzt. Und auch der Sommer selber wollte deutlich machen, dass er es gut meinte mit Marke: so manches hübsche Kränzlein sah man in der Menge, die Blumen waren seine Gabe für den König.

In dieser süßen Sommerpracht [680] blühte da bald prächtig Rittertum auf im dichten Getümmel der Scharen. Hin und her wogte es, lange ging es so fort, bis der Buhurt schließlich an den Ort gelangte, wo die edle Blanscheflûr, dies Wunder an Schönheit, und andere schöne Damen saßen und zusahen. Die Ritter boten ein großartiges, [690] ein wahrhaft kaiserliches Schauspiel, das viele mit Vergnügen sahen. So große Taten aber dieser oder jener auch vollbrachte, war es doch, das musste jeder zugeben, der höfische Riwalîn, der an diesem Tag und auf diesem Feld vor allen anderen herrlich war. Das fiel auch den Damen auf, sie stellten fest, dass keiner in der Schar [700] eine so vollkommen ritterliche Figur machte, und sie lobten ihn über den grünen Klee. „Seht nur diesen Jüngling da", sagten sie, „was für ein entzückender Mann! Ein herrliches Bild, was er auch tut! Seine Gestalt ist vollkommen, wahrhaft kaiserlich sind diese harmonisch ebenmäßigen Beine. Und wie sein Schild jederzeit [710] genau an seinem richtigen Platz sitzt, unverrückbar wie angeleimt! Wie die Lanze in seiner Hand liegt! Wie schön er gekleidet ist! Diese Haltung des Kopfes, diese Haare! Wie anmutig alle seine Bewegungen, wie entzückend der ganze Mann! Ach, selig die Frau, die sich seiner dauernd freuen darf!" Nun lauschte die liebe Blanscheflûr aufmerksam ihren Reden, denn auch sie schätzte ihn im Stillen [720] sehr, noch mehr als irgendeine von ihnen. Sie hatte ihm Zutritt zu ihren Gedanken gewährt, er war in ihr Herz gekommen, er trug Szepter und Krone im Königreich ihres Herzens und regierte mit Macht. Aber davon schwieg sie fein still und verbarg es, [730] so dass niemand es bemerkte.

Als nun der Buhurt zum Erliegen kam und das Getümmel der Ritter sich auflöste und jeder fortritt, wie es ihm gefiel, da fügte es sich so, dass Riwalîns Weg ihn zu dem Platz der schönen Blanscheflûr führte. Er gab seinem Pferd die Sporen, und als er bei ihr angekommen war, [740] sprach er sie freundlich an: „Â, dê vus sal, bêle!" „Mercî", dît la puzêle und fuhr schüchtern fort: „Der mächtige Gott, der alle Herzen reich beschenkt, möge auch Euer Herz und Euren Sinn glücklich machen. Ich muss Euch große Achtung zollen, wenn ich auch nicht darüber hinwegsehen kann, dass Ihr mir Grund zur Klage gegeben habt."

[750] „Ach, Schöne, was habe ich Euch angetan?", sprach der höfische Riwalîn. Sie sagte: „Nicht mir, sondern meinem allerbesten Freund, und damit habt Ihr mir Kummer gemacht." „Ach, mein Gott", dachte er, „was hat das zu bedeuten? Was habe ich mir zu Schulden kommen las-

11

sen, was wirft sie mir vor?" Er dachte, womöglich habe er jemandem,
[760] einem Verwandten von ihr vielleicht, beim Ritterspiel unabsicht-
lich ernsten Schaden zugefügt, und das betrübte und erbitterte sie nun.
Aber nein, der Freund, von dem sie sprach, war ihr Herz, dem er allerdings wirklich wehgetan hatte, diesen Freund hatte sie gemeint, aber das
wusste er noch nicht. [770] Wie es seine Art war, sprach er voller Güte:
„Schöne, ich will nicht, dass Ihr mir böse seid oder feindlich gesinnt.
Wenn es wahr ist, was Ihr sagt, dann richtet selber über mich: Eurem Urteil will ich mich beugen." Die Schöne sprach: „Ich hasse Euch nicht
allzu sehr dafür, aber ich liebe Euch auch nicht deswegen. [780] Ich will
Euch ein andermal auf die Probe stellen und sehen, wie Ihr das, was Ihr
mir angetan habt, büßen wollt."

Er verneigte sich und wollte fortgehen, da seufzte sie, die Schöne,
ganz verstohlen und sprach aus tiefstem Herzen: „Ach, Freund, lieber
Freund, Gott segne dich." Da nun fing es zwischen den beiden – in
Gedanken – erst so richtig an. [790] Kanêlengres ging fort, versunken in
allerlei Sinnen: er drehte und wendete die Frage hin und her, was Blanscheflûr bekümmern mochte und was es damit auf sich hatte. Ihr Adieu,
ihre Rede insgesamt betrachtete er genau, ihr Seufzen, den Segens-
wunsch, ihr ganzes Verhalten in allen Einzelheiten machte er sich deutlich, und als er so das Seufzen und den Segen in seinem Sinn bewegte,
brachte er [800] sie mehr und mehr auf den Weg zur Liebe hin und endlich auch auf den Begriff: Die zwei Dinge hatten keinen anderen Grund
als Liebe. Das befeuerte wiederum seine Sinne so, dass sie zu Blanscheflûr hin stürzten, sie packten und in das Land von Riwalîns Herzen entführten, um sie dort [810] zu dessen Königin zu krönen. Blanscheflûr
und Riwalîn, der König und die reizende Königin, teilten untereinander
in bestem Einvernehmen die Königreiche ihrer Herzen: Ihres wurde seines und seines ihres, und doch wusste keins von ihnen, was dem anderen geschah. Die zwei hatten sich [820] einmütig und so recht ein Herz
und eine Seele in Gedanken aneinander gebunden. Da wurde nun dem
Recht auf beiden Seiten Genüge getan: Er musste jetzt dasselbe Herzweh leiden, das sie von ihm erfahren hatte. Weil er aber keine Gewissheit
hatte, wie sie es mit ihm meinte, ob es ihr Hass war oder ihre Liebe, was
er da zu spüren bekam, [830] so wurde er hin und her gerissen von
Zweifeln, auf und nieder schaukelte sein Sinn, mal trieb es ihn mit Macht
dahin und einen Augenblick später dorthin, bis er sich ganz und gar im
Gespinst seiner Spekulationen so verstrickt hatte, dass er nicht mehr
fortkonnte.

Der in seinen Gedanken gefangene Riwalîn [840] demonstrierte am
Exempel seines eigenen Falles, dass der Wille des Liebenden sich so ver-
hält wie der freie Vogel, der von seiner Freiheit Gebrauch macht und sich

auf der Leimrute niederlässt; wenn er dann den Leim bemerkt und fort-
fliegen will, dann klebt er mit den Füßen fest. Er schlägt also mit den Flügeln, um sich loszureißen, aber dabei berührt er den Zweig, [850] und
wenn er ihn auch nur ganz leicht irgendwo streift, so bleibt er doch am
Leim kleben und ist erst recht gefangen. Er schlägt und flattert immer
wilder, bis er sich mit allen seinen Anstrengungen am Ende selbst be-
siegt hat und bewegungsunfähig mit dem ganzen Körper am Zweig haf-
tet. Ganz genauso wie er macht es der noch unbezwungene Geist des
Liebenden. Wenn er in sehnsüchtige Gedanken gerät [860] und der verführerische Reiz seinen Zauber entfaltet, so dass er Schmerzen der Sehnsucht leidet, dann will der Schmachtende auffliegen in die Freiheit, aber
der süße Leim der Liebe hält ihn fest. Und er verstrickt sich immer mehr,
bis er endlich kein Glied mehr rühren kann, sich zu befreien. So erging es
Riwalîn, [870] den auch seine Gedanken einstrickten in der Liebe zu der
Königin seines Herzens. Seine Verstrickung war aber ein wahrhaft wun-
derlicher Zustand, denn er wusste nicht zu sagen, ob die Geliebte ihm
gut war oder böse, er konnte es nicht erkennen: Begegnete sie ihm mit
Liebe oder mit Hass? Hatte er Grund zur Hoffnung oder zur Verzweiflung? – es war nicht zu entscheiden, [880] und so kam er von dem einen
und dem anderen nicht los: Zwischen Hoffnung und Zweifel wurde er
hin und her gerissen ohne Ende, die Hoffnung redete von Liebe, der
Zweifel von Hass. Dieser Krieg dauerte immer fort, so dass er zu keiner
festen Überzeugung gelangte, er konnte weder an den Hass noch an die
Liebe glauben. So schwamm sein Sinn in einem unsicheren Hafen; [890]
Hoffnung trug ihn hoch empor, Verzweiflung zog ihn hinab, feste Gewissheit fand er weder hier noch dort. Die beiden waren nicht in Einklang zu bringen: Wenn der Zweifel kam und ihm sagte, Blanscheflûr
empfinde nichts als Hass für ihn, so wurde er mutlos und wollte fliehen,
aber da war auch schon die Hoffnung wieder da und trug ihn hoch zum
süßen Glauben an ihre Liebe, und so musste er denn den Kampf wieder
aufnehmen. Er wusste nicht wohin in diesem Krieg, [900] er konnte weder vor noch zurück. Je mehr er sich bemühte fortzukommen, desto
stärker zwang ihn die Liebe nieder, je wilder er mit den Flügeln schlug,
desto stärker hielt sie ihn fest. So trieb die Liebe ihr Spiel mit ihm, bis
doch die Hoffnung schließlich siegte und den Zweifel in die Flucht
schlug und Riwalîn die Gewissheit gewann, dass seine Blanscheflûr ihn
liebte. [910] Sein Herz und alle seine Sinne flogen ihr jetzt ungeteilt zu,
nirgends mehr regte sich der kleinste Widerstand.

Als nun die süße Liebe sein Herz und seine Sinne ihrem Willen unterworfen hatte, da wusste er zuerst immer noch kaum etwas davon, was
für ein tiefes Weh Herzensliebe wirklich ist. Aber dann blickte er zurück
auf seine Sache [920] mit Blanscheflûr, betrachtete alles genau und im

13

Einzelnen: ihr Haar, ihre Stirn, ihre Brauen, ihre Wangen, ihren Mund, ihr Kinn, ihre Augen, aus denen das strahlende Heil der Ostersonne lachte, und da kam die richtige Liebe, die mit dem wahren Feuer, und zündete ihr Sehnsuchtsfeuer an, [930] das in seinem Herzen aufloderte und seinem ganzen Leib hell leuchtend offenbarte, was tiefes Weh und Qual der Sehnsucht ist. Ja, er fing jetzt ein anderes Leben an, ein neues Leben hatte er bekommen. Sein inneres und äußeres Wesen verwandelte er und wurde ein völlig neuer Mensch, [940] denn jetzt mischten sich wunderliche Züge in alles, was er tat, und es war immer ein Teil Blindheit dabei. Sein angeborener Verstand war so sonderbar verwildert und unstet, wie er es sich nur hätte wünschen können. Sein Leben wurde arm an Lachen, das von Herzen kam. [950] Was vorher seine Gewohnheit gewesen war, das mied er jetzt. Schweigen und Trübsinn waren nun sein bester Zeitvertreib, seine ganze stolze Heiterkeit litt Liebesnot.

Das Liebesweh, das er erdulden musste, blieb auch der liebenden Blanscheflûr nicht erspart; wie er durch sie so musste sie durch ihn viel leiden. Die kriegerische Liebe [960] war auch in ihr Gemüt gar zu stürmisch eingebrochen und hatte sie ganz aus dem Gleichgewicht gebracht, sie war in ihrer ganzen Art und ihrem Benehmen allein und in Gesellschaft nicht mehr wie früher. Fröhlich sein und Scherze machen, wie sie es vorher gern getan hatte, das widerstand ihr jetzt. [970] Ihr Leben gestaltete sich nun nicht anders, als es ihr die Not zumaß, die ihr Herz belagerte. Und all die Schmerzen, die sie von der Sehnsucht erdulden musste, waren ihr ganz rätselhaft, denn sie hatte nie zuvor Leiden dieser Art und solches Herzweh erfahren. Oft sprach sie zu sich selbst: [980] „Ach, Gott, was für ein Leben! Was ist mit mir geschehen? Ich habe doch schon viele Männer angesehen, und keiner ist mir je gefährlich geworden. Aber seit ich diesen da erblickt habe, ist mein Herz nie mehr frei und froh. Mit bloßem Sehen habe ich mir so schlimmes Leid aufgeladen. [990] Mein Herz, das nie Bedrängnis kennen gelernt hatte, ist verwundet, es hat mich an Leib und Seele völlig umgewandelt. Wenn es jeder Frau, die ihn hört und sieht, ergeht wie mir, weil es nun einmal seine Natur ist, so ist viel Schönheit an ihm verschwendet und stiftet sein Leben lang nichts Gutes. [1000] Wenn es aber schwarze Kunst ist, irgendeine Art von Zauberei, dass er dieses Hexenwerk vollbringt und diese unerklärliche Gewalt ausüben kann, dann wäre es besser, er wäre tot und käme nie wieder einer Frau vor die Augen. Bei Gott, wahrhaft schlimmes Leid hat er mir angetan! Und ich habe doch ganz bestimmt weder ihn noch sonst einen Mann je auch nur [1010] böse angeschaut oder angefeindet. Womit habe ich es verdient, dass mir einer so übel mitspielt, den ich nicht anders als lieb ansehe? Aber darf ich dem edlen Mann Vorwürfe machen? Womöglich ist er unschuldig. Der arge Kummer, den ich mir um ihn und seinetwillen mache, ist ja doch, weiß Gott, ganz und gar [1020] das Werk meines eigenen Herzens. Ich habe ihn inmitten von vielen anderen Männern gesehen: Was kann er dafür, dass meine Aufmerksamkeit auf ihn und keinen anderen gefallen ist? Als ich so viele edle Frauen seine herrliche Gestalt rühmen hörte – die warfen nur so um sich mit Lob seines Rittertums und spielten einander die Bälle zu – [1030] und vernahm, wie sie ihn priesen, und als ich das Gute, das man ihm nachsagte, mit eigenen Augen sah und das alles in meinem Herzen zusammentrug, was ich an Lobenswertem an ihm fand, da wurde mein Verstand blöde, und so verfiel ihm mein Herz. Tatsächlich, es blendete mich – das war der Zauber, der bewirkte, dass ich mich vergaß. [1040] Er hat mir nichts Böses getan, der Liebe, den ich verklage und in Verruf bringe. Mein unbelehrtes, unbeherrschtes Temperament ist es, was mir Böses tut und schaden will. Es will und will partout, was es nicht wollte, wenn es Rücksicht darauf nehmen wollte, was schicklich ist und ehrenhaft. [1050] Es findet aber immer nur seinen eigenen Willen an diesem wunderbaren Mann, dem es in wenigen Augenblicken ganz und gar verfallen ist. Bei Gott, ich glaube wirklich – wenn ich's in Ehren glauben dürfte und mich nicht vielmehr schämen müsste, als Jungfrau so etwas zu sagen –, mir scheint, das schlimme Herzweh, [1060] das ich von ihm habe, das kommt von nichts anderem als von Liebe. Das merke ich daran, dass ich so gerne bei ihm wäre. Und was immer sonst es damit auf sich haben mag, so wächst doch jedenfalls hier etwas, was Liebe bedeutet und Mann. Denn wovon ich mein Leben lang habe sprechen hören, wenn die Rede auf liebende Frauen und Liebesglück kam, [1070] das spüre ich in meinem Herzen: Süßes Herzweh, das mit süßen Schmerzen viele edle Herzen quält, regt sich in meinem Herzen."

Als nun die feine Edle mit ganzer Seele, wie es die Liebenden alle tun, in ihrem Herzen fühlte, dass ihr Geliebter Riwalîn [1080] die Freude ihres Herzens sein würde, ihre größte Hoffnung, ihr Lebensglück, da fing sie an, ihm Blicke zuzuwerfen, und sah ihn an, wo immer es möglich war. Wann immer es mit Anstand geschehen konnte, sandte sie ihm mit schmachtenden Augen heimliche Grüße. Ihre sehnsüchtigen Blicke ruhten oft lang auf ihm und voller Liebe. [1090] Als der Liebende, ihr Geliebter, das bemerkte, da flößten ihm die Liebe und ihre Aufmerksamkeit erst recht Kraft ein, da entflammte sein Begehren erst so richtig, und er erwiderte die Blicke der süßen Frau kühner und inniger als je zuvor. Wenn sich Gelegenheit ergab, sandte er ihr mit den Augen Grüße zurück. [1100] Da verstand nun die Schöne, dass er sie so sehr liebte wie sie ihn, und ihr Kummer verflog: Sie hatte es vorher für ganz unmöglich gehalten, dass er sich zu ihr hingezogen fühlte, jetzt aber wusste sie, dass er ihr mit ganzem Herzen zugetan war und so gut, wie ein geliebtes Herz dem anderen sein soll. Und er wusste dasselbe von ihr. Das fachte die Leidenschaft beider noch mehr an, [1110] und sie liebten einander in innigem Einverständnis. Es erging ihnen so recht nach dem Wort: Wo ein lieber Schatz dem anderen in die Augen sieht, da findet das Feuer der Liebe immer neue Nahrung.

Als nun Markes Fest zu Ende war und das Aufgebot der Edlen sich zerstreute, da wurde Marke gemeldet, [1120] dass ein feindlicher König in sein Land eingefallen sei mit solcher Macht, dass er, wenn man nicht schnell etwas gegen ihn unternehme, alles verwüsten werde, was er erreichen könne. Sofort sammelte Marke ein großes Heer und griff ihn an mit starken Kräften. Er stellte ihn zur Schlacht und besiegte ihn. [1130] Viele Männer wurden erschlagen oder gefangen genommen, diejenigen, die mit dem Leben davonkamen, konnten von Glück reden. Der edle Riwalîn bekam dort einen Speerstich in die Seite: er war so schlimm verwundet, dass ihn die Seinen sogleich als einen schon halb Toten unter großem Jammer heim nach Tintajoêl schafften; [1140] da legten sie ihn zum Sterben auf ein Bett. Schnell verbreitete sich die Nachricht, Kanêlengres sei in der Schlacht zu Tode verwundet worden; da erhob sich jämmerliche Klage am Hof und im Land: Jeder, der seinen Wert kennen gelernt hatte, trauerte von Herzen um ihn. Sie beklagten, dass seine Tüchtigkeit, seine Schönheit, seine süße Jugend, [1150] sein vorbildlicher Adel so jäh mit ihm zugrunde gehen und ein so frühes Ende finden sollten. Sein Freund, der König Marke, beklagte ihn mit solchem Schmerz, wie er ihn nie zuvor empfunden hatte. Viele edle Frauen weinten um ihn, viele Damen trauerten ihm nach, und wer ihm je begegnet war, [1160] den erbarmte sein Unglück. So sehr sie alle aber das Unheil schmerzte, das ihn getroffen hatte, trauerte doch niemand so wie seine Blanscheflûr, die Reine, Feine ohne Fehl und Tadel: Mit ihrer ganzen Seele, mit den Augen und dem Herzen beklagte und beweinte sie das Leid ihres Liebsten. [1170] Und wenn sie allein war und ihrem Schmerz so recht freien Lauf lassen konnte, dann wurde sie gewalttätig gegen sich selbst: Sie schlug sich mit den Fäusten, immerzu und immer weiter schlug sie dahin, wo es ihr weh tat, gegen ihr Herz führte die Schöne ungezählte Hiebe. So grausam misshandelte die süße Frau ihren jungen, schönen, süßen Leib. So schlimm war ihr Jammer, [1180] dass sie jeden anderen Tod als den aus Liebe ihrem Leben vorgezogen hätte, und sie wäre gewiss in ihrem Leid zugrunde gegangen und gestorben, wenn nicht eine Hoffnung ihr Kraft eingeflößt und der entschlossene Wille sie aufrecht erhalten hätte, ihn noch einmal zu sehen, koste es, was es wolle: Sie musste ihn noch einmal sehen – [1190] was immer ihr danach auch zustoßen mochte, wollte sie gerne auf sich nehmen. So erhielt sie sich am Leben, bis sie endlich wieder einen klaren Gedanken fassen konnte und zu überlegen begann, auf welche Weise sie es anstellen sollte, zu ihm zu gelangen, wie es ihr Leid forderte.

Da kam sie auf die Idee, sich an eine ihrer Erzieherinnen zu wenden, die hatte sie von Kindheit an [1200] geleitet und begleitet und immer treu auf sie Acht gegeben. Die nahm sie beiseite, ging mit ihr an einen Ort, wo sie alleine waren, und tat, was man seit jeher tut in solcher Lage: Sie klagte ihr Leid. Die Augen gingen ihr über, die heißen Tränen rannen ihr dicht gedrängt [1210] über die lichten Wangen. Sie faltete ihre Hände und streckte sie flehend vor sich empor. „Ach, ich Arme!", sprach sie, „Ach, ich Arme, ach! Ach, liebste Dame, nun mach mir deine Treue offenbar, die du in solchem Überfluss besitzt! Und da du nun so gesegnet bist, dass all mein Heil und meine ganze Hoffnung [1220] mit deiner Güte steht und fällt, so klage ich dir denn im Vertrauen auf deine Segensmacht mein schlimmes Leid. Wenn du mir nicht hilfst, bin ich verloren." „Jetzt sagt doch, Herrin, was Euch bedrückt und warum Ihr so jämmerlich klagt." „Ach, meine Liebe, soll ich's wirklich wagen?" „Ja doch, liebe Herrin, redet." „Dieser tote Mann, Riwalîn von Parmenîe, bringt mich noch um; [1230] ich würde ihn gern sehen, wenn es möglich ist. Wenn ich nur wüsste, wie ich es zuwege bringe, ehe er vollends stirbt; denn leider kann er nicht wieder gesund werden. Wenn du mir dazu verhilfst, werde ich dir mein Leben lang keinen Wunsch abschlagen."

Die Erzieherin überlegte: „Soll ich es tun? Es kann ja doch nichts Schlimmes daraus entstehen, [1240] denn dieser halbtote Mann wird schon morgen oder bald sterben, ich aber habe dann Leben und Ehre meiner Herrin gerettet, und sie wird mich mehr lieben als irgendeine andere Frau." „Liebe Herrin", sprach sie, „liebes Kind, Euer Jammer tut mir im Herzen weh, und wenn ich etwas tun kann gegen Euer Leid, [1250] dann könnt Ihr auf mich zählen. Ich werde da hinunter gehen und nach ihm sehen und dann wiederkommen. Ich will die Lage auskundschaften und den Ort und auch auf die Leute Acht geben, die da um ihn sind."

So ging sie hin und bekundete großen Jammer um ihn, es gelang ihr aber, ihm heimlich mitzuteilen, dass ihre Herrin ihn gern besuchen wollte: [1260] Er sollte das Seine dazu tun, damit es, ohne Aufsehen und Ärgernis zu erregen, geschehen konnte. Dann kehrte sie heim, um zu berichten. Sie nahm die junge Frau beiseite und zog ihr Bettlerkleider an. Die Schönheit ihres Gesichts verhängte sie mit Schleiern. Sie nahm ihre Herrin bei der Hand und führte sie zu Riwalîn. [1270] Der hatte alle seine Leute aus dem Zimmer gewiesen und war ganz alleine: Er brauche Ruhe und Einsamkeit, sagte er ihnen. Die Erzieherin aber behauptete, sie habe eine Ärztin mitgebracht, und erreichte so, dass man sie einließ. Sie legte sogleich den Riegel vor, dann sprach sie: „Jetzt, Herrin, seid Ihr bei ihm." [1280] Und die Schöne trat an sein Bett, und als sie ihn aus der

Nähe ansah, sagte sie: „Ach, heute und immerfort ach! Weh mir, dass ich zur Welt kam! Dass ich so alle meine Hoffnung vernichtet sehen muss!"

Kaum merklich, so gut er es eben vermochte, verbeugte sich Riwalîn – es war der Gruß eines Sterbenden. Aber sie achtete auch gar nicht darauf und nahm nichts davon wahr: [1290] Ihre Augen waren blind. Sie setzte sich nieder und schmiegte ihre Wange an Riwalîns Gesicht, so lange, bis ihr vor Süßigkeit und Weh alle Kräfte schwanden. Ihr rosenfarbener Mund wurde bleich, der lebhafte Schimmer ihrer Haut verblasste, [1300] vor ihren klaren Augen verwandelte sich der Tag zur düsteren, finsteren Nacht. So lag sie ohnmächtig und besinnungslos Wange an Wange mit ihm da, gerade so, als wäre sie tot. Und als sie endlich wieder ein wenig zu Kräften kam, da nahm sie ihren Liebsten in die Arme und drückte ihren Mund auf seinen Mund [1310] und küsste ihn hunderttausendmal in kurzer Zeit, bis ihr Mund – denn der brannte vor Liebe – in ihm Lust und Kraft zur Liebe entfachte. Ihr Mund machte ihn selig, ihr Mund flößte ihm Kraft ein, so dass er diese herrliche Frau ganz fest und innig an seinen halbtoten Leib drückte. [1320] Und so dauerte es nicht lang, bis geschah, was beide wollten, und die reizende Dame von ihm ein Kind empfing. Es fehlte nicht viel, und er wäre an der Frau und an der Liebe gestorben. Wenn Gott ihm nicht geholfen hätte, wäre er nie und nimmer am Leben geblieben, aber so wurde er wieder gesund, es sollte nun einmal so sein.

Riwalîn blieb also am Leben, [1330] der schönen Blanscheflûr aber wurde schlimmes Weh zugleich abgenommen und aufgepackt: Von einem großen Übel wurde sie da bei ihm erlöst, ein noch größeres trug sie mit sich fort; die Schmerzen der Sehnsucht ließ sie hinter sich, aufgeladen wurde ihr der Tod – jene Leiden wurde sie in der Liebe los, den Tod empfing sie zusammen mit dem Kind. Und obwohl es so um ihre Rettung stand [1340] und sie von ihm auf solche Weise erlöst und überladen wurde zu ihrem Glück und Unheil, nahm sie doch nichts anderes wahr als Liebesseligkeit und den geliebten Mann. Vom Kind und vom Unheil des Todes spürte sie nichts, die Liebe und den Mann fühlte sie um so deutlicher und tat so recht nach dem Gebot, das für alle Menschen gilt und das die Liebenden befolgen: [1350] Ihr Herz, ihre Seele, ihr ganzer Wille war allein auf Riwalîn gerichtet, und ihn zog es nirgendwo hin als zu ihr und ihrer Liebe. Sie hatten in ihren Herzen nur ein einziges Glück und Verlangen. So war er sie und sie war er, er gehörte ihr und sie ihm; da Blanscheflûr, dort Riwalîn, da Riwalîn, dort Blanscheflûr, [1360] da beide, da lêal amûr. Sie hatten ihr Leben nun gemeinsam. Sie waren miteinander glücklich und freuten sich an ihrer gemeinsamen Liebenswürdigkeit. Immer wenn es sich einrichten ließ, dass sie zusammen sein konnten, war ihr irdisches Glück vollkommen, und sie fühlten sich so angenehm wohl, dass sie dieses Leben [1370] nicht für ein Königreich aufgegeben hätten.

Doch das dauerte nicht lang. Ihr paradiesisches Leben, abgehoben in wunschloser Wonne, hatte gerade erst angefangen, da kamen Boten zu Riwalîn: Sein Feind Morgân hatte zu einem großen Heereszug in sein Land aufgerufen. Daraufhin wurde sogleich ein Schiff reisefertig gemacht für Riwalîn, [1380] alle seine Sachen lud man ein, auch Proviant und Pferde für das Unternehmen stellte man bereit.

Als die reizende Blanscheflûr von den bösen Nachrichten für den innig Geliebten hörte, da fing ihr Leid erst richtig an: Noch einmal verging ihr vor Jammer Hören und Sehen, ihr ganzer Körper war [1390] wie tot, und aus ihrem Mund drang nichts als nur das armselige Wörtchen „Wehe!". Das sagte sie immerzu, sonst nichts. „Wehe!", sprach sie wieder und immer wieder. „Wehe! O weh, Liebe, und o weh, Mann! Da seid ihr nun über mich gekommen mit soviel Not und Plage! Liebe, aller Menschen Fluch! Kurze Freuden bringst du mit [1400] und bist so durch und durch treulos – was hast du Liebenswertes an dir, dass alle Welt dich liebt? Ich sehe doch, wie du es ihr vergiltst: wie der wahre Judas! Dein Ende ist nicht so schön, wie du die Menschen glauben machst, wenn du sie mit kurzem Glück auf die lange Bahn des Elends lockst. Deine verführerische Falschheit, die, eingehüllt in lauter lügenhafte Süßigkeit, vor ihnen schwebt, [1410] betrügt sie alle, das hat sich auch in meinem Fall erwiesen. Was mir die Quelle allen Glücks sein sollte, spendet jetzt nichts anderes mehr als mörderischen Schmerz: Meine Hoffnung fährt dahin und lässt mich hier allein zurück."

So klagte sie, als ihr Geliebter Riwalîn mit weinendem Herzen ins Zimmer trat, um Abschied zu nehmen. [1420] „Meine Dame", sprach er, „meine Gebieterin, ich soll und muss in mein Land reisen. Euch, meine Schöne, möge Gott behüten! Bleibt immer glücklich und gesund." Da schwanden ihr wieder die Sinne, und sie sank, vom Schmerz überwältigt, vor ihm ohnmächtig nieder, wie tot lag sie in den Schoß ihrer Erzieherin gebettet. Als ihr treuer Genosse im Liebesleid sah, wie schlimm [1430] es seiner Liebsten erging, erwies er sich als loyaler Freund: Ihren Schmerz machte er sich ganz zu Eigen; er verlor alle Farbe, seine Kraft im ganzen Leib verfiel. In so trauriger Verfassung setzte er sich schmerzgebeugt nieder und wartete mit ängstlicher Ungeduld, und als sie sich ein wenig regte, [1440] nahm er sie in die Arme und drückte die Unglückliche zärtlich an sich, küsste viele Male ihre Wangen, ihre Augen, ihren Mund und herzte und koste sie unablässig, bis sie endlich nach und nach wieder zu sich kam und mit eigener Kraft aufrecht sitzen konnte.

Blanscheflûr kam also wieder zum Bewusstsein ihrer selbst [1450]

19

und des Geliebten. Voller Jammer sah sie ihn an. „Ach", sprach sie, „so viel Segen steht in Eurer Macht, und doch ist es mir mit Euch so schlimm ergangen! Herr, warum nur habe ich Euch angesehen zu meinem Unglück, denn all den Jammer, der mir nun das Herz zerreißt, habe ich von Euch, Ihr habt ihn meinem Herzen aufgeladen. Wenn ich mir die Freiheit herausnehmen dürfte, so mit Euch zu reden: Ihr könntet [1460] freundlicher und gnädiger mit mir verfahren. Herr und Freund, ich habe von Euch viele Leiden, und mehr als all die andern wiegen drei, die unheilbar sind und zum Tode führen. Das eine ist: Ich erwarte ein Kind und glaube nicht, dass ich die Geburt überlebe, wenn nicht Gott selber mir zu Hilfe kommt. Das zweite ist noch gefährlicher: Wenn mein Bruder und Herr mir mein Unglück ansieht [1470] und zugleich damit seine Schande, dann wird er mich zum Teufel jagen und dafür sorgen, dass ich in Schimpf und Schande sterbe. Das dritte aber ist das Allerschlimmste und noch viel ärger als der Tod: Wenn es noch glimpflich abgeht, so dass mein Bruder mich am Leben lässt und nicht umbringt, so wird er mich doch ganz gewiss enterben und mir Besitz und Ehre nehmen, [1480] dann bin ich für immer verachtet und ohne adeligen Namen. Noch dazu muss ich mein Kind, das einen lebenden Vater hat, ohne väterlichen Beistand großziehen. Ich wollte das alles klaglos hinnehmen, wenn mich allein die Schande träfe und meine vornehme Familie, insbesondere der König, mein Bruder, zusammen mit meiner Person auch den Makel [1490] auf ihrer Ehre loswerden könnte. Wenn aber alle Welt darüber klatscht, dass ich mit einem Bankert schwanger geworden bin, dann ist das für beide Reiche, für Kurnewal und England gleichermaßen, eine schreiende Schande. Weh mir, wenn es soweit kommt, dass ich vor aller Augen als die Frau dastehe, die den Adel zweier Länder [1500] in den Schmutz gezogen und gemein gemacht hat; dann wäre ich besser tot. Seht, Herr", sprach sie, „so ist meine Lage, in diesem unentrinnbaren Jammer muss ich alle Tage, die mir bleiben, bei lebendigem Leib versterben. Herr, wenn nicht Ihr Abhilfe schafft und Gott das Seine dazutut, kann ich nimmer mehr froh werden."

„Meine Dame", sprach er, „süßer Schatz, [1510] das Leid, das Ihr von mir erfahren habt, will ich nach besten Kräften wieder gutmachen und dafür sorgen, dass Euch nie wieder durch meine Schuld Schaden oder Schande entsteht. Was auch immer werden mag, so ist mir doch mit Euch ein so lieber Tag heraufgekommen, dass es nicht recht wäre, wenn ich es zuließe, dass Euch irgendetwas betrübt. [1520] Meine Dame, ich tue wahrhaftig mein Herz und meine ganze Seele vor Euch auf, hört zu: Weh und Wonne, Böses und Gutes, und was immer Euch geschehen mag, soll mich eins mit Euch finden, ich werde es alles annehmen, sei es auch noch so schwer. Ich lasse Euch die Wahl zwischen zwei Dingen,

20

lasst Euer Herz entscheiden: Soll ich bleiben oder reisen? [1530] Wägt selber diese beiden Möglichkeiten ab. Wenn es Euer Wille ist, dass ich hier bleibe und zusehe, wie es Euch ergeht, dann soll es so geschehen. Wenn Ihr aber bereit seid, mit mir fortzufahren in mein Land, dann werde ich mit allem, was ich habe, immer Euer treuer Diener sein. Ihr tut mir hier so viel Gutes, dass es nur recht und billig ist, wenn ich bei mir daheim alles aufbiete, um Euch zu danken. [1540] Nun, meine Dame, lasst mich wissen, was Ihr zu tun gedenkt: Euer Wille ist der meine."

„Gnädiger Herr", sprach sie, „möge Euch Gott Euer Reden und Handeln vergelten: Ihr seid so gütig gegen mich, dass ich Euch immer gern auf Knien danken will. Mein Schatz und Herr, Ihr wisst, dass ich nicht bleiben kann: [1550] Dass ich schlimmer Hoffnung bin mit einem Kind, lässt sich leider nicht verbergen. Ach, könnte ich doch nur heimlich von hier fort! Etwas anderes bleibt mir, so wie meine Dinge stehen, gar nicht übrig. Geliebter Herr, ratet mir, wie ich es anstellen soll."

„Nun denn, meine Dame", sprach er, „tut, was ich Euch sage: Richtet es so ein, dass Ihr heute Abend, wenn ich mich einschiffe, schon vor mir dort sein könnt; schleicht Euch an Bord, [1560] während ich mich verabschiede, so dass ich Euch dann bei meinen Leuten finde. So müsst Ihr es machen, so ist es richtig."

Nach dieser Unterredung ging Riwalîn zu Marke und berichtete ihm, was man ihm von seinem Land gemeldet hatte. Er verabschiedete sich von ihm und dann auch von den Leuten des Hofs. [1570] Die klagten sehr darüber, dass er fortging: Noch nirgends hatte man ihm je so viele Tränen nachgeweint wie dort, und ungezählte Segenswünsche gab man ihm mit auf die Reise, damit Gott seine Ehre und sein Leben beschützte. Als es dunkel zu werden begann und Riwalîn sich mit allen seinen Sachen einschiffte, fand er seine Dame, [1580] die schöne Blanscheflûr, an Bord. Und sogleich legte das Schiff ab, und sie segelten davon.

Als Riwalîn in sein Land kam und erfuhr, wie schlimm die Lage war, denn Morgân führte eine große Übermacht heran, da bestellte er seinen Marschall zu sich, einen Mann von bewährter Treue, auf den er sich verlassen konnte wie auf keinen zweiten; [1590] der hatte für ihn die königliche Hoheit über Land und Leute ausgeübt und bewahrt: Das war Rûal li foitenant, ein sicherer Anker der Ehre und der Treue, unbeirrbar loyal in allen Dingen. Der machte ihm nach bestem Wissen das ganze schreckliche Ausmaß der Not deutlich, die über das Land hereingebrochen war. „Da Ihr aber", sprach er, [1600] „von Gott gesandt, noch rechtzeitig zurückgekommen seid, uns zu helfen, werden wir damit fertig werden und uns retten. Wir können jetzt stolzen Mut fassen, der Schrecken soll uns keine Angst einjagen."

Dann erzählte ihm Riwalîn die Romanze von seiner süßen Blanscheflûr. Da wurde dem Marschall leicht ums Herz. [1610] „Ich sehe, Herr", sprach er, „Euch strömt die Ehre von allen Seiten zu, Euer Adel, Euer Ruhm, Eure Herrlichkeit und Euer Glück steigen empor wie die Sonne. Keine zweite Frau auf Erden könnte Euch so viel Majestät mit in die Ehe bringen. Darum, Herr, rate ich Euch: Wenn sie Euch Gutes getan hat, [1620] müsst Ihr Euch dankbar erweisen. Sobald wir unsere Sache ausgefochten und die Not, die auf uns lastet, abgeschüttelt haben, ladet Ihr zu einem Fest in Pracht und Herrlichkeit: Da nehmt Ihr sie dann öffentlich vor allen Verwandten und Vasallen zur Frau. Vorher aber, das rate ich Euch, solltet Ihr in der Kirche [1630] im Beisein von Klerikern und Laien nach christlichem Brauch die Ehe schließen – das ist zu Eurem eigenen Heil: Ihr könnt ganz sicher sein, dass Eure Sache dann desto besser zu Eurem Ruhm und Eurem Nutzen gerät."

So geschah es, genau so, wie der Marschall es ihm geraten hatte, machte es Riwalîn, und als die Ehe geschlossen war, befahl er seine Frau der Obhut [1640] des treuen Foitenant. Der brachte sie nach Kanoêl, auf ebenjene Burg, nach der sein Herr – so habe ich gelesen – sich Kanêlengres nannte: Kanêl meint Kanoêl. Auf diesem Château residierte Rûals eigene Gemahlin, eine Frau von Welt und weltklug, jedoch so wenig flatterhaft wie nur je ein Weib an Leib und Seele. [1650] Ihr vertraute er seine Herrin an und sorgte dafür, dass die hohe Dame, wie es ihr gebührte, alle Bequemlichkeit hatte. Als Rûal wieder zu seinem Herrn kam, da wurden die beiden miteinander einig, was angesichts der Gefahr, die sie bedrohte, zu tun war. Sie schickten Boten aus in alle Gegenden des Landes und riefen ihre Ritterschaft zusammen; [1660] alle ihre Mittel und Kräfte boten sie auf für den Krieg und zogen mit Heeresmacht gegen Morgan. Der und die Seinen erwarteten sie schon. Sie bereiteten Riwalîn einen blutigen Empfang. Ach, wie viele gute Ritter da vom Pferd gestochen und erschlagen wurden! [1670] Wenig Pardon wurde da gegeben. Vielen Männern erging es schlimm, sehr viele aus beiden Heeren lagen da tot oder verwundet auf dem Feld. In dieser Unheilsschlacht wurde der beklagenswerte Verteidiger seines Landes erschlagen; die ganze Welt sollte um ihn klagen – wenn nur Jammer und Geschrei etwas nützte gegen den Tod! Kanêlengres, der tadellose Mann, [1680] der nirgends auch nur einen fußbreit aus der Spur von Rittersinn und Herrschertugend geriet, der stürzte da tot nieder, welch ein Jammer! Zutiefst entsetzt scharten sich jedoch die Seinen um ihn und schafften es, hart bedrängt, den Leichnam zu bergen. Unter großem Jammer trugen sie ihn fort, um ihn zu bestatten als einen Mann, der nichts Geringeres [1690] als ihrer aller Wert und Würde mit sich ins Grab nahm. Wenn ich jetzt lang von Trauer und von ihrem Jammer reden wollte und was jeder Einzelne klagte, was sollte das nützen? Sie waren alle mit ihm tot, erstorben waren ihnen Ehre und Besitz und jener Geist, der edlen Leuten [1700] Glück und Lebensfreude schenken kann.

Es ist nun einmal so und muss so bleiben: Tot ist der edle Riwalîn. Da kann man nun nichts anderes mehr tun als ebendas, was man nach Recht und Schuldigkeit den Toten tut, es ist ja nicht zu ändern. Man soll und muss sich von ihm losreißen, Gott im Himmel wird sich seiner annehmen: Edle Herzen lässt er nicht im Stich. [1710] Wir aber wollen jetzt davon reden, wie es Blanscheflûr erging. Wie ihrem Herzen war, als die Schöne die traurige Nachricht erhielt? Gott, unser Herr, bewahre uns davor, dass wir das je erfahren! Das eine aber weiß ich gewiss: Wenn je das Herz einer Frau wahrhaft tödlichen Schmerz empfunden hat über den Verlust des Geliebten, [1720] so das ihre. Mörderisches Weh füllte ihr Herz ganz aus. Es war ihr deutlich anzusehen, dass ihr sein Tod zu Herzen ging: Von all dem Leid wurden ihre Augen kein bisschen nass. Lieber Gott, wie war das möglich, dass es ohne Weinen abging? Ihr war das Herz versteinert, kein Leben regte sich mehr darin, [1730] nur die lebendige Liebe und das lebendige Leid, das nur allzu lebhaft seine Waffen rührte, entschlossen, sie zu töten. Aber sie wird doch wohl ihrem Jammer um ihren Herrn mit klagenden Worten Ausdruck gegeben haben? Nein, keineswegs! Sie verstummte in dem Augenblick, die Klage erstarb ihr im Mund. Ihre Zunge, ihr Mund, ihr Herz, ihr Verstand, das war alles dahin. Kein Klagelaut kam der Schönen über die Lippen, [1740] sie sagte weder ach noch weh, sie sank nur in sich zusammen und lag drei Tage lang in Schmerzen da, elender als je eine Frau. Sie wand sich und verrenkte die Glieder, warf sich hin und her, her und hin, immerfort, bis sie unter vielen Qualen ein Söhnlein zur Welt brachte. Seht, das Kind überlebte die Geburt, sie aber starb.

O weh, was für ein schlimmer Augentrost, [1750] wenn man nach argem Leid die Augen so schlimm trösten soll mit noch ärgerem Leid!

Sie, deren ganze Herrlichkeit Riwalîn gewesen war, der ihre Ehre hochhielt, solange Gott es ihm vergönnte, erfuhr allzu fürchterliches Leid, ein Leid, das nicht seinesgleichen hatte unter allen Leiden: Ihre ganze Hoffnung, ihre Kraft, [1760] all ihr Tun und Lassen, ihr Rittertum, ihre Ehre, ihr Adel, das alles war dahin. Sein Tod war immerhin ehrenvoll gewesen, der ihre war zum Erbarmen. Soviel Unheil und Kummer der Tod ihres Herrn über die Leute brachte und über das Land, war es doch ein noch größerer Jammer, die grausame Qual [1770] und das erbarmungswürdige Sterben der süßen Frau mit anzusehen. Ihr Leid und ihr Unglück soll jeder, mit dem das Schicksal es besser gemeint hat, betrauern. Und wer je von einer Frau eine Freude erfuhr oder zu erfahren hofft, der soll darüber nachsinnen, wie leicht solches Unterfangen selbst den Besten zum Verhängnis werden kann, [1780] so dass sie Schaden neh-

23

men an ihrem Glück und ihrem Leben, und er wird der Reinen wünschen, sie möge Gnade finden bei Gott, seine Güte, seine Macht möchten ihr Trost und Hilfe schenken. Wir aber wollen von dem Kindchen reden, das weder Vater noch Mutter hatte, und erzählen, wie Gott mit ihm verfuhr.

Wo Schmerz und treues Eingedenken [1790] nach dem Tod des Freundes sich immer frisch und jung erhalten, da lebt der Freund in immer frischer Gegenwart: Das ist die beste Treue.

Wer an dem Schmerz um den verlorenen Freund festhält, der praktiziert Treue gegenüber dem Toten, eine Treue, die höher ist als alles Verdienst und wahrhaft königlich. Ebendiese Krone aller Treue trugen da, so habe ich gelesen, der Marschall und seine Frau, der Segen ihres Hauses. [1800] Die zwei waren *eine* Treue und ein einziger Leib vor Gott und der Welt, so recht ein lebendes Exempel: Ebenbild Gottes und Vorbild der Welt, denn sie übten ganz nach Gottes Willen vollkommene Treue und bewahrten sie ohne Makel rein bis an ihrer beider Ende. Wenn jemand auf Erden, [1810] sei es Mann oder Frau, sich eine Königskrone mit Treue verdienen könnte, dann diese beiden, das werde ich euch jetzt beweisen, wenn ich euch berichte, wie er verfuhr und was sie tat. Als Blanscheflûr, ihre Herrin, starb und Riwalîn begraben war, da gerieten doch die Dinge des Waisenkinds, das da am Leben geblieben war, nach großem Unheil auf keine schlimme Bahn: [1820] Für sein Fortkommen wurde wohl gesorgt. Der Marschall und die Marschallin nahmen das verwaiste Kindlein und schafften es heimlich fort, wo niemand es sah. Den Leuten sagten sie und ließen es verkünden, die Königin sei schwanger gewesen, das Kind sei aber zusammen mit ihr gestorben. Da war nun dreifaches Unglück [1830] zu beklagen, noch mehr Jammer als je zuvor erhob sich überall im Land: Jammer um Riwalîn, Jammer, weil Blanscheflûr gestorben war, Jammer um das Kind der beiden, auf das sie ihre ganze Hoffnung gesetzt hatten und das nun auch verloren sein sollte. Und in allem ihrem Leid sahen sie sich auch noch der übermächtigen Bedrohung durch Morgân gegenüber, dieser Schrecken war ebenso schlimm wie der Schmerz über den Tod ihres Herrn. [1840] Das ist ja die ärgste Not auf Erden: Wenn man immerzu, Nacht und Tag, den Todfeind vor Augen haben muss, das ist unerträglich, das ist der leibhaftige Tod. In aller dieser lebendigen Not wurde Blanscheflûr bestattet. Großer Jammer erhob sich über ihrem Grab, [1850] viel Weinen und Klagen hörte man dort, das sollt ihr ruhig wissen. Ich darf und will indes nicht mit gar zu traurigen Reden eure Ohren quälen, sie vertragen es nicht, wenn allzu viel gejammert wird, und überhaupt wird man kaum etwas finden, was nicht, und wäre es auch noch so gut, seine Wirkung einbüßt, wenn einer zu lange darauf herumreitet. So wollen wir denn endlich aufhören zu jammern [1860] und unseren Eifer dem Waisenkind zuwenden, dessen Geschichte wir hier erzählen.

Die Dinge in der Welt nehmen sehr oft einen schlimmen Lauf und geraten vom Schlimmen dann doch wieder zum Guten.

In der ärgsten Not, wie immer es dann auch ausgehen mag, soll der Tüchtige überlegen, wie ihm herauszuhelfen ist. [1870] Solange er am Leben ist, soll er mit den Lebenden leben und sich selbst guten Mut zum Leben machen. So hielt es der Marschall Foitenant: Weil seine Lage schlimm war, überlegte er jetzt mitten in der Not, den Untergang des Reichs, seinen eigenen Tod vor Augen. Und da Kämpfen ihm nichts nützte und er nicht im Kampf gegen den Feind sein Heil suchen konnte, [1880] so flüchtete er sich zur Klugheit. Er beriet sich kurz entschlossen mit den Herren über alles Land seines Herrn und bewegte sie dazu, Frieden zu schließen – es blieb ihnen gar nichts anderes übrig, als zu flehen und sich zu ergeben. Ihr Gut und Leben lieferten sie Morgân aus als ihrem gnädigen Herrn. Von der Feindschaft mit Morgân und allen Ansprüchen auf Vergeltung [1890] sagten sie sich los und retteten so mit Klugheit Land und Leute.

Der treue Marschall Foitenant ritt dann heim zu seiner edlen Frau und redete ihr zu, ja, er beschwor sie, sie solle sich, wenn ihr das Leben lieb sei, in ihre Kemenate zurückziehen wie eine Frau, die ihre Niederkunft erwartet, und wenn sie dann nach der gewöhnlichen Zeit aus ihrem Kindbett wieder aufstehe, solle sie sagen und fortan dabei bleiben, [1900] sie habe ein Kind zur Welt gebracht, ihren Sohn und Erben. Die gütige Marschallin, die musterhafte Dame, die treue, reine Florête, die ein Spiegel aller Frauentugend war und durch und durch edel wie nur je ein Juwel, ließ sich nicht lange bitten zu tun, was ihr doch Ehre machen sollte. Sie verstellte ihr ganzes inneres und äußeres Wesen [1910] und verwandelte sich in ein Bild der Klage wie eine Frau, die bald gebären soll. Sie befahl, ihre Kammer herzurichten und alles vorzubereiten für das Ereignis, das ihr ins Haus stand. Wohl wissend, wie man sich benehmen muss, wenn es soweit ist, gestaltete sie ihre künstlichen Wehen sehr naturgetreu: Aufgewühlt vor Schmerzen an Leib und Seele, gab sie [1920] eine Frau in Kindsnöten, die mit ihrer ganzen Person von der Qual und Mühe des Gebärens in Anspruch genommen wird. Dann wurde ihr das Kind ins Bett geschmuggelt, so listig, dass niemand den Betrug bemerkte, nur eine der Hebammen war in das Geheimnis eingeweiht. Und so verbreitete sich schnell die Nachricht, die edle Marschallin [1930] liege im Wochenbett mit einem Sohn. Das war gar nicht gelogen: Tatsächlich lag sie da mit einem Sohn in den Armen, der ihr in kindlicher Liebe verbunden bleiben sollte bis an ihrer beider Ende. Dieses liebe Kind war ihr mit solch inniger Kindesliebe zugetan wie nur je ein Kind seiner Mutter, und das war nur recht und billig so. Sie ihrerseits schenkte ihm alle Aufmerksamkeit [1940] einer zärtlich sorgenden Mutter und war ihm so unwandelbar hingegeben, als hätte sie ihn wirklich unter ihrem Herzen getragen. Wie die Quelle uns versichert, ist das, was hier geschah, ohne Beispiel in der Welt: Weder früher noch seitdem haben je ein Mann und seine Frau mit so viel zärtlicher Hingabe ihren Herrn aufgezogen. Im weiteren Verlauf der Geschichte wird uns deutlich werden, [1950] was für väterliche Sorgen und Plagen aller Art der treue Marschall auf sich nahm für ihn.

Als die edle Marschallin sich von den Strapazen ihrer Niederkunft erholt hatte und nach der vorgeschriebenen Frist – sechs Wochen nach der Geburt des Sohnes, von dem ich euch erzählt habe – zur Kirche gehen sollte, nahm sie ihn in ihre Arme [1960] und trug ihn selber mütterlich sanft, wie es sich gehörte, zum Gotteshaus. Nachdem sie dort den Eingangssegen empfangen und mit schönem Gefolge den Opfergang getan hatte, schritt man zur heiligen Taufe, damit das kleine Kind in Gottes Namen das Christentum empfinge, [1970] und es, was auch immer danach aus ihm würde, doch jedenfalls ein Christ wäre. Da stand nun der Priester bereit zur heiligen Handlung und fragte, wie es Brauch ist bei der Taufe, welchen Namen das Kindlein tragen sollte. Die Marschallin, die feine Dame, trat beiseite und besprach sich ganz leise mit ihrem Mann: Sie fragte ihn, [1980] wie er das Kind gern nennen wollte. Der Marschall sagte lange nichts, er überlegte mit ängstlicher Gewissenhaftigkeit, was für ein Name in diesem besonderen Fall wohl passend wäre. Dabei richtete er den Blick weit zurück auf die allerersten Anfänge des Kindes, wie er sie aus Erzählungen kannte, und betrachtete, wie seine Sache sich von da an entwickelt hatte. „Seht, meine Dame", sprach er, „ich weiß es [1990] von seinem Vater selbst, wie es ihm mit Blanscheflûr ergangen ist, unter welch traurigen Umständen ihre Sehnsucht nach ihm ans Ziel gelangte, wie sie dieses Kind mit trauerndem Herzen empfing, in welcher Trauer sie es zur Welt brachte: So wollen wir ihn denn Tristan nennen." Triste bedeutet Trauer, das trifft es genau; also wurde das Kind Tristan genannt [2000] und auf den Namen Tristan getauft. Tristan, von „triste", lautete sein Name, der passte zu ihm und stand ihm wohl zu Gesicht, das zeigt uns jeder Blick auf die Geschichte: Wir sehen, wie traurig es zuging bei dem freudigen Ereignis seiner Geburt, wir sehen, wie früh ihm Leid und Schmerz aufgepackt wurden, sehen, wie traurig das Leben war, [2010] das ihm geschenkt wurde, sehen den traurigen Tod, der aller Not seines Herzens ein Ende machte, schlimmer als aller Tod und so recht die Galle aller Trauer. Jeder, der diese Geschichte liest, muss erkennen, dass in dem Namen das Leben widerhallt. Der Mann war, wie er hieß, [2020] und er hieß, wie er war, Tristan war sein rechter

Name. Wenn aber nun jemand wissen wollte, was Foitenant im Schild führte, als er die Kunde in die Welt setzte, das Kind wäre in den Wehen der unglücklichen Geburt umgekommen und Tristan läge tot in seiner toten Mutter Leib, so wollen wir ihm Auskunft geben: Es geschah aus Treue, der treue Mann tat es, [2030] weil er von Morgân Schlimmes fürchtete; wenn der von dem Kind erführe, so meinte er, würde er es heimtückisch oder mit offener Gewalt umbringen und dem Land den rechten Erben nehmen. Deswegen nahm der Treue das verwaiste Kind als sein eigenes an und erzog es so gut, dass alle Welt ihm wünschen soll, Gott möge ihn reich dafür belohnen; [2040] das hat er an dem Waisenkind wohl verdient.

Als nun das Kind getauft und nach Christenbrauch versehen worden war, nahm die tüchtige Marschallin ihr liebes Kindchen wieder in ihre sehr hausmütterliche Obhut: Sie wollte ihn immer unter den Augen haben und sehen, ob auch wirklich alles zu seinem Wohlsein bestellt war. Seine zärtliche Mutter behütete ihn [2050] mit derart eifernder Zärtlichkeit, dass sie es kaum ertragen mochte, wenn er auch nur einen unsanften Schritt tat. So bemutterte sie ihn bis zu seinem siebten Lebensjahr, da war er alt genug, um achtsam alles aufzufassen, was man ihm sagte oder sonst zu verstehen gab. Nun nahm sein Vater, der Marschall, ihn der Mutter weg und gab ihn in die Obhut eines gebildeten Mannes, [2060] mit dem sollte er in fremde Länder reisen, um Sprachen zu lernen. Außerdem aber sollte er auch schon mit dem Bücherlesen beginnen und sich diesen Studien mit besonderem Eifer widmen. Hier bog er nun auf den Weg ein, der ihn aus seiner Freiheit hinausführte, er stieß auf eine Eskorte tyrannischer Sorgen, [2070] die ihm bis dahin unbekannt gewesen waren und ihn nie behelligt hatten. In den frühen Blütenjahren, da all sein Glück erst sprießen sollte, da er mit unbeschwerter Freude zu leben anfangen sollte, war seine beste Lebenszeit schon vorüber – als er in Herrlichkeit zu blühen begann, fiel auf ihn der Reif der Sorgen, der oft der Jugend zum Verhängnis wird, [2080] und ließ die Blüten seines Glücks verdorren. In seiner ersten Freiheit wurde ihm alle Freiheit vernichtet. Mit dem Studium der Bücher und ihrer Tyrannei begann sein ganzer Kummer. Und doch bot er von Anfang an alle seine Geistesgaben auf und legte solchen Eifer an den Tag, dass er binnen kurzer Zeit mehr Bücher studiert hatte [2090] als je ein Kind vor ihm oder seither. Seine Bildungsarbeit erschöpfte sich aber nicht in Bücher lesen und Fremdsprachen lernen: Viele seiner Stunden, die ihm blieben, brachte er mit allerlei Saitenspiel zu. Früh und spät befasste er sich fleißig mit dieser Kunst, bis er sie mit staunenswerter Perfektion beherrschte. Er lernte unermüdlich, heute dies und morgen das, [2100] und was er heuer bereits konnte, konnte er im Jahr darauf noch besser. Zu alledem lernte er auch noch, hoch zu Ross Schild und Speer gewandt zu führen, das Pferd recht zu spornen auf beiden Seiten, es im Galopp kühn zu lenken. Voltigieren und laissieren, mit den Schenkeln recht jamblieren nach den Regeln ritterlicher Kunst, [2110] mit solchen Übungen machte er sich oft Bewegung. Sich richtig decken mit dem Schild, kräftig ringen, schön laufen, wild rennen, auch den Speer werfen, das alles trieb er mit angestrengtem Ernst. Außerdem aber, so sagt uns die Geschichte, lernte er noch pirschen und jagen und konnte es bald besser als jeder andere, wen man auch nennen mag. Auch auf höfische Spiele und Künste aller Art [2120] verstand er sich und war sehr geschickt darin. Und schön war er noch obendrein, so gesegnet schön wie nur je ein Jüngling, den eine Frau zur Welt gebracht hat. Alles an ihm war auserlesen, in seinem inneren wie in seinem äußeren Wesen. Nun war aber die ganze Herrlichkeit mit dauerndem Unheil unterfüttert, so steht es geschrieben, ach, er war mit Unglück gesegnet.

Als sein vierzehntes Lebensjahr herankam, [2130] rief ihn der Marschall wieder heim und ließ ihn viel in seinem Reich umherreisen, damit er Land und Leute kennen lernte und so recht verstünde, wie es zuging in dem Land. Das tat der musterhafte junge Mann und erntete überall viel Lob, im ganzen Reich hätte man nie und nimmer [2140] auch nur einen Knaben finden können, der solche Fähigkeiten hatte. Alle Welt blickte ihn mit Liebe und Wohlwollen an, wie man eben dem begegnet und begegnen soll, der nichts als Vollkommenheit in allen Dingen im Sinn hat und alles Mindere verachtet.

Damals und in dieser Zeit fügte es sich so, dass aus Norwegen übers Meer [2150] ein Kaufmannsschiff und keine zweie nach Parmenîe gefahren kam. Es legte an und machte fest in Kanoêl, vor ebenjenem Château, auf dem der Marschall mit seinem Erbprinzen Tristan residierte. Als nun die fremden Kaufleute ihre Waren ausgelegt hatten, [2160] sprach es sich am Hof schnell herum, was für Sachen da angeboten wurden. Ach, diese Neuigkeiten brachten Tristan Unheil! Da gebe es Falken zu kaufen und andere schöne Vögel, erzählte man, und alle redeten davon, bis zwei von den Kindern des Marschalls – zielstrebig, wie Kinder in solchen Dingen sind – sich zusammentaten [2170] und mit ihrem vermeintlichen Bruder Tristan zu ihrem Vater gingen, um ihn schlau zu bitten, er möge Tristan erlauben, für sie ein paar Falken zu kaufen. Der edle Rûal hätte seinem Liebling Tristan jeden Wunsch erfüllt und ihm nie Hindernisse in den Weg gelegt, [2180] denn er erwies ihm höhere Ehren als irgendjemandem in seinem Land und behandelte ihn besser als alle die Seinen. Seine eigenen Kinder lagen ihm nicht so sehr am Herzen wie er. Daran kann alle Welt sehen, wie vollkommen treu er war, musterhaft in allen Dingen und aller Ehren wert. Er stand sogleich auf und nahm, [2190] väterlich wie nur je ein Vater, seinen Sohn Tristan bei der Hand. Seine anderen Söhne begleiteten ihn, und noch eine Menge Leute seines Hofs leisteten ihm sowohl pflichtbewusst als auch heiter entschlossen, sich zu vergnügen, Gefolgschaft zum Schiff hinunter. Wonach es einen nur gelüsten kann und was ein Herz begehren mochte, gab es da zu kaufen: Schmuck, Seide, vornehme Kleidung [2200] fand man da im Überfluss. Auch schöne Jagdvögel wurden angeboten: Wanderfalken, Zwergfalken und Sperber, Habichte, ausgewachsene, aber auch heurige mit roten Federn, von allem gab es eine große Auswahl. Tristan wurde aufgefordert, sich Falken und Zwergfalken auszusuchen, [2210] auch für die beiden, die als seine Brüder galten, kaufte er ein. Was die drei haben wollten, das bekamen sie, und als alle ihre Wünsche erfüllt waren und man sich anschickte, wieder nach Hause zu gehen, da geschah es, dass Tristans Blick auf ein Schachspiel fiel, das da an der Wand hing. [2220] Das war ein sehr schön gearbeitetes Brett, die Einfassung großartig ornamentiert, die Figuren, die dazugehörten, waren kunstvoll aus edlem Elfenbein geschnitzt. Tristan, dieses hochbegabte Kind, betrachtete es hingerissen. „Ei", sprach er, „meine Herren Kaufleute, Gott schütze Euch. [2230] Sagt mir: könnt Ihr Schach spielen?" Und das sagte er in ihrer Sprache. Jetzt sahen sie den jungen Mann erst recht aufmerksam an, als er da in ihrer Sprache redete, die dort keiner sonst konnte, und sie studierten ihn genau von Kopf bis Fuß. Da fanden sie nun, dass er der allerschönste Jüngling war, der ihnen je vorgekommen war, [2240] und so fein gebildet wie kein zweiter. „Ja, mein Lieber", sagte einer von ihnen, „es gibt etliche unter uns, die es recht gut können. Wenn Ihr Euch davon überzeugen wollt, bitte schön, es soll mir ein Vergnügen sein, gegen Euch anzutreten." Tristan sprach: „Das machen wir!", und so setzten sich die zwei zu einer Partie ans Brett. Der Marschall sagte: „Tristan, ich gehe jetzt heim, [2250] du kannst hier bleiben, wenn du magst. Meine anderen Söhne begleiten mich; ich lasse dir deinen Lehrer da, der soll ein Auge auf dich haben und sich um dich kümmern." Der Marschall mit seinem ganzen Gefolge verließ also das Schiff, nur Tristan und sein Erzieher blieben da. Dieser hatte, so kann ich euch versichern, denn die Geschichte sagt es uns ausdrücklich, [2260] allen Adel, den Courtoisie und eine durch und durch edle Natur einem jungen Mann verleihen können, und er hieß Kurvenal. Er war vielseitig gebildet, wie es sich gehört für einen, der einen solchen Schüler unterrichten will, und dieser lernte viel von ihm. Als der so begabte Jüngling, der fein gebildete Tristan, [2270] da saß in seiner ganzen Schönheit und Courtoisie und sein Spiel machte, staunten ihn die Fremden alle wieder an und sagten sich im stillen, dass ihnen noch nie solche Jugend mit so viel Vollkommenheit geziert begegnet war. Indes beeindruckte sie all die feine Bildung, die er beim Spiel und in seinem ganzen Auftreten an den Tag legte, noch am wenigsten; [2280] weit erstaunlicher fanden sie es, dass ein Kind so viele Sprachen konnte: Die Worte flossen ihm ganz leicht von den Lippen – dergleichen hatten sie noch nie erlebt, wohin sie auch gekommen waren. Der höfische Kavalier streute immer wieder hübsches Geplauder und exotische Schachwörtlein ein. Davon kannte er eine große Menge und verwendete sie mit Geschmack, [2290] seinem Spiel noch mehr Reiz zu verleihen. Auch sang er ausgezeichnet Chansons und schöne Weisen, Lieder mit Refrain und Tanzstücke. Solche Künste der Courtoisie trieb er immerfort so lange, bis die Handelsleute zu einem gemeinsamen Entschluss gelangten: Wenn sie es schlau so anstellten, dass sie ihn entführen könnten, [2300] dann würde ihnen das viel Gewinn und Ehre bringen. Und sie zögerten nicht lange, sondern wiesen die Ruderer an, sich bereit zu halten, dann holten sie selber den Anker ein, das war nicht recht. Sie legten ab und fuhren fort, so leise, dass weder Tristan noch Kurvenal etwas davon bemerkte, [2310] bis sie sich eine deutsche Meile weit draußen auf dem Wasser befanden. Die zwei waren nämlich so sehr in ihr Spiel vertieft, dass sie an gar nichts anderes dachten. Erst als sie damit fertig waren und Tristan, der das Spiel gewonnen hatte, um sich schaute, erkannte er, was geschehen war. [2320] Solchen Jammer wie den seinen jetzt habt ihr nie an einer Mutter Kind gesehen! Er fuhr auf und mitten unter sie. „Ach, meine Herren Kaufleute", sprach er, „um Gottes willen, was habt Ihr mit mir vor? Sagt, wohin verschleppt Ihr mich?" „Seht es ein, mein Lieber", sagte da einer von ihnen, „das ist nun einmal so und nicht zu ändern: Ihr müsst mit uns fort. Findet Euch damit ab und seid zufrieden." [2330] Da fing der arme Tristan so jämmerlich zu klagen an, dass auch seinem Freund Kurvenal die Tränen kamen vor lauter Leid, und er gebärdete sich so verzweifelt, dass der ganzen Mannschaft von seinem Jammer und von dem des Knaben angst und bange wurde. Da setzten sie Kurvenal in einem Beiboot aus. [2340] Sie gaben ihm ein Ruder mit und ein kleines Brot, damit er fahren konnte und nicht Hungers starb, und sagten zu ihm noch, er solle fahren, wohin sein eigener Wille ihn wiese, Tristan aber müsse mit ihnen fort. Dann setzten sie die Segel und ließen ihn da treiben in seiner großen Not.

Kurvenal schwamm auf dem Meer, [2350] mehrfach unglücklich war er: Ihn quälte das schlimme Leid, das über Tristan gekommen war, ihn quälten seine eigenen Sorgen um sein Leben, denn er verstand nichts von der Seefahrt und hatte noch nie ein Ruder in der Hand gehabt. Jammernd sprach er zu sich selbst: „Ach, Gott, was soll ich nur machen! Das ist das Schlimmste, was mir je passiert ist. [2360] Da bin ich nun ganz allein hier draußen und habe keine Ahnung, wie man ein Boot lenkt. Mächtiger Gott, steh du mir bei und hilf du mir rudern. Ich will im Vertrauen auf deine Güte versuchen, was ich noch nie versucht habe: Sei du mein Steuermann und Lotse!" So sprach er und nahm sein Ruder in die Hand. In Gottes Namen fuhr er los und gelangte, [2370] wie Gott es gnädig fügte, bald zurück nach Hause, wo er berichtete, was geschehen war. Der Marschall und seine liebe Frau zerquälten sich das Herz in ihrem Jammer, ihr Leid und ihre Trauer hätten nicht größer sein können, wenn Tristan tot vor ihren Augen dagelegen hätte. Da gingen die beiden [2380] in ihrem gemeinsamen Leid, begleitet von der ganzen Hofgesellschaft, ans Ufer des Meeres und weinten um ihr verlorenes Kind. Viele Zungen flehten da in Treue, Gott möge sein Helfer sein. Da erhob sich vielfältige Klage, die einen klagten so, die andern anders, doch als es an den Abend und ans Abschiednehmen ging, [2390] fügte sich ihre Klage, die vorher so vielstimmig gewesen war, zu einem einzigen Lamento, die hier und jene dort riefen nun alle immer nur das eine: „Bêas Tristan, cûrtois Tristan, tun cors, ta vie a dê comant – Gott nehme deinen schönen Leib, dein süßes Leben unter seinen Schutz!"

Unterdessen führten ihn [2400] die Norweger immer weiter mit sich fort. Die glaubten, sie hätten ihn ein für allemal ihrem Willen unterworfen, und waren sich ihrer Beute sicher. Doch da machte der ihr Werk zunichte, der alle Dinge gerade macht und alles Ungerade richtet, dem die Winde und das Meer und alle Gewalten in ängstlichem Gehorsam ergeben sind. Durch seinen Willen und auf sein Geheiß [2410] erhob sich auf dem Meer ein so fürchterlicher Sturm, dass sie sich allesamt nicht mehr zu helfen wussten und dem Schiff seinen Lauf ließen, wohin die tobenden Winde es trieben. Sie hatten alle Hoffnung aufgegeben, Leib und Leben zu retten, und sich ganz der kargen Barmherzigkeit jener Macht ausgeliefert, [2420] die da Zufall heißt: Sie überließen es dem Schicksal, ob sie am Leben blieben oder nicht, denn sie konnten nichts mehr tun, als zusammen mit der wilden See aufzusteigen, wie wenn sie gen Himmel fahren müssten, und dann wieder abzustürzen wie in die bodenlose Tiefe. Die tobenden Wogen schleuderten sie auf und nieder, [2430] hin und her. Kein einziger von ihnen konnte auch nur einen Moment lang aufrecht auf seinen Füßen stehen. So erging es ihnen acht Tage und acht Nächte lang, bis sie alle fast ganz entkräftet und der Ohnmacht nahe waren. Da sprach einer von ihnen: „Meine Herren, [2440] ich glaube bei Gott, diese Ängste und Schrecken hat uns Gott geschickt. Dass wir mehr tot als lebendig auf diesen tobenden Wellen schwimmen müssen, das kommt von nichts anderem als von unseren Sünden und davon, dass wir treulos Tristan den Seinen geraubt haben." „Ja", sprachen da alle einmütig, „du hast Recht, so ist es." [2450] Und sie fassten einen Entschluss: Wenn Wasser und Winde ihnen Frieden gewährten, so dass sie wieder festes Land erreichten, dann wollten sie ihn sehr gern in Freiheit gehen lassen, wohin er wollte. Und kaum hatten sie sich darauf geeinigt, kam ihre Schreckensfahrt mit einem Mal zu sanfter Ruhe. [2460] Wind und Wogen zerstreuten sich, ihre Gewalt zerging, das Meer glättete sich, die Sonne kam wieder heraus und leuchtete so hell wie vorher. Jetzt brauchten sie nicht mehr lang zu warten, denn der Wind hatte sie in den acht Tagen nach Kurnewal verschlagen: Sie waren jetzt schon so nahe vor der Küste, [2470] dass sie den Strand sahen, an dem sie landen sollten, und so legten sie an. Dann holten sie Tristan und setzten ihn am Ufer aus, versorgt mit Brot und anderen Nahrungsmitteln. „Lieber Freund“, sagten sie, „leb wohl mit Gottes Hilfe, möge Er dich schützen!“ Alle gaben ihm die besten Segenswünsche mit, dann machten sie sich davon.

[2480] Und was tat Tristan, der heimatlose arme Tristan? Nun ja, der saß da und weinte. Kinder können halt nicht anders als weinen, wenn ihnen etwas zustößt. Heimatlos und verzweifelt, wie er war, faltete er seine Hände und sprach voller Inbrunst zu Gott: „Ach, du mächtiger Gott, so wahr Gnade im Überfluss in deiner Macht steht [2490] und viel Güte an dir ist, bitte ich dich, süßer Gott, dass du endlich doch Gnade und Güte an mir übst, nachdem du das über mich verhängt hast, dass ich so verschleppt wurde. Nun weise mich doch wenigstens dahin, wo ich unter Menschen bin. Ich schaue nach allen Seiten um mich und sehe nirgends ein lebendes Wesen. [2500] Diese weite Wildnis macht mir Angst: Wohin ich auch die Augen wende, erblicke ich immer nur das Ende der Welt; wohin ich schaue, sehe ich nichts als seelenlose Landschaft, Wüstenei und Wildnis, wilde Felsen und wildes Meer. Diese Schrecken sind fürchterlich genug, mehr noch aber fürchte ich mich [2510] vor Wölfen und Tieren, die werden mich fressen, welche Richtung ich auch einschlage. Und dann neigt sich auch der Tag bereits gefährlich gegen Abend. Untätig noch länger zögern, von hier fortzugehen, ist das Schlechteste, was ich tun kann. Wenn ich mich nicht schleunigst auf den Weg mache, muss ich in diesem Wald da übernachten, und dann kann mich nichts mehr retten. [2520] Jetzt sehe ich, dass es hier viele hohe Felsen gibt und Berge, und denke mir: Ich will versuchen, auf einen dieser Gipfel zu klettern, solange es noch hell ist, und Ausschau halten, ob nicht in der Nähe oder Ferne irgendeine Art von Bauwerk steht, wo ich vielleicht Menschen finde, die mich aufnehmen und mit deren Hilfe ich mich dann weiter durchschlagen kann, [2530] auf welche Weise auch immer.“

So erhob er sich denn und brach auf. Rock und Mantel, die er anhatte, waren aus herrlichem Seidenbrokat, einem wunderbar kunstvollen Gewebe: Sarazenen hatten es mit glitzernden Ornamenten exotisch prächtig, wie es die Heiden können, durchwirkt und bestickt. [2540] Und davon hatte man ihm Kleider auf den schönen Leib geschneidert, die so exquisit gearbeitet waren wie nur je ein Staatsgewand, das ein Meister oder eine Meisterin der Schneiderkunst gefertigt hat. Die Geschichte sagt uns noch, dass dieser Seidenstoff von einem derart satten Grün gewesen sei, wie es das Gras im Mai nicht ist, und das Pelzfutter war Hermelin, so vollkommen weiß, [2550] dass es nicht weißer gedacht werden konnte. Er machte sich also weinend und zutiefst verzagt auf den schlimmen Weg, da er nun einmal nicht bleiben konnte. Er zog sein Kleid unter dem Gürtel ein bisschen höher, den Mantel rollte er zusammen und trug ihn über der Schulter: So begann er seinen Marsch in die Wildnis, [2560] durch Wald und Wiesen. Er hatte weder Weg noch Pfad und nur die Spur, die er sich selber austrat: Mit seinen Füßen und Händen schuf er sich Weg und Steg und ritt auf seinen eigenen Armen und Beinen über Stock und Stein, kletterte auf allen Vieren aufwärts, bis er auf einen Höhenkamm gelangte. Und da fügte es sich so, dass er [2570] auf einen Waldweg stieß, der war nirgends eben, sondern mit Gras überwuchert und schmal. Dem folgte er hinunter ins Tal jenseits des Kammes, und gelangte, so von ihm geleitet, schon bald auf eine schöne Landstraße, die war ziemlich breit und, wie die Hufspuren verrieten, nicht ohne einigen Verkehr in beiden Richtungen. Da setzte er sich, um auszuruhen, weinend nieder: [2580] Sein Herz trieb ihn immerfort heim zu den Seinen, in sein Land, wo er die Leute kannte, und so trieb ihn großer Jammer um. In seinem Elend begann er zum zweiten Mal dem lieben Gott sein Leid zu klagen und erhob flehend die Augen zum Himmel. „Gott", sprach er, „gütiger Herr, mein Vater und meine Mutter, ach, dass die mich so verlieren müssen! [2590] Hätte ich doch nie dieses vermaledeite Schachspiel angefangen, dem will ich nie mehr gut werden. Sperber, Falken und Zwergfalken sollen verflucht sein. Die haben mich meinem Vater weggenommen, sie sind schuld, dass ich meinen lieben Verwandten und Bekannten entführt wurde und alle, die mir Glück und Reichtum gönnten, [2600] nun schlimmen Kummer haben und um mich trauern müssen. Ach, liebste Mutter, ich weiß wohl, wie du dich quälst in deinem Leid, ach, Vater, dein Herz ist voller Trauer: Ich weiß wohl, wie schwer ihr beide mit Kummer überladen seid. O weh, Herr, wüsste ich doch nur genauso gut, dass ihr beide wüsstet, dass ich noch völlig unversehrt am Leben bin, [2610] das wäre euch und damit auch mir eine große Gnade. Ich weiß ja ganz gewiss, dass ihr kaum jemals oder nie mehr froh werden könnt, wenn ihr nicht dank Gottes Fügung erfahrt, dass ich noch lebe. Gott, unser Herr, der allen Bekümmerten hilft in ihrer Not, füge es so!"

Als er da saß und klagte, wie ich es erzählt habe, [2620] sah er in der Ferne zwei alte Wallfahrer daherkommen, die waren so recht gottgefällig: betagt und bejahrt, bärtig und struppig, wie es die echten Kinder Gottes und insbesondere die Pilger häufig sind. Diese frommen Männer trugen Leinenmäntel und waren auch sonst so angezogen, [2630] wie es sich gehört auf einer Pilgerreise, angenäht an ihrer Kleidung waren Meermuscheln und allerlei andere fremdartige Zeichen. Jeder von ihnen hatte einen Pilgerstab in der Hand. Ihre Hüte und die Hosen entsprachen ganz der Ordnung ihres Standes. Die beiden Gefolgsleute Gottes trugen [2640] Leinenhosen, die eine Handbreit über den Knöcheln endeten und unten an den Waden zugebunden waren: Füße und Knöchel lagen bloß, nichts schützte sie, wenn sie sich stießen oder unsanft auftraten. Auf dem Rücken trugen die Pilger zum Zeichen der Buße die Palmzweige geistlichen Lebens. Sie waren gerade dabei, [2650] ihre Gebete und Psalmen und was sie sonst noch Gutes konnten, herzusagen.

Als Tristan sie erblickte, sprach er ängstlich zu sich selbst: „Gnädiger Gott, was kommt da auf mich zu? Wenn die zwei Männer, die dort gehen, mich schon gesehen haben, dann kann es sehr leicht sein, dass ich noch einmal in Gefangenschaft gerate." Als sie nun näher kamen und er [2660] an den Stäben und an ihrer Tracht ihren Stand erkannte, da erkannte er zugleich auch ihre Wesensart. Er fasste wieder etwas Mut und wurde fast ein bisschen froh. Aus vollem Herzen sprach er: „Sei gepriesen, großer Gott! Das sind sicher gute Menschen, von denen ich nichts zu fürchten habe." Es dauerte nicht lang, da sahen sie den Knaben, der dort vor ihnen saß, [2670] und als sie sich näherten, stand er sogleich höflich auf vor ihnen, seine schönen Hände legte er sich auf die Brust. Da musterten ihn nun die beiden Männer aufmerksam und stellten fest, dass er eine feine Erziehung genossen haben musste. Voller Wohlwollen traten sie zu ihm hin und grüßten ihn mit schmeichelnder Liebenswürdigkeit und diesem lieben Gruß: „Dê us sal, bêas âmîs. [2680] Gott möge dich, mein Lieber, wer du auch seist, beschützen." Tristan verneigte sich vor den Alten. „Ei", sprach er, „dê benîe si sainte companîe – Gott gebe den frommen Gefährten seinen Segen auf die Reise." Da ergriffen die zwei wieder das Wort. „Allerliebstes Kind, woher kommst du, oder wer hat dich hierher gebracht?" [2690] Tristan nahm sich wohl in Acht, er war sehr besonnen für sein Alter, und erzählte ihnen eine weit hergeholte Geschichte: „Ihr heiligen Herren", sprach er, „ich bin in diesem Land daheim. Ich bin heute ausgeritten – ich meine: ich und noch etliche andere –, um in den Wäldern hier herum zu jagen. Da habe ich dann, ich weiß selber nicht wie, die Jagdgesellschaft mitsamt der Meute aus den Augen verloren. [2700] Den anderen, die sich im Wald auskennen, ist es wohl besser ergangen als mir: Ich bin in der weglosen Wildnis umhergeritten und habe mich heillos verirrt. Da stieß ich dann auf diese unglückselige Hufspur, die führte mich zu einem Graben. Da ging mir mein Pferd durch, es wollte mit aller Gewalt da hinunter – am Ende lagen wir beide auf der Erde. [2710] Ich kam gar nicht dazu, wieder aufzusteigen, denn ehe ich mich versann, hatte das Pferd sich schon losgerissen und preschte davon in den Wald hinein. Irgendwann gelangte ich auf diesen Pfad da, und der hat mich hierher geführt. Ich könnte keinem Menschen sagen, wo ich jetzt bin und wie ich gehen muss. Seid so gut, Ihr lieben Leute, und sagt Ihr mir: Wohin wollt Ihr?" [2720] Da sprachen sie zu ihm: „Mein Freund, wenn es Gott dem Herrn gefällt, sind wir noch heute Abend in der Stadt Tintajoêl." Tristan bat die beiden freundlich, sie möchten ihn dahin mitnehmen. „Sehr gerne, allerliebstes Kind", sagten die Pilger, „wenn du dahin willst, so komm."

Tristan machte sich mit ihnen auf den Weg. [2730] Während sie wanderten, kamen sie auf allerlei Dinge zu sprechen. Der weltgewandte Tristan hielt seine Zunge schön im Zaum: Sie mochten noch so viel fragen, so gab er immer schicklich Antwort und sagte doch nicht mehr, als nötig war. Er war im Reden und in seinem ganzen Benehmen so souverän bescheiden, dass die beiden [2740] Alten, grau und weise, wie sie waren, ihn selig priesen und ihn nun noch genauer musterten, seine Haltung, sein Betragen und dazu seine schöne Gestalt – die Kleider, die er anhatte, stachen ihnen erst recht in die Augen, weil sie so prächtig waren und von so wunderbarer Webart –, und sie sprachen bei sich: [2750] „Ach, gütiger Herr im Himmel, wer und aus welchem Haus ist dieses Kind, das so wahrhaft tadellos auftreten kann?" So wanderten sie eine französische Meile weit dahin und betrachteten und studierten ihn von Kopf bis Fuß, das war ein angenehmer Zeitvertreib.

Nun traf es sich, dass die Hunde seines Oheims Marke von Kurnewal [2760] zu ebendieser Zeit, wie uns die rechte Geschichte sagt, einen ausgewachsenen Hirsch bis zu ebendieser Straße gejagt hatten. Da ließ er sie herankommen und stellte sich, völlig entkräftet von der Flucht und seinem schnellen Lauf, zur Wehr. Jetzt waren auch schon die Jäger da, um dem Tier unter großem [2770] Hörnergetöse den Fangstoß zu geben. Als Tristan diese Szene sah, sprach er klug, wie er war, zu den Pilgern: „Meine Herren, seht: Das da sind die Hunde und der Hirsch und die Leute, die ich heute verloren habe, hier finde ich die Meinen wieder. Wenn Ihr erlaubt: Ich will zu ihnen." [2780] „Mein Kind", sagten sie, „Gott segne dich, Glück und Heil auf deinen Weg." „Euer Diener", sprach der edle Tristan, „Gott behüte Euch." Er verbeugte sich und ging zu der Jagdgesellschaft. Da hatte man nun den Hirsch zur Strecke gebracht; der Jagdmeister legte ihn auf alle viere wie ein Schwein hin auf das Gras. [2790] „Nanu, Meister, was ist denn das für eine Art?", sprach da der fein gebildete Tristan. „Halt! Um Gottes willen, was macht Ihr da? Wo hat man je *so* einen Hirsch zerlegen sehen!" Der Jäger richtete sich auf zu seiner ganzen Größe und sah ihn an und sprach: „Wie sonst, mein Kleiner, soll ich es denn machen? Hierzulande kennt man es nicht anders, als dass man den Hirsch, wenn er enthäutet ist, [2800] seiner ganzen Länge nach mittendurch zerhaut und ihn dann so viertelt, dass keines der vier Quartel wesentlich größer ist als ein anderes: So ist es in diesem Land der Brauch. Verstehst du denn überhaupt etwas davon, Kleiner?" „Ja, Meister", sagte Tristan, „da, wo ich aufgewachsen bin, macht man es anders." [2810] „Wie denn?", fragte der Jäger. „Da entbästet man den Hirsch." „Mein lieber Freund, das musst du mir schon vorführen, sonst weiß ich wahrlich nicht, was du mit ‚entbästen' meinst. In diesem Königreich hier weiß kein Mensch etwas von dieser Kunst. Ich habe auch das Wort noch nie gehört, weder von Einheimischen noch von Fremden. Liebes Kind, was ist ‚entbästen'? Sei so gut und zeig es mir, [2820] komm her, entbäste diesen Hirsch." Tristan sprach: „Mein lieber Meister, wenn Ihr erlaubt und ich Euch damit einen Gefallen tun kann, will ich Euch gern, so gut ich es verstehe, vorführen, wie es bei mir daheim der Brauch ist, da Ihr mich nach dem Bast gefragt habt." Der Meister sah den jungen Fremden freundlich lächelnd an, [2830] denn er selber hatte auch höfische Kultur am Leib und wusste, was sich gehört für einen Mann von feiner Lebensart. „Ja", sagte er, „lieber Freund, fang an. Nur zu, und wenn du zu zart bist, mein Schätzchen, dann will ich selber mit den Meinen hier gern Hand anlegen und dir helfen, das Tier zurechtzulegen oder umzudrehen, wie du es haben willst [2840] und mit dem Finger deutest." Tristan, das heimatlose Kind, nahm seinen Mantel von den Schultern und legte ihn auf einen Baumstumpf, er zog seinen Rock ein bisschen höher, krempelte die Ärmel auf, strich sich sein schönes Haar glatt und hinters Ohr. Jetzt wurden denen, die da beim Bast zuschauten, [2850] seine ganze Art und sein Benehmen immer deutlicher, sie nahmen es jetzt erst so richtig wahr und sahen es mit Bewunderung und Freude: Keiner war dabei, der sich nicht in seinem Herzen sagte, dass dieser Knabe rundum edel, sein Gewand ebenso exotisch wie prächtig und sein ganzer Körper schlicht vollkommen sei. Sie traten alle näher und passten genau auf, was er tat. [2860] Jetzt ging der Fremdling ans Werk: Der junge Meister Tristan packte den Hirsch; er wollte ihn auf den Rücken legen, aber er schaffte es nicht, das Tier war zu schwer. Da bat er mit feinem Anstand, man möge es ihm richtig hinlegen, so dass er es entbästen konnte. Nachdem das flugs geschehen war, [2870] trat er oben an das Kopfende und begann den Hirsch aus der Decke zu schlagen. Unter dem Maul setzte er das Messer an und trennte die Unterseite auf. Dann wandte er sich wieder dem oberen Ende zu: Die Vorderbeine häutete er ab, das rechte zuerst, das linke nachher, wie es sich gehört. Anschließend nahm er sich die Hinterläufe vor und verfuhr mit ihnen ebenso: Er schnitt die Haut auf [2880], löste sie auf beiden Seiten sauber von oben nach unten und breitete sie glatt am Boden aus. Er wandte sich dann wieder den Schulterstücken zu: Die löste er so aus, dass die Brust unzerteilt blieb, und legte sie beiseite. Nun machte er sich daran, die Brust vom Rücken zu schneiden, [2890] dazu drei Rippen auf beiden Seiten, so ist es waidgerecht: Die müssen dranbleiben, wenn man die Brust auslöst. Und sogleich nahm er sich die nächste Arbeit vor: Vollkommen sachverständig trennte er die beiden Hinterbeine ab, nicht jedes einzeln, sondern in *einem* Stück. Auch den zweien, die als nächstes an die Reihe kamen, wurde er gerecht: [2900] Den Lendenstücken, die, etwa anderthalb Handbreit groß, am hinteren Teil des Rückens über den Flanken sitzen – Ziemer nennen die, die sich auf die Kunst des richtigen Zerlegens verstehen, dieses Stück. Die Rippen trennte er ab auf beiden Seiten, links und rechts vom Rückgrat hieb er sie ab, dann schnitt er den Pansen mitsamt dem Gedärm los. Und weil das seinen schönen Händen widerlich war, befahl er: [2910] „Zwei flinke junge Burschen her zu mir! Tragt das da weg und richtet es mir sauber her." So war nun der Hirsch fertig zerlegt, die Haut lag glatt abgelöst da. Die Brust, die Schulterstücke, Flanken, Läufe, das hatte er alles schön ordentlich da aufgeschichtet und den Bast so zu Ende gebracht.

Tristan, der heimatlose Fremdling, sprach: [2920] „Seht, Meister, das ist der Bast, so verfährt man, wenn man es recht versteht. Jetzt seid so freundlich, Ihr und Eure Leute, und macht mir die Furkîe." „Furkîe? Liebes Kind, was soll das sein? Ich weiß nicht, wovon du sprichst. Du hast uns diese fremde Waidmannskunst, die wir ganz vortrefflich finden, meisterlich vorgeführt, [2930] fahr nun fort in deinem Unterricht und lehre uns auch das Übrige. Wir werden dir immer dankbar sein." Da lief Tristan sogleich weg, um einen gegabelten Zweig abzuschneiden, eine Zwistel, wie wir sagen – Furke nennen es die Leute dort, wo die Furkîe üblich ist, aber das macht keinen Unterschied: Zwistel und Furke sind ein und dasselbe Ding. Tristan kam also zurück mit einer solchen Rute. [2940] Er schnitt die Leber ab, löste das Netz aus und die Nieren und trennte die Hoden da ab, wo sie angewachsen waren. Dann setzte er sich nieder auf das Gras, nahm die drei Stücke und band sie in dem Netz des Hirschs an seine Furke, umwickelt und fest verschnürt mit grünem Rindenbast. [2950] „Da schaut, Ihr Herren", sagte er, „das nennen die Jäger bei uns daheim Furkîe. Weil man die Sachen an die Furke bindet, heißt dieser Brauch Furkîe; gebt auch Ihr fein darauf Acht, es ebenso zu machen, denn eine Furke muss es sein. Die soll einer von den Knappen nehmen. Jetzt aber wird es Zeit, dass ich Euch mahne, ja nicht die Curîe zu vergessen." [2960] „Curîe? Mon dieu, was ist das?", sagten sie. „Das klingt uns ja noch fremder als Arabisch in den Ohren. Was ist Curîe, lieber Mann? Aber schweig und sag uns nichts davon, sondern führe es uns vor, was immer es sein mag, so dass wir es ansehen können. Sei so gut, tu es aus Courtoisie." Und Tristan war ihnen gern noch einmal gefällig. Den Herzstrang fasste er – [2970] die Röhre meine ich, an der das Herz hing – und legte ihn frei. Das Herz schnitt er mitten durch zur Spitze hin, nahm es und zerteilte es kreuzweise in vier Viertel, die er auf die Haut hinwarf. Dem Strang wandte er sich wieder zu, Milz und Lunge schnitt er ab: [2980] Da lag nun alles lose da auf der Haut, was an dem Strang gehangen hatte. Die Röhre samt der Gurgel durchtrennte er oberhalb der Brust. Dann löste er flugs den Kopf mit dem Geweih vom Hals und befahl, man möge ihn dahin tragen, wo die Brust lag. „Nun nehmt flink", sprach er, „dieses Rückgrat weg, und wenn ein Armer vorbei-kommt, [2990] der etwas davon haben möchte, so gebt es ihm oder tut damit, wie es bei Euch Brauch ist. So mache ich die Curîe." Die ganze Gesellschaft trat heran und bestaunte seine Kunst. Tristan befahl jetzt, die Teile zu bringen, die er sich hatte zurichten lassen. Das lag nun alles fein säuberlich, [3000] wie er es angeordnet hatte, vor ihm bereit. Die vier Viertel von dem Herzen hatte er, wie es Jagdbrauch ist, an den vier Ecken der Haut plaziert. Milz und Lunge, ebenso den Pansen und die Eingeweide und was man sonst den Hunden gibt, schnitt er in passend kleine Stücklein, [3010] die er auf der Haut verteilte. Dann rief er laut den Hunden: „Zâ, zâ, zâ!" Die waren alle gleich zur Stelle und machten sich über ihr Fressen her. „Seht", sagte der sprachgelehrte Knabe, „das nennt man Curîe bei mir daheim in Parmenîe, und ich sage Euch auch warum. [3020] Es heißt deswegen so, weil das, was dann die Hunde fressen dürfen, auf der *cuire* liegt. So hat man in der Jägerei den Aus-druck Curîe von *cuire* abgeleitet und angenommen: Von *cuire* kommt Curîe; diese Einrichtung ist eine wirklich gute Sache für die Hunde und ein bewährter Brauch, [3030] denn die Stücke, die man ihnen hinlegt, sind wegen des frischen Bluts wahre Leckerbissen für sie, und es macht die Hunde scharf. Seht, das ist der Bast, wie wir ihn verstehen, das ist die ganze Kunst: Prüft selber, ob er Euch gefällt." „Herr!", sprachen da alle, „Wie kannst du nur so reden, seliges Kind! Das ist doch klar, dass dieses klug erdachte Verfahren Bracken und Hunden [3040] nur gut tun kann."

Da ergriff wieder der edle Tristan das Wort. „Jetzt könnt Ihr die Hirschhaut wegnehmen, denn ich weiß dazu nichts mehr zu sagen. Das könnt Ihr mir aber glauben: Wenn mir nur noch etwas eingefallen wäre, womit ich Euch dienen könnte, hätte ich es Euch nicht vorenthalten. Schneidet Euch jetzt Eure Stecken ab, auf die Ihr die verschiedenen Teile Eures Hirschs steckt; seinen Kopf tragt Ihr in der Hand, [3050] wenn Ihr zum Hof zieht, um Eure Beute dort zu präsentieren: Indem Ihr tut, was feine Courtoisie gebietet, macht Ihr Euch selber fein. Ihr werdet ja wohl wissen, wie man den Hirsch recht präsentiert. So präsentiert ihn denn, wie es sich gehört!" Den Jagdmeister und seine Leute erfüllte es mit immer neuem Staunen, wie dieses Kind ihnen derart sachverständig und im Detail [3060] alle diese Regeln der Jägerei darlegte und dass es von dieser Kunst so viel verstand. „Schau", sprachen sie, „du gottgesegnetes Kind, die wunderbaren fremden Dinge, von denen du berichtest und berichtest hast, sind, so kommt es uns jedenfalls vor, so zahlreich und kompliziert, dass noch lange kein Ende abzusehen ist. Was du bis jetzt geleistet hast, ist kaum der Rede wert." [3070] Nun führte man eilig ein Pferd am Zügel her und bat ihn, er möge als ein rechter Edelmann mit ihnen in der Ordnung, die seine Kunst gebot, zum Hof reiten und ihnen die feinen Sitten seines Heimatlandes vollständig beibringen. Tristan sprach: „Es sei. Nehmt den Hirsch, auf geht's!" Er saß auf und ritt mit ihnen.

Als sie nun so miteinander ritten, [3080] da konnten jene die rechte Gelegenheit und Stunde kaum erwarten: Jeder malte sich im Geist seine Geschichte, dachte sich aus, woher der Fremde wohl gekommen war und wie es ihn da her verschlagen hatte. Sie hätten gerne Näheres über seine Verhältnisse und seinen Stand erfahren. Das gab dem klugen Tristan zu denken. [3090] Erfinderisch, wie er war, machte er sich noch einmal ans Werk, seine Erlebnisse zu erdichten. Was er sagte, ähnelte in keiner Weise dem, was sonst Kinder reden, es war wohl durchdacht: „Jenseits von Britanje liegt ein Land, das heißt Parmenîe. Da treibt mein Vater seinen Handel und kann davon recht schön in bürgerlichem Wohlstand leben, [3100] ich meine: wie es einem Kaufmann gemäß ist. Ihr müsst aber wissen: Wenn er auch viel Hab und Gut besitzt, so liegt ihm doch noch mehr an höheren Werten: Er hat mich das alles lernen lassen, was ich kann. Nun kamen oft Kaufleute aus fernen Ländern zu uns; die beeindruckten mich so sehr mit ihren fremden Sprachen und Sitten, [3110] dass mein Herz mir mit Bitten zusetzte und mir keine Ruhe mehr ließ vor lauter Sehnsucht nach fremden Ländern. Ich wollte gar zu gerne fremde Menschen und Sprachen kennen lernen und konnte früh und spät an nichts anderes mehr denken, bis ich endlich meinem Vater davonlief. Ich fuhr auf einem Kaufmannsschiff fort: So bin ich hierher in dieses Land gekommen. [3120] Jetzt habt Ihr meine Geschichte gehört; ob sie Euch gefällt oder nicht, weiß ich nicht." „Ach, liebes Kind", sprachen alle, „in dir regte sich ein edles Streben. Die Fremde hat schon so manchem Herzen gut getan, man kann von ihr viel Gutes lernen. Lieber Freund, reizender Junge, gebenedeit sei das Land, in dem ein Kaufmann ein Kind zu solcher Vollkommenheit erziehen konnte! [3130] Keiner von allen Königen auf der Welt gibt einem Prinzen eine bessere Erziehung mit. Aber nun sag uns, liebes Kind: Wie nannte dich dein höfisch gebildeter Vater?" „Tristan", sprach er, „Tristan heiße ich." „Dê us adjût!", rief einer aus, „um Gottes willen, wie konnte er dir nur diesen Namen geben! Juvente bêle et la riant, schöne, lachende Jugend, solltest du besser heißen." [3140] So ritten sie dahin und spannen ihr Garn, die einen so, die anderen so; sie brauchten keinen anderen Gesprächsstoff, dieses Kind war Kurzweil genug. Und so fragten ihn die Leute des Königs allerlei, was ihnen eben einfiel. Es dauerte nicht lang, da waren sie so weit gekommen, dass Tristan die Burg erblickte. Von einer Linde brach er zwei schön belaubte Kränze. [3150] Den einen setzte er sich aufs Haupt, den anderen machte er etwas größer und reichte ihn dem Jägermeister. „Ei, lieber Meister", sprach er, „was für eine Burg ist das? Ein wahrhaft königliches Château." Der Meister sprach: „Das ist Tintajoêl." „Tintajoêl? Ah, was für ein Château! Dê te sal, Tintajoêl, und alle deine Leute!" [3160] „Ah, sei gesegnet, süßes Kind", sprachen da seine Begleiter, „Glück und Heil auf allen deinen Wegen, möge es dir so wohl ergehen, wie wir es dir gönnen."

So kamen sie zum Burgtor: Da hielt Tristan an. Wieder wandte er sich an die Schar. „Ihr Herren", sprach er, „ich weiß Eure Namen nicht, denn ich bin fremd hier, [3170] Ihr sollt Euch aber so zusammentun, dass immer zwei nebeneinander reiten und entsprechend der Natur des Hirschs: Das Geweih kommt zuerst, ihm folgt die Brust, die Rippen schließen sich an die Bugstücke an, und dann reihe sich das letzte Stück des Hirschs hinter den Rippen ein. Und gebt fein Acht, [3180] dass zuallerletzt die *cuire* und die Furkîe reiten müssen, so gebietet es die Ordnung der Jägerei. Und lasst Euch nicht hetzen, reitet schön und würdig einer hinter dem anderen. Mein Meister hier und ich als sein Knappe, wir reiten miteinander, wenn es Euch recht ist und wenn Ihr einverstanden seid." „Ja, liebes Kind", sprachen da alle, „was immer du willst, das wollen auch wir." [3190] „So sei es denn", sprach er. „Jetzt leiht mir eins von Euren Hörnern, nicht zu groß und nicht klein – passt auf: Wenn ich es dann blase, hört gut zu und spielt mir nach, was ich Euch vorgebe." Der Jägermeister sprach zu ihm: „Liebster Freund, blase du das Horn und tu, wie es dir gefällt, wir wollen dir gern gehorsam sein, ich und alle, die hier sind." [3200] „A la bonne heure", sprach der Knabe, „ausgezeichnet, so machen wir's!" Man reichte ihm ein kleines, helles Horn. „Nun denn", sprach er, „allez!"

So ritten sie in guter Ordnung ein, immer zwei und zwei, wie es sein sollte, und als sie vollends eingezogen waren, nahm Tristan sein Horn und spielte so herrlich [3210] und wunderbar, dass seine Begleiter es vor lauter Entzücken kaum erwarten konnten, mit einzustimmen, und dann endlich hoben sie alle ihre Hörner und bliesen gemeinsam mit ihm seine Melodie: Er gab ihnen meisterhaft die Weise vor, sie folgten ihm gelehrig und geschickt, [3220] dass es durch die ganze Burg schallte.

40

Der König und die ganze Hofgesellschaft schraken hoch, als sie die fremde Jagdmusik hörten und vernahmen: Sie fuhr ihnen in die Glieder, denn dergleichen hatte man an diesem Hof noch nie vernommen. Nun war der Zug vor der Tür zum Palas angelangt; [3230] da standen schon viele Leute, die waren herbeigeeilt, angelockt von dem festlichen Lärm. Sie wollten gar zu gerne wissen, was das für ein Getöse war. Auch Marke selber, der Gute, war gekommen, um nichts zu versäumen, und mit ihm viele Männer von höfisch feiner Lebensart. Tristan hatte den König kaum erblickt, da gefiel der ihm bereits [3240] mehr als alle anderen: Sein Herz kannte ihn heraus aus der Schar, weil er sein Blutsverwandter war – die Natur zog ihn hin zu ihm. Er musterte ihn und begann dann mit einer wahrhaft edlen Begrüßung: Mit unerhörter Kunst stimmte er auf seinem Horn eine neue Weise an, die schallte so gewaltig, dass es ihm diesmal keiner von all den Bläsern [3250] nachtun konnte. Das dauerte nicht lang, dann setzte der so wohl gebildete Fremdling das Horn ab, die Musik verstummte. Sehr fein verneigte er sich vor dem König und redete ihn so liebenswürdig und mit all der gewinnenden Freundlichkeit an, die ihm zu Gebote stand: „Dê us sal, le roi et sa mehnîe – Gott in seiner Gnade segne Euch, Herr König, und Euer ganzes Haus." [3260] Der stolze Marke und seine Leute erwiderten den Gruß des Knaben mit aller formvollendeten Freundlichkeit, die man einem so wohlerzogenen Menschen schuldet. „Ah", sprachen sie, „dê duin dûze âventûre si dûze crêature – gebe Gott, [3270] dass einem so liebenswürdigen Geschöpf nichts als lauter Glück und Liebe begegne!"

Der König musterte den Knaben. Den Jäger ließ er zu sich kommen. „Sag mir", sprach er, „wer ist dieses Kind, das seine Gedanken so elegant zu kleiden weiß?" „Herr, er ist ein Parmenois, ein wahres Wunder an Courtoisie, und besitzt Fähigkeiten wie kein anderes Kind, von dem ich je gehört habe. Er sagt, er heiße Tristan [3280] und sein Vater sei ein Kaufmann. Das glaube ich aber nie und nimmer: Wo hätte je ein Kaufmann, umgetrieben von Geschäftigkeit, all die Muße hernehmen sollen, die man an dieses Kind gewendet hat? Hätte so einer, der nie müßig gehen darf, sich je bemüßigt finden können, ein Kind so zu erziehen? Ah, Herr, was der alles kann! Schaut Euch nur an, wie wir hier eingezogen sind – diese neue Kunst [3290] hat kein anderer als er uns beigebracht! Und hört, welcher Gedanke dem zugrunde liegt, da werdet Ihr staunen: So wie der Hirsch geschaffen ist, so wird er zum Hof geschafft. Ist das nicht großartig ausgedacht? Und wirklich, seht, das Haupt geht voneweg, ihm folgt die Brust, dann kommen die Schultern und die Läufe und so weiter. Sagt, hat man je ein Wildbret schöner bei Hofe präsentiert? [3300] Und schaut dorthin: Habt Ihr je einmal eine solche Furkîe gesehen? So viel Raffinement in der Jägerei ist mir meiner Lebtag nie begegnet. Vorher hat er uns noch vorgeführt, wie man den Hirsch entbästen muss. Diese Kunst hat mir so gut gefallen, dass ich nie mehr einen Hirsch oder sonst ein Stück Wild in vier Teile hauen will, lieber gehe ich nie mehr auf die Jagd!" [3310] So berichtete er seinem Herrn die ganze Geschichte, schilderte ihm, wie brillant dieser Knabe die höfische Jagdkunst beherrschte und wie er den Hunden die Curîe vorgelegt hatte. Der König hörte mit freundlichem Wohlwollen alles an, was der Jäger erzählte, dann ließ er den Knaben zu sich rufen. Die Jäger verabschiedete er nach Hause [3320] und zu ihren Pflichten und Geschäften; sie wendeten ihre Pferde und ritten fort. Der Meisterjäger Tristan gab das geliehene Horn zurück, dann stieg er ab. Die jungen Leute des Hofs liefen hin zu dem Knaben, fassten ihn bei den Armen und geleiteten ihn in einem festlichen Zug vor den König. Er wusste anmutig zu schreiten, [3330] auch sonst wirkte seine Gestalt wie von der Liebe selber ausgedacht: Sein Mund war so recht rosenrot, sein Teint schimmernd hell, seine Augen waren klar, die Haare rein glänzend und am Ende gekräuselt; seine Arme und Hände waren wohl gebildet und schön weiß; sein Körper hatte genau die richtige Größe; an seinen Füßen und den Beinen [3340] zeigte sich seine Schönheit am deutlichsten: die standen so recht vollkommen da und verdienten alles Lob, das man Männerbeinen singen kann. Sein Gewand – das habe ich euch schon erzählt – war ihm mit viel feinem Geschmack auf den Leib geschneidert worden. Was die Anmut der Gebärden und des Benehmens angeht, so hatte er davon eine solche Fülle mitbekommen, dass es ein Vergnügen war, ihn anzusehen.

Marke sah Tristan an. [3350] „Freund", sprach er, „heißt du Tristan?" „Ja, Herr, Tristan. Dê us sal." „Dê us sal, bêas vassal." „Merzî", sprach er, „gentil rois, edler König von Kurnewal. Euch und Euren Leuten möge Gottes Sohn immerdar seinen Segen schenken!" Da erhob sich ein großes Komplimentieren am Hof, [3360] und man hörte bald nichts anderes mehr als immer wieder dieses eine Lied: „Tristan, Tristan li Parmenois, cum est bêas et cum cûrtois!" Marke sprach weiter zu Tristan: „Ich sage dir, Tristan, was du tun sollst: Du sollst mir einen Wunsch erfüllen, ich möchte nicht gerne darauf verzichten." „Was Ihr befehlt, mein Herr, das soll geschehen." „Du sollst mein Jägermeister sein." Das erregte ein großes Gelächter. [3370] Da mitten hinein sagte Tristan: „Mein Herr, verfügt über mich nach Eurem Belieben. Was immer Ihr befehlt, das will ich sein. Euer Jäger und Euer Dienstmann bin ich mit allen meinen Kräften." „Das ist recht, mein Freund", sprach Marke. „Du hast es versprochen, nun soll es sein."

Ihr habt es gehört: Tristan ist jetzt nach Hause gekommen und weiß es nicht – er meinte immer noch, er wäre heimatlos. [3380] Der Vater, den er da nichtsahnend gefunden hatte, Marke, dieser tadellose Edel-

mann, verfuhr so, dass es ihm Ehre machte, er hatte auch allen Grund
dazu: Er bat alle seine Leute ausdrücklich und befahl es ihnen, dass sie
das fremde Kind zuvorkommend und freundlich behandelten und ihm
im Gespräch und im kameradschaftlichen Umgang mit Achtung begegneten. [3390] Dazu waren sie allesamt gern bereit. So lebte nun der edle
Tristan im Haushalt des Königs. Der sah ihn gern und hatte ihn lieb:
Auch in seinem Herzen wirkte jene besondere Anziehungskraft. Er
wollte ihn immer in seiner Nähe haben, denn seine Gesellschaft war ihm
angenehm: Tristan benahm sich bei Hof stets wie ein vollendeter Edelmann und war sehr aufmerksam zu jeder Gefälligkeit bereit, [3400] sooft sich die Gelegenheit ergab. Wo immer Marke ging und stand, da war
Tristan nicht weit, und Marke gefiel das: Er hatte den Knaben sehr gern
und behandelte ihn jederzeit zuvorkommend. So war es eine Woche lang
gegangen, da wollte Marke, begleitet von vielen Leuten seines Hofs, mit
Tristan auf die Jagd reiten [3410] und mit eigenen Augen seine Waidmannskunst sehen und bestaunen. Marke ließ eines seiner Jagdpferde
vorführen und gab es Tristan, der hatte nie ein besseres Pferd geritten: Es
war stark und schön und schnell. Er ließ ihm ein kleines Jagdhorn reichen, das hatte einen angenehmen, hellen Klang. „Tristan", sprach er
dann, „denk daran, dass du mein Jägermeister bist, [3420] und zeig uns
deine Jagdkunst. Nimm deine Hunde, mach dich auf den Weg, und
weise deinen Treibern ihre Plätze an." „Nein, Herr, so geht es nicht",
entgegnete da der feine junge Tristan. „Schickt die Jäger aus, die sollen
die Treiber auf ihre Posten stellen und die Meute führen: Die kennen sich
hier aus [3430] und wissen viel besser als ich, welche Wege der Hirsch
geht und wohin er vor den Hunden flüchtet. Sie sind mit den hiesigen
Verhältnissen vertraut, ich dagegen bin noch nie in dieser Gegend gewesen und ganz fremd hier." „Bei Gott, Tristan, du hast Recht: Du kannst
dich hier nicht beweisen. Die Jäger sollen losziehen und die Sache selber
in die Hand nehmen." [3440] So machten sich die Jäger an die Arbeit:
Sie leinten die Hunde an, stellten sogleich ihre Treiber mit Bedacht an
gute Plätze, jagten auch wirklich einen Hirsch auf und hetzten den bis
gegen Abend: Da stellten ihn schließlich die Hunde. Und jetzt sprengten
auch schon Marke und sein Tristan [3450] und mit den zweien eine
ganze Schar Gefolgsleute heran, um den Hirsch fallen zu sehen. Da
schmetterten die Hörner die schönsten Weisen; es klang so wunderbar,
dass es Marke warm ums Herz wurde und noch vielen anderen, die dabei waren.
Als die Jäger den Hirsch erlegt hatten, baten sie ihren Meister Tristan,
der da zu ihnen in die Fremde heimgekommen war, vorzutreten [3460]
und ihnen das Entbästen in allen Einzelheiten vorzuführen. Tristan
sprach: „Das will ich tun" und machte sich auch gleich ans Werk. Nun

meine ich und scheint es mir, dass es überflüssig wäre, wenn ich euch ein und dieselbe Geschichte zweimal hintereinander auftischte. Ganz genauso und um kein Haar anders, als ich es vorher von jenem Hirsch erzählt habe, [3470] entbästete er nun diesen. Sie bekamen den Bast und die Furkîe vorgeführt, dazu die Kunst der Curîe, und bekannten einhellig, dass niemand dieses Handwerk besser verstehe als Tristan und niemand je etwas Besseres erfinden könne. Der König befahl, den Hirsch aufzubinden, und machte sich [3480] mit seinem Jäger Tristan und dem ganzen Gefolge auf den Heimweg. Das Geweih vorneweg, hinten die Furkîe, so zogen sie nach Hause. Von da an lebte der edle Tristan, hochgeschätzt von allen Leuten, am Hof; der König und die Seinen erwiesen ihm viel Freundlichkeit. Er seinerseits war so aufmerksam gegen jedermann – ob hoch oder niedrig, das war ihm gleichgültig –, [3490] als wollte er am liebsten jeden Einzelnen von ihnen auf Händen tragen. Diesen Segen hatte ihm Gott mitgegeben: Er konnte und wollte ganz für andere da sein, lachen, tanzen, singen, reiten, laufen, springen, still halten und ausgelassen lärmen – alles konnte er mit allen teilen. Er lebte so, wie es ihnen gefiel [3500] und wie die Jugend leben soll. Was immer einer von ihnen begann, das machte er gerne mit.

Jetzt geschah es eines Tages, dass Marke nach dem Essen, zu einer Zeit, die man oft mit heiteren Unterhaltungen zubringt, ganz still dasaß und aufmerksam einem Lied lauschte, das ein Harfner vortrug, ein Meister seiner Kunst, [3510] man kannte keinen besseren. Er war ein Gâlois. Da kam nun Tristan, der Parmenois, und setzte sich zu seinen Füßen nieder. So hingegeben nahm er das Lied und die süßen Töne in sich auf, dass er, und wäre es ihm auch bei Todesstrafe anbefohlen worden, nicht dazu schweigen konnte: Lust ging auf in seiner Brust, sein Herz war voll davon. [3520] „Meister", sprach er, „Ihr spielt wirklich gut. Ihr trefft genau den rechten sehnsuchtsvollen Ton, den diese Melodie haben muss. Britûnen haben dieses Lied gemacht: Es handelt von meinem Herrn Gurûn und seiner Geliebten." Der Harfner verstand es wohl und ließ sich kein Wort davon entgehen, tat aber so, als nähme er es gar nicht wahr. Erst als er sein Lied zu Ende gebracht hatte, [3530] wandte er sich dem Knaben zu. „Du weißt, liebes Kind", sprach er, „woher diese Melodie stammt? Verstehst du denn was davon?" „Ja, verehrter Meister", sprach Tristan, „früher konnte ich es meisterlich, aber jetzt ist meine Kunst so arm, dass ich mich vor Euch schämen müsste." „Nein, mein Lieber, sieh, da ist die Harfe, lass hören, wie man dort, [3540] wo du herkommst, diese Kunst versteht." „Befehlt Ihr es, Meister, und erlaubt Ihr es mir, dass ich Euch etwas vorspiele?", sprach Tristan. „Aber ja, lieber Freund, da ist die Harfe, fang an."

Er nahm die Harfe, und sie lag, als wäre sie für ihn geschaffen, in sei-

nen Händen; die waren, habe ich gelesen, so schön, wie man es sich nur
irgend denken kann: weich und sanft, zierlich, schlank [3550] und weiß
wie Hermelin. Mit diesen Händen strich er probierend über die Saiten
hin, zupfte allerlei kleine Phrasen, sonderbare, süße, schöne Töne. So
stimmte er sich ein auf seine britûnischen Lieder. Dann nahm er seinen
Stimmschlüssel, drehte an den Wirbeln, diese Saite höher, jene tiefer,
wie er es eben haben wollte. [3560] Das dauerte nicht lang, und dann
trat der frisch gebackene Spielmann Tristan sein neues Amt entschlossen
und mit Andacht an. Soviel Süßigkeit legte er in seine Melodien und Im-
provisationen, in sein fremdartiges Präludieren, solche Pracht entfaltete
er in seinem herrlichen Spiel, dass von allen Seiten die Leute gelaufen kamen [3570] und immer neue Hörer herbeiriefen. Es dauerte nicht lang,
da drängte sich beinahe die ganze Hofgesellschaft um ihn: Das wollte
sich keiner entgehen lassen. Marke sah alledem ruhig zu, er saß sinnend
da, seine Aufmerksamkeit war ganz auf seinen Freund Tristan gerichtet:
Er fragte sich voller Staunen, wie es möglich war, dass dieser Knabe, der
soviel höfisches Raffinement gelernt und sich derart wertvolle Kenntnisse angeeignet hatte, [3580] seine Fähigkeiten, die ihm selbst doch
nicht verborgen sein konnten, so vor der Welt geheim hielt. Tristan
stimmte nun ein Lied von der stolzen Geliebten des schönen Grâland an.
So schmeichelnd süß klang die britûnische Weise, und er spielte die
Harfe so meisterhaft, dass so mancher von denen, die da standen oder
saßen, [3590] nicht mehr wusste, wie ihm geschah. Herzen und Ohren
wollten da taub und gefühllos und ihrer Pflicht abtrünnig werden. Mancherlei Gedanken traten da hervor, viele dachten: „Ach, gesegnet sei der
Kaufmann, der einen so fein gebildeten Sohn herangezogen hat!" Und
seine weißen Finger [3600] liefen schön in eiligen Wellen über die Saiten
und breiteten Melodien hin, von denen der ganze Palas voll wurde. Die
Augen wurden auch nicht geschont: Sehr viele blickten staunend hin auf
seine Hände.

Als nun dieses Lied zu Ende war, schickte der König einen Pagen hin
und ließ Tristan bitten, [3610] er möge noch eins spielen. „Mû volun-
tiers", sprach der. Herrlich hob er von neuem an, wieder spielte er ein
Liebeslied, de la cûrtoise Thispê aus dem alten Babylon. Er gab die Melodie so meisterhaft getreu wieder, dass der Harfner staunte, [3620] und
immer wenn es passte, ließ er – er konnte einfach alles – Chansons ein-
fließen. Er sang die Weisen, ganz gleich, ob sie britûnisch waren oder gâlois, lateinisch oder französisch, mit angenehmer Stimme so wunderbar,
dass niemand sagen konnte, was schöner [3630] oder mehr zu preisen
war, sein Harfenspiel oder sein Gesang. All sein Tun und Lassen und
seine großen Fähigkeiten lieferten viel Stoff zum Reden: Die ganze Hofgesellschaft stimmte darin überein, dass kein Mensch in diesem König-

reich je so vollendete Kunst zu Gehör gebracht hatte. Immer wieder hörte man sagen: „Ah, was für ein Kind ist das? [3640] Was ist uns da ins Haus geschneit? Alle Kinder auf der Welt können unserem Tristan nicht das Wasser reichen." Als Tristan dann sein Lied zu Ende gebracht hatte, wie es ihm gefiel, sprach Marke: „Tristan, komm her zu mir. Der Meister, der dich unterrichtet hat, soll vor Gottes Thron gepriesen werden und du mit ihm, das ist nur recht und billig. [3650] Deine Lieder will ich künftig gerne hören an den Abenden, bevor du schlafen gehst; das wird mir wohl tun und dir auch." „Ja, Herr, sehr gern." „Jetzt sag mir: Kannst du noch andere Saiteninstrumente spielen?" „Nein, Herr", sagte Tristan. „Wirklich und wahrhaftig? So wahr du mich lieb hast, Tristan?" „Herr", sprach da Tristan, [3660] „Ihr hättet mich nicht so streng mahnen müssen, ich hätte es auch so gesagt, da ich es Euch nun einmal schuldig bin und Ihr es wissen wollt. Herr, ich habe mich mit einigem Eifer an allen Saiteninstrumenten, die es gibt, versucht und kann doch keines so gut spielen, dass ich es nicht noch besser können wollte. Und ich muss auch gestehen, dass ich diese Kunst nicht eben lange getrieben habe: Höchstens sieben Jahre oder nur ein bisschen länger [3670] – mit Unterbrechungen, um die Wahrheit zu sagen – bin ich dabei geblieben. Parmenische Musiker lehrten mich die Fiedel spielen und die Drehleier, Harfe und Rotte spielen lernte ich bei zwei Meistern aus Gâles, bei Britûnen aus der Stadt Lût [3680] Leier und Sambiût." „Sambiût? Guter Mann, was ist das?" „Das beste Instrument, das ich kenne." „Wahrhaftig", sagten die Leute, „Gott hat dieses Kind zu einem Leben in Glück und Herrlichkeit mit großen Gaben ausgestattet." Und Marke fragte weiter: „Tristan, ich habe dich vorhin britûnisch singen hören und gâlois, [3690] gut lateinisch und französisch: Kannst du alle diese Sprachen?" „Ja, Herr, recht gut." Da drängten sich nun gleich in dichter Menge die Leute um ihn, und alle, die in Nachbarländern fremde Sprachen gelernt hatten, stellten ihn auf die Probe, der eine so, der andere so. Mittendrin stand Tristan und gab jedem, der ihn ansprach, fein geschliffen Antwort, [3700] den Norwegern und Iren genauso wie den Alemannen, Schotten und Dänen. Da regte sich in vielen Herzen schmerzliches Verlangen nach Tristans Bildung, so mancher wünschte sich, wie er zu sein, und voll süßer Inbrunst sprach so manches Herz in seinem Sehnen: „Ach, Tristan, wäre ich doch nur wie du! Tristan, du hast es gut, [3710] Tristan, du hast alle schönen Gaben, die man sich nur wünschen kann und die je einem Menschen auf dieser Welt vergönnt waren." Auch wurde bei dieser Gelegenheit viel Staunen laut: „Hört nur!", sprach da einer, „Hört nur!", klang es dort, „alle Leute auf der Welt, hört her: Ein vierzehnjähriger Knabe kann alle Kunst auf Erden!"

Der König sprach: „Höre, Tristan: [3720] du hast alles, was mein

Herz begehrt, du kannst alles, was mir gefällt: jagen, fremde Sprachen, musizieren. Darum wollen wir von jetzt an Kameraden sein, du der meine und ich der deine. Tagsüber werden wir auf die Jagd reiten, am Abend wollen wir uns hier im Haus mit höfischen Dingen beschäftigen: Du kannst schön Harfe spielen, fiedeln, singen, das tu zu meiner Unterhaltung. [3730] Dafür tue ich auch etwas für dich; ich kann dir Vergnügungen bieten, die vielleicht dein Herz erfreuen: Schöne Kleider und Pferde schenke ich dir, soviel du willst, das gebe ich dir zum Besten. Sieh, mein Schwert und meine Sporen, meine Armbrust und mein goldenes Jagdhorn vertraue ich dir an, mein lieber Freund, trag diese Sachen, gebrauche sie für mich und lebe froh in Courtoisie und Herrlichkeit."

[3740] So war nun der Heimatlose dort am Hof daheim. Soviel Segen wie an ihm hat man nie an einem Kind gesehen. Was immer er auch tat und sprach, fand man – ganz zu Recht – vortrefflich, so dass alle Welt ihn liebte und ihm von Herzen gut war. Genug davon, es wird jetzt Zeit, dass wir diese Geschichte eine Weile ruhen lassen [3750] und jene andere wieder aufnehmen: Von seinem Vater, dem Marschall Rûal, li foitenant et li lêal, und was der unternahm, nachdem er Tristan verloren hatte. Der hohe Herr Rûal li foitenant bestieg sogleich ein Schiff, um übers Meer zu fahren. Große Schätze führte er mit, denn er war fest entschlossen, so lange fortzubleiben, [3760] bis er sichere Nachricht hatte, was aus seinem jungen Herrn geworden war. Er gelangte nach Norwegen, da forschte er unermüdlich im ganzen Land nach seinem lieben Tristan. Was nützte das? Da war er nicht, und alles Suchen war umsonst. Als er ihn dort nicht fand, [3770] segelte er nach Irland – ach, da konnte er ihn genauso wenig aufspüren. Mittlerweile hatte er von seinem Geld und Gut schon so viel aufgebraucht, dass er beschloss, zu Fuß die Reise fortzusetzen. Er ließ seine Pferde verkaufen und gab den Erlös seinen Leuten, damit sie nach Hause zurückkehren konnten. Sich selbst half er nicht aus der Not: [3780] Er ging betteln um sein täglich Brot. So zog er immer weiter von einem Land zum andern, von einem Königreich ins nächste und forschte nach Tristan drei Jahre lang oder noch länger, bis er körperlich so heruntergekommen und unansehnlich geworden war, [3790] dass kein Mensch ihn je für einen adeligen Herrn gehalten hätte. Solche Schande trug der hohe Herr Rûal am Leib wie ein gemeiner Lump, aber alle seine Armut konnte ihm, wie es sonst doch oft genug geschieht, weiß Gott, seinen edlen Sinn nicht rauben.

Als es nun ins vierte Jahr ging, gelangte er nach Dänemark [3800] und zog auch da unermüdlich umher von Ort zu Ort und forschte überall nach seinem jungen Herrn. Da fügte es die Gnade Gottes, dass ihm die zwei Wallfahrer begegneten, die Tristan auf der Straße in der Wildnis getroffen hatte. Die beiden fragte er nach ihm, und sie erzählten, wie sie damals vor soundso vielen Jahren einen Knaben [3810] wie den, den Rûal suchte, kennen gelernt hatten und mit ihm ein Stück Wegs gewandert waren. Sie konnten ihn genau beschreiben, sein Gesicht, sein Haar, wie er redete und sich benahm, seine Gestalt und seine Kleider, und sie rühmten auch seine Sprachkenntnisse und seine umfassende Bildung. Da erkannte Rûal sofort, dass es Tristan gewesen sein musste. [3820] Die Pilger bat er in Gottes Namen, sie möchten ihm sagen, wenn sie es wüssten, wie der Ort hieß, wo sie ihn zurückgelassen hatten, und sie sagten ihm, das sei in Kurnewal gewesen, bei der Stadt Tintajoêl. Er ließ sie den Namen mehrmals wiederholen und sprach dann: „[3830] „Ja, und wo liegt nun Kurnewal?" „Es grenzt", sagten die Pilger bereitwillig, „jenseits des Landes an Britanje an." „Ach, Herr im Himmel", dachte er, „das ist Deiner Güte zuzutrauen. Wenn es Tristan wirklich, wie die beiden sagen, nach Kurnewal verschlagen hat, so ist er in Wahrheit heimgekommen, denn Marke ist ja sein Oheim. Dahin führe mich, lieber Gott! [3840] Ach, Herr im Himmel, mach, dass ich es noch erlebe, Tristan wieder zu sehen! Was ich hier erfahren habe, muss mir endlich doch zu meinem Glück verhelfen. Ich glaube, das ist eine gute Nachricht, ganz bestimmt, sie macht mein schwermütiges Herz wieder munter und froh." „Ihr gottgesegneten Männer", sprach er, „der Jungfrau Sohn behüte Euch. [3850] Ich will mich auf den Weg machen und sehen, ob ich ihn finde." „Möge der Allmächtige Euch zu dem Kind weisen." „Ergebensten Dank", sagte Rûal, „Euer Diener, ich kann hier nicht länger bleiben." „Freund", sprachen die beiden, „adieu, adieu."

Rûal zog weiter, ohne seinen müden Knochen auch nur einen halben Tag Ruhe zu gönnen, [3860] bis er ans Meer gelangte. Da ruhte er nun notgedrungen aus, das war ihm arg: Es gab gerade kein passendes Schiff. Als er dann eine Passage fand, fuhr er nach Britanje übers Meer und machte sich dort auf die Reise quer durch das Land. So wild entschlossen war er, dass er jeden Tag, mochte er auch noch so lang sein, ohne Rast marschierte bis in die Nacht hinein. [3870] Die gute Nachricht gab ihm die nötige Kraft und Energie, Hoffnung machte ihm seine Mühen süß und ganz leicht. Als er nach Kurnewal kam, fragte er gleich, wo Tintajoêl lag. Man sagte es ihm, und er setzte eilig seine Reise fort. Schließlich gelangte er nach Tintajoêl – [3880] es war an einem Samstagmorgen zu der Zeit, da eben die Messe beginnen sollte. Er ging zu dem Platz vor dem Münster, der rege belebt war von Leuten. Da sah er sich um, spähte dahin und dorthin, ob er nicht jemanden fände, der zu ihm passte, so dass er ihn ansprechen konnte, denn er dachte bei sich: [3890] „Diese Leute sind alle etwas Besseres als ich; wenn ich mich an einen von denen wende, dann wird mich der, fürchte ich, keiner Antwort würdigen, weil ich so armselig daherkomme. Herr im Himmel, gib mir einen

Rat, was ich tun soll." Da kam der König Marke gegangen mit prächtigem Gefolge. Der treue Rûal passte genau auf, fand aber nicht, was er erhofft hatte. [3900] Als dann nach der Messe der König wieder heimging, trat Rûal beiseite und zog einen der älteren Höflinge am Ärmel. „Ach, Herr", sprach er, „seid so gütig und sagt mir: Kennt Ihr ein Kind, das hier, so hat man mir erzählt, am Hof beim König lebt und Tristan heißt?" [3910] „Ein Kind?", sagte der Mann. „Von einem Kind weiß ich nichts, aber ein junger Mann, der kurz vor der Schwertleite steht, gehört zum königlichen Haushalt und wird vom König sehr geschätzt, denn er versteht sich auf viele Künste, ist umfassend gebildet und kennt sich aus in allen Dingen der Courtoisie; er ist kräftig gebaut, hat braunes, lockiges Haar [3920] und weiß sich sehr schön zu benehmen; er ist ein Fremdling, und wir nennen ihn Tristan."

„Herr", sprach Rûal, „gehört Ihr auch zu den Leuten des Königs?" „Ja." „Herr, so bitte ich Euch bei Eurer Ehre, dass Ihr mir noch einen Gefallen tut – es ist nur wenig, aber Ihr tätet viel Gutes damit. Richtet ihm aus, hier sei ein armer Mann, der gerne mit ihm sprechen wolle. [3930] Und Ihr könnt ihm sagen, dass ich aus seiner Heimat bin." So geschah es: Der Mann teilte Tristan mit, dass ein Landsmann von ihm da sei. Tristan ging auch gleich da hin, und als er ihn erblickte, sprach er mit Herz und Mund: „Gelobt sei unser Herr im Himmel, Vater, dass ich dich wieder sehen darf." [3940] Das war sein allererster Gruß, und dann lief er voller Freude zu ihm und küsste den treuen Mann, wie ein Kind es seinem Vater schuldig ist. Das war nur recht und billig so, denn die beiden waren wirklich Vater und Kind. Alle Väter, die es gibt oder gab vor unserer Zeit, hätten an irgendeinem ihrer Kinder nicht väterlicher handeln können als er an ihm. [3950] Ja, Tristan hielt da Vater, Mutter, Verwandte und treue Vasallen umfangen: alle seine Lieben in einer Person. Tief bewegt sprach er: „Ach, treuer, guter Vater sag: Meine liebe Mutter und meine Brüder, sind die noch am Leben?" „Ich weiß nicht", sprach der, „lieber Sohn, aber als ich sie zuletzt gesehen habe, waren sie wohlauf, [3960] wenn sie auch deinetwegen großen Kummer hatten – wie es ihnen seither ergangen ist, kann ich dir nicht sagen, denn ich bin lange Zeit niemandem mehr begegnet, den ich kenne, und ich war nie mehr daheim seit damals, als jenes Unheil mich traf." „Ach, lieber Vater", sprach Tristan, [3970] „was muss ich sehen! Wo ist deine Schönheit hingekommen?" „Mein Sohn, die hast du mir genommen." „Dann will ich sie dir wiedergeben." „Mein Sohn, wenn wir das noch erleben dürften!" „Jetzt, Vater, geh mit mir zum König." „Nein, mein Sohn, das ist unmöglich: Du siehst doch selbst, dass ich so nicht gesellschaftsfähig bin." „Trotzdem, Vater, es muss sein: [3980] Mein Herr, der König, soll dich kennen lernen." Der edle, feine Rûal dachte bei sich: „Meine nackte Armut schadet nichts: Der König wird sich freuen mich zu sehen, und käme ich auch noch so zerlumpt daher, wenn ich ihm erst verrate, was es mit diesem Knaben hier, seinem Neffen, auf sich hat. Wenn ich ihm von Anfang an berichte, was ich alles getan habe, [3990] wird er mich prächtig genug gekleidet finden."

Tristan fasste ihn bei der Hand. Zurechtgemacht und angezogen war er, so gut es eben möglich war: Ein wirklich armseliges Röcklein, schäbig und zerschlissen, mit vielen Löchern drin, trug er ohne Mantel, und das Unterzeug des Edlen [4000] war auch ärmlich genug, fadenscheinig und verdreckt. Sein Haupthaar und der Bart waren ungepflegt und ganz verfilzt, wie ein Wilder sah er aus. Barfuß ging der gute Mann, auch seine Beine waren nackt, und sein Teint war so recht verwittert wie der von allen Leuten, [4010] die Hunger, Frost, Sonne und Wind um ihre gesunde Farbe und stattliche Fülle gebracht haben. So war er vor den König getreten, um mit ihm zu reden. Marke sprach zu Tristan: „Sag mir, Tristan, wer ist dieser Mann?" „Mein Vater, Herr", sagte der. „Ist das wahr?" „Ja, Herr." „So soll er uns willkommen sein", sprach der Edle. [4020] Rûal verbeugte sich mit feiner Eleganz. Da kamen nun alle Ritter und die ganze Hofgesellschaft gelaufen, und sie riefen ihm zu: „Sire, sire, dê us sal!" Ihr müsst aber wissen, dass Rûal, wenn auch seine Kleidung viel zu wünschen übrig ließ, [4030] von tadellosem Wuchs war und sich wahrhaft vornehm zu benehmen wusste. Adel sprach aus seiner Gestalt, sein Körper, seine ganze Komplexion war hünenhaft. Arme und Beine waren lang im rechten Maß, schön und herrschaftlich sein Gang, sein Leib allenthalben wohl gebildet. Er war weder zu jung noch zu alt, sondern gerade in den besten Jahren, [4040] da dem Leben von der Jugend und vom Alter die allerbesten Kräfte zufließen. Er hatte so viel Hoheit am Leib wie nur je ein Kaiser. Seine Stimme schallte kräftig wie ein Jagdhorn, schön gedrechselt waren seine Worte. Wie ein wirklicher Herr benahm er sich im Angesicht von so viel Herrlichkeit – er war ja nicht zum erstenmal in so vornehmer Gesellschaft.

Ein großes Geraune erhob sich da [4050] unter Rittern und Baronen, überall schwatzten die Leute. „Der da", sagten sie, „ist es wohl? Das ist der vornehme Kaufmann, von dem uns sein Sohn Tristan so viel Gutes erzählt hat? Immer neue Lobgesänge zu seinen Ehren haben wir gehört. Wie kann es sein, dass er so vor den König tritt?" Sie rätselten hin und her. [4060] Der edle Marke ließ ihn gleich in eine Kemenate führen und befahl, ihn mit prächtigen Kleidern auszustatten. Es dauerte nicht lang, dann hatte Tristan ihn gebadet und schön angezogen. Ein Hütchen bekam er auch noch, das setzte er auf, und es stand ihm so gut wie nur je einem: Er war prächtig anzuschauen [4070] und von herrlicher Gestalt. Tristan nahm ihn liebevoll, wie es seine Art war, an der Hand und führte ihn zurück zu Marke. Jetzt gefiel er ihnen schon besser und dann bald über alle Maßen. Sie sprachen untereinander: „Da schaut, wie vornehme Kleidung diesen Mann im Handumdrehen aufs Schönste verändert hat! Die Kleider stehen dem Kaufmann [4080] gut, man muss ihn loben. Und er selber sieht auch aus wie ein Herr. Wer weiß, ob er nicht doch zu großen Dingen fähig ist. So wie er auftritt, traut man es ihm zu, das ist nicht zu leugnen. Schaut nur, wie majestätisch er schreitet, wie schön er das vornehme Gewand zu tragen weiß, und überhaupt: Man braucht nur Tristan anzusehen, um seinen Wert zu erkennen – [4090] wie hätte ein Mann, der Handel treibt, sein Kind so schön erziehen können, wenn nicht ein adeliges Herz ihn dazu angestiftet hätte?"

Nun hatte man das Wasser zum Händewaschen gereicht, und der König hatte sich zu Tisch gesetzt. Seinem Gast Rûal wies er einen Platz an seiner Tafel an und befahl, ihn aufmerksam und mit aller Courtoisie zu bedienen, die ein Mann von feiner Lebensart erwarten darf. „Her da, Tristan", sprach er, „flink! [4100] Warte du selber deinem Vater auf." Und das tat er, o ja, das könnt ihr mir glauben: Alle Ehre und Aufmerksamkeit, die in seiner Macht standen, erwies er ihm nach besten Kräften. Und der edle Rûal aß mit Freuden, denn Tristan machte ihn glücklich. Tristan war sein bester Schmaus, ihn anzusehen [4110] genoss er mehr als alles andere, was geboten wurde. Als man aber dann vom Tisch aufstand, zog der König den Gast ins Gespräch und fragte ihn allerlei, so nach seinem Heimatland und nach seiner Reise, und die ganze Ritterschaft lauschte seinen Fragen und hörte, was Rûal zu erzählen hatte.

„Mein Herr", sprach er, „wahrhaftig, es ist [4120] jetzt fast dreieinhalb Jahre her, dass ich mich auf die Reise machte, und überall, wohin es mich verschlug, hat nichts als immer nur das eine mich beschäftigt, das mich umtrieb und mich endlich hierher geführt hat." „Was denn?" „Tristan, der hier steht. Glaubt mir, Herr, ich habe noch mehr Kinder, die mir Gott geschenkt hat und deren Wohl mir so am Herzen liegt, [4130] wie man es nur je von einem Vater erwarten kann. Drei Söhne sind es, die könnten jetzt schon Ritter sein, wenn ich nicht fern von ihnen gewesen wäre. Wenn ich für alle drei zusammen nur halb so viele Mühen auf mich genommen hätte wie für Tristan, der doch ein fremdes Kind ist, dann hätten sie ein übervolles Maß väterlicher Güte genossen." „Ein fremdes?", fragte da der König. [4140] „Sagt, was soll das bedeuten? Er ist doch wohl Euer Sohn, wie er behauptet?" „Nein, Herr, er geht mich nichts an – oder nur insofern: Ich bin sein Vasall." Tristan erschrak und sah ihn an. Da sprach der König: „Jetzt verratet uns doch, aus welchem Grund und warum Ihr all die Plagen für ihn erduldet und Eure Frau und Eure Kinder so lang allein gelassen habt, wie Ihr sagt, [4150] wenn er doch nicht Euer Sohn ist." „Herr, das weiß Gott, und ich weiß es auch."

„Nun, mein Freund", sprach der edle Marke, „dann lasst es auch mich wissen, es interessiert mich sehr." „Wenn ich nur sicher wäre", sprach der Treue, „dass es mich nicht hinterher reut und dass es richtig ist, wenn ich es hier sage, dann könnte ich Euch, Herr, erstaunliche Dinge berichten und erzählen, [4160] wie sich die Sache zugetragen und was es mit Tristan, der hier vor Euch steht, auf sich hat." Die ganze Hofgesellschaft, Marke und seine Barone baten da wie aus einem Mund: „Allerliebster Mann, bei Eurer Treue sagt uns doch, wer Tristan ist."

Und der edle Rûal sprach: [4170] „Herr, es geschah vor Jahren, wie Ihr selber wisst und alle, die damals dabei waren, dass mein Herr Riwalîn, dessen Vasall ich war und noch wäre, wenn Gott gewollt hätte, dass er am Leben bliebe, immerfort so viel Gutes von Euch erzählen hörte, dass er sein Land und seine Leute [4180] mir zu treuen Händen anvertraute. Er reiste also hierher, denn er wollte Euch gern kennen lernen, und lebte hier am Hof. Ihr wisst natürlich auch, wie die Geschichte der schönen Blanscheflûr ihren Lauf nahm, wie er sie zu seiner Geliebten machte und sie mit ihm von hier floh. Als die beiden heimgekommen waren, [4190] heirateten sie: Das geschah in meinem Haus, ich selber und viele andere können es bezeugen. Da vertraute er seine Frau meiner Obhut an, und ich habe mich immer treu um sie gekümmert, so gut ich nur konnte. Sogleich und ohne Verzug sammelte er in seinem Land ein Heer und rief die Seinen zum Krieg. [4200] Dann ritt er fort und fiel in einer Schlacht, wie ihr gewiss erfahren habt. Als aber die Todesnachricht sich verbreitete und die Schöne hörte, was geschehen war, da fuhr das mörderische Weh mitten durch ihr Herz, so dass sie in ihrer Pein mit Tristan, der hier steht und den sie damals in ihrem Leib trug, niederkam [4210] und an der Geburt starb." Da nun fiel den Treuen Jammer an, der durchdrang ihn ganz, wie er sogleich deutlich machte: Er setzte sich nieder und weinte wie ein Kind. Auch allen anderen ringsum gingen, als sie diese Geschichte hörten, die Augen über. [4220] Der edle König Marke nahm es sich so zu Herzen, dass ihm das Herzeleid in Tränen aus den Augen floss über die Wangen und das Gewand. Tristan tat es bitter weh, was er da erfahren hatte; das kam aber von nichts anderem als davon, dass er so an dem treuen Mann einen wirklichen Vater mitsamt der Illusion [4230] verloren hatte.

Da saß nun der edle Rûal tief betrübt und erzählte der Hofgesellschaft von dem armen Kind und wie er sich entschlossen des Neugeborenen angenommen hatte: Wie er es heimlich fortbringen ließ an einen Ort, wo niemand es entdeckte; wie er das Gerücht ausstreute [4240] und überall im Land verbreiten ließ, das Kind sei im Leib seiner Mutter gestorben; wie er seiner Frau befahl – das habe ich euch vorher ja erzählt –, sich in ihre Gemächer zurückzuziehen, gerade so, als käme sie in die Wochen;

wie sie dann der Welt weismachte, sie habe ein Kind geboren; wie sie mit ihm zur Kirche ging [4250] und wie er dort getauft wurde; warum man ihm den Namen Tristan gab; wie er ihn in fremde Länder schickte und ihn alle Künste und Kenntnisse, von denen er wusste, lehren hieß; wie er ihn in jenem Schiff zurückließ und wie er ihm da geraubt wurde und wie er auf seiner Suche nach Tristan unter vielen Mühen endlich da her gelangt war. [4260] So saß er da und erzählte die ganze Geschichte von Anfang an. Da weinte Marke, und er weinte auch, es weinten alle Anwesenden, nur Tristan nicht: Der hörte es, doch er konnte es nicht betrauern, allzu jäh kam es über ihn. Es war wirklich zum Erbarmen, was der edle Rûal den Leuten des Hofs [4270] von dem Liebespaar berichten musste, von Kanêl und Blanscheflûr, aber alle diese Geschehnisse wogen wenig im Vergleich mit der Treue, die Rûal, wie ihr gehört habt, nach ihrem Tod an dem Kind der beiden übte: Kein Vasall der Welt, so fanden die Leute des Königs, hatte jemals soviel Treue [4280] zu seiner Herrschaft im Leib.

Als der Gast ausgeredet hatte, sprach Marke zu ihm: „Ja, mein Herr, ist das alles auch wahr?" Da reichte ihm der edle Rûal ein Ringlein hin. „Da, Herr", sagte er, „lasst Euch auf die Sprünge meiner Geschichte helfen." Der edle Marke, durch und durch ein Ehrenmann, nahm es und betrachtete es genau. [4290] Da kam noch mehr Jammer über ihn mit noch größerer Gewalt. „Ach", sprach er, „süße Schwester, dieses Ringlein hab ich dir geschenkt, mein Vater hatte es mir, als er im Sterben lag, gegeben. Dieser Geschichte kann ich sehr wohl trauen. Tristan, geh her und küsse mich. Wahrhaftig, ich will, solange ich und du am Leben bleiben, dein Vater sein, und du sollst mich beerben. [4300] Blanscheflûr, deiner Mutter, und deinem Vater Kanêl sei Gott gnädig, möge Er sich ihrer Seelen erbarmen und ihnen beiden das ewige Leben schenken. Da es sich so gefügt hat, dass in dir doch noch etwas von meiner allerliebsten Schwester zu mir heimgekommen ist, will ich, wenn der Herr im Himmel es mir gönnt, von jetzt an immer glücklich sein." [4310] Und zu seinem Gast sprach er: „Nun, lieber Freund, sagt mir, wer Ihr seid, wie heißt Ihr?" „Rûal, Herr." „Rûal?" „Ja." Da erinnerte sich Marke: Er hatte schon oft von ihm reden hören, wie klug und ehrenwert und treu er sei. „Rûal li foitenant?", fragte er. [4320] „Ja, Herr, so nennt man mich." Und der edle Marke ging zu ihm hin und küsste ihn und hieß ihn mit großen Ehren, die ihm wohl gebührten, willkommen. Auch all die Edlen des Reichs kamen zu ihm, um ihn zu küssen. Ein Embrassieren und Komplimentieren hob an, dass es eine Pracht war: „Willkommen, edler Rûal, [4330] leibhaftiges Wunder auf Erden!"

So wurde Rûal willkommen geheißen. Dann aber nahm ihn der König bei der Hand und führte ihn weg. Freundlich bat er ihn, an seiner Seite

Platz zu nehmen, denn er wollte das Gespräch fortsetzen. Sie redeten über Tristan und Blanscheflûr [4340] und was ihm und ihr alles begegnet war und auch über den Verlauf des Kriegs zwischen Kanêl und Morgân bis zu seinem bösen Ende. Es dauerte nicht lang, bis der König darauf zu sprechen kam, wie Tristan sich seinerzeit mit Raffinement dem Hof empfohlen und ihnen allen weisgemacht hatte, sein Vater sei ein Kaufmann. [4350] Rûal sah Tristan an und sprach zu ihm: „Mein Lieber, ich habe nur allzu lang und unter großen Entbehrungen und Gefahren als ein armer Hungerleider meinen Handel betrieben um deinetwillen. Das ist aber jetzt alles an ein gutes Ende gekommen. Dafür will ich Gott immer auf den Knien danken." [4360] Tristan sprach: „Wie ich höre, will diese Geschichten so geraten, dass ich endlich doch noch glücklich werde. Es ist, so habe ich verstanden, wunderlich mit mir zugegangen: Da höre ich nun meinen Vater sagen, mein Vater sei vor langer Zeit im Kampf gefallen – er verleugnet mich und macht mich vaterlos, denn zwei Väter, die ich hatte, habe ich verloren. [4370] Ach, Vater und Vaterglaube, beide seid ihr mir genommen! An dem Mann, der mir, wie ich meinte, ein Vater war, verliere ich zwei Väter: ihn selbst und den anderen, den ich nie gesehen habe." Da entgegnete ihm der edle Marschall: „Was redest du da, lieber Freund, schweig still, das ist doch alles gar nicht wahr. Du bist ja jetzt, da ich gekommen bin, [4380] noch edler, als du zu sein glaubtest, du bist dank mir zu hohen Ehren aufgestiegen und hast immer noch zwei Väter, nämlich meinen königlichen Herrn da und mich: Er ist dein Vater, und ich bin es auch. Darum folge mir gehorsam und sei künftig allen Königen ebenbürtig. Gib mir keine Widerworte, sondern tu, was ich dir sage: Bitte meinen Herrn, deinen Oheim, [4390] er möge dir helfen, dass du nach Hause fahren kannst, und dich hier zum Ritter machen, denn du bist jetzt sehr wohl imstande, dich selbst um deine Sachen zu kümmern. Ihr Herren, sprecht Euch alle dafür aus, dass mein Herr es tun möge." Und alle schlossen sich seiner Bitte an: „Herr, es ist recht und gut: Tristan ist kräftig genug und ein erwachsener Mann." [4400] Der König sprach: „Mein Neffe Tristan, sag, was meinst du dazu? Willst du gerne, dass ich es tue?" „Lieber Herr, ich sage Euch, was ich meine: Wenn ich so reichliche Mittel hätte, dass ich Ritter sein könnte, wie es mir gefällt und so, dass ich mich nicht meines ritterlichen Standes noch er sich meiner zu schämen brauchte und die Ritterehre [4410] an mir nicht zu Schaden käme, dann würde ich gern Ritter werden und meine müßige Jugend tüchtig ackern lassen auf den Feldern der weltlichen Ehren. Rittertum, so sagt man ja, muss in der Kindheit anfangen, sonst wird schwerlich je was Rechtes draus. Dass ich es so ganz und gar versäumt habe, meine unangefochtene Jugend [4420] an ein Leben in Ehre und Tapferkeit zu gewöhnen, war ein schwerer Fehler, den ich mir selber nicht verzeihen kann. Ich weiß ja doch schon lange, dass Bequemlichkeit und ritterliche Ehre nicht miteinander harmonieren, sie passen einfach nicht zusammen. Ich habe es auch in meinen Büchern so gefunden: Ehre will Gefahr und Plage, [4430] Bequemlichkeitsliebe ist der Tod der Ehre, wenn sie in der Kindheit allzu sehr gefördert und gehätschelt wird. Das eine aber kann ich Euch versichern: Wenn ich vor einem Jahr oder noch früher alles das, was ich jetzt über mich erfahren habe, gewusst hätte, so hätte ich nicht bis heute gewartet, meine Sache auf den Weg zu bringen. Da es nun einmal so lang gedauert hat, ist es nur recht und billig, dass ich das Versäumte nachhole: [4440] An Leib und Seele fehlt mir nichts, was nötig ist. Zu den Mitteln, die ich brauche, um zu dem zu gelangen, was meine Ritterseele wünscht, verhelfe mir Gott!" Marke sprach: „Neffe, sieh selber zu und überlege, wie du es machen würdest, wenn du zum König und Herrn über ganz Kurnewal bestimmt wärst. Und dann sitzt hier dein Vater Rûal, der dir in vollkommener Treue ergeben ist. [4450] Der soll dir raten und helfen, damit deine Sache ganz nach deinen Wünschen vonstatten geht. Tristan, mein lieber Neffe, glaube nicht, du wärest arm, denn dir gehört Parmenîe, das wird immer dein Eigentum bleiben, solange ich und dein Vater Rûal leben. Außerdem kannst du mit meiner Hilfe rechnen: Mein Land, meine Leute und alles, was ich habe, [4460] liebster Neffe, stehen zu deiner Verfügung. Hast du Lust, großartig aufzutreten, und ist das, was du gesagt hast, dein fester Wille, dann spare nicht mein Hab und Gut. Kurnewal sei deine Pfründe, meine Krone soll dir Tribut zahlen. Willst du in der Welt geachtet sein, so sorge du für Herrschersinn, [4470] den herrschaftlichen Reichtum bekommst du von mir. Sieh, du hast kaiserliche Schätze, versage dir also nichts. Wenn du es mit dir selbst gut meinst und dich der rechte Geist beseelt, von dem du gesprochen hast, dann werde ich das bestimmt nicht übersehen. Pass auf: Wenn ich Herrensinn bei dir finde, wirst du bei mir immer, was auch dein Herz begehren mag, volle Truhen finden, [4480] Tintajoêl wird deine Schatzkammer sein und dein Hort. Wenn du von wirklich edlem Geist gespornt voransprengst und ich dir nicht Gefolgschaft leiste mit allem, was ich aufbieten kann, so soll meine ganze Macht und Herrlichkeit in Kurnewal zum Teufel gehen."

Da verneigten sich viele edle Häupter, alle, die es gehört hatten, dankten ihm. [4490] Sie erwiesen ihm Ehre und priesen ihn in den höchsten Tönen. „König Marke", sagten alle, „du sprichst wie ein wahrer Edelmann, diese Worte stehen der Krone wohl an. Deine Zunge, dein Herz, deine Hand mögen immerdar über dieses Land gebieten. Du sollst immer König von Kurnewal sein." Der treue Marschall Rûal und sein junger Herr Tristan [4500] gingen dann an ihr Geschäft, alles so großartig, wie der König es ihnen vorgezeichnet hatte, und nach ihrem Augenmaß und Urteil einzurichten. Nun bin ich mit mir selber im Konflikt: Das machen die beiden Naturen, die des Vaters und die des Sohns; denn es erhebt sich die Frage: Da doch Alter und Jugend in ihren je besonderen Vorzügen kaum irgendwo übereinstimmen und die Jungen Hab und Gut, [4510] das den Alten kostbar ist, wenig achten, wie konnten sich jene beiden so einigen, dass das Verlangen des einen ebenso wie das des anderen befriedigt wurde und beide zu ihrem Recht kamen, so dass es Rûal gelang, den Aufwand maßvoll zu begrenzen, und Tristan nichts von aller Pracht, die er sich wünschte, versagt blieb? [4520] Das lässt sich schnell und ohne jeden Schwindel zeigen: Rûal und Tristan kamen einander mit genau gleich gutem Willen entgegen, so dass keiner von ihnen je dem anderen etwas anderes, sei es besser oder schlechter, vorschlug oder vorschlagen konnte, als was dieser auch gern wollte. Der edle Rûal vertraute Tristan und nahm Rücksicht auf seine Jugend, [4530] und Tristan seinerseits achtete Rûals besondere Vorzüge und gab ihm bereitwillig nach. So strebten sie mit ungeteiltem Verlangen einem einzigen Zweck und Ziel zu, dahin wollte der eine und der andere auch, sie waren völlig eins in ihrem Sinnen und Trachten. Also fanden hier einmal doch Alter und Jugend ein gemeinsames Gutes: Hochfliegender Ehrgeiz fiel in eins mit der Vernunft, [4540] so dass beide zu ihrem Recht kamen, Tristans stolze Lust ebenso wie Rûals haushälterischer Sinn, und keiner je seiner Natur Gewalt antun musste.

So packten denn Rual und Tristan ihre Sache, wie es ihnen gemäß war, mit Verstand und Geschmack an und besorgten binnen dreißig Tagen Ausrüstung und Kleidung [4550] für die dreißig Ritter, die sich der feine Tristan als Gefährten ausgesucht hatte. Wenn mich nun einer fragt, wie und wie herrlich sie eingekleidet wurden und wie man es zustande brachte, dann überlege ich nicht lang, sondern sage ihm einfach, was die Geschichte berichtet – wenn ich ihm etwas anderes sage, so soll er mich Lügen strafen [4560] und es selber besser erzählen. Ihre Garderobe zeichnete sich durch viererlei Herrlichkeit aus, und jede von den vieren hatte ihre je besondere Macht: Da war erstens hochfliegender Sinn, zweitens Reichtum in Fülle, dazu kam, drittens, Urteilskraft, die jene beiden passend kombinierte, das vierte war Courtoisie, [4570] die war der Faden, der sie alle durchdrang. Diese vier leisteten ihren Beitrag, jedes in seiner Weise: Der adelige Sinn forderte, der Reichtum gewährte, das Urteilsvermögen entwarf und schnitt zu, die Courtoisie nähte alle die Kleider und Fahnen und Behänge und was eben sonst [4580] ein rechter Ritter braucht. Überhaupt war die ganze ritterliche Ausrüstung für Ross und Reiter prächtig, jedes einzelne Stück so herrlich, dass es einem König wohl angestanden hätte bei seiner Schwertleite.

Jetzt, da die Gefährten standesgemäß herrlich equippiert sind, wie fange ich es an, mit Worten [4590] die edle Hauptperson Tristan zu ihrer Schwertleite so auszustatten, dass es dem Publikum genehm und der Geschichte würdig ist? Ich weiß nichts zu sagen, was euch zufrieden stellen und gefallen und dieser Geschichte schön zu Gesicht stehen könnte: Andere haben ja zu meiner Zeit und früher schon [4600] von mondäner Eleganz und prächtigen Rüstungen so schön erzählt – wenn ich auch zwölfmal soviel Kunst, wie mir jetzt zur Verfügung steht, aufbieten könnte und in meinem Mund ein ganzes Dutzend Zungen hätte, deren jede so reden könnte, wie ich es jetzt vermag, [4610] so wüsste ich doch noch immer nicht, wie ich es anfangen sollte, euch von Pracht und Herrlichkeit etwas zu sagen, was nicht viele vor mir bereits viel besser erzählt haben. Ritterliche Schönheit ist ja so vielfach beschrieben und zerredet worden, dass mir nichts zu sagen übrig bleibt, was ein Herz erfreuen könnte.

Hartmann von Aue, [4620] ah, wie der seine Dichtungen außen und innen mit Worten und Gedanken so recht farbig und prächtig gestaltet, wie er den Sinn der Geschichte in Rede ausformt, wie durchsichtig und rein seine kristallenen Wörter sind und immer bleiben werden! Sie kommen hübsch manierlich daher [4630] und gehen einem doch nahe: Jedem, der das Herz am rechten Fleck hat, müssen sie gefallen. Wer gute Sprache schätzen und verstehen kann, der wird dem von Aue sein Ehrenkränzlein und den Lorbeerzweig wohl gönnen. Wer es dagegen mit dem Hasen hält und auf der Wortheide große Sprünge machen und weit umher rare Schummelwörtlein zupfen möchte [4640] und sich, obwohl ihm niemand folgen kann und will, Hoffnung auf das Lorbeerkränzlein macht, der soll uns, bitte schön, die Hoffnung lassen, dass wir bei dieser Wahl auch etwas mitzureden haben. Wir, die die Blüten lesen helfen, die in jenen Ehrenzweig, damit er blühe, eingeflochten werden, wir wollen gerne wissen, was er überhaupt will: Und wer ihn haben möchte, der komme nur flink hergehoppelt und stecke seine Blüten drauf, [4650] dann werden wir schon sehen, ob sie ihn wirklich so schön schmücken, dass wir dem von Aue den Lorbeer aberkennen, um *ihn* damit zu krönen. Da aber noch keiner da war, der ein besseres Recht darauf hätte, so wollen wir es in Gottes Namen dabei belassen: Keiner soll diese Krone tragen, dessen Worte nicht vollkommen rein sind, dessen Rede nicht eben und gerade ist, [4660] so dass der, der stolz und aufrecht und mit ebenen Sinnen dahintrabt, nicht darüber stolpert. Die Verfasser wilder Geschichten, Wildschützen im Revier der Dichtung, Gaukler, die mit ihren Ketten allerlei Kunststückchen vollbringen und Tölpel betrügen, die Kindern vorführen, wie man aus wertlosem Zeug Gold macht, und aus der Büchse [4670] verstaubte Perlen hervorzaubern – solche Leute spen-

den uns mit dem dürren Stock Schatten und nicht mit grünem Maien-
laub an Zweigen oder Ästen. Der Schatten, den sie so gastfreundlich bieten, tut nicht leicht dem Auge wohl. Überhaupt muss man sagen: Diese
Dichtung vermag der Seele nichts zu geben, sie enthält nichts, was ein
Herz erfreuen kann, was diese Leute reden, hat nicht die Kraft, [4680]
ein edles Herz froh zu machen. Diese Wildschützen müssen ihren Geschichten Deuter beigeben, die sie erklären, denn so, wie wir sie vortragen hören oder lesen, können wir nichts davon verstehen, und wir haben nicht genügend Muße, in den schwarzen Büchern nach gelehrten
Kommentaren zu suchen.

Aber es gibt noch andere, wirkliche Meister: [4690] Köstlich sind die
Worte des Bligger von Steinach, von edlen Damen wurden sie aus Gold
und Seide gewebt: Sie sind es wert, eingefasst zu werden mit griechi-
schen Borten. Seine Rede ist vollkommen, seine Kunst so rein, dass es
mir scheint, Feen müssen sie mit wunderbarer Kunst gesponnen [4700]
und in ihrer Quelle gereinigt und geläutert haben: Sie ist wahrhaft eine
Feengabe. Seine Zunge trägt die Harfe im Wappen und hat zweimal die
Fülle der Glückseligkeit: zum einen in den Worten, zum andern im Sinn;
die harfen gemeinsam mit unerhörter Meisterschaft ihre Geschichten.
Seht nur, welche Wunder dieser Sprachkünstler [4710] mit virtuoser
Rede an seinem Gobelin vollbringt, wie er die Messer seiner flinken
Reime wirft. Ja, der kann Verse zusammenfügen, dass man meint, sie
wären da gewachsen! Er muss, ich kann es mir nicht anders erklären,
Buch und Buchstaben als Schwingen angebunden haben – seht doch
nur: [4720] Seine Worte fliegen dahin wie der Adler.

Wen muss ich noch hervorheben? Da gibt und gab es viele sprachge-
waltige Künstler. Heinrich von Veldeke konnte aus dem Vollen schöpfen. Ach, der sang so herrlich von der Liebe! Wie schön er den Sinn zu
schneidern wusste! Ich glaube, er nahm seine Weisheit direkt aus der
Quelle des Pegasus, [4730] wo alle Weisheit entspringt. Ich selbst habe
ihn nie kennen gelernt, aber ich höre immer noch viel Gutes über ihn sagen: Die klügsten Männer, die zu seiner Zeit und später Meister waren,
schätzen ihn hoch. Er pfropfte das erste Reis in deutscher Sprache: Aus
dem trieben später Äste, die Blüten trugen, [4740] und davon nahmen
alle Späteren ihre Kunst und Meisterschaft. Heute ist dieses Wissen so
weit ausgebreitet und vielfach verästelt, dass alle Dichter dort die herr-
lichsten Blüten und Reiser brechen können, wenn es ihnen an Worten
und Melodien fehlt.

Nachtigallen von der Art, [4750] von der hier nicht die Rede sein soll,
gibt es viele. Sie gehören nicht hierher, und ich sage lediglich, was ich zu
jeder Zeit und immerfort von ihnen sagen könnte: Sie alle verstehen ihre
Sache und singen ihre hübschen Sommerlieder ausgezeichnet, ihre Stim-

men sind rein und schön, sie flößen den Menschen frischen Mut ein und tun ihnen so recht im Herzen wohl. [4760] Die Menschen lebten in stumpfer Gleichgültigkeit und wie betäubt dahin, wenn der liebe Gesang der Vögel nicht wäre; der erinnert oft den Mann, wenn er nur je einmal Glück erfahren hat, an Liebes und Gutes, ruft mancherlei Empfindungen herauf, die edlen Herzen wohl tun, und weckt zärtliche Gefühle. Davon kommen innige Gedanken, [4770] wenn der liebliche Gesang der Vögel den Menschen von ihren Freuden erzählt. „Jetzt sagt doch endlich: Was ist denn mit den Nachtigallen?" Die tun tüchtig ihre Pflicht und verstehen ihre Kunst, alle ihre Liebesschmerzen in Musik und Versen vorzutragen. Welche von ihnen soll aber nun ihre Fahne tragen, da die von Hagenau, ihrer aller Führerin, in dieser Welt verstummt ist? [4780] In ihrer Zunge lag das Zauberwort verwahrt, das alle Melodien aufschloss. An die – an ihre herrlichen Melodien, meine ich – denke ich oft und immerzu: Wo hat sie die alle hergenommen, von wo ist das Wunder solcher staunenswerten Vielfalt ihr zugeflogen? Ich glaube wahrhaftig, des Orpheus Zunge, die alle Melodien konnte, [4790] sang aus ihrem Mund. Da sie aber nun verloren ist, so helft uns in unserer Not. Der Himmel sende uns einen, der ein klares Wort dazu spricht: Wer soll die reizenden Scharen führen? Wer übernimmt das Regiment über die Schwesternschaft? Ich glaube, ich weiß schon, wer die Fahne tragen soll: Die Frau Meisterin von der Vogelweide hat sehr wohl das Zeug dazu. [4800] Hei, wie ihre helle Stimme über die Heide schallt! Und was für Wunder die vollbringt! Wie kunstvoll sie musiziert! Wie sie ihren Gesang zu variieren weiß – ich meine: in den Weisen vom Kytheron, auf dem und in dem die Göttin Liebe herrscht. Sie ist Hofmeisterin dort am Hof: [4810] Die soll die Leitung übernehmen. Sie wird die Ihren bestens instruieren, sie weiß genau, wo man die rechten Liebesmelodien suchen muss. Sie und ihre Zunftgenossinnen werden so singen, dass man an ihrem Leid und ihren schmachtenden Klagen seine helle Freude haben wird. Ich hoffe doch, ich werde es noch erleben.

Jetzt habe ich lange genug [4820] vor lauter gebildeten Leuten von hoch achtbarer Leute feiner Bildung geredet, und immer noch ist Tristan nicht fertig eingekleidet für seine Schwertleite. Ich weiß nicht, wie ich es anstellen soll: Der Geist will sich partout nicht an die Arbeit machen. Ratlos und auf sich allein gestellt weiß die Zunge nicht, was sie zu tun hat, ohne ihn vermag sie nichts. Was diese beiden lähmt, [4830] das kann ich euch genau sagen – die zwei verstört dasselbe, was Tausende irre macht: Wenn einer, der kein großer Redner ist, auf einen sehr beredten Mann trifft, dann erstirbt ihm vollends das Wort im Mund. Genau das, glaube ich, ist mir passiert: Ich sehe hier und sah gerade so viele sprachgewandte Leute, [4840] dass mir nichts zu sagen einfällt, was im

Vergleich mit den Reden, die hier geführt werden, auch nur einen Pfifferling wert wäre. Die Sprachkultur ist ja heute auf einem so hohen Niveau, dass ich allen Grund dazu habe, mich in Acht zu nehmen und meine Worte immer genau zu prüfen, ob sie den Ansprüchen genügen, die ich an die Ausdrucksweise fremder Leute stelle, und der Kritik standhalten, [4850] der ich die Reden anderer unterwerfe.

Jetzt weiß ich nicht, wie ich es angehen soll – meine Zunge und aller Kunstverstand helfen mir nicht weiter. Alle Wörter, die mir zur Verfügung standen, sind weg, als wären sie mir aus dem Mund gestohlen worden. Ich weiß mir keinen Rat mehr – oder doch? Ja! Ich will tun, was ich noch nie getan habe: [4860] Ich will jetzt mit dem Herzen und den Händen meine flehentliche Bitte hinauf zum Helikon senden, zu dem neunfachen Thron. Von dort her rauschen die Quellen, aus denen die Gaben des Worts und des Sinns fließen. Der Herr und die neun Herrscherinnen, die da residieren, Apoll und die Camênen, [4870] die neun Sirenen, die das Ohr betören, verfügen über diese Gaben. In ihrer Gnade teilen sie den Menschen davon mit, je nach dem Maß ihrer Gunst mehr oder weniger. Sie haben schon so vielen vom Wasser ihrer Inspiration so reichlich eingeschenkt, dass sie mir schon des Anstands wegen einen Tropfen davon nicht verweigern werden. Und wenn ich den erhaschen kann, dann werde ich mich überall behaupten, [4880] wo sprachliche Künste etwas gelten. Dieser eine Tropfen, mag er noch so winzig sein, würde mir Zunge und Verstand, die sich mir so verwirrt haben, richten und wieder einrenken. Meine Worte wird er durch den strahlenden Schmelztiegel camênischer Weisheit gehen machen [4890] und sie mir darin zu unerhörter Schönheit läutern, sie umschmelzen zu etwas, was so vollkommen ist wie arabisches Gold. Die göttliche Gnade vom allerhöchsten Thron des wahren Helikon, von dem die Worte entspringen, die durch das Ohr klingen und hell lachend ins Herz dringen, [4900] die ein Stück Dichtung leuchten machen wie ein auserlesener Edelstein, möge meine Stimme und mein Flehen hören dort oben in den Himmelschören und mir gewähren, was ich erbitte.

Nehmen wir nun einmal an, dies alles wäre mir bewilligt worden, alle meine Worte wären so, wie ich es gewünscht habe, und ich könnte, so überreich beschenkt, aus dem Vollen schöpfen, [4910] meine Worte wären also allen Ohren angenehm, jedem Herzen böte ich mit immergrünem Lindenlaub willkommenen Schatten, ich ginge neben meiner Dichtung her und ebnete jedem ihrer Schritte den Weg, ich fegte ihre Straße so rein, dass nicht das kleinste Stäubchen liegen bliebe und ihr Fuß auf nichts als grünen Klee [4920] und leuchtend bunte Blumen träte. Selbst dann würde ich meine Kunst, da ich so wenig davon habe, schwerlich oder gar nicht an einen Gegenstand wenden, an dem sich schon so viele versucht haben, die vergebens pirschten nach dem scheuen Wild. O nein, darauf kann ich gut verzichten. Denn machte ich mich mit aller meiner Kraft ans Werk, einen Ritter auszustatten, wie es, weiß Gott, viele unternommen haben, [4930] und erzählte euch, wie der kluge, berühmte Vulkan, dieser große Künstler, Tristan seine Halsberge, das Schwert, die Hosen und die anderen Sachen, die ein Ritter braucht, mit seinen eigenen Händen schön und so recht meisterlich schuf, wie er ihn entwarf und gestaltete, den Kühnheit nie verließ, [4940] den Eber nämlich auf dem Schild, wie er ihm den Helm fertigte, auf dem die feurigen Pfeile ragten, ebenjene, die der Liebe Qual bedeuten, wie er ihm alle die Sachen, eins ums andere, wunderbar und herrlich machte, und wie die edle Dame Kassandra, die Weise aus Troja, [4950] all ihre Klugheit und all ihre Kunst aufbot, herbeizuschaffen und zu besorgen, was nötig war, um Tristan so gut einzukleiden, wie sie es in ihrer wundersamen Weisheit – denn ihr Geist war im Himmel von den Göttern mit übernatürlichen Kräften ausgestattet worden – nur irgend ersinnen konnte – was wäre damit gewonnen? Liefe das alles auf etwas anderes hinaus [4960] als das, was ich vorhin gesagt habe, als ich die Gefährten Tristans für die Schwertleite ausstattete? Wenn ihr mit mir einverstanden seid, so möchte ich gern meinen und bin überzeugt davon: Es braucht adeligen Sinn und die Mittel, und wenn man dazu noch Urteilskraft und Courtoisie tut, so leisten diese vier gemeinsam so viel wie nur irgend jemand, [4970] ja, selbst Vulkan und Kassandra könnten einen Ritter nicht besser ausstatten.

Da also die vier Herrlichkeiten sich so gut darauf verstehen, herrliche Schwertleiten auszurichten, wollen wir die Sorge um unseren Freund Tristan vertrauensvoll in ihre Hände legen. Sie sollen dem Edlen, [4980] denn noch besser kann man es unmöglich machen, aus dem gleichen Stoff ebensolche schönen Kleider schneidern, wie seine Gefährten sie tragen. So soll Tristan am Hof und dann auch auf der Kampfbahn seinen Einzug halten: in allen Dingen seinen Gefährten gleich, gleich prächtig und gleich herrlich, gleich, meine ich, was das Gewand [4990] von Menschenhand betrifft, nicht jenes andere Kleid, das angeboren ist und aus der Kammer des Herzens kommt, den adeligen Sinn, wie man das nennt, was einem Mann frohen Mut schenkt und seinem Leib und Leben edlen Glanz verleiht. In diesem Stück unterschied sich die Aussteuer der Gefährten von der ihres Herrn sehr wohl. O ja, weiß Gott, der edelmütige, ehrenhungrige Tristan [5000] trug Kleider, die nicht ihresgleichen hatten, seiner Haltung und seiner Anmut verdankten die ihre üppige Pracht. Der Schnitt seines schönen Betragens und seiner Bildung war von unvergleichlicher Eleganz, an der von Menschenhand geschneiderten Kleidung jedoch war kein Unterschied zu bemerken: Der edle Hauptmann der Schar trug genau die gleichen Sachen wie alle anderen. [5010] So hatte sich der Regent von Parmenîe, der edle Mann, mitsamt seinem ganzen Gefolge im Münster eingefunden; sie hatten die Messe gehört und den Segen empfangen, den man ihnen schuldig war. Dann nahm sich Marke seines Neffen Tristan an: Er gürtete ihm das Schwert um und band ihm die Sporen an. [5020] „Nun, lieber Neffe Tristan", sprach er, „da dein Schwert gesegnet ist und du ein Ritter geworden bist, denke immer an die Ritterehre und was du dir selber schuldig bist: Deine Herkunft und deinen Adel verlier nie aus den Augen. Sei hilfsbereit und aufrichtig, sei wahrhaftig und zuvorkommend; begegne armen Leuten mit Güte, [5030] großen Herrn mit stolzer Heiterkeit; schmücke dich wie ein rechter Edelmann; ehre und liebe alle Frauen; sei freigebig und treu, bemühe dich darum mit immer neuer Kraft: Bei meiner Ehre sag ich dir, dass weder Gold noch Zobelfelle Speer und Schild prächtiger zieren als Treue und Freigebigkeit."

Mit diesen Worten reichte er ihm den Schild. [5040] Er küsste den jungen Mann und sprach: „Lieber Neffe, nun geh deinen Weg. Möge Gott in seiner Macht dein Rittertum segnen. Bewahre dir deine Courtoisie und sei immer froh und glücklich." Tristan tat dann an seinen Gefährten, wie sein Oheim an ihm getan hatte: Schwert und Sporen und Schild gab er ihnen, Hilfsbereitschaft, Treue, Freigebigkeit legte er ihnen [5050] mit klug durchdachter Rede ans Herz. Dann hielt sie dort nichts mehr: Jetzt wurde geritten und buhurdiert, o ja, das will ich meinen! Wie sie aber in den Ring sprengten, wie sie mit Speeren stachen, wie viele Schäfte sie zerbrachen, das sollen euch die Knappen sagen, die es veranstalten halfen. Ich kann nicht [5060] wie der Turnierherold alle die Kämpfe ausschreien, die da stattfanden. Aber einen Dienst kann ich jenen Rittern doch leisten und tue es gern: Ich wünsche ihnen, dass sich ihrer aller Ehre allenthalben mehre und ihnen Gott zu ihrem Rittertum auch ritterliches Leben schenken möge.

Wenn es je einen Menschen gab, dem das Leid ebenso unwandelbar treu blieb wie das Glück, so war Tristan dieser Mensch: Er wurde Leid nie los, [5070] und ebenso beständig war sein Glück.

Ich will euch das erklären: Ihm war zugleich mit diesem und mit jenem beider Maß und Ziel bestimmt; denn alles, was er anfing, gelang ihm aufs Beste, und immer war Leid bei dem Gelingen, so wenig auch das eine zum anderen passt. So waren diese beiden Kontrahenten, [5080] stetes Glück und treues Leid, in dem einen Mann unzertrennlich. „In Gottes Namen, nun kommt doch endlich von der Stelle", sagt da einer. „Tristan ist also jetzt Ritter geworden und hat in Pracht und Herrlichkeit ein Glück erfahren. Lasst hören: Welche Art von Leid ging denn mit diesem Glück einher?" Weiß Gott, da war etwas, das jedem, der ein

Herz hat, nahe gehen muss [5090] und auch ihn schwer bedrückte: Er hatte von Rûal erfahren, dass man ihm den Vater erschlagen hatte, und das tat ihm in der Seele weh. So war Böses mit Gutem, Glück mit Verlust, Freude mit Schmerz unzertrennlich in einem Herzen verbunden. Alle stimmen darin überein, dass Hass einem jungen Mann weit heftiger zu schaffen macht [5100] als einem reifen. Umgeben vom Glanz seiner Herrlichkeit, war Tristan doch eingehüllt in Leid und verborgenen Kummer, die unsichtbar für jedes menschliche Auge um ihn schwebten: Riwalîn tot und Morgân lebendig zu wissen bedrückte und quälte ihn. Der Schmerzensmann Tristan und sein getreuer Ratgeber, [5110] der die Treue in seinem Namen trug, der gute Foitenant, rüsteten in Eile ein Schiff, prächtig ausgestattet und beladen mit lauter kostbaren Sachen, die man in Fülle hatte. Dann traten sie vor Marke. Tristan sprach: „Mein lieber Herr, mit Eurer gnädigen Erlaubnis möchte ich nach Parmenîe fahren [5120] und, wenn es auch Euer Wille ist, nachschauen, wie es um unsere Sache bestellt ist in dem Reich, von dem Ihr sagt, es sei das meine." Der König sprach: „Das soll geschehen, lieber Neffe. Wenn ich dich auch nur schwer entbehren kann, will ich doch deiner Bitte nachgeben: Fahr heim nach Parmenîe mit deinen Kameraden; wenn du mehr Ritter brauchst, [5130] so nimm auf deine Reise so viele mit, wie du willst. Nimm Pferde, Silber, Gold, und nimm von allem, was du nötig hast und haben willst, so viel es dir gefällt. Und behandle deine Ritter gut, sei großzügig und freundlich, dann dienen sie dir gern und bleiben dir immer treu ergeben. Allerliebster Neffe, verhalte dich und handle so, [5140] wie dir dein Vater rät, der treue Rûal, der hier steht und dir allezeit als ein wahrer Edelmann in musterhafter Treue gedient hat. Sieh zu, dass du mit Gottes Hilfe deine Sache richtest und alles so in Ordnung bringst, wie es deine Interessen und deine Ehre fordern, dann komm zu mir zurück, kehre recht bald wieder. [5150] Ich verspreche dir und gelobe es hoch und heilig: Meinen Besitz und mein Land will ich mit dir teilen, so dass wir es gemeinsam haben, und wenn der Himmel will, dass du mich überlebst, dann soll dir als meinem Erben alles allein gehören, denn ich will um deinetwillen unverheiratet bleiben mein Leben lang. [5160] Lieber Neffe, du hast meine Bitte gehört und meinen Willen. Wenn du es mit mir so gut meinst wie ich mit dir und mich so von Herzen liebst, wie ich dich liebe, bei Gott, so werden wir bis ans Ende unserer Tage immer glücklich und in Freuden miteinander leben. Jetzt sag ich dir adieu, der Jungfrau Sohn beschütze dich, du aber sieh nur immer zu, dass du deine Sache gut machst und ehrenvoll." [5170] Dann verweilten sie nicht länger: Tristan und sein Freund Rûal fuhren mit ihren Leuten von Kurnewal heim nach Parmenîe.

Wenn ihr nun gerne hören wollt, wie diese hohen Herren empfangen wurden, so sage ich euch gerne weiter, was ich selber über den Empfang erzählen gehört habe.

Ihrer aller Führer, [5180] der treue und tüchtige Rûal, ging voraus, als sie landeten. Galant nahm er sein Hütchen ab und breitete den Mantel hin: Lachend lief er auf Tristan zu, küsste ihn und sprach: „Mein Herr, seid Gott und Eurem Land und mir willkommen! Schaut, Herr, seht dieses schöne Land am Meer. [5190] Feste Städte, starke Mauern, viele schöne Burgen hat Euer Vater Kanêl Euch vererbt und vermacht. Wenn Ihr tüchtig seid und klug, so wird nichts von alledem, was Euer Auge hier sieht, Euch je verloren gehen, dafür stehe ich ein." So sprach er und wandte sich den anderen zu, Stolz und Fröhlichkeit im Herzen. [5200] In Freuden hieß er nun die Ritter willkommen: Mit wunderbarer Liebenswürdigkeit und den allerschönsten Komplimenten wusste er sie zu begrüßen. Dann geleitete er sie nach Kanoêl. Die Städte und die Châteaus überall im Land, die seit Kanêls Zeiten ihm unterstellt gewesen waren, [5210] übergab er, treu wie er war, Tristan und seine eigenen, die er als Erbe von seinen Vorfahren hatte, noch dazu. Was soll ich mehr darüber sagen? Er hatte Reichtum und Ehre, und das, was er hatte, bot er alles willig auf, seinem Herrn zu helfen und damit zugleich den Seinen. [5220] Soviel Eifer und Bemühen in allen Dingen, wie er, gütig besorgt um ihrer aller Wohl, an den Tag legte, hat die Welt nie mehr gesehen.

Aber halt! Wie konnte mir das nur passieren? Ich habe etwas vergessen – bin ich denn ganz konfus geworden? Die gute Marschallin, die reine, treffliche [5230] Dame, meine gnädige Frau Florête, die habe ich mit keinem Wort erwähnt! Das ist wahrhaftig nicht die feine Art. Ich will es aber wieder gutmachen und der Süßen Sühne leisten. Die artige Dame, die gute, die gütige, die edelste, die allerbeste, hat, das weiß ich wohl, ihre Gäste nicht allein mit dem Mund begrüßt. [5240] Von ihren Lippen gingen ja nie schöne Worte, es sei denn im Gefolge süßen Willens; ihr Herz schwang sich empor wie auf Flügeln. Die beiden waren immer beieinander, ihr Wille und ihr Wort, und so bin ich gewiss, dass sie innig vereint hervortraten, die Gäste zu empfangen. Welche Freude die glückselige Florête [5250] in ihrem Herzen empfunden haben muss angesichts ihres Herrn und ihres Kindes – das Kind meine ich, von dem diese Geschichte handelt, ihren Sohn Tristan also –, das kann ich euch genau sagen: Ich habe ja gelesen, welch überreiche Fülle an Güte und an Tugenden man der Gebenedeiten nachrühmt. Und dass sie davon nicht wenig besaß, bewies sie so glänzend, [5260] wie man es nur immer wünschen kann von einer Frau: Sie sorgte dafür, dass ihrem Kind und seinen Leuten alle Ehre und Bequemlichkeit geboten wurden, die nur je ein ritterlicher Gast erfahren hat. Ich glaube auch – so sicher wie nur ir-

gendetwas –, dass Kurvenal, der Meister der Courtoisie, sich über Tristans Heimkehr freute, [5270] daran habe ich keinen Zweifel.

Jetzt schickte man Boten aus im ganzen Land Parmenîe und lud die
Herren und Herrschaften an den Hof, die in den Städten und Châteaus
das Regiment führten. Die versammelten sich alle in Kanoêl und sahen
und hörten dort von Tristan die Wahrheit, [5280] wie sie uns die Geschichte überliefert und wie ihr sie bereits vernommen habt. Da flogen
aus allen Mündern ungezählte Willkommensrufe empor. Die Leute und
das ganze Land erwachten aus langem Leid und wurden munter, das
wunderbare Glück zu bestaunen. Jeder ging hin, [5290] um von der
Hand seines Herrn Tristan sein Land und seine Leute als Lehen zu empfangen; alle schworen ihm den Lehnseid und wurden seine Vasallen. Dabei trug aber Tristan verhohlen in seinem Herzen immer den heimlichen
Schmerz, den Morgân ihm angetan hatte. Dieser Schmerz verließ ihn
nie, er spürte ihn von früh bis spät. So hielt er Rat mit Freunden und Vasallen [5300] und verkündete dann seinen Beschluss: Er wollte sogleich
nach Britanje reisen und von seines Feindes Hand sein Lehen fordern,
damit er das Land seines Vaters mit desto besserem Recht besäße. Das
sagte er, und das tat er auch: Er zog fort aus Parmenîe mit seinen Leuten,
alle kampfbereit und wohl gerüstet, [5310] wie ein Mann es sein muss,
der sich zu einem so gefährlichen Unternehmen entschlossen hat.

Als Tristan nach Britanje kam, hörte er davon reden, und man versicherte es ihm, dass der Herzog Morgân gerade auf der Jagd in den Wäldern sei. Da befahl er seinen Rittern, sich in Eile zu rüsten, [5320] und
zwar so, dass die Halsberge unter dem Rock versteckt bliebe und auch
sonst nicht das kleinste Eisenringlein aus dem Gewand hervorblinkte.
Dies geschah und wurde ausgeführt. Und obendrein legten die Männer
auch noch ihre Reisemäntel an, bevor sie sich in die Sättel schwangen.
Ihren Tross ließen sie umkehren; die Leute sollten nur immer zurückrei-
ten, [5330] ohne je anzuhalten. Die Ritterschaft wurde aufgeteilt. Die
größere Schar wurde mit dem Tross zurückgeschickt, um ihn auf seinem
Weg zu schützen. Die dann übrig blieben und mit Tristan weiterritten,
waren an die dreißig, [5340] gut sechzig Ritter begleiteten den Tross.

Es dauerte nicht lang, bis Tristan auf Hunde und Jäger traf. Er fragte,
wo der Herzog sei, man sagte es ihm, er ritt in die Richtung, die man
ihm gewiesen hatte, und fand auch wirklich bald auf einer Waldwiese
viele britûnische Ritter. [5350] Für die hatte man Pavillons und Hütten
auf dem Gras aufgestellt, rings herum und innen drin hatte man Laub
und viele bunte Blumen verstreut. Ihre Hunde und ihre Jagdvögel hatten
sie bei sich. Sie grüßten Tristan und die Seinen mit Courtoisie, wie es
sich gehört bei Hof, und sagten ihm auch gleich, [5360] Morgân, ihr
Herr, sei auf die Jagd geritten in einen Wald ganz in der Nähe. Eilig

machten sie sich auf die Suche. Sie fanden Morgân; bei ihm hielten viele
britûnische Ritter auf Kastilianerpferden. Im Trab ritten sie zu ihm hin.
Morgân empfing die Fremden, von deren Absichten er nichts ahnte,
überaus zuvorkommend und so gastfreundlich, [5370] wie man Gäste
empfangen soll. Und seine Leute taten es ihm nach: Jeder Einzelne kam
herbeigelaufen, um seinen Gruß loszuwerden. Als dieses langwierige
Geschäft der Begrüßung endlich vollbracht war, sprach Tristan zu Morgân: „Herr, ich bin meines Lehen wegen hergekommen, und ich
möchte, dass Ihr es mir gebt [5380] und mir nicht verweigert, was mir
mit Recht gehört: Dann handelt Ihr höfisch und gut." Morgân sprach:
„Mein Herr, sagt mir: Von wo oder wer seid Ihr?" Und Tristan erwiderte: „Ich bin aus Parmenîe gebürtig, mein Vater hieß Riwalîn. Mein
Herr, ich bin sein rechter Erbe und heiße Tristan." [5390] Morgân
sprach: „Mein Herr, Ihr kommt mir mit Geschichten, die so unnütz sind,
dass sie ungesagt und vorgetragen gleich viel Gewicht haben. Ich brauche nicht lange nachzudenken: Wenn Ihr etwas von mir zu fordern hättet, so würde Euch das ohne weiteres gewährt – nichts käme Euch in die
Quere, Ihr müsstet lediglich ein Mann sein, der jener Ehren irgend wert
ist, [5400] die Ihr für Euch in Anspruch nehmen möchtet. Wir wissen
aber alle nur zu gut – die ganze Welt redet davon –, wie es dazu kam,
dass Blanscheflûr mit Eurem Vater auf und davon ging, was für Ehren sie
davon hatte und wie diese Liebschaft endete." „Liebschaft? Was wollt
Ihr damit sagen?" „Es ist genug, mehr sage ich dazu nicht. So ist es und
nicht anders." [5410] „Mein Herr", sprach Tristan da, „ich verstehe
Euch schon richtig: Ihr wollt damit sagen, dass ich nicht ehelich geboren
und also mein Lehen und mein Recht auf dieses Lehen verloren sei."
„Allerdings, mein Herr, mein lieber Junge, genau das meine ich, und eine
Menge Leute meinen es mit mir." „Ihr redet böse", sprach Tristan. „Ich
dachte immer, [5420] Anstand und gute Sitte müssten jeden, der einem
anderen Schlimmes angetan hat, dazu anhalten, diesem Mann doch im
Gespräch mit Vernunft und Takt zu begegnen. Hättet Ihr nur irgend
Taktgefühl und Vernunft im Leib, so hättet Ihr, so schlimmer Taten Ihr
auch fähig wart, mir diese Rede wohl erspart, die neuen Schmerz auf-
weckt und alte Schuld rege werden lässt: Ihr habt mir meinen Vater umgebracht; [5430] das ist, meint Ihr, nicht Leid genug für mich, nein, Ihr
behauptet nun auch noch, meine Mutter, die mich gebar, hätte mich un-
ehelich geboren! Allmächtiger Gott! Ich kenne viele adelige Männer, so
viele, dass ich sie hier gar nicht alle aufzählen kann, die mir die gefalteten
Hände hingestreckt haben. Wenn sie aber jene Schande, die Ihr mir an-
hängen wollt, an mir gefunden hätten, [5440] so hätte keiner von ihnen
je seine Hände in die meinen gelegt. Sie kennen die Wahrheit und wissen, dass mein Vater Riwalîn vor seinem Tod meine Mutter in rechter

Ehe zur Frau genommen hat: Wenn ich Euch das auf Leben und Tod beweisen und dartun soll, wahrhaftig, das wird mir nicht schwer fallen." „Schluss damit", sprach Morgân, „zum Teufel [5450] mit Eurem Beweis! Was soll das? Keinen Hieb führt Euresgleichen gegen einen Mann von edlem Stand." „Das wird sich zeigen", sprach Tristan, zog sein Schwert und ging auf ihn los. Er schlug ihm aufs Haupt, durch Hirn und Hirnschale fuhr das Schwert nieder bis auf die Zunge und durchbohrte ihm mit einem schnellen zweiten Streich das Herz. [5460] Da hatte es sich nun wirklich gezeigt, nämlich, dass es wahr ist, was das Sprichwort sagt: Schuld ruht und verwest nicht.

Morgâns Leute, die kühnen Britûnen, nutzten ihm nichts und konnten ihm nicht schnell genug zu Hilfe kommen, um ihn vor dem Tod zu retten. Aber alle taten doch, was in ihren Kräften stand, und kämpften. [5470] Es dauerte nicht lang, da waren sie zu einem großen Heer geworden. Die ungewappneten Männer drangen alle mit wahrem Mannesmut auf die Feinde ein. Nach Deckung fragte keiner, unbekümmert um die Gefahr stürmten sie in dichten Haufen vorwärts und drängten den Feind mit Macht aus dem Wald aufs freie Feld hinaus.

Hier erhob sich großes Geschrei, [5480] gewaltig war ihr Weinen und Klagen. So schwang sich Morgâns Tod mit Klagen aller Art empor in die Lüfte, als ob er fliegen könnte. Böse Nachricht verkündete er auf den Burgen und im Land. Im ganzen Reich schallte bald nichts anderes als dieser Klageruf: „A, noster sires, il est mort! Wer wird jetzt dem Land zu Hilfe kommen? [5490] Ihr glänzenden Helden alle, eilt herbei aus Städten und aus Burgen und zahlt diesen Fremden heim, was sie uns angetan haben!" So trieben jene mit nimmermüden Attacken die Feinde vor sich her. Aber ihre Gäste blieben ihnen nichts schuldig: Immer wieder warfen sie die Pferde herum, die ganze Rotte preschte zum Gegenangriff vor [5500] und fällte viele. Und doch waren sie auf der Flucht und zogen sich immer weiter dorthin zurück, wo sie ihre Hauptmacht wussten. So gelangten sie endlich zu ihren Leuten und bezogen ein Lager auf einem gut gesicherten Berg, wo sie die Nacht verbrachten. In dieser Nacht bekam das Heer der Einheimischen soviel Verstärkung, und ihre Kampfkraft wuchs so sehr, [5510] dass sie, als sie beim ersten Tageslicht von neuem angriffen, die verhassten Gäste mit Macht dahintrieben und viele vom Pferd stachen. Immer wieder brachen sie ein in die feindliche Schar mit Speeren und Schwertern, die allerdings nicht lange standhielten. Ja, wahrhaftig, Schwerter und Speere, so wehrhaft sie waren, bewährten sich schlecht: Viele gingen in Trümmer, [5520] sobald sie auf den Feind trafen. Aber das kleine Heer kämpfte auch wirklich kühn, und jede Attacke kostete viele Ritter das Leben. Die beiden Scharen hier und dort erlitten ein ums andere Mal schwere Verluste. Verderben kam über sie,

Verderben brachten sie mörderisch über viele Männer. [5530] So trieben sie es hin und her, bis endlich die Kraft der Verteidiger nachließ, denn ihre Zahl nahm ab, die anderen aber wurden immer mehr. Immer neue Kräfte strömten ihnen zu, und sie wurden so übermächtig, dass sie noch vor Anbruch der Dunkelheit den Feind zwangen, sich wieder auf einen festen Platz zurückzuziehen. Verschanzt in einer Wasserburg, verteidigten sich die Fremden [5540] und überstanden da die Nacht. So waren sie nun eingeschlossen von feindliche Truppen, rings umgeben wie von einem Zaun. Was sollten sie nun tun, die Fremden, in ihrer Not? Wie packten Tristan und seine Leute ihre Sache an? Das will ich euch sagen: wie es ihnen weiter erging, wie ihre Not endete, wie sie davonkamen, [5550] wie sie ihre Feinde besiegten.

Seit Tristan aufgebrochen war, wie ihm sein Ratgeber Rûal geraten hatte, sein Lehen zu empfangen und dann unverzüglich nach Hause zurückzukehren, lag dem guten Rûal immerzu schwer die Sorge auf dem Herzen: Er fürchtete ebendas, was Tristan wirklich geschehen war. Er hatte aber nicht dazu geraten, [5560] Morgân etwas anzutun. Hundert Ritter bot er auf und reiste auf genau derselben Route Tristan nach. Nach kurzer Fahrt gelangte er schon bald nach Britanje. Dort erfuhr er gleich genau, wie es zugegangen war, und diese Neuigkeiten wiesen ihm sein Ziel: [5570] Gegen die Britûnen, die jene Burg belagerten, marschierte er. Als sie dahin kamen und die Feinde erblickten, da gab es keinen in der ganzen Schar, der sich nachsagen lassen wollte, er habe sich abseits gehalten oder sei hinter den anderen zurückgeblieben: Allesamt flogen sie heran mit flatternden Fahnen. Überall in der Menge erschallte der Kriegsruf: [5580] „Schevelier Parmenîe! Parmenîe schevelier!" Da jagte Wimpel um Wimpel durch die Schnüre des Lagers und brachte Tod und Verderben. Zwischen ihren Pavillons schlugen sie den Britûnen tödliche Wunden. Als nun die in der Burg die Fahnen ihres Landes erkannten [5590] und ihren Kriegsruf hörten, da wurde es ihnen zu eng dort drinnen, sie sprengten hinaus aufs freie Feld. Tristan ließ die Seinen tüchtig kämpfen. Da erging es den einheimischen Rittern schlecht: Gefangen und gefällt wurden sie, mit Hauen und Stechen wurden ihre Linien durchbrochen auf beiden Seiten. [5600] Es brachte sie ganz aus der Fassung, dass die zwei feindlichen Scharen gar so laut und mächtig die Parole riefen: „Schevelier Parmenîe!" So waren sie wehrlos: An Widerstand wie an Gegenwehr war nicht zu denken, sie konnten nicht mehr kämpfen, nur noch sich verkriechen, fliehen, sich zurückziehen, fortlaufen zu den Burgen oder in den Wald – [5610] ja, der Kampf nahm ganz verschiedene Formen an, meistens aber war Flucht ihre beste Waffe und das beste Mittel gegen den Tod.

Als der Feind aus dem Feld seiner Unehre geschlagen war, ließen die

Ritter sich nieder und lagerten. Ihre Toten, die auf Schlachtfeld geblieben waren, ließen sie bestatten. Die Verwundeten [5620] wurden auf Bahren gelegt, dann fuhren sie wieder heim in ihr Land. So hatte nun Tristan sein Lehen und sein Eigentum wirklich bekommen, er hatte es aus seiner eigenen Hand empfangen und war somit Herr und Vasall eines Sohnes, der seinem Vater nie geboren wurde. Er hatte seine Sache gerichtet und begradigt. Rechtens hatte er seinen Besitz, [5630] befriedet war sein Herz. Sein Unrecht war jetzt schieres Recht, sein schwer bedrücktes Herz leicht und ruhig. Er besaß sein väterliches Erbe und sein ganzes Land völlig unangefochten, niemand machte es ihm streitig. Da dachte er nun daran, [3640] was sein Oheim, als er von ihm Abschied nahm, ihm ans Herz gelegt und geboten hatte, und sehnte sich nach Kurnewal zurück, aber er konnte sich doch nicht von Rûal losreißen, der ihm in väterlicher Treue so viel Gutes getan hatte. Rûal und Marke liebte er von Herzen, zu diesen beiden zog ihn sein Verlangen, [5650] es riss ihn hin und her. Preisen wollte ich den, der da spräche: „Wie stellt es nun Tristan, dieser Wunderknabe, an, dass er beiden gerecht wird und jedem gibt, was er ihm schuldet?" Jeder von euch weiß wohl, dass es unvermeidlich ist: Er muss von dem einem lassen, wenn er beim anderen bleiben will. [5660] Lasst hören, wie soll es zugehen? Fährt er zurück nach Kurnewal, so nimmt er Parmenîe seinen ganzen stolzen Adel, und auch Rûal wird um sein Glück und seine Lebenslust gebracht, um ebenden Besitz, der seine ganze Wonne sein sollte. Bleibt er aber da, dann entscheidet er sich dafür, [5670] höhere Ehren auszuschlagen, und setzt sich über Markes Wunsch hinweg, in dem alle seine Ehre liegt. Wie kann er da das Richtige wählen? Soll er halt in Gottes Namen hinüberfahren, man muss es ihm zugestehen. Er muss an Ehren zunehmen und nach immer höheren Zielen streben, wenn es nun einmal da hinaus gehen will auf einen guten Weg und auch zu seinem Glück; [5680] er soll nur ruhig nach allen Ehren trachten und jagen, das ist sein gutes Recht. Und wenn das Glück sie ihm gewähren will, so tut es auch recht daran, denn dahin zieht es sein Herz.

Der kluge Tristan wurde nach langem Sinnen mit sich selber einig: Er wollte sich, so beschloss er, zwischen seinen Vätern aufteilen, ganz gerecht [5690] wie mittendurch geschnitten. Er zerteilte sich mit einem glatten Schnitt in zwei genau gleiche Hälften, wie man ein Ei halbiert, und gab jedem die Hälfte, von der er wusste, dass sie für ihn die bessere war. Wenn hier einer ist, der nie davon gehört hat, was das für Teile sind, die zu einem ganzen Mann gehören, will ich dem erklären, wie diese Teilung vor sich geht. Jeder wird wohl seinen ungeteilten Beifall spenden, [5700] wenn ich sage, dass zwei Dinge einen Mann ausmachen: Da ist erstens der Mensch aus Fleisch und Blut und zweitens alles das, was er besitzt. Von diesen zweien kommen edler Sinn und weltliche Ehren. Wenn man aber die zwei voneinander scheidet, so bleibt vom Besitz nichts übrig als Mangel: Der so entblößte bloße Mensch, dem niemand irgendwelche besonderen Rechte zugesteht, büßt seinen edlen Namen ein und ist nurmehr ein halber Mann, wenn auch bei ganzem Leib. [5710] Das gleiche gilt für die Frauen; ob Mann oder Frau, das spielt keine Rolle, immer sind es der natürliche Mensch und der Besitz gemeinsam, die ein volles Ganzes machen. Wenn sie aber voneinander getrennt werden, so sind sie beide nichts.

Wie gesagt, so getan: Tristan packte seine Sache an, mit großartigem Sinn und generöser Güte setzte er alles ins Werk und ließ es an Klugheit nicht fehlen: [5720] Er befahl, schöne Pferde und vornehme Kleider zu beschaffen, Vorräte an Lebensmitteln und all den anderen Dingen, die man eben braucht, wenn man viele Gäste prächtig bewirten will, und veranstaltete ein Fest. Er schickte Boten aus und ließ die Edelsten des Landes, die mächtigsten Männer des Reichs, einladen. Die taten ihm in guter Freundschaft gerne den Gefallen und ließen sich nicht lange bitten. [5730] Tristan hatte alles gut vorbereitet. Zwei jungen Männern, den Söhnen seines Vaters Rûal, verlieh er das Ritterschwert, denn er hatte sie zu Erben ihres Vaters Rûal bestimmt. Er hatte keine Kosten gescheut, sie für diesen Tag vornehm und herrlich auszustatten, [5740] mit so inniger Liebe war er allezeit um sie besorgt, als wären sie seine eigenen Kinder. Die beiden, die jetzt Ritter sind, wurden es gemeinsam mit zwölf Gefährten, und einer von den zwölfen war kein anderer als der höfisch feine Kurvenal. Der edle Tristan – denn auch er war der Courtoisie sehr zugetan – nahm seine Brüder bei der Hand und führte sie mit sich fort. [5750] Seine Freunde und Vasallen und überhaupt alle, die es zu einigem Verstand oder zu höherem Alter oder gar zu beiden gebracht hatten, alle vernünftigen und urteilsfähigen Männer also, wurden jetzt geladen und gebeten, sich zu einer Hofversammlung einzufinden. Nun, Herr, sie sind alle da. Tristan stand auf vor ihnen. „Ihr Herren alle", sprach er, [5760] „denen ich immer in aufrichtiger Treue gern zu Diensten bin, wo immer ich kann, meine lieben Verwandten und Vasallen, deren Gnade ich all die Ehre verdanke, die Gott mir geschenkt hat: Mit Eurer Hilfe habe ich meine Sache in Ordnung gebracht, wie es mein Herz verlangte. [5770] Gott hat es mir gegeben, doch weiß ich wohl, dass es von Eurer Tüchtigkeit vollbracht wurde. Was könnte ich mehr sagen? Ihr habt in dieser kurzen Zeit so oft Eure ganze Ehre und Euer Heil auf mich gesetzt, dass ich nicht an Euch zweifle: Eher geht diese Welt in Stücke, als dass Ihr Euch jemals [5780] meinem Willen widersetzen könntet. Freunde und Vasallen und alle, die auf meine Bitte hin oder getrieben von ihrem eigenen edlen Herzen hierher gekommen sind, nehmt es nicht zu schwer,

was ich Euch nun zu sagen habe. Ihr sollt alle wissen, dass mein Oheim –
mein Vater Rûal, der hier steht, hat es selbst gesehen und gehört –
[5790] sein Land in meine Hand gegeben hat, und er will mir zuliebe unverheiratet bleiben, denn er hat mich zu seinem Erben bestimmt. Und er
will, dass ich immer bei ihm bleibe, wo er auch geht und steht. Nun habe
ich beschlossen, und mich verlangt danach, ihm seinen Wunsch zu erfüllen und zu ihm zurückzukehren. [5800] Den Zins von meinem Land
und meine Herrlichkeit und Ehre im Reich will ich meinem Vater Rûal
verleihen und überlassen; wenn meine Sache in Kurnewal nicht gut geht,
ob ich dort sterbe oder bleibe, soll er es als Erblehen behalten. Hier stehen auch seine Söhne und seine anderen Kinder; [5810] alle jene, die
später einmal seine Erben sind, sollen ein Recht darauf haben. Meine Vasallen und Dienstmannen und alle meine Lehen will ich zu meiner Verfügung behalten, solang ich lebe." Da erhob sich in der Ritterschaft viel
Jammer und Klage. Ganz verzagt waren sie alle, alle ihre stolze Zuversicht war dahin. [5820] „Ach, Herr", sprachen sie, „weit besser wären
wir jetzt dran, wenn wir Euch nie gesehen hätten; dann hätten wir auch
niemals dieses Leid erfahren, das Ihr uns jetzt antut. Herr, unsere Hoffnung haben wir auf Euch gesetzt in dem Glauben, in Euch wäre uns ein
Leben geschenkt. Weh uns, unser aller Leben, das wir in Freuden haben
sollten, [5830] ist gestorben und begraben, wenn Ihr von uns geht.
Herr, statt unser Leid zu lindern, habt Ihr es nur noch schlimmer gemacht. Unser aller Glück war ein bisschen aufgestiegen und ist jetzt wieder abgestürzt." Das eine kann ich euch sagen, es ist so gewiss wie der
Tod: So arg ihrer aller Jammer auch war, so sehr sie alle sich auch gräm-
ten, [5840] als sie das hörten, empfand doch keiner größeren Schmerz
als Rûal, dem dieser Lauf der Dinge nichts als Nutzen brachte, der dadurch zu einem reichen Mann und großen Herrn werden sollte. Er erhielt dort ein Lehen – weiß Gott, mit solchem Jammer hatte er noch keines empfangen!

Nun, da Rûal und seine Söhne [5850] ihr Lehen und ihr Erbe aus ihres
Herrn Hand empfangen haben, gab Tristan Land und Leute in Gottes
Hut und fuhr davon. Mit Tristan ging auch Kurvenal, sein Lehrer, auf die
Reise. Ob Rûal und die anderen Vasallen und das ganze Volk wirklich
gar so traurig waren, ob nicht doch ihr Sehnen [5860] nach ihrem lieben
Herrn sich in Grenzen hielt? Bei meiner Treue, das weiß ich genau: Par-
menîe war voll von Klagen und Klageschrei, und was sie verloren hatten,
war der Klage wert. Die Marschallin Florête, die treue hohe Dame, zer-
marterte ihren Leib und zeigte sich so recht als eine Frau, der Gott die
Gnade geschenkt hat, mit ihrem ganzen Leben [5870] dem weiblichen
Geschlecht nichts als lauter Ehre zu machen.

Aber was soll ich hier noch lang verweilen? Der landlose Tristan war kaum in Kurnewal gelandet, da erfuhr er etwas, was ihn sehr schmerzte, nämlich, dass der gewaltige Môrolt aus Irland gekommen war und Marke mit Krieg drohte, [5880] falls dieser ihm nicht Zins für seine beiden Länder Kurnewal und England zahlte. Mit diesem Zins hatte es folgende Bewandtnis. Der Herrscher, der damals in Irland regierte, so habe ich in den Chroniken gelesen, und so sagt auch die wahre Geschichte, hieß Gurmûn der Stolze; der stammte aus Afrika, wo sein Vater König war. Als dieser starb, fiel das Land [5890] an ihn und seinen Bruder, der gleichberechtigter Miterbe war. Gurmûn war aber so ehrgeizig und stolz, dass er seinen Besitz mit niemandem teilen wollte. Sein Herz ließ ihm keine Ruhe: Er und niemand sonst sollte Herrscher sein. Er suchte sich die stärksten und tapfersten Männer aus, [5900] die allerbesten Kämpfer, die zu finden waren, Ritter sowohl wie Fußknechte, und gewann sie mit Geld und Courtoisie für sich. Und er überließ ohne weiteres seinem Bruder das ganze Land. Dann zog er fort und ließ sich von den ruhmreichen, [5910] gewaltigen Römern die Vollmacht und Erlaubnis zu Eroberungen geben: Was er unterwerfen könnte, sollte ihm gehören, dafür sollte er den Römern Abgaben leisten und gewisse Hoheitsrechte zugestehen. Unverzüglich brach er auf mit einem starken Heer, das führte er zu Lande und zu Wasser bis nach Irland. [5920] Er eroberte das Land und bezwang die Bewohner mit Gewalt: Ob sie wollten oder nicht, mussten sie ihn als ihren Herrn und König anerkennen, und so kam es, dass sie ihm fortan als Krieger und Kämpfer auf allen seinen Zügen dienten und ihm die Nachbarländer unterwerfen halfen. So machte er sich denn auch [5930] Kurnewal und England untertan – damals war aber Marke noch ein Kind und zu zart für den Krieg: Er verlor seine souveräne Macht und wurde Gurmûn tributpflichtig. Noch dazu hatte Gurmûn einen starken Verbündeten: Es brachte ihm viel Macht und Ehre, dass er Môrolts Schwester heiratete, und machte ihn gefürchtet. Môrolt war dort in Irland Herzog [5940] und hätte nur zu gerne irgendwo ein eigenes Reich besessen, denn er war sehr ehrgeizig; an Land und anderem Reichtum fehlte es ihm nicht und auch nicht an Stärke und Tapferkeit. Er war Gurmûns Vorkämpfer. Was für ein Zins das war, den man aus jedem Land nach Irland schickte, das zähle ich euch schön ordentlich und nach der Wahrheit auf: [5950] Im ersten Jahr schickten sie dreihundert Barren Messing, sonst nichts, im zweiten aber Silber und im dritten Gold. Und im vierten kam der starke Môrolt von Irland gefahren, ganz in Eisen und zum Krieg bereit. Zu dem wurden die Barone und Edlen von Kurnewal und England befohlen, [5960] die traten vor ihn und warfen das Los, wer ihm sein Kind geben musste. Im rechten Alter, gut gewachsen und schön anzuschauen, wie es der Dienst bei Hof erfordert, mussten diese Kinder sein, keine Mädchen, lauter Knaben verlangte er, und zwar dreißig aus jedem der beiden Länder. [5970] Gegen diese schändliche Zumutung gab es kein anderes Mittel als den Zweikampf oder aber Krieg. Nun konnten sie mit offenem Krieg nicht zu ihrem Recht gelangen, denn die Macht der Länder war geschwächt. Môrolt aber war so stark, so erbarmungslos und schrecklich, dass schwerlich ein Mann zu finden war, der, [5980] wenn er ihn nur ansah, mehr Mut und Zutrauen verspürt hätte, gegen ihn sein Leben zu riskieren, als irgendeine Frau. Und wenn man diesen Zins auf die Reise nach Irland hinüber geschickt hatte und das fünfte Jahr anbrach, dann mussten die zwei Länder immer zur Zeit der Sonnenwende Botschafter nach Rom senden – Leute von Rang, wie es der Würde Roms angemessen war –, [5990] damit sie die Befehle und Weisungen vernähmen, die der mächtige Senat jedem Land, das Rom untertan war, erteilte und schickte. Jedes Mal wurde ihnen da vorgelesen und kundgetan, wie sie nach dem Willen der Römer den *leges* und dem Landesrecht Geltung verschaffen [6000] und wie sie Gericht halten sollten. Und sie mussten überhaupt so tun und lassen, wie es ihnen da vorgeschrieben wurde. Diesen Tribut leisteten die zwei Länder und präsentierten ihn alle fünf Jahre zum höheren Ruhm der edlen Roma, ihrer Herrin. Doch erwiesen sie ihr solche Ehre keineswegs irgendeinem guten Recht zuliebe oder aus Gehorsam gegen Gott, [6010] sondern nur, weil Gurmûn es befahl.

Aber kehren wir zurück zur Geschichte. Tristan hatte bei seinem Aufenthalt in Kurnewal natürlich von dieser bösen Sache erfahren und wusste auch längst, wie der Tribut bewehrt und befestigt war. Jetzt jedoch hörte er jeden Tag die Leute von der Schmach und dem Leid des Landes sprechen, [6020] überall, wo er auch hinkam auf seinem Weg, in jeder Stadt, in jedem Château. Und als er nach Tintajoêl gelangte zu den Leuten des Königs, seht, da hörte er nun und vernahm in den Gassen und auf den Straßen solches Wehklagen, dass es ihm schwer zu schaffen machte. Es dauerte nicht lang, bis die Nachricht [6030] von Tristans Ankunft zu Marke und an den Hof gelangte; da wurden sie alle froh – so froh, meine ich, wie es ihnen in ihrem Leid vergönnt war, denn es war just zu dieser Zeit, dass die Alleredelsten von ganz Kurnewal sich vollzählig dort zu jenem schändlichen Geschäft eingefunden hatten, von dem vorher schon die Rede war: Die großen Herren des Reichs [6040] losten da untereinander das Unheil ihrer Kinder aus. So traf sie denn Tristan alle auf den Knien betend an, jeder einsam in sich gekehrt, ohne Scheu und unverhohlen ließ jeder seine Tränen rinnen und flehte, an Leib und Seele gemartert, mit blutendem Herzen, der gütige Gott möge sein edles Geschlecht [6050] schützen und bewahren und sein Kind. So sind sie alle ins Gebet versunken, als Tristan eintritt. Wie er da empfangen wurde? Das ist eine leichte Frage. Um die Wahrheit zu sagen, wurde

Tristan von keinem einzigen Menschen in der ganzen Versammlung und auch nicht von Marke selbst so freundlich [6060] willkommen geheißen, wie es geschehen wäre, wenn ihr Kummer es ihnen gestattet hätte. Aber Tristan kümmerte das wenig: Er schritt einfach kühn voran, dahin, wo die Edlen ihr Los in Empfang nehmen mussten, und trat vor Môrolt und Marke. „Ihr Herren alle", sprach er, „einer wie der andere, wie Ihr auch heißen mögt, die Ihr hier eilfertig gelaufen kommt, Euer Los abzuholen, [6070] Euren Adel zu verschachern, schämt Ihr Euch nicht, dem Land solche Schande zu machen? Wer soviel Tapferkeit im Leib hat wie Ihr allesamt und jederzeit in allen Dingen, ist es doch sich selbst schuldig, die eigene Ehre und die des Reichs zu hüten und hochzuhalten und immerfort zu mehren. Ihr aber habt Eure Freiheit [6080] Euren Feinden zu Füßen gelegt und ausgeliefert und Euch dazu erniedrigt, Tribut zu zahlen. Und Eure edlen Kinder, die Euer ganzes Glück sein sollten, Eure Lust und Euer Leben, die gebt Ihr als Knechte und Leibeigene hin und habt sie hingegeben. Und wenn man Euch fragt, wer Euch dazu zwingt [6090] oder was sonst Euch droht, dass Ihr nicht anders könnt, dann könnt Ihr auf nichts anderes verweisen als auf einen Zweikampf und auf einen einzelnen Mann – das ist Eure ganze Not! Es kommt Euch aber gar nicht in den Sinn, einen unter Euch zu bestimmen, der im Kampf Mann gegen Mann sein Leben aufs Spiel setzt, um zu fallen oder zu siegen. Selbst wenn er fallen sollte, ist doch der kurze Tod, den er gewinnt, [6100] edler und besser als die lange Not in jenem und in diesem Leben. Wenn er aber siegt und das Unrecht unterliegt, so ist ihm auf ewig dort der Lohn Gottes sicher und hier die Ehre. Ja, da die Väter in ihren Kindern leben, sollen sie ihr Leben für sie hingeben, so ist es Gottes Wille. [6110] Ganz gegen Gottes Ordnung ist es, wenn einer die Freiheit seiner Kinder der Leibeigenschaft ausliefert und sie als Knechte hingibt, um selbst in Freiheit zu leben. Wenn ich Euch raten soll, wie Ihr so leben könnt, dass Ihr Gott und Eurer Ehre die Treue haltet, dann gebe ich Euch keinen anderen Rat als diesen: Wählt Euch einen Mann, wenn Ihr irgend [6120] unter Euren Leuten einen findet, der zu kämpfen versteht und bereit ist, es darauf ankommen zu lassen, zu überleben oder nicht. Den sollt Ihr alle inständig bitten in Gottes Namen, auf dass der Heilige Geist ihm Gelingen schenken möge und die Ehre und er sich nicht zu sehr vor Môrolts Größe und Kraft fürchte. [6130] Er soll nur immer froh auf Gott vertrauen; der hat noch keinen Mann, der mit dem Recht im Bunde war, im Stich gelassen. Beratet die Sache, aber macht schnell, geschwind fasst einen Beschluss, wie Ihr diese Schande loswerden und Euch vor dem einen Feind retten wollt. Und auf keinen Fall dürft Ihr je Eurem Adel und Eurer Ehre Schimpf antun." „Ach, Herr", sprachen da alle, [6140] „Ihr kennt diesen Mann nicht: Gegen den kann niemand bestehen." Tristan sprach: „Schluss damit. Denkt doch um Gottes willen einmal nach: Ihr seid allen Königen ebenbürtig und so adelig wie nur je ein Kaiser, und da wollt Ihr Eure edlen Kinder, die nicht weniger edel sind als Ihr, hingeben und verkaufen [6150] und zu Knechten machen? Und wenn es ja so ist, dass Ihr keinen dazu bringen könnt, sich ein Herz zu fassen und um Eures Jammers willen und aus Erbarmen mit dem Land in Gottes Namen für das Recht gegen jenen einen Mann zu kämpfen, und Ihr dann bereit seid, Eure Sache Gott und mir zu überlassen, [6160] dann, Ihr Herren, will ich im Vertrauen auf Gott meine Jugend und mein Leben aufs Spiel setzen und den Kampf für Euch bestehen: Gott lasse ihn gut ausgehen und verhelfe Euch zu Eurem Recht. Und selbst wenn nichts Gutes für mich dabei herauskommt, schadet das doch Eurem Recht nicht. Sollte ich die Sache nicht lebend überstehen, [6170] ist keinem von Euch geholfen, aber Ihr seid auch nicht schlechter dran, nicht gebessert noch verschlimmert ist die Lage, wie sie war. Wenn es aber glücklich endet, dann hat es wahrhaftig Gott selber so befohlen: Ihm müsst Ihr danken, niemandem sonst. Der Mann, dem ich alleine gegenübertreten muss, hat ja, wie ich wohl weiß, seinen Mut und seine Kraft [6180] zu ritterlichen Taten schon oft in blutig ernsten Kämpfen bewiesen, ich dagegen fange gerade erst an, meine Tapferkeit und Stärke zu erproben, und meine kriegerische Meisterschaft ist nicht so über jeden Zweifel erhaben, wie es jetzt nötig wäre. Immerhin aber habe ich in Gott und dem Recht zwei sieggewohnte Kampfgefährten, [6190] die mir beistehen werden. Und es fehlt mir nicht an entschlossenem Willen, der auch das Seine tun wird. Wenn mir die drei helfen, so habe ich, unerfahren, wie ich bin, dennoch gute Zuversicht, dass ich vor einem Mann mein Leben retten werde." „Herr", sprachen da die Ritter alle, „die heilige Kraft Gottes, die die Welt geschaffen hat, [6200] vergelte Euch Eure Hilfsbereitschaft und Eure freundlichen Worte und die glückseligen Aussichten, die Ihr uns eröffnet habt. Herr, lasst Euch aber sagen, wie es enden muss: Wir können noch so lang beraten, es kommt nichts Rechtes dabei heraus. Wenn unser Glück, um das wir uns so sehr bemüht haben – immer neue Anläufe haben wir gemacht –, uns erhören wollte, so hätte es Gelegenheit genug dazu gehabt. Es ist ja nicht das erste Mal, [6210] dass wir hier in Kurnewal Rat halten, was zu tun ist in unserer schlimmen Lage. Wir haben viel geredet, konnten aber keinen unter uns finden, der nicht lieber sein Kind in die Leibeigenschaft weggeben wollte, als selber im Kampf gegen diesen Gefolgsmann des Bösen das Leben verlieren." „Was redet Ihr denn da!", sprach Tristan. „Es kann ja doch gar viel geschehen, [6220] und man kann an zahllosen Beispiele sehen, wie Unrecht auf hohem Ross von einem Schwachen zu Fall gebracht wurde. Das könnte leicht wieder so geschehen, wenn es nur einer wagte."

Môrolt hörte das alles mit an, und es missfiel ihm sehr, dass Tristan, der doch ganz offensichtlich noch ein halbes Kind war, so entschieden Anspruch auf den Kampf erhob. Er war ihm von Herzen böse. [6230] Tristan aber sprach weiter: „Ihr Herren alle, redet: Was soll ich tun nach Eurem Willen?" „Herr", sprachen da alle, „wenn es irgend möglich wäre, dass die Hoffnung, die Ihr uns gemacht habt, sich erfüllte – das wäre unser aller Wunsch." „Ihr stimmt also zu?", sprach Tristan. „Da es sich denn so lang erhalten hat [6240] und nun an mich geraten ist, will ich, so Gott will, erfahren, ob Gott es Euch bestimmt hat, in mir Heil zu finden, und ob ich selber Heil an mir habe." Da bot nun Marke alle Beredsamkeit auf, ihm sein Vorhaben auszureden. Er hoffte, er könnte ihm das Versprechen abgewinnen, [6250] es ihm zuliebe sein zu lassen, wenn der König es verböte. Aber nein, bei Gott, er wollte nicht. Weder mit Befehlen noch mit Bitten konnte er ihn davon abbringen, zu tun, was er beschlossen hatte. Vielmehr trat Tristan nun vor Môrolt und sprach ihn an: „Herr, sagt mir doch in Gottes Namen: Was habt Ihr hier zu schaffen?" „Mein lieber Freund", sprach Môrolt ohne Zögern, [6260] „was soll die Frage? Ihr wisst doch genau, was ich hier zu schaffen habe und was ich von Euch will." „Ihr Herren alle, hört her, mein Herr, der König, und seine Leute!", sprach da der kluge Tristan. „Mein Herr Môrolt, ich weiß es allerdings und sehe es ganz klar: So schandbar diese Sache ist, lässt sie sich doch nicht ignorieren. [6270] Lange hat man nun den ungerechten Zins von hier und von England nach Irland geschickt. Dahin brachte man es durch langen, schweren Zwang und viel Gewalt: Burgen und Städte zerstörte man in den zwei Ländern, sie erlitten auch große Verluste an Menschen, [6280] bis all die Gewalt und das Unrecht, die über sie hereinbrachen, sie in die Knie zwang und die edlen Krieger, die noch am Leben waren, gehorchen mussten, was immer man ihnen auch befehlen mochte, denn sie fürchteten den Tod und konnten sich nach all dem, was geschehen war, nicht widersetzen. So kam es zu dem großen Unrecht, [6290] das Ihr bis heute seht und das immerfort seitdem Bestand hatte. Es wäre wahrlich längst Zeit gewesen, dass sie sich der großen Schande mit Waffen widersetzt hätten, denn die Länder haben sich gut erholt und an Kräften zugenommen: mehr Menschen, Einheimische wie Fremde, mehr Städte und Burgen, mehr Reichtum und Ehre. [6300] Man muss endlich das Verkehrte zum Rechten kehren, und so müssen wir unser aller Heil bei der Gewalt suchen: Wenn wir je gesunden wollen, müssen wir dafür kämpfen in Kriegen und Schlachten. An Leuten, die für unsere Sache einstehen, fehlt es nicht, in beiden Ländern gibt es Menschen im Überfluss. Man muss uns zurückgeben, [6310] was man uns geraubt und unser Leben lang vorenthalten hat. Wir wollen hinüberfahren und es holen, sobald Gott uns lässt. Alles, was sie uns genommen haben, es sei groß oder klein – so sage ich, wenn Ihr meine Meinung und mein Votum hören wollt –, müssen sie uns zurückgeben, nicht das kleinste Ringlein sollen sie behalten. [6320] Am Ende könnte unser Messing sich uns noch in rotes Gold verwandeln – es sind ja auf Erden schon die sonderbarsten Dinge wahr geworden, die kein Mensch für möglich gehalten hätte, und so könnten Eure edlen Kinder, die dort zu Leibeigenen geworden sind, eines Tages doch noch frei werden, so undenkbar es ihnen jetzt auch sein mag. Gott möge mich erhören: [6330] In seinem Namen bitte ich, dass ich noch zusammen mit diesen Herren des Landes die Heerfahne mit eigener Hand in Irland aufpflanzen darf, damit dieses Reich und seine Erde von mir gedemütigt werde."

Da entgegnete ihm Môrolt: „Mein Herr Tristan, wenn Ihr Euren Eifer in dieser Angelegenheit zügeln wolltet, [6340] das wäre, glaube ich, gut für Euch; alle Reden, die hier geführt werden, ändern ja doch nichts daran, dass wir auf nichts von dem verzichten, was uns von Rechts wegen zusteht." Dann trat er vor Marke hin. „König Marke", sprach er, „nun redet Ihr, lasst hören, Ihr und alle, die hier anwesend sind, um mit mir wegen ihrer Kinder zu verhandeln, sagt mir klar und eindeutig: [6350] Ist es Euer aller Wille, und ist es auch in Eurem Sinn, was Euer Bevollmächtigter, der edle Herr Tristan, hier vorgetragen hat?" „Ja, Herr, das ist unser aller Ratschluss, unser Wille und unsere Absicht. Wir sind mit allem einverstanden, was er sagt und tut." Da sprach Môrolt: „So brecht Ihr mir und meinem Herrn die Treue und den Eid, den Ihr geschworen habt, [6360] und den ganzen Vertrag zwischen uns. Da antwortete ihm der höfische Tristan: „Nein, mein Herr, das ist schlecht geredet. Das klingt übel, wenn einer dem anderen die Treue abspricht. Keiner von ihnen allen bricht die Treue und den Eid. Sie haben Euch seinerzeit gelobt und zugesichert – [6370] und das soll nach wie vor unverbrüchlich gelten –, dass sie willig alle Jahre den Zins, der ihnen da auferlegt wurde, von Kurnewal und England nach Irland schicken oder aber in einem Zweikampf oder mit Krieg Euren Anspruch abweisen wollten. Solange sie zu ihrem Wort stehen und bereit sind, das Pfand ihrer Treue mit Zins oder mit Kampf auszulösen, [6380] tun sie dem Recht vollauf Genüge. Herr, denkt darüber nach, überlegt es Euch und sagt mir dann, was von beiden Euch lieber ist; dasjenige, auf das Ihr Euch lieber einlassen wollt, entweder Zweikampf oder Krieg, das werdet Ihr von uns bekommen, darauf könnt Ihr jetzt und jederzeit vertrauen. So oder so, immer müssen Speer und Schwert die Sache zwischen uns und Euch entscheiden. [6390] Nun sucht Euch eines davon aus und nennt es uns, den Zins jedoch wollen wir nicht mehr haben."

Môrolt sprach: „Herr Tristan, da bin ich kurz entschlossen, ich weiß schon, welches ich will. Ich habe nicht genug Leute dabei, dass ich irgend wehrhaft in den Krieg ziehen könnte. Ich bin [6400] mit den Rittern meines engsten Kreises übers Meer hierher gefahren und kam mit friedlichen Absichten in diese Länder, wie ich es schon beim letzten Mal getan habe. Ich dachte nicht, dass es so gehen könnte. Das hatte ich den Herren dieser Länder nicht zugetraut, vielmehr glaubte ich, ich würde ungekränkt an meinem Recht und in aller Liebe von ihnen Abschied nehmen. Jetzt stellt Ihr mir nichts als Hauen und Stechen zur Wahl; [6410] darauf bin ich nicht vorbereitet."

Tristan sprach: „Mein Herr, wenn Euch der Sinn nach Krieg steht, so kehrt nur gleich heim in Euer Land, bietet Eure Ritter auf, versammelt Eure ganze Streitmacht und kommt dann wieder her; dann werden wir schon sehen, was aus uns wird und wie es uns ergeht. Tut Ihr das aber nicht [6420] binnen eines halben Jahres, so habt Ihr es bei Euch mit uns zu tun, dann kommen wir hinüber, darauf könnt Ihr Euch verlassen. Man hat uns schließlich lange genug erklärt, dass gegen Gewalt nur Gewalt hilft und gegen Kraft nur Kraft. Wenn es nun einmal so der Brauch und die rechte Art sein soll, dass man mit Waffengewalt fremde Länder und das Recht schändet und Herren zu Knechten macht, [6430] dann haben wir gute Hoffnung, dass Euch mit Gottes Hilfe eines Tages unsere Schande heimgezahlt wird."

„Weiß Gott, Herr Tristan", sprach Môrolt, „ich bezweifle nicht, dass jemand, der solches Getöse nicht gewöhnt ist und Drohungen dieser Art noch nie gehört hat, sich von Euren Worten einschüchtern und schrecken ließe, ich aber, so hoffe ich doch zuversichtlich, kann sie gut aushalten. [6440] Ich habe das schon öfter mitgemacht, dass einer mir mit viel Geschrei und stolzen Reden imponieren wollte. Ich denke doch, dass Gurmûn sich um seine Leute und sein Land keine Sorgen zu machen braucht und Eure Fahne und Eure Hand nicht fürchtet. Im Übrigen wird diese Anmaßung, uns die Treue und den Eid zu brechen, ohne Schonfrist und nicht erst in Irland ihre Strafe finden. [6450] Wir beide werden die Sache an Ort und Stelle untereinander ausmachen, nur wir zwei in einem Ring werden entscheiden, ob Ihr im Recht seid oder ich." Tristan sprach: „Das muss sich mit Gottes Hilfe erweisen; möge Er denjenigen von uns verderben, der unrecht hat!" Seinen Handschuh streifte er ab und reichte ihn Môrolt hin. [6460] „Ihr Herren", sprach er, „passt gut auf; der König, mein Herr, und alle Anwesenden sollen hören, für was ich in diesem Kampf eintrete, damit alles seine rechte Ordnung hat: Dass weder mein Herr Môrolt, der hier steht, noch der, in dessen Auftrag er hierher gekommen ist, noch irgendjemand sonst jemals mit Gewalt in Kurnewal und England einen rechtmäßigen Anspruch auf Zins erworben hat, [6470] das will ich mit meiner Hand wahr machen und beweisen und vor Gott und aller Welt bezeugen gegen diesen Herrn da, der für all die Schande und das Leid, die diese beiden Länder bis zum heutigen Tag erdulden müssen, verantwortlich ist." Dort schrie nun manche edle Zunge laut und aus tiefstem Herzen [6480] zu Gott in seiner Macht, er möge ihre Schmach und ihre Schmerzen ansehen und sie aus ihrer Knechtschaft erlösen. So tief bekümmert und bange sie alle dem Kampf entgegensahen, so wenig fuhr Môrolt je irgendein Schrecken durchs Herz oder in die Knochen, er blieb ganz gelassen. Unerschüttert stand er und dachte nicht daran, klein beizugeben, [6490] sondern erbot sich grimmig aufgereckt und mit kühner Contenance, im Kampf den Gegenbeweis zu führen. Er glaubte, besser hätte er es gar nicht treffen können: Diesen Glücksfall zu überleben, traute er sich zu.

Als nun alles Nötige gesagt war, gab man den Herren Zeit bis zum dritten Tag, dann sollte der Kampf stattfinden. [6500] Und am dritten Tag kamen die Herren des Landes und eine so große Menge Volk, dass der ganze Meeresstrand auf beiden Seiten voll von Menschen war. Môrolt ging hin, sich für den Kampf zu rüsten. Seinen Waffen und seiner Stärke will ich mit meines Herzens fein geschliffenem Verstand und dem Scharfblick meines Künstlerauges lieber nicht [6510] allzu detailbesessen nahe treten, damit meine Instrumente mir nicht stumpf werden und sich zu sehr abnutzen an einem Mann, der schon so oft zum besten aller Kämpfer erklärt wurde. Allenthalben rühmt man ihm nach, dass ihm an Mut, an Größe und an ritterlicher Kampfkraft in allen Ländern keiner gleichkam. Mit diesem Lob wollen wir's genug sein lassen. Ich weiß wohl, dass er [6520] damals und jederzeit im Zweikampf wie in der Schlacht nach rechter Ritterart seinen Mann stehen konnte. Er hatte es oft genug bewiesen.

Dem edlen König Marke machte der Kampf schwer zu schaffen mit Herzenskummer; keine noch so verzagte Frau hat wohl jemals so viel Angst und Not um einen Mann gelitten wie er. [6530] Er hatte keine Hoffnung, dass Tristan dem Tod entrinnen könnte, und hätte gerne den schlimmen Zwang des Tributs weiter erduldet, damit nur dieser Zweikampf nicht stattfinden müsste. Nun sollte aber alles gut werden, sowohl die Sache mit dem Zins wie auch die des jungen Mannes. Tristan, der unerprobte Krieger, [6540] machte sich nun auch daran, sich zu panzern und zu rüsten, so gut er nur konnte. Seinen Leib und seine Beine schützte er schön mit einem dicht gewirkten Kettenhemd. Darüber legte er weitere edle Stücke an: Eisenhosen und Halsberge glänzten ganz weiß, an die hatte der Meister, der sie schuf, seinen Eifer und all seine Weisheit [6550] gewendet; zwei edle starke Sporen schnallte ihm Marke, sein guter Freund und treuer Leibdiener, mit weinendem Herzen an die Stiefel, auch die Riemen seiner Rüstung band er ihm, das ließ er sich nicht nehmen. Man brachte einen Waffenrock, der war, so habe ich gehört, bestickt und durchwirkt überall, jede Naht, jede Falte, [6560] jeder Saum, selten prächtig entworfen und noch prächtiger von Damenhänden meisterhaft gearbeitet. Ah, welche Wonne, ihn so gekleidet anzusehen, er war wirklich des Rühmens wert! Doch will ich die Sache nicht zu sehr in die Länge ziehen, [6570] ich müsste allzu weitschweifig werden, wenn ich alles so ergründen wollte, wie es eigentlich nötig wäre. Das eine jedoch sollt ihr wissen: Der Mann zierte das Kleid und machte ihm mit seiner Herrlichkeit noch weit mehr Ehre als dieses ihm; so prächtig dieser Waffenrock auch war, war er doch der edlen Pracht des Mannes, [6580] der ihn trug, kaum irgend wert. Darüber gürtete Marke ihn mit einem Schwert, das war sein Leben und sein Herz: Vor allem ihm verdankte er es, dass er gegen Môrolt und auch später siegreich blieb. Das hing da an seiner Seite genau so, wie es sich gehörte; es lag in schöner Disziplin hingestreckt an seinem Platz und hüpfte weder auf noch nieder, [6590] sondern fuhr nur los, wo es seine rechte Beute fand. Auch ein Helm wurde herbeigeschafft, der war strahlend hell und hart wie ein Kristall und der schönste und beste Helm, den je ein Ritter trug; dieser aber, glaube ich, hatte in Kurnewal auch nicht seinesgleichen. Obendrauf ragte der Pfeil, der prophetisch auf die Liebe wies; [6600] tatsächlich sollte diese Weissagung sich an ihm erfüllen, wenn auch die Liebe noch lange auf sich warten ließ. Den Helm setzte Marke ihm auf und sprach: „Ach, lieber Neffe, dass ich dir je begegnen musste, das werde ich Gott in bitteren Schmerzen klagen. Ich will mich von allem lossagen, was je einen Mann glücklich machen könnte, wenn mir in deinem Kampf ein Leid geschieht.“ Und man brachte einen Schild, [6610] an den hatte eine geschickte Hand alle ihre Kunst gewendet. Er war strahlend silberweiß, passend zu dem Helm und der Rüstung, und so poliert und mit schierem Gleißen übergossen, dass er wie ein neuer Spiegel blitzte. Darauf prangte ein Eber, von einem Meister seines Fachs entworfen [6620] und aus Zobel, schwarz wie Kohle, geschnitten. Diesen Schild legte sein Oheim ihm an, und er passte so recht zu dem kaiserlichen jungen Mann: Er schmiegte sich an seine Seite, als sollte er da unverrückbar immer bleiben, wie angeleimt. Als nun der herrliche Mann, der entzückende Junge, als Tristan da den Schild an sich genommen hatte, gleißten die vier Stücke [6630] – Helm und Halsberge, Schild und Hosen – um die Wette; es war, als ob der Meister sie eigens so geschaffen hätte, dass jedes von den vieren mit seiner Pracht die anderen noch prächtiger machen und selber von ihnen Pracht empfangen sollte: So erstrahlten denn alle vier in einzigartiger Herrlichkeit. Aber das andere noch nie gesehene Wunder, [6640] das innen und mittendrin verborgen lag den Feinden zum Schrecken und Verderben, ist das etwa zu gering, um gegen all die staunenswerte Kunst, die man an seine äußere

Hülle gewendet hatte, zu bestehen? Ich weiß es, es ist sonnenklar: So schön auch das Äußere gearbeitet war, bot doch der Künstler, der das Innere gestaltete, mehr Erfindungskraft, [6650] künstlerische Meisterschaft und Geschick, einen rechten Ritter zu formen, auf als jener, der ihn ausstattete. Das Werk, das in der Rüstung steckte, war über alle Maßen gut gemacht und ersonnen, an ihm erstrahlte die ganze Kunst des Meisters, und wie! Seine Brust, seine Arme, seine Beine waren herrlich und stark, [6660] wohl geformt und edel. Das Eisen, das seine Glieder bedeckte, stand ihm prächtig. Sein Pferd hielt ein Knappe am Zügel, weder in Spanien noch sonst wo auf der Welt hat man je ein schöneres Tier gesehen. Nichts Schmächtiges war an diesem Pferd, mächtig und breit waren Brust und Kruppe, stark die Flanken, [6670] wohin man auch schaute, es ließ nichts zu wünschen übrig. Die Hufe und die Beine waren allesamt vollkommen geformt, wie es sein soll: die Hufe rund, die Beine gerade, alle viere schlank wie die eines Rehs. Stämmig war es gebaut vor dem Sattel, gedrungen die ganze vordere Partie – auch in dieser Beziehung war [6680] das Pferd einfach vollkommen. Eine weiße Decke lag darauf, strahlend und rein wie der helle Tag – und wie der Glanz der Rüstung –, die war so lang und großartig bemessen, dass sie schön glatt bis an die Knie des Pferdes niederfiel.

Nun, da Tristan zum Zweikampf nach ritterlichem Recht und altbewährtem Brauch [6690] gut und bestens gerüstet war, lobten alle, die sich darauf verstanden, einen Mann recht einzuschätzen, ihn und sein Eisen, und waren darin einer Meinung, dass die beiden, Eisen und Mann, nie ein schöneres Bild geschaffen hätten. So strahlend herrlich es auch war, wurde es doch noch weit herrlicher: Als Tristan sich in den Sattel schwang und seinen Speer nahm, [6700] wurde das Bild erst so recht entzückend, ganz prachtvoll sah der edle Ritter aus oberhalb des Sattels und weiter unten. Arme und Achseln auf beiden Seiten konnten sich frei bewegen. Er wusste wohl, wie man im Sattel sitzen und sich halten soll. Neben den Bügen des Pferdes streckten sich leicht seine schönen Beine, [6710] schlank und gerade wie eine Rute. Da stand das Pferd, da der Mann, und die beiden passten so gut zueinander und fügten sich so schön in eins, als wären sie miteinander verwachsen und ein und dasselbe Wesen. Tristans Haltung war exquisit, fest und ruhig saß er auf seinem Pferd. So schön aber auch seine äußere [6720] Haltung war, stand seine innere ihr nicht nach, so hochgeboren und edel war sie; nie waren unter dem Dach eines Helms soviel edler Sinn und soviel angeborener Adel vereint.

Man wies nun den zwei Kämpfern einen Kampfplatz an: eine kleine Insel im Meer, nicht weit entfernt vom Ufer, so dass alles Volk gut sehen konnte, [6730] was dort vor sich ging. Und es wurde vereinbart, dass niemand außer den zwei Männern die Insel betreten sollte, bis der Kampf beendet war; daran hielten sich auch alle. Dann stellte man zwei Schifflein bereit, jedes gerade groß genug, um ein Pferd und einen [6740] gerüsteten Mann zu tragen. Diese Schiffe lagen da. Môrolt führte sein Pferd in das eine, nahm das Ruder und fuhr hinüber. Und als er zu der Insel kam, nahm er sein Schifflein und machte es am Ufer fest. Er schwang sich kühn auf sein Pferd, legte seine Lanze ein [6750] und sprengte mit Macht über die ganze Insel hin und wieder zurück mit verhängten Zügeln. Und er vollführte seine Attacken auf dieser Kampfbahn mit so heiterer Leichtigkeit, als ginge es zu einem bloßen Ritterspiel.

Nun schiffte auch Tristan sich ein. Sein Pferd und seinen Speer nahm er mit [6760] und stellte sich vorn an den Bug. „König", sprach er, „mein Herr Marke, sorgt Euch nicht zu sehr um meinen Leib und mein Leben, wir müssen unsere Sache ganz in Gottes Hand geben. Alle unsere Angst hilft uns nichts. Könnte es nicht sein, dass uns vielleicht etwas Besseres begegnet als das, was man uns zugedacht hat? Über den Sieg und unser Heil entscheidet nicht irgendeines Ritters Rittertum, [6770] sondern allein die Kraft Gottes. Fürchtet Euch nicht, bevor Ihr Grund dazu habt; ich kann sehr wohl den Kampf bestehen. Ich gehe diese Sache leichten Herzens an. Macht Ihr es ebenso wie ich, seid ohne Sorge. Es wird ja doch so ausgehen, wie es ausgehen muss, Ihr aber sollt Euch heute, wie immer es mir ergehen und worauf es auch hinauslaufen mag, [6780] und Euer Land und Eure Leute in die Hände dessen geben, dem ich mich anbefohlen habe: Gott selber, der mit mir auf den Kampfplatz gehen und dort streiten soll, möge dem Recht Gerechtigkeit widerfahren lassen. Gott selber muss mit mir siegen oder sieglos mit mir fallen. Ihm überlasse ich es, er soll es richten." Dann sagte er ihnen adieu, stieß sein Schifflein ab [6790] und fuhr in Gottes Namen fort. Viele Münder empfahlen seinen Leib und sein Leben hier dem Schutz Gottes, viele edle Hände gaben ihm lieben Segen mit auf die Reise. Als er aber drüben ausgestiegen war, überließ er sein Schifflein der Strömung und bestieg sogleich sein Pferd. Da war auch Môrolt schon zur Stelle. „Sag", sprach der, „was soll das bedeuten? [6800] Was führst du im Schild, warum lässt du dein Boot forttreiben?" „Das habe ich aus diesem Grund getan: Hier sind ein Schiff und zwei Männer; wenn die nicht alle beide hier auf dem Kampfplatz bleiben, so wird doch ohne jeden Zweifel einer auf der Insel den Tod finden, und dem Sieger genügt das eine Boot, [6810] das dich hierher getragen hat." Da erwiderte Môrolt: „Ich höre wohl, dass es nicht zu verhindern ist: Der Kampf muss stattfinden. Wenn du nicht darauf bestehen wolltest und wir im Guten auseinander gehen könnten – einig darin, dass ich mein Zinsrecht in den beiden Ländern unangefochten weiter haben soll –, das, scheint mir, wäre das Beste, was du für dich selber tun könntest. [6820] Mir tut es wirklich von Herzen weh, dass ich dich erschlagen soll: Von allen Rittern, die mir je unter die Augen gekommen sind, hat mir keiner so gut gefallen wie du." Der kühne Tristan aber sprach: „Der Zins muss fort, anders können wir zu keiner Einigung gelangen." „Wahrhaftig", sprach der andere, „so wird nichts aus der Versöhnung, so kommen wir zu keinem Frieden. [6830] Der Zins muss fort, das heißt: Ich nehme ihn mit!" „So machen wir nichts als unnütze Worte", sprach Tristan. „Môrolt, da du dir so sicher bist, dass ich dir nicht entrinnen kann, so wehr dich, wenn du am Leben bleiben willst; es kann nun einmal nicht anders sein." Sein Pferd warf er herum, er lenkte es aus der Kehre auf die rechte Bahn und machte das Krumme gerade: [6840] im gestreckten Galopp, mit feurigem Herzen, den Speer gesenkt. Mit fliegenden Schenkeln, mit den Sporen und mit den Hacken trieb es das Pferd voran. Was sollte der andere da noch länger warten, da es ihm ans Leben ging? Er tat genauso, wie es alle tun, die [6850] mit ganzer Seele nach rechter Mannheit streben. Er wendete ebenfalls sein Pferd, wie sein Herz es ihm eingab, ritt kühn davon und kühn wieder heran, erst mit aufgerecktem, dann mit gesenktem Speer. So sprengte er daher wie einer, den der Teufel jagt. Ross und Mann schossen auf Tristan zu noch schneller als ein Falke. [6860] Und genauso wilde Lust trieb Tristan voran. Von gleicher Kampfeslust gleichermaßen beflügelt jagten sie daher, so wild, dass keinem sein Stich gelang: Die Speere zerbarsten an den Schilden in tausend Stücke. Da griff jeder an seine Seite, die Schwerter wurden gezückt. Es begann ein Reiterkampf, den Gott selber mit Vergnügen hätte anschauen können. [6870] Nun höre ich die Leute immer davon reden – und so ist es auch in der Geschichte bezeugt –, dass dies ein Kampf Mann gegen Mann gewesen sei, und sie stimmen alle darin überein, dass nicht mehr als zwei Männer daran beteiligt waren. Jetzt aber stelle ich fest: Es war ein Gefecht zwischen zwei ganzen Rotten; und wenn das auch noch keiner in der Geschichte von Tristan geschrieben gefunden hat, [6880] so kann ich es doch beweisen. Môrolt hatte, wie es die Wahrheit selber von allem Anfang an bis heute uns bezeugt, die Kraft von vier Männern, war also eine vier Mann starke Rotte, die kämpfte auf der einen Seite. Ihr standen auf der anderen Seite gegenüber: erstens Gott, zweitens das Recht, drittens der treu ergebene, elegante Ritter dieser beiden, [6890] der ehrenfeste Tristan, als vierter kam noch entschlossener Mut dazu, der in der Not oft wahre Wunder vollbringt. Aus diesen und aus jenen vieren forme ich, wenn ich auch sonst kein großer Bildner bin, flugs ein Bild, das uns zwei ganze Rotten zeigt, acht Mann.

Vorher fandet ihr das ohne Zweifel gar zu stümperhaft erfunden, dass zwei Ritterscharen auf zwei Pferden [6900] in die Schlacht ziehen sollen, aber jetzt habt ihr die Wahrheit gehört: Unter ein und demselben Helm vereint kamen jeweils vier Ritter daher, oder doch die Kräfte von vier Rittern, und die ritten nun in wilder Attacke zum zweitenmal aufeinander los. Die ganze vier Mann starke Streitmacht Môrolts brach wie ein Donnergewitter über Tristan herein. [6910] Der verfluchte teuflische Mann schlug so gewaltig auf ihn ein, dass Tristan unter seinen Hieben schwarz vor Augen wurde. Wenn er seinen Schild nicht gehabt hätte, mit dem er sich geschickt zu decken wusste, so dass er mit dem Leben davonkam, so hätten ihm Helm und Halsberge und die ganze Rüstung nichts genutzt: [6920] Môrolt hätte ihn gepanzert, wie er war, erschlagen. Er ließ ihm keine Chance, unter seinen Schlägen auch nur aufzublicken. So deckte er ihn mit Schlägen ein, bis er ihn mit Schlägen so sehr in Enge getrieben hatte, dass Tristan gegen den Hagel der Schläge den Schild zu weit vorstreckte und zu hoch: Da schlug Môrolt zu und traf ihn mit einem Hieb in den Oberschenkel. Das war ein böser Hieb, [6930] der beinahe tödlich gewesen wäre: Unter der Panzerung sahen klaffendes Fleisch und der blanke Knochen hervor, das Blut spritzte auf und rann über die Insel. „Was nun?", sprach Môrolt. „Gibst du es jetzt endlich zu? Da siehst du es mit eigenen Augen, dass man nicht für Unrecht eintreten soll: Dein Unrecht wird hier offenbar. Und wenn du am Leben bleiben willst, dann überlege, [6940] wie du das anstellen kannst. Denn glaub mir, Tristan, es steht schlimm um dich, du musst sterben. Niemand als ich allein kann dich retten, keine Frau und kein Mann auf Erden kann dich jemals heilen: Das Schwert, das dich verwundet hat, ist vergiftet, du bist zu Tode getroffen. Kein Arzt und keine Heilkunst hilft dir aus der Not, [6950] nur meine Schwester Isôt, die Königin von Irland, kann es. Die kennt viele Heilpflanzen und die Wirkungen aller Kräuter und versteht sich meisterhaft auf die ärztliche Kunst. Sie allein weiß, was gegen dieses Gift zu tun ist, niemand sonst weit und breit. Ungeheilt musst du bleiben, wenn nicht sie dich heilt. Wenn du mir doch noch folgen und den Tribut zusagen willst, [6960] wird meine Schwester, die Königin, dich wieder gesund machen, und ich will als dein guter Freund alles, was ich habe, mit dir teilen: Nichts will ich dir vorenthalten, was dein Herz begehrt." Tristan sprach: „Meine Wahrheit und meine Ehre gebe ich nicht auf, weder deiner Schwester zuliebe noch dir. Meiner freien Hand [6970] sind zwei freie Länder anvertraut; die habe ich hierher geführt und bringe sie auch wieder von hier weg – es müsste mir schon was Schlimmeres als das hier begegnen oder gar der Tod, um mich daran zu hindern. Ich bin ja noch keineswegs geschlagen, diese eine Wunde ist nicht so schlimm, dass ich schon alles verloren geben müsste. Der Kampf zwischen uns beiden ist noch lange nicht entschieden. Der Zins kostet das Leben, deines oder meins, [6980] alles andere gilt nicht."

84

Damit griff er wieder an. Nun könnte es leicht sein, dass einer sagt –
und ich selber stimme ihm zu –: „Gott und das Recht, wo sind sie nun,
wo bleiben Tristans Kampfgefährten? Wollen die ihm denn nicht zu
Hilfe kommen, das hätte ich doch gern gewusst. Sie lassen auf sich warten, dabei hat ihre Partei [6990] schon schweren Schaden erlitten. Wenn
sie nicht gleich kommen, dann kommen sie zu spät, also: Beeilt euch!
Hier kämpfen zwei gegen viere, und sie kämpfen um ihr Leben! Und dieses ist schon nahe dran, sich aufzugeben und in Verzweiflung und Trost-
losigkeit zu verfallen. Wenn sie überhaupt gerettet werden sollen, dann
muss das jetzt geschehen." [7000] Da reiten Gott und das Recht in den
Ring, ein rechtes Urteil zu fällen, ihrer Partei zum Heil, ihren Feinden
zum Verderben. Jetzt formierten sich endlich zwei gleich große Rotten:
vier gegen vier. So ritt Schar gegen Schar, Tristan aber wurde, als er seine
Kampfgefährten bemerkte, [7010] noch kühner und stärker: Seine
Freunde brachten ihm Mut und Kraft. Das Pferd trieb er mit den Sporen
an und sprengte so wild daher, dass er in seinem Ungestüm den Feind
mit der Brust des Pferdes anrannte und diesen mitsamt seinem Ross nie-
derwarf. [7020] Und als der sich von dem Sturz kaum wieder erholt
hatte und zu seinem Pferd wollte, war Tristan noch einmal zur Stelle und
schlug ihm auf den Helm, dass der weit fortflog. Da ging Môrolt zu Fuß
auf ihn los: Mit einem Hieb durch die Couvertiure hindurch hackte er
Tristans Pferd ein Vorderbein ab. Das Ross ging zu Boden, der Reiter
[7030] aber tat genau das, was zu tun war: Er sprang flink ab zur anderen Seite hin. Der schlaue Môrolt rückte seinen Schild nach hinten – das
tat er wohl überlegt: Mit der freien Hand griff er nach seinem Helm und
hob ihn auf. Er hatte sich die Sache klug so ausgedacht: Wenn er erst
wieder im Sattel säße, [7040] wollte er den Helm aufsetzen und wieder
zum Angriff übergehen. Er hatte also nun seinen Helm wieder und lief
zu seinem Pferd. Er erreichte es auch wirklich, nahm mit der einen Hand
den Zügel, brachte den linken Fuß sicher in den Steigbügel und wollte
eben, die eine Hand fest am Sattel, aufsitzen, da kam Tristan über ihn
und schlug zu: [7050] Die rechte Hand, die den Sattelbogen gefasst
hielt, hieb er ihm ab mitsamt dem Schwert, so dass sie niederfielen auf
den Sand und etliche Ringe der Panzerung dazu. Und während sie noch
fielen, versetzte er ihm einen zweiten Hieb: Von oben genau auf die
Helmkappe. So tief drang die Klinge, dass, als er das Schwert mit einem
kräftigen Ruck herauszog, [7060] ein Stück davon im Schädelknochen
stecken blieb. Das sollte Tristan später in große Gefahr bringen und ihn
beinahe das Leben kosten.

Als Môrolt, die ganze geschlagene Schar, nun ganz schwach und
wehrlos, so taumelte und wankte und endlich fiel, sprach Tristan: „Was
nun? Was sagst du jetzt, Môrolt? [7070] Bei Gott, sprich, oder fällt dir

dazu nichts mehr ein? Ich glaube fast, du bist schwer verwundet, mir scheint, es steht nicht gut um dich. Was auch aus meiner Wunde werden mag, so steht doch fest, dass du jetzt starke Kräuter dringend nötig hast. Die ganze Heilkunst deiner gelehrten Schwester Isôt musst jetzt du in Anspruch nehmen, wenn du wieder gesund werden willst. Der gerechte und wahrhaftige Gott [7080] und seine Macht der Wahrheit haben dein Unrecht an den Tag gebracht und der Gerechtigkeit durch mich zu ihrem Recht verholfen. Möge Gott weiter seine Hand über mich halten! Dieser Hochmut ist gestürzt." Er trat näher zu ihm hin. Sein Schwert nahm er, er fasste es mit beiden Händen: Er schlug seinem Feind den Kopf mit der Kappe obendrauf ab. [7090] Dann ging er zurück zu der Landungsstelle, wo Môrolts Schiff bereit lag. Er stieg ein, um hinüber an den Strand und zu den Leuten dort zu fahren. Überall am Ufer hörte man großen Jubel und großen Jammer. Warum Jubel und Jammer? Das will ich euch erklären: Den einen, für die sein Sieg ein Segen war, war ein Tag des Heils und großer Freuden erschienen; [7100] sie klatschten in die Hände und priesen Gott, mächtig schallten ihre Siegesgesänge zum Himmel empor. Den ungebetenen Gästen aber, die man aus Irland hergeschickt hatte, war ein böser Morgen angebrochen: Sie jammerten ebenso laut, wie jene sangen, [7110] sie wrangen und drückten ihren Jammer mit den Händen und wurden seiner doch nicht Herr. Die jämmerlichen Fremden, die klagenden Iren in ihrer Trauer strebten zu ihren Schiffen: Da kam Tristan gefahren und traf am Wasser mit ihnen zusammen. „Ihr Herren", sprach er, „fahrt hin, und vergesst nicht, Euer Zinsrecht mitzunehmen, [7120] das Ihr dort auf der Insel liegen seht. Bringt es Eurem Herrn heim und sagt ihm, mein Oheim, der König Marke, und seine Länder erweisen ihm damit die schuldige Reverenz und lassen ausrichten, wann immer es ihm beliebt und genehm ist und er geruht, seine Boten wieder nach solchem Zins zu uns zu senden, [7130] werden wir die gewiss nicht mit leeren Händen fortgehen lassen; mit ebensolchen Ehren werden wir sie ihm zurückschicken, so schwer es uns auch fällt, sie fortzulassen." Und während er so redete, verdeckte er sorgsam das Blut und seine Wunde mit dem Schild vor den Augen der Fremden. Das sollte ihm später das Leben retten: [7140] Jene konnten daheim nichts davon erzählen, sie wussten es ja nicht. Sie fuhren gleich danach fort, zuerst zu der Insel hinüber, wo sie ihren Herrn fanden oder vielmehr: einen zerstückelten Mann. Den nahmen sie mit auf die Reise.

Als sie heim in ihr Land kamen, nahmen sie die traurige Ehrengabe, [7150] die sie zu überbringen hatten, die Stücke, meine ich, alle drei, und legten sie zusammen, damit nichts davon verloren ginge. Die präsentierten sie ihrem Herrn und sagten ihm genau das, was ihnen aufgetragen worden war, Ihr habt es ja vorher gehört. Ich glaube und stelle mir vor –

das kann man sich ja denken –, dass dem König Gurmûn dem Stolzen
[7160] da sein heiterer Stolz verging. Sein Schmerz war groß, und er
hatte allen Grund zum Traurigsein: Mit diesem einen Mann verlor er
Tapferkeit und guten Mut, Zuversicht und Stärke und noch dazu die
Kampfkraft vieler Ritter. Das Rad, das seine Ehre emporgetragen hatte –
denn Môrolt gab ihm jeden Schwung, den er wollte – in allen Ländern
ringsum, ließ ihn jetzt stürzen. Die Königin, seine Schwester, aber [7170]
härmte sich noch mehr, noch schlimmer war ihr Jammer und ihr
Schmerz. Sie und ihre Tochter Isôt zerquälten sich den Leib in ihrem
Gram. Ihr wisst ja, dass die Frauen wahrhaft fürchterlichen Jammer leiden, wenn ihnen ein Schmerz zu Herzen geht. Sie sahen diesen toten
Mann immerzu an, damit der Anblick sie zu immer neuer Trauer mahne,
damit ihr Schmerz um ihn [7180] noch größer werde. Das Haupt küssten
sie und die Hand, die ihnen Leute und Länder unterworfen hatte – davon
habe ich ja schon berichtet. Die Wunde an dem Haupt besahen sie genau
unter Jammern und Klagen: Da entdeckte nun die Königin, die kluge und
gelehrte Frau, [7190] das ausgebrochene Stück der Klinge. Sie ließ ein
Zänglein holen. Damit fasste sie den Splitter, und es gelang ihr, ihn he-
rauszuziehen. Sie und ihre Tochter betrachteten ihn voller Trauer und
Schmerz, dann nahmen sie ihn und verwahrten ihn in einem Kästchen.
Später sollte dieses Stückchen Eisen Tristan in Todesgefahr bringen.

[7200] Der Herr Môrolt ist tot, und wenn ich nun immerfort von ihrer aller Kummer und von ihrer Trauer berichten wollte, was hätten wir
davon? Uns wäre damit nicht geholfen. Wer könnte auch ihr ganzes Leid
beklagen? Môrolt wurde zu Grabe getragen und bestattet wie andere
Leute auch. Gurmûn trauerte um ihn: Er ließ [7210] im ganzen Reich
von Irland verkünden, und man sollte es ja peinlich genau beachten, dass
jedes lebende menschliche Wesen, das aus Kurnewal herüberkäme, getötet werden sollte, gleichgültig ob Weib oder Mann. Dieses Gebot und
dieser Bann erlangte so strenge Geltung, dass niemand, der dorthin reiste, wann oder wie auch immer, [7220] oder sich dort aufhielt, wenn er
aus Kurnewal war, sich freikaufen konnte, mochte er auch noch so viel
Geld bieten, nein, es kostete ihn nichts Geringeres als das Leben. Das
wurde vielen Menschenkindern, die doch nichts verbrochen hatten, zum
Verderben. Und auch sonst gab es keinen guten Grund dafür: Môrolt
war nur Recht geschehen, er hatte immer nur seine Kraft [7230] und
niemals Gott in seinem tapferen Sinn gehabt und allezeit in allen seinen
Kämpfen nichts als Tyrannei und Hochmut im Schild geführt; unter diesen Zeichen wurde er denn auch erschlagen.

Aber zurück zu der Sache, von der ich abgekommen bin. Als Tristan
dort landete ohne Pferd und ohne Speer, da kam nun ein ganzes Heer
über ihn, in hellen Scharen, zu Fuß und zu Pferd, drängten sich die Leute

heran, um ihn zu begrüßen. [7240] Das war ein fröhlicher Empfang! Kein Tag hatte je dem König und dem Königreich so viel Glück beschert. Das ist gewiss nicht übertrieben: Große Ehre war ihnen auferstanden, das verdankten sie seiner segensreichen Hand, ihre Schande und ihr Leid hatte er niedergeworfen. Was seine Wunde angeht, [7250] so ließen sie es an Klagen nicht fehlen, und es tat ihnen wirklich bitter Leid, weil sie aber gute Zuversicht hatten, dass er schon bald wieder gesund würde, machten sie sich keine ernsten Sorgen. Sie geleiteten ihn sogleich zum Palas, da zog man ihm flink die Rüstung aus und kümmerte sich um sein Wohlsein, so dass er jede Annehmlichkeit hatte, [7260] die er oder sonst jemand nur ersinnen konnte. Ärzte ließ man kommen von fremden Höfen und aus fernen Ländern, die besten, die zu finden waren. Und? Die kamen und wandten all ihre Weisheit und Heilkunst an ihn. Was nützte das, was half es ihm? Es ging ihm kein bisschen besser. All ihre ärztliche Wissenschaft [7270] konnte ihm keine Heilung bringen. Das Gift war von einer Art, dass sie es nicht aus der Wunde ziehen konnten, und so breitete es sich in seinem ganzen Körper aus; er verfiel mehr und mehr und sah bald so elend aus, dass man ihn kaum wieder erkannte. Noch dazu fing die Wunde [7280] so scheußlich zu riechen an, dass es ihm das Leben verleidete und ihm vor seinem eigenen Leib grauste. Schlimmer als alles andere aber war, dass er zusehen musste, wie er denen, die früher seine Freunde waren, immer mehr zur Last fiel. Immer klarer erkannte er, dass Môrolt die Wahrheit gesagt hatte. Er hatte auch früher schon oft davon reden hören, [7290] wie schön und vollkommen dessen Schwester Isôt sei. In allen Ländern ringsum, wo man ihren Namen kannte, flog dies Sprüchlein von Mund zu Mund:

Die kluge Isôt, die schöne Isôt,
die leuchtet wie das Morgenrot.

Das ging dem unglücklichen Tristan nicht mehr aus dem Kopf. Er wusste ja, wenn er je wieder gesund werden sollte, [7300] so konnte das nur durch ihre Kunst geschehen: Niemand sonst beherrschte diese Kunst, nur sie, die Königin, der so viel Wissen zu Gebote stand. Wie es aber zu bewerkstelligen wäre, das konnte er nicht ersinnen. Indes neigte er immer mehr zu dem Gedanken, da er doch ohnehin sterben müsse, könne er geradeso gut das Leben wagen und vielleicht verlieren [7310] wie diese tödliche Krankheit weiter ertragen. Und so entschloss er sich dazu: Er wollte wahrhaftig dahin reisen, mochte aus ihm werden, was immer Gott gefiele – vielleicht war es ihm ja bestimmt, wieder gesund zu werden. Seinen Oheim bat er zu sich: Er erzählte ihm alles von Anfang an, seine geheimen Gedanken und seine Absicht, und sagte ihm wie ein Freund zu seinem Freund, dass er sich entschlossen hatte, [7320] Môrolts Rat zu folgen. Das missfiel dem König sehr, so recht es ihm auch war, aber man muss halt in der Not so manches Schlimme hinnehmen, so gut es eben geht. Wenn man die Wahl hat zwischen zwei Übeln, soll man das weniger Üble wählen, das ist eine nützliche Weisheit. So wurden die beiden bald miteinander einig, wie das Unternehmen durchzuführen war, [7330] und so wurde es dann auch gemacht: Es sollte geheim bleiben, dass er nach Irland reiste, darum wollte man den Leuten sagen, er sei seiner Krankheit wegen in Salerno. Als das alles besprochen und abgemacht war, zog man Kurvenal hinzu. Dem sagten sie, was sie beschlossen hatten. [7340] Kurvenal gefiel der Plan, und er sagte, er wolle gerne bei ihm bleiben und mit ihm sterben oder überleben. Gegen Abend rüstete man ihnen ein Boot und ein Schifflein für die Reise; reichlich Proviant wurde eingeladen, Lebensmittel aller Art und was sonst auf einem Schiff nötig ist. Da schaffte man den armen Tristan an Bord, [7350] unter vielen Klagen, aber in aller Heimlichkeit, so dass niemand von seiner Abreise etwas bemerkte außer denen, die mit ihm fahren sollten. Seinem Oheim Marke vertraute er seine Leute und seinen Besitz an; nicht das kleinste Stück von seinem Eigentum sollte wegkommen, [7360] ehe man nicht sichere Nachricht davon hatte, wie es ihm ergangen war. Seine Harfe ließ er holen, die nahm er mit, sonst nichts von allen seinen Sachen. Dann stachen sie in See.

Mit ihnen fuhren nur acht Männer, die hatten auch ihr Leben [7370] als Geisel gegeben und verpfändet und hoch und heilig versprochen, dass sie nie auch nur einen Fußbreit von ihrem Gehorsam gegenüber den zweien abweichen wollten. Als sie abgesegelt waren und Marke Tristan nachsah, war ihm, das kann ich euch versichern, nicht nach Zerstreuungen und Annehmlichkeiten zu Mute. Ins Herz und in die Knochen ging ihm diese Trennung, [7380] doch es sollte ihnen beiden zu Glück und Freuden ausschlagen. Als die Leute hörten, wie schlimm es um Tristan stand und dass er nach Salerno gefahren sei, um Heilung zu suchen, ging ihnen sein Leid so nahe, als wäre er ihrer aller eigenes Kind, und weil er [7390] im Kampf für sie verwundet worden war, schmerzte sie sein Unglück erst recht. Tristan segelte derweil bei Tag und Nacht mit bestem Wind und aller Macht geradewegs gen Irland; ein tüchtiger Seemann hielt das Schiffs stets auf dem rechten Kurs. Und als man Irland erreichte [7400] und Land in Sicht kam, wies Tristan den Steuermann an, Kurs auf die Hauptstadt Develîn zu nehmen, denn er wusste, dass die kluge Königin da residierte. Dorthin segelte er in Eile. Und als man sich der Stadt näherte und er sie zum erstenmal aufscheinen und daliegen sah, [7410] sprach er zu Tristan: „Seht, Herr, ich sehe die Stadt: Was befehlt Ihr?" Tristan sprach: „Wir wollen hier ankern und warten; wir lassen den Abend verstreichen und auch noch einen Teil der Nacht: So lange bleiben wir hier." So warfen sie den Anker aus und verbrachten da den Abend. In der Nacht aber gab er Befehl, loszumachen und das Schiff landeinwärts treiben zu lassen. [7420] Das taten sie, und als sie bis auf eine halbe Meile an die Stadt herangekommen waren, so dass man den rechten Kurs dahin nicht mehr verfehlen konnte, ließ sich Tristan das allerärmlichste Gewand geben, das auf dem Schiff zu finden war. Das zog man ihm an, und dann befahl Tristan, man möge ihn in das Beiboot legen. [7430] Seine Harfe sollte man ihm mit auf die Fahrt geben, dazu genügend Proviant für drei, vier Tage. Das wurde alles, wie er es verlangte, prompt getan. Dann musste Kurvenal vor ihn treten und mit ihm die ganze Mannschaft. „Mein lieber Kurvenal", sprach er, „jetzt nimm dies Schiff und diese Leute in deine Hut [7440], sei ihnen immer und allezeit ein guter und freundlicher Herr um meinetwillen, und wenn ihr wieder daheim seid, so belohne sie großzügig, damit sie unser Geheimnis treu bewahren und niemandem erzählen, was hier vor sich geht. Fahrt jetzt heim, grüße mir meinen Oheim: Sag ihm, dass ich noch am Leben bin [7450] und guter Hoffnung, durch Gottes Gnade auch weiterhin leben zu bleiben und endlich gesund zu werden; er soll sich nicht mit Sorgen um mich quälen. Richte ihm aus, dass ich ganz gewiss, noch ehe ein Jahr verstrichen ist, zurückkehre, wenn es mir bestimmt ist, geheilt zu werden. Sobald ich gute Nachricht für ihn habe, wird er von mir hören. Am Hof und im Land erzähle, ich sei [7460] auf der Reise meinem Leiden erlegen. Sorge aber ja dafür, dass meine Leute dort mir nicht abtrünnig werden; sie sollen die Frist, die ich dir genannt habe, abwarten, und wenn es denn so sein sollte, dass mir meine Sache in diesem Jahr nicht geglückt ist, dann dürft ihr mich aufgeben: [7470] Befehlt meine arme Seele Gott und seht selber zu, wo ihr bleibt. Nimm dann meine Leute und fahr heim nach Parmenîe zu meinem lieben Vater Rûal: Bei dem sollst du bleiben. Sag ihm, ich bitte ihn bei seiner Treue, er möge die meine an dir wahr machen und dich, wie es seine Art ist, in Ehren halten und reich belohnen. [7480] Und richte ihm noch eine Bitte aus, es ist meine letzte und betrifft die Leute hier, die mir immer treu ergeben waren: Er soll ihnen danken und jeden nach Verdienst belohnen. Nun denn, liebe Leute", sprach er dann, „behüt euch Gott. Fahrt dahin und überlasst mich den Wellen: Ich kann jetzt nicht mehr tun, [7490] als auf Gottes Gnade zu warten. Auch für euch wird es Zeit, dass ihr aufbrecht und Leib und Leben in Sicherheit bringt: Es wird bald hell werden." Da fuhren sie unter viel Wehklagen und Jammern fort, viele Tränen flossen, als sie ihn da im wüsten Meer aussetzten. Kein Abschied tat ihnen je so weh wie dieser. Jeder treue Mann, [7500] der jemals treue Freundschaft erfahren hat und einen Freund recht zu lieben versteht, wird Kurvenals Schmerz treulich nachempfinden. So weh ihm aber auch ums Herz und zu Mute war, er fuhr nur immer hin, es musste sein.

Tristan blieb allein zurück. Er trieb umher in Jammer und in Schmerzen, [7510] bis der helle Morgen kam. Und als die Städter das führerlose Boot dort auf den Wellen schwimmen sahen, schickten sie in aller Eile Leute aus, das Fahrzeug zu bergen. Die fuhren sogleich dorthin, und als sie näher kamen, sahen sie zwar noch immer niemanden, hörten aber etwas klingen, [7520] so wunderschön, dass ihnen das Herz aufging: süßes Harfenspiel, und dazu sang eine wunderschöne Männerstimme. Sie nahmen es als zauberhaftes Omen, eigens ihnen zum Willkommen zugedacht, und rührten sich vor lauter Staunen nicht vom Fleck, während er spielte und sang. Die Freude, die er ihnen da bereitete, war aber nicht von Dauer, [7530] denn die Musik, die er mit Mund und Händen machte, kam nicht aus der Tiefe, sein Herz war nicht dabei. Überhaupt ist es dem Wesen der Musik zuwider, wenn jemand musiziert, obwohl sein Herz nicht bei der Sache ist; wenn es trotzdem viele tun, ist das doch keine richtige Musik, was sie so obenhin [7540] geistlos und ohne Gefühl klimpern. Zwar trotzte es seine Jugend Tristan ab, dass er Mund und Hände rührte und ihr zum Zeitvertreib ein Lied zur Harfe sang, doch das war diesem Leidensmann ein wahres Martyrium und eine schlimme Pein. Kaum aber war sein Spiel verklungen, da setzte sich das andere Boot wieder in Bewegung. Sie kamen längsseits, zogen sein Schifflein her [7550] unter Drängeln und Schubsen und reckten die Hälse. Da sahen sie ihn nun, elend und zerlumpt, wie er war, und es berührte sie peinlich, dass er mit seinen Händen und seinem Mund jenes Wunder vollbracht hatte, jedoch grüßten sie ihn als einen Mann, der mit Mund und Händen einen guten Gruß verdienen kann, [7560] und baten Tristan dann, er möge ihnen sagen, wie es ihn da her verschlagen hatte. „Das sage ich Euch", sprach Tristan. „Ich war ein Spielmann, aber ein feiner, ich hatte Courtoisie im Leib und konnte viele edle Künste: Reden und schweigen, Leier spielen und Fiedel, Harfe und Rotte, [7570] Spaß machen und spotten, das alles konnte ich so gut, wie man es nur verlangen kann von solchen Leuten. Damit brachte ich es zu einigem Reichtum, der mich schließlich maßlos machte: Ich wollte immer mehr und über meinen Stand hinaus. So beschloss ich, Handel zu treiben, der trieb mich ins Verderben. Ich tat mich [7580] mit einem reichen Kaufmann zusammen. Wir zwei beluden daheim in Spanien ein Schiff mit allerlei erlesenen Waren und wollten nach Britanje fahren. Da überfielen uns auf dem Meer Seeräuber, die nahmen uns alles, was wir hatten, und töteten meinen Kompagnon und alle anderen auf dem Schiff. [7590] Dass ich als einziger mit dem Leben davonkam, und dieser Wunde da, verdanke ich meiner Harfe: Die bewies, dass ich tatsächlich, wie ich ihnen gesagt hatte, ein Spielmann war. So konnte ich mit knapper Not von ihnen dieses kleine Boot erlangen und dazu soviel Proviant, dass es bis jetzt zum

Leben reichte. [7600] So bin ich einsam da geschwommen unter grausamen Schmerzen und mit vielen Klagen gut vierzig Tage und vierzig Nächte lang, wie mich die Winde trieben und die wilden Wogen trugen, dahin und dorthin. Ich habe keine Ahnung, wo ich bin, und weiß noch weniger, wo ich hinsoll. Jetzt tut mir die Güte, Ihr Herren, Gott wird es Euch lohnen, [7610] und helft mir, dass ich unter Menschen komme. „Lieber Mann", sprachen da die Leute, „dich empfehlen deine schöne Stimme und dein Harfenspiel: Du sollst nicht länger hilflos und verlassen auf den Wellen treiben. Was immer dich hierher geführt hat, Gott oder Wasser oder Wind: Wir bringen dich dahin, wo Menschen wohnen." Das taten sie auch wirklich: Sie fuhren ihn [7620] in seinem Boot zur Stadt, wie er gebeten hatte. Im Hafen machten sie sein Schifflein fest und sprachen: „Schau, Spielmann, sieh diese Burg und diese schöne Stadt zu ihren Füßen – kennst du die?" „Nein, Herr, ich habe keine Ahnung, wo ich bin." „Dann sagen wir es dir: Du bist in Develîn in Irland." [7630] „Dafür danke ich dem Heiland, dass ich endlich doch wieder unter Menschen bin; denn da finde ich bestimmt jemanden, der so gütig ist, dass er mir hilft." Dann gingen die Leute, die ihn hergebracht hatte, ihrer Wege. Was sie von ihm zu berichten hatten, sorgte bald in der ganzen Stadt für viel staunende Aufregung. Sie erzählten, [7640] wie abenteuerlich es ihnen da mit einem Mann ergangen war, dem man doch wahrhaftig nie und nimmer irgendwelche große Dinge zugetraut und angesehen hätte. Sie sagten nicht mehr als das, was ihnen tatsächlich begegnet war: Dass sie, als sie sich dem Boot näherten, Harfenmusik gehört hätten und dazu Gesang, das habe so wunderschön geklungen, dass Gott [7650] in seinen Himmelschören es mit Wohlgefallen hören könnte. Die Musik machte aber ein armer Kerl, ein wahrer Märtyrer, sagten sie, ein schwer verwundeter Spielmann: „Geht nur hin, dann seht ihr es selber: Der steht mit einem Fuß im Grab und hat all seiner Qual zum Trotz noch derart frischen Lebensmut! In der ganzen Welt würde man vergeblich ein Herz suchen, [7660] das so schweres Unglück so leicht zu tragen weiß." Die Städter gingen hin und beredeten die Sache lang und breit mit Tristan und fragten dies und fragten das, aber er sagte ihnen immer wieder dasselbe, was er den Leuten auf dem Meer erzählt hatte. Da baten sie ihn, er möge ihnen etwas vorspielen, [7670] und er erhörte sie und gehorchte ihnen und legte alle seine Kunst in sein Spiel, denn er war mit ganzem Herzen dabei: Mit Mund und Händen ihre Liebe zu gewinnen, war er fest entschlossen, das wollte und vollbrachte er. Und als der arme Spielmann anhob und sein Spiel und sein Gesang ihm seiner elenden Verfassung zum Trotz [7680] wahrhaftig ganz wunderbar gerieten, da war keiner, den es nicht erbarmt hätte: Man beschloss, den Armen aus seinem Schifflein zu heben und zu einem Arzt zu schaffen; der sollte ihn bei sich aufnehmen und sich mit besten Kräften um ihn kümmern und ihn auf ihre Kosten behandeln und pflegen. [7690] So und nicht anders geschah es, und als der Arzt ihn in seinem Haus untergebracht und zu seinem Wohlsein alles getan und versucht hatte, was er nach bestem Wissen irgend konnte, half das alles wenig. Die Kunde davon verbreitete sich bald in der ganzen Stadt Develîn; scharenweise gingen die Leute bei ihm aus und ein und beklagten sein Elend.

[7700] Da geschah es, dass einmal auch ein Kleriker zu ihm kam und hörte, was Tristan mit Mund und Händen vermochte. Dieser Mann war selber sehr gebildet und gelehrt, er konnte Saiteninstrumente aller Art ganz ausgezeichnet spielen und beherrschte viele fremde Sprachen. Courtoisie und feine Bildung [7710] lagen ihm am Herzen, all seine Zeit und viel gelehrten Eifer hatte er darauf verwendet. Er war der Hofmeister der Königin und hatte sie von Kindheit an unterrichtet: Ihre so erstaunlichen wissenschaftlichen Kenntnisse verdankte sie ihm, und viele seltene Künste hatte er sie gelehrt. Und ebenso gewissenhaft unterrichtete er nun [7720] ihre Tochter Isôt, dieses rundum vollkommene Mädchen, von der die ganze Welt spricht und auch diese Geschichte; die war ihr einziges Kind. Um sie kümmerte er sich mit aller Hingabe, seit sie alt genug war, etwas zu lernen, und er ihre Hände wie auch ihren Mund in seine Schule genommen hatte: [7730] Von da an lehrte er sie treulich die Wissenschaften und das Saitenspiel. Als dieser Mann nun Tristans wunderbare Fähigkeiten und Künste sah, da erbarmte ihn sein Unglück so recht von Herzen, und er zögerte keinen Augenblick, sondern ging geradewegs zur Königin. Er erzählte ihr, da sei ein Spielmann in der Stadt, [7740] der leide schlimme Qualen und Todespein, er beherrsche aber seine Kunst mit solcher Meisterschaft und sei von derart edlem Wesen wie nur je einer Mutter Kind. „Ach", sprach er, „edle Königin, wenn es doch möglich wäre, wenn wir es anstellen könnten, ihn irgendwohin zu schaffen, wo Ihr ihn mit Anstand besuchen könntet, [7750] um selber dieses Wunder anzuhören, wie ein Sterbender so spielen und singen kann, dass einem das Herz aufgeht vor Seligkeit! Dabei ist diesem Mann nicht und auf keine Weise mehr zu helfen, er kann unmöglich wieder gesund werden. Der Arzt, der sich seiner angenommen hatte und ihn zu heilen versuchte, hat ihn aufgegeben: [7760] Er kann mit aller seiner Kunst nichts mehr für ihn tun." „Also gut", sprach die Königin, „ich werde den Dienern sagen, sie sollen ihn, wenn er es irgend verträgt und aushält, dass man ihn anfasst und hochhebt, zu uns heraufschaffen, dann wollen wir sehen, ob ihm wirklich nicht mehr zu helfen ist [7770] oder ob nicht vielleicht doch ich ihn heilen kann."

Das tat man, so geschah es. Und als die Königin das ganze Unheil in Augenschein nahm und sich die Wunde genau ansah, erkannte sie das

Gift. „Ach, du armer Spielmann", sprach sie, „deine Wunde ist vergiftet." „Ich weiß nicht", sprach da Tristan, „ich verstehe nichts davon, ich weiß nur, [7780] dass keine ärztliche Kunst da etwas helfen oder bessern kann, und weiß mir keinen anderen Rat mehr als den, mich in Gottes Willen zu ergeben und zu leben, solange ich eben noch zu leben habe. Wenn aber jemand sich meiner erbarmen sollte, da es so schlimm um mich steht, dem möge Gott es lohnen. Ich habe wahrlich Hilfe nötig: Ich bin bei lebendigem Leib tot."

Da sprach die kluge Frau zu ihm: [7790] „Spielmann, sag, wie heißt du?" „Ich heiße Tantris, meine Dame." „Nun, Tantris, du kannst fest darauf vertrauen, dass ich dich heilen werde. Fasse guten Mut und sei froh. Ich selber will dein Arzt sein." „Danke, liebste Königin. Deine Zunge bleibe immer jung, deine Herz sterbe niemals, deine Weisheit lebe immerdar, [7800] den Hilflosen Hilfe zu geben, dein Name sei gepriesen auf der ganzen Erde." „Tantris", sprach da die Königin, „wenn es dir möglich wäre – aber du bist bestimmt zu sehr geschwächt, kein Wunder –, würde ich dich gerne Harfe spielen hören; das kannst du gut, hat man mir gesagt." „Nein, meine Dame, sprecht nicht so. [7810] Mein Gebrechen soll mich nicht hindern, Euch einen Gefallen zu tun; ich will und kann es sehr wohl." So ließ man ihm denn seine Harfe holen, und man sandte nach der jungen Königin. Das wahre Siegel der Liebe, das später sein Herz versiegeln sollte, so dass es allen Menschen verschlossen blieb [7820] und ihr allein gehörte, die schöne Isôt, die kam auch dorthin und hörte hingerissen zu, wie Tristan da spielte. Er spielte jetzt noch viel besser als je zuvor, weil er wieder Hoffnung hatte. Sein Unglück hatte er hinter sich gelassen und sang und spielte nun nicht mehr als ein Todgeweihter, [7830] sondern ging seine Sache so recht lebhaft an und mit frischem Mut. Er machte ihnen so schöne Musik mit Mund und Händen, dass er sie alle in dieser kurzen Zeit für sich einnahm: Das sollte ihm zugute kommen. Und dabei roch wie immer und überall auch jetzt, während er so spielte, seine böse Wunde [7840] und verbreitete einen so grässlichen Geruch, dass niemand lange bei ihm bleiben konnte.

Noch einmal sprach die Königin zu ihm: „Tantris, wenn es gut ausgeht und dein Zustand sich wieder bessert, so dass du diesen Geruch los wirst und man es in deiner Nähe aushalten kann, dann nimm dich der jungen Isôt an. [7850] Die hat immer fleißig studiert und auch Harfe spielen gelernt; sie hat es in der Zeit, die sie daran gewendet hat, schon recht weit gebracht. Und wenn du über das hinaus, was ihr Meister und ich können, noch höhere Künste und andere Feinheiten beherrschst, dann tu mir den Gefallen und gib ihr Unterricht. Zum Lohn dafür gebe ich dir dein Leben [7860] und einen gesunden, schönen Körper: Das steht in meiner Macht, ich kann es tun oder lassen, wie es mir gefällt."

„Ja, wenn das so ist", sprach der kranke Spielmann, „dass diese Kur mir
hilft und ich mich gesund musizieren kann, dann will ich, so Gott will,
schon wieder auf die Beine kommen. Liebste Frau Königin, [7870] da
Ihr es so im Sinn habt, wie Ihr sagt, dass ich dieses Mädchen, Eure Tochter, in die Schule nehmen soll, habe ich gute Zuversicht. Ich habe mir
doch einige Gelehrsamkeit erworben und traue mir wohl zu, dass ich sie
zu Eurer Zufriedenheit unterrichten kann. Außerdem darf ich mich rühmen, dass ich [7880] so viele edle Saiteninstrumente spielen kann wie
niemand sonst in meinem Alter. Was Ihr wünscht und von mir verlangt,
das soll alles prompt geschehen, wenn es in meiner Macht steht."

So wies man ihm eine Kammer zu, da pflegte und umsorgte man ihn
Tag für Tag so, dass es ihm an nichts fehlte, was er zu seinem Wohlsein
haben wollte. Jetzt kam es ihm [7890] zugute, dass er damals bei seiner
Landung so klug gewesen war, den Schild an seiner Seite zu behalten
und die Wunde vor den Fremden aus Irland zu verbergen, als sie heim-
fuhren. Fremd blieb ihnen die Wahrheit: Sie wussten nichts davon, dass
er verwundet worden war. Hätten sie es bemerkt, [7900] so wäre es
Tristan – denn es war ihnen ja wohl bekannt, was für Wunden jenes
Schwert schlug, das Môrolt immer trug, wenn er in den Kampf zog – gewiss anders ergangen. So aber profitierte er von seiner Umsicht, sie rettete ihm das Leben. Daraus kann man lernen [7910] und ersehen, dass
gut vorbedacht sein will, was an ein gutes Ende kommen soll; Beson-
nenheit und Vorsicht haben schon so manchen zum Erfolg geführt.

Die kluge Königin bot alle ihre Kunst und ihre Geisteskräfte auf, um
einen Mann zu retten, für dessen Kopf [7920] sie gern ihr eigenes Leben
und alle ihre Herrlichkeit geopfert hätte. Sie hasste ihn mehr, als sie sich
selber liebte, und doch war sie unermüdlich auf nichts anderes bedacht
als darauf, wie sie seine Leiden lindern, wie sie ihm helfen und ihn heilen
könnte, und sorgte und bemühte sich von früh bis spät um ihn. Das ging
aber ganz mit rechten Dingen zu: [7930] Sie erkannte ihn ja nicht als ihren Feind. Wenn sie gewusst hätte, an wen sie solchen Eifer wendete, um
ihn vor dem Tod zu retten, dann hätte sie ihm wahrhaftig am liebsten
noch Schlimmeres als den Tod angetan, statt ihn ins Leben zurückzuho-
len. Sie wusste aber nichts als Gutes von ihm, und so hatte sie nur Gutes
mit ihm im Sinn.

[7940] Wenn ich jetzt immer so weiter reden und euch lange Vorträge
halten wollte, was für eine große Ärztin jene hohe Dame war, welche
wunderbaren Kräfte ihre Mittel hatten und wie sie ihren Patienten behandelte, was würde das helfen, und was hätten wir davon? In edlen Ohren klingt ein Wort, das schön da steht, wo es hingehört, besser als eines,
das man vom Apotheker holt. Wenn es mir irgend möglich ist, [7950]
will ich mich fein davor in Acht nehmen, euch je ein Wort zu sagen, das

euren Ohren missfallen und euern Herzen unangenehm sein könnte. Ich fasse mich deswegen lieber etwas kürzer in allen Dingen, bevor ich euch womöglich die Geschichte verleide und beschwerlich mache mit Reden, die bei Hofe nichts zu suchen haben. Von den Heilkünsten der hohen Dame [7960] und von der Genesung ihres Patienten sage ich euch in aller Kürze dies: Die Kur schlug so gut an, dass er nach zwanzig Tagen in jeder Gesellschaft wohl gelitten war und ihn niemand mehr seiner Wunde wegen mied, der sonst gern in seiner Nähe gewesen wäre.

Von da an nahm die junge Königin täglich bei ihm Unterricht. Ihr widmete er alle seine Zeit und war mit Eifer bei der Sache. [7970] Die besten Stücke seiner Gelehrsamkeit und Virtuosenkunst – ich will sie nicht alle einzeln aufzählen – legte er ihr vor und ließ sie selber auswählen, was sie lernen wollte. Die schöne Isôt tat dies: Das Allerbeste, was sie da unter seinen Künsten fand, [7980] griff sie sogleich an und betrieb es, wie alles, was sie machte, mit großem Ernst. Der Unterricht, den sie genossen hatte, kam ihr dabei zugute. Sie hatte ja schon viel gelernt, ihre Hände und ihr Mund waren geübt in edlen, höfischen Künsten. Die Schöne konnte die Sprache des gewöhnlichen Volks von Develîn, [7990] aber auch Französisch und Latein, und sie spielte ausgezeichnet die Fiedel im französischen Stil. Ihre Finger wussten die Leier schön zu schlagen und beherrschten mit Macht die Töne der Harfe: Geschickt ließ sie Melodien aufsteigen und niedersinken. [8000] Sie, die so gesegnet war mit Gaben, konnte auch gut singen und hatte eine wunderbar angenehme Stimme. Allen ihren Talenten und Fähigkeiten kam nun noch ihr Lehrer, der Spielmann, zu Hilfe: So machte sie große Fortschritte. Und nebenbei vermittelte er ihr noch etwas, das war in seinem ganzen Unterricht stets gegenwärtig: Wir nennen es *moralitas* – die Sittenlehre. [8010] Dieses Fach sollten alle Damen in ihrer Jugend fleißig studieren; *moralitas* ist eine süße und reine Wissenschaft, wahrhaftig ein Segen. Die Lehre ist sowohl mit der Welt als auch mit Gott im Bunde: Ihre Gebote halten uns dazu an, Gott und der Welt zu gefallen. Sie ist die Amme aller edlen Herzen, [8020] von ihr bekommen sie die lebensnotwendige Nahrung, ja, das Leben selber; denn sie haben weder Besitz noch Ehre, wenn nicht im Einklang mit *moralitas*. Dieser Lehrstoff beschäftigte die junge Königin mehr als alles andere, damit übte sie oft ihren Verstand und ihr Denken, und so verfeinerten sich ihre Sitten, immer reiner und edler wurde ihr Sinn [8030] und immer angenehmer und schöner ihr Gebaren.

So vervollkommnete die süße Junge ihre Bildung und ihr Auftreten in einem halben Jahr derart, dass das ganze Land sie selig pries und ihr Vater, der König, seine helle Freude daran hatte. Auch ihre Mutter machte es sehr glücklich. [8040] Jetzt kam es aber häufig vor, dass Isôt, wenn ihr Vater festlich gestimmt war oder fremde Ritter zu Gast an seinem Hof hatte, in den Palas gerufen wurde, damit sie mit all den feinen Künsten, die sie gelernt hatte, und in ihrer schönen Art ihrem Vater die Zeit vertrieb und auch allen denen, die sonst noch anwesend waren. [8050] An ihr freute sich nicht allein der Vater, sondern jedermann, ob Hoch oder Niedrig, allen war sie eine Augenweide, allen Ohren und Herzen eine Lust, in jeder Brust und außerhalb davon herrschte eitel Wonne. Die süße Isôt, die Reine, sang und schrieb und las vor, [8060] und was sie so zum allgemeinen Entzücken darbot, war für sie selbst nur eine leichte Übung. Sie fiedelte ihre Tanzweisen, Lieder und fremde Kompositionen, wahrhaftig unerhörte Stücke im französischen Stil, aus Sens und Saint Denis; davon kannte sie zum Staunen viele. Die Leier und die Harfe zupfte sie von beiden Seiten zugleich [8070] mit hermelinweißen Händen und spielte einfach meisterhaft: Nicht in Lût noch in Thamîse entlockten zarte Hände je den Saiten süßere Melodien. La dûze Isôt, la bêle, sang ihre Pastourelle, ihre Rotrouenge und ihre Rondeaus, Chansons, Refloit und Folate schön und schön und noch einmal schön; [8080] von ihrer Musik wurden viele Herzen weit in Sehnsucht. Mancherlei Gedanken und aufmerksame Blicke brachte sie auf den Weg, allenthalben stiftete sie phantastische Träumereien, das könnt ihr euch ja denken, das ist gar nicht anders möglich, wo man Schönheit und Courtoisie in so märchenhafter Fülle beieinander sieht wie an Isôt.

Wem sonst könnte ich sie vergleichen, [8090] sie, von der so viel Glück und Schönheit strahlte, als einzig den Sirenen, die mit dem Magnetstein die Schiffe zu sich ziehen? So zog Isôt, scheint mir, viele Herzen und Gedanken an sich, die sich völlig sicher fühlten und nie geglaubt hätten, dass ihnen ein Liebesleid geschehen könnte. Überhaupt lässt sich ein Schiff ohne Anker sehr gut [8100] als Ebenbild der menschlichen Seele betrachten, sind die beiden doch gleich selten auf schön gebahnter Straße unterwegs und müssen gleich häufig in unsicheren Häfen landen. Haltlos auf und nieder schaukelnd, hin und her geworfen von den Wogen, so treibt auf seinem Zufallskurs das Verlangen dahin, die ungewisse Sehnsucht nach Liebe, geradeso und um kein Haar anders als ein Schiff ohne Anker. [8110] Die so fein gebildete Isôt, die Kluge, die junge, reizende Königin, zog die Gedanken, die in so manchen Herzens Arche versammelt waren, an sich wie der Magnetberg und der Gesang der Sirenen die Schiffe. Sie sang sich in so manches Herz hinein, und zwar sowohl laut vernehmlich durch die Ohren als auch verstohlen stumm durch die Augen. Die eine Musik, die sie [8120] dort bei Hof und anderswo zu Gehör brachte, machten ihre süße Stimme und die Saiten, die sie so schön zum Klingen brachte; sie schallte unverhohlen und mit Macht in der angestammten Sphäre der Ohren und drang bis in die Herzen. Das andere, das stumme Singen aber war das ihrer wunderbaren

Schönheit, die mit einer unhörbaren Melodie, welche nur zur Seele sprach, [8130] heimlich durch die Fenster der Augen in die edlen Herzen einbrach und dort einen Zauber wirkte, der die Gedanken fing und in Fesseln der Sehnsucht und der Liebespein schlug.

Die schöne Isôt hatte in Tristans Schule große Fortschritte gemacht. Sie war von angenehmer Wesensart, [8140] ihr Benehmen, ihr Auftreten ließen nichts zu wünschen übrig. Sie spielte ausgezeichnet etliche Instrumente und beherrschte viele andere schöne Künste: Sie konnte Texte aller Art verfassen und auch Chansons dichten, sie wusste die Worte wohl zu setzen, sie konnte schreiben und lesen. Nun war Tristan vollständig genesen und gesund, seine Haut und seine ganze Erscheinung begann wieder licht und schön zu werden wie vorher. [8150] Da fürchtete er nun ständig, dass jemand von den Leuten am Hof oder im Land ihn erkennen könnte, und sann immerfort darüber nach, wie er mit gutem Anstand seinen Abschied nehmen und damit seine Sorgen loswerden könnte. Er wusste wohl, dass weder die junge noch die alte Königin ihn so leicht, wenn überhaupt jemals, fortlassen würde. [8160] Indes tröstete er sich mit dem Gedanken, dass ja sein Leben immer und jederzeit von Ungewissheit regiert wurde. Er ging zur Königin und begann zu reden mit wohl überlegten Worten, wie er es immer tat. Er kniete nieder vor ihr und sprach: „Meine Dame, alle Gnade und Güte und Hilfe, die mir von Euch zuteil geworden sind, [8170] möge Euch Gott vergelten in seinem ewigen Reich. Ihr habt mir solche Wohltaten erwiesen und so schön an mir gehandelt, dass Gott Euch dafür belohnen muss und ich Euch immer mit meinem Dienst danken will bis an mein Ende, wo immer ich armer Mann etwas tun kann zu Eurer Ehre. Segensreiche Königin, [8180] gewährt mir die Gnade: Lasst mich heim in mein Land fahren, denn meine Verhältnisse sind so, dass ich nicht länger hier bleiben kann." Die hohe Dame lachte. „Dein Schmeicheln", sprach sie, „hilft dir nichts, ich lasse dich nicht fort. Du darfst auf keinen Fall reisen, ehe nicht das ganze Jahr verstrichen ist." „Nein, edle Königin, [8190] bedenkt doch: Ich spreche hier von der heiligen Ehe und von inniger Liebe. Ich habe daheim eine Ehefrau, die liebe ich wie mein eigenes Leben und weiß genau, dass die nun glaubt und fest davon überzeugt sein muss, ich wäre tot. Und so habe ich schreckliche Angst, dass sie einem anderen zur Frau gegeben wird: [8200] Dann ist mein Trost und mein Leben und alle Freude, auf die ich hoffe, dahin, und ich kann nie mehr froh werden." „Ja, wirklich, Tantris", sprach die Dame, „eine Ehefrau ist eine höhere Gewalt. Ein solche Gemeinschaft wird niemand scheiden, der kein Bösewicht ist. Gott behüte euch beide, deine Frau und dich. [8210] So sehr du mir auch fehlen wirst, will ich dich doch in Gottes Namen gehen lassen. Ich muss dir deinen Abschied geben und tue es ohne Groll, ich meine es weiter gut mit dir: Ich und meine Tochter Isolt, wir schenken dir als Reisegeld und zur Wegzehrung zwei Barren rotes Gold, die lass dir von Isolde geben." Da faltete der Fremdling [8220] seine Hände, die des Leibes wie auch die der Seele, und hob sie auf zu beiden Königinnen, zu der Mutter und zu dem Mädchen. „Euch beiden", sprach er, „möge Gott Dank und Ehre erweisen", und verweilte da nicht länger, sondern segelte sogleich nach England, und von England reiste er heim nach Kurnewal.

[8230] Als nun sein Oheim Marke und das ganze Volk erleben durften, dass er gesund zurückkam, da wurden die Leute überall im Land so recht von Herzen froh. Sein Freund, der König, fragte ihn, wie es ihm ergangen war, und da erzählte er ihm die Geschichte vom Anfang bis zum Ende [8240] in allen Einzelheiten. Da staunten alle, und sie mussten lachen, es erheiterte sie sehr und war ein großer Spaß für alle, von seiner Fahrt nach Irland zu hören, wo ihn seine Feindin so schön vom Tod errettete, und von alledem, was er dort erlebt hatte. [8250] Das sei wahrhaftig, meinten sie, eine Wunderheilung, die ihresgleichen suchte.

Als sie so unter großem Gelächter über seine Rettung und seine Fahrt redeten, fragte man ihn auch voller Neugier nach Isôt. „Isôt", sprach er, „ist ein so schönes Mädchen, dass alles das zusammen, was die Welt von Schönheit redet, vor ihr zunichte wird. [8260] Die strahlende Isôt, ihre Gestalt, ihr ganzes Wesen, ist unter allen Menschenkindern einzigartig: Kein Kind, kein Mädchen wurde je von einer Frau geboren, das so entzückend ist und herrlich. Die reine, lichte Isôt ist lauter wie arabisches Gold. Früher dachte ich immer – denn so steht es in den Büchern geschrieben, die ihren Lobpreis singen –, [8270] in dem Kind der Aurora, ihrer berühmten Tochter Tintarides, wäre aller Frauen Schönheit zur Blüte gelangt, aber davon bin ich abgekommen: Isôt hat mich eines Besseren belehrt. Ich glaube nicht mehr daran, dass die Sonne in Mykene aufgegangen ist; vollkommene, letzte Schönheit erstrahlte nicht [8280] im alten Griechenland, sie leuchtet über uns. Alle Männer müssen wie gebannt nach Irland blicken, da und nirgends sonst finden ihre Augen das Glück: Die neue Sonne, auch sie zur Welt gebracht von einer Morgenröte, Isôt, die Tochter der Isôt, sendet da von Develîn her ihre Strahlen in alle Herzen. Die Herrliche [8290] erhellt mit ihrem heiteren Licht die ganze Welt. Alles, was man zum Ruhm der Frauen gesagt und in der Literatur zusammengetragen hat, muss dem, der Isôt leibhaftig vor Augen hat, nichtig erscheinen: Dem ist, als würden ihm Herz und Sinn geläutert wie Gold im Feuer; so recht kostbar macht ihm diese Lust sein Leben. Und von ihrem Licht wird der Glanz anderer Frauen nicht stumpf, keine wird in ihrem Wert gemindert, [8300] wenn auch mancher sich das anders zurechtreimen mag: Ihre Schönheit verschönt, ziert und adelt alle Frauen und setzt dem ganzen weiblichen Geschlecht ihre Krone auf. So hat denn keine Frau etwas von ihr zu fürchten."

So redete Tristan von seiner irischen Herrschaft, jenem reizenden Mädchen, wie er es dort kennen gelernt hatte, und allen, die es hörten und [8310] sich seine Worte recht zu Herzen nahmen, tat das, was er sagte, so wohl wie der Maientau den Blüten: Es machte ihnen frischen, frohen Mut. Nicht weniger frohgemut ging Tristan sein Leben wieder an, das Leben, das ihm neu geschenkt worden war. Er war ein neu geborener Mann, der jetzt erst so recht zu leben anfing in Fröhlichkeit und Freuden. [8320] Der König und der ganze Hof waren ihm in allen Dingen gern zu Willen, bis sich der verfluchte Neid, dieser unselige Trieb, der nie lange müßig bleiben kann, unter ihnen zu regen begann; vielen Herren vergällte er die Laune und das Leben: Sie neideten Tristan die Ehre und Bewunderung, [8330] die der Hof und das ganze Land ihm zollten. Sie redeten schlecht von ihm und verbreiteten das Gerücht, er sei ein Zauberer. Alles das, was ich euch vorher von ihm erzählt habe, wie er ihren Feind Môrolt erschlug und wie es ihm dann in Irland erging, hatte er, so sagten sie untereinander, [8340] mit Hilfe der schwarzen Magie geschafft. „Schaut doch", sprachen sie, „denkt nur einmal nach und sagt uns dann: Wie hätte er es je mit dem starken Môrolt aufnehmen können? Wie konnte er die kluge Königin Isôt, seine Todfeindin, so hinters Licht führen, dass sie ihn mit solcher Hingabe gesund pflegte? Hört her und staunt: [8350] Wie kann dieser Betrüger sehende Augen blind machen und alles das vollbringen, was er sich vorgenommen hat?"

Schließlich verfielen sie, die Markes Räte waren, auf einen Plan: Sie lagen Marke von früh bis spät in den Ohren und redeten ihm eifrig zu, er solle eine Frau nehmen, [8360] die ihm eine Tochter oder einen Sohn schenken könnte als Erben. Marke sprach: „Gott selber hat uns einen rechten Erben geschenkt, Gott gebe, dass er am Leben bleibt. Solange Tristan lebt, merkt Euch das ein für allemal, wird es keine Königin und keine Herrin hier am Hof geben." Das steigerte noch ihren Hass, [8370] und sie beneideten Tristan mehr als je zuvor. Und schon bald gab es etliche, denen die Galle überlief, so dass sie ihren Hass nicht mehr verhehlen konnten und Tristan immer wieder durch ihr Benehmen oder auch mit Worten deutlich machten, dass er um sein Leben fürchten musste. Er wurde die Angst nicht los, [8380] sie könnten irgendwann einmal doch beschließen, ihn heimtückisch zu ermorden. Er bat seinen Oheim Marke, er möchte dem Drängen der Barone endlich nachgeben und sich um Christi willen seiner Angst und Not erbarmen, er wisse nicht, wie lange sie ihn noch am Leben ließen. [8390] Sein treuer Oheim aber sprach: „Schweig, Neffe Tristan, das kommt gar nicht in Frage: ich will keinen anderen Erben als dich. Du brauchst auch nicht um Leib und Leben zu fürchten: Du bist sicher unter meinem Schutz. Sollen sie dich doch hassen und neidisch sein, mein Gott, was kann dir das anhaben? [8400] Wer ein rechter Mann ist, muss Hass und Neid aushalten. Ein Mann steigt immer höher, solange er beneidet wird und nur so lange. Hohe Ehre und Neid gehören zusammen wie eine Mutter und ihr Kind: Ehre gebiert Hass und Neid, die hängen immer an ihrem Rockzipfel. Wer hat mehr unter wütendem Hass zu leiden als der Glückliche? Das Glück wäre arm und schwach, [8410] das nie dem Hass begegnet ist. Lebe und handle immer so, als könntest du hoffen, auch nur einen Tag lang ungehasst zu bleiben, doch wirst du diesen Tag niemals erleben. Willst du von bösen Leuten Frieden haben, so sing ihr Lied und sei ein Bösewicht mit ihnen: Dann hassen sie dich nicht. Tristan, was andere auch immer tun mögen, [8420] so sieh du nur zu, dass du auf der stolzen Höhe deiner selbst bleibst: Blicke geradeaus, behalte allezeit dein Fortkommen und deine Ehre im Auge und rede mir nicht weiter zu, etwas zu tun, was böse Folgen für dich haben könnte. Mögen sie zu dieser Sache sagen, was sie wollen, ich werde weder auf sie hören noch auf dich." „Herr, dann befehlt mir, von hier fortzugehen, ich will an diesem Hof nicht bleiben, [8430] da ich ihnen schutzlos ausgeliefert bin. So von lauter Hass umgeben, kann ich nicht froh werden. Eher als in solchen Ängsten über alle Reiche der Welt zu herrschen, wollte ich für immer ohne Land bleiben."

Als Marke sah, dass es ihm ernst war, hieß er ihn schweigen und sprach: „Lieber Neffe, so gern ich mein Wort halten [8440] und dir die Treue bewahren will, lässt du es doch nicht zu. Nun gut, doch was immer daraus werden mag, bin ich nicht schuld daran. Deinen Wünschen will ich gehorchen, ich bin dazu bereit. Nun sag, was soll ich tun?" „Ruft Euern Kronrat zusammen, der diese Sache auf den Weg gebracht hat, und lasst jeden seine Meinung dazu sagen. [8450] Fragt sie um ihr Urteil, wie Ihr am besten tun sollt, und beschließt mit ihrem Rat und Willen, was die Ehre fordert." Das geschah unverzüglich, der Rat wurde einberufen. Und was sie alle rieten – aus schierer mörderischer Bosheit gegen Tristan –, war dies: Wenn es irgend möglich wäre, so sollte der König die schöne Isôt zur Frau nehmen, [8460] die sei von königlichem Blut und so vollkommen an Leib und Seele, dass man sich keine bessere Partie denken könne. So waren sie übereingekommen. Vor Marke traten sie dann, und einer, der gut reden konnte, verkündete in ihrer aller Namen ihren gemeinsamen Beschluss und Willen. „Herr", sprach er, „wir haben dies für gut befunden: Die schöne Isôt von Irland ist, wie in allen Ländern ringsum jeder weiß, [8470] ein Mädchen und ein edles Kind, das allen Liebreiz und alle Vorzüge hat, die das Glück einem weiblichen Wesen nur bescheren kann. Ihr habt sie schon viele Male rühmen hören:

101

ihre Gestalt, ihr ganzes Wesen ist lauter Seligkeit und Wonne, sie ist vollkommen. Wenn die doch Eure Frau und unsere Herrin werden könnte, [8480] ein größeres Glück kann uns auf Erden nicht geschehen." Der König sprach: „Mein Herr, jetzt zeigt mir noch, wie es, wenn ich sie gerne haben wollte, jemals Wirklichkeit werden sollte. Ihr solltet ja doch auch bedenken, wie die Dinge zwischen uns und denen nun schon eine gute Weile stehen: Die Leute und ihr ganzes Land hassen uns. [8490] Gurmûn ist mir von Herzen feind, und er hat Recht: Ich meine es nicht gut mit ihm. Wer sollte jemals eine so enge Verbindung zwischen uns stiften?" „Herr", sprachen sie da, „das kommt doch immer wieder vor, dass zwei Länder aneinander geraten. Da müssen dann halt beide Seiten eine Lösung suchen und finden, und ihre Kinder sollen auch was dazu tun, dass wieder Frieden wird." [8500] Aus Streit und Krieg entsteht oft innige Freundschaft. Das sollt Ihr immer im Sinn behalten, dann werdet Ihr es vielleicht noch erleben, dass Ihr eines Tages Herr über Irland seid. Denn das irische Herrscherhaus besteht nur aus drei Personen: Der König und die Königin vererben alles, was sie besitzen, Isôt, sie ist ihr einziges Kind." Da antwortete ihm Marke: [8510] „Tristan ist schuld daran, dass ich mir schwere Gedanken mache um sie. Ich habe viel an sie gedacht, seit er sie mir so pries. So bin ich in meinem Sinnieren von allen anderen Frauen abgekommen und ganz ihr verfallen: Wenn nicht sie die meine werden kann, wird keine Frau auf Erden je meine Gemahlin, [8520] so wahr mir Gott helfe und bei meinem Leben." Den Schwur tat er keineswegs deswegen, weil er etwa wirklich so wild entschlossen gewesen wäre, nein, er schwor mit listigem Bedacht – weil es ihm ganz undenkbar schien, dass es jemals gelingen könnte."

Da sprach der Ratgeber des Königs: „Herr, beauftragt doch meinen Herrn Tristan hier, [8530] der mit den Verhältnissen dort am Hof vertraut ist, Eure Werbung auszurichten, dann wird alles aufs Beste gelingen und ins Lot gebracht. Er ist klug und besonnen und hat eine glückliche Hand in allen Geschäften, er wird es fertig bringen. Er kann ihre Sprache, er kann alles, was er will." „Das ist ein böser Rat", sprach Marke, [8540] „allzu eifrig sinnt Ihr auf Tristans Schaden und Verderben. Er ist schon einmal in den Tod gegangen für Euch und Eure Erben. Jetzt soll er zum zweiten Mal sterben. Nein, Ihr Herren von Kurnewal, Ihr müsst selber hin. Schlagt ihn mir nie wieder vor." „Herr", sprach da Tristan, [8550] „das ist nicht falsch, was die da sagen. Es wäre tatsächlich das Naheliegende. Was immer Ihr beschließen mögt, so kann ich es kühner angehen und bin besser dafür gerüstet als irgendjemand sonst, und es ist auch recht, dass ich es tue. Herr, ich bin der richtige Mann dafür, niemand könnte es besser machen. Befehlt nur denen da, dass sie mit mir reisen, [8560] um gemeinsam mit mir Eure Sache und Eure Ehre zu

befördern." „Nein, du darfst dich nie wieder in die Hand unserer Feinde
begeben, nachdem Gott dich heil zu mir heimkommen ließ." „Herr, das
kann nun einmal nicht anders sein: Ob sie da sterben oder leben bleiben,
so geschieht ihnen doch nichts Schlimmeres als mir selbst. Sie sollen mit
eigenen Augen sehen, [8570] dass ich nicht schuld daran bin, wenn das
Land ohne einen Erben bleibt. Befehlt ihnen, sich für die Fahrt zu rüsten.
Ich will das Schiff lotsen und selber steuern nach dem glücklichen Irland
und nach Develîn, immer der Sonne zu, die mit ihrem Licht so viele Herzen froh macht. Wer weiß, ob wir die Schöne nicht doch gewinnen können. Herr, wenn Ihr die schöne Isôt bekommt, [8580] dann macht das
jeden Schaden wett, und würden wir auch allesamt erschlagen." Als aber
Markes Räte hörten, worauf er hinauswollte, da reute es sie, und sie waren so verzweifelt wie noch nie in ihrem Leben. Aber es musste nun einmal so und nicht anders sein. Tristan hieß unter den Gefolgsleuten des
Königs zwanzig auswählen, die seinem Haus besonders innig ergeben
waren, [8590] Männer von bewährter Treue und die besten Kämpfer
weit und breit. Dazu warb er noch sechzig einheimische und fremde
Söldner. Den Rat bekam er gratis: Zwanzig Barone des Reichs mussten
ihn begleiten. So hatte er denn insgesamt hundert Mann dabei und keinen mehr. Mit dieser Truppe fuhr Tristan übers Meer. [8600] Er führte
aber auch nützliche Räte mit: Eine Menge Vorräte an Lebensmitteln und
Kleidung und anderen Sachen, die man auf See braucht – niemals war
eine so große Reisegesellschaft so gut beraten wie diese.

In einer Version der Tristan-Geschichte liest man, dass eine Schwalbe
nach Irland geflogen kam – aus Kurneval! –, um sich ein Haar einer
Dame zu holen für das Nest, das sie bauen wollte [8610] – geradeso, als
hätte sie vorher gewusst, dass sie dieses Haar da finden würde –, und es
übers Meer in ihre Heimat zu tragen. Hat man je von einer Schwalbe gehört, die derart mühsam ihr Nest baute? Obwohl es in ihrer nächsten
Umgebung mehr als genug Baumaterial gab, soll sie sich das ihre in fernen Ländern jenseits des Meers besorgt haben! Weiß Gott, hier faselt das
Gedicht, die Erzählung redet irre. [8620] Und genauso albern ist es,
wenn behauptet wird, Tristan wäre mit seinen Leuten aufs Geratewohl
hinausgefahren und hätte sich gar nicht darum gekümmert, wie lang er
fuhr und wohin, und hätte nicht einmal gewusst, wen er eigentlich
suchte. Was hatte dem, der dies schreiben ließ und zu lesen gab, das
arme Buch zuleide getan, dass er es so misshandelte? Da wären sie doch
alle miteinander, der König, [8630] der seinen Rat auf die Reise schickte,
mitsamt den Boten, Gimpel und Kretins, wenn sie so hinausgefahren
wären.

Tristan legte also ab und segelte dahin mit seinen Gefährten. Einige
von denen waren sehr geplagt, ich meine die zwanzig Barone, den

Reichsrat von Kurnewal: [8640] Die litten große Angst und Not, denn sie glaubten, sie müssten da alle sterben. Sie verfluchten lautstark und von ganzem Herzen die Stunde, da man den Gedanken, nach Irland zu ziehen und zu reisen, ins Gespräch gebracht hatte. Sie wussten sich in ihrer eigenen Sache keinen Rat: Sie rieten hin und rieten her [8650] und konnten doch zu keinem Ratschluss gelangen, der ihnen etwas genützt hätte und irgend Rat versprach. Das war auch kein Wunder: In der Lage, in der sie sich befanden, konnte Rettung nur geraten, wenn eins von zwei Dingen ihnen zu Hilfe kam, nur dieses oder jenes vermochte ihrer aller Leben zu verlängern – entweder der Zufall oder Schlauheit. Diese aber blieb ein sehr gesuchtes Ding, [8660] und nach einem glücklichen Zufall hielten sie vergeblich Ausschau: Sie konnten auf das eine so wenig hoffen wie auf das andere. Aber da gab es etliche, die sagten: „Klugheit und Geschick hat dieser junge Mann genug. Wenn Gott es gut mit uns meint, ist es durchaus möglich, dass er sein eigenes und unser Leben rettet. Wenn er nur seinen blindwütigen Heldenmut mäßigen könnte! [8670] Der Mann hat zuviel Courage, er stürmt tollkühn drauflos ohne jede Besinnung und Rücksicht: Dem ist unser Leben und sein eigenes keinen Pfifferling wert. Trotzdem müssen wir auf seine Fähigkeiten unsere ganze Hoffnung setzen, wir haben keine Wahl. Seine Klugheit muss uns unterweisen, wie wir das Leben davonbringen."

Als sie nach Irland kamen, [8680] gingen sie irgendwo an Land und erfuhren, wo der König sich aufhielt: in Weiseforte. Dort, der Stadt gegenüber und weiter als einen Bogenschuss vom Hafen entfernt, befahl Tristan zu ankern. Die Barone bedrängten ihn, er möge ihnen um Gottes willen sagen, [8690] wie er es anstellen wollte, um die Frau zu werben; es gehe, sagten sie, um ihr Leben und sie fänden es nur recht und billig, dass er ihnen seine Pläne mitteilte. Tristan sprach: „Ihr braucht nicht mehr zu tun, als darauf Acht zu geben, dass keiner sich vor diesen Leuten blicken lässt. Bleibt nur immer verborgen unter Deck, denn Knappen und Seeleute [8700] werden auf der Brücke direkt vor der Tür neugierige Fragen stellen; dann soll mir ja keiner herauskommen: Bleibt, wo Ihr seid, und verhaltet Euch ganz still. Ich allein werde da vor der Tür stehen, denn ich kann die Landessprache. Es wird nicht lange dauern, dann werden Leute aus der Stadt zu uns kommen, die meinen es bös mit uns. Denen muss ich heute lauter Lügen erzählen, [8710] je mehr, desto besser. Haltet Ihr Euch hier verborgen, denn wenn man Euch bemerkt, dann haben wir alle Hände voll zu tun: Das ganze Land wird über uns herfallen. Morgen bin ich nicht da, denn ich will in aller Frühe dort drüben ausreiten und sehen, ob mir nicht ein Glück begegnet, das ich am Schopf packen kann. Während meiner Abwesenheit sollen Kurvenal [8720] und andere, die auch die Landessprache können, dort vor der

Tür stehen. Und ich lege Euch noch eins ans Herz: Wenn ich vier Tage oder drei ausbleibe, dann wartet nicht länger, sondern macht Euch schleunigst fort übers Meer und rettet Euer Leben. Dann habe ich allein diese Brautwerbung mit dem Leben gebüßt, [8730] Ihr aber mögt Eurem Herrn eine andere, die Euch gefällt, zur Gemahlin empfehlen. Das ist mein Ratschluss und mein Plan."

Der Marschall des Königs von Irland hatte die Gewalt dort, ihm war die Stadt und der Hafen untertan. Er sprengte herab zum Wasser, gerüstet und bewaffnet, begleitet von einer großen Schar Städter und deren Leuten. [8740] Sie taten, was ihnen der Hof befohlen hatte – die Geschichte hat es vorher berichtet, weiter vorne kann man es finden: Wer an dieser Küste landete, den sollte man ergreifen und gefangen halten, bis man zweifelsfrei festgestellt hatte, ob er aus Markes Land kam und einer seiner Leute war. Diese Schergen oder besser: diese schlimmen Mordgesellen, [8750] die in aller Unschuld schon viele Morde begangen hatten aus Gehorsam gegen ihren Herrn, kamen in den Hafen gezogen, ausgerüstet mit Armbrüsten und Bogen und anderen Waffen; wie eine Schar von Räubern sahen sie aus.

Tristan, der Herr des Schiffs, legte einen Reisemantel an, einzig darum, [8760] damit man ihn nicht so leicht erkennen konnte. Dann ließ er sich noch einen aus rotem Gold getriebenen Pokal bringen, ein selten schön im englischen Stil gearbeitetes Stück. So stieg er in ein Beiboot, Kurvenal nahm auch da Platz, und fuhr dem Hafen zu. Schon von weitem grüßte er sie mit Gebärden und [8770] mit den allerfreundlichsten Worten. So schön er aber auch grüßte, liefen doch viele von den Städtern schnell zu ihren Booten, andere schrien vom Ufer aus nur immer: „Leg an, leg an!" Da fuhr Tristan in den Hafen. „Ihr Herren", sprach er, „sagt mir, was soll das? Was ist das für ein wildes Gebaren? [8780] Euer Benehmen ist rau – ich weiß nicht, was ich von Euch zu erwarten habe. In Gottes Namen seid so gut: Wenn unter Euch jemand ist, der in diesem Land etwas zu sagen hat, der möge mich anhören." „Ja", sagte der Marschall, „hier bin ich. Mein Gebaren und mein Benehmen könnten erst so recht rau werden, denn ich will jetzt ganz genau wissen, [8790] wo Ihr herkommt." „Mein Herr", sprach Tristan, „dazu bin ich gern bereit. Wenn nur jemand für Ruhe sorgen wollte, damit ich zu sprechen anfangen kann; darum möchte ich doch bitten: Man möge mich mit gutem Anstand anhören, wie es der Brauch ist bei gesitteten Leuten." So gebot man ihnen Schweigen. [8800] „Herr", sprach Tristan, „was unser Leben, unsere Herkunft, unser Land betrifft, will ich Euch gerne Auskunft geben: Wir treiben Handel und brauchen uns dessen nicht zu schämen. Ja, Kaufleute sind wir, meine Kompagnons und ich, und wir kommen aus der Normandie. Da leben unsere Frauen und Kinder, [8810] wir selbst sind mal hier, mal dort, immer auf Reisen, da kaufen wir allerlei Waren ein und gewinnen unseren Lebensunterhalt. Vor dreißig Tagen sind wir daheim fortgefahren, ich und zwei andere Kaufleute, wir drei wollten gemeinsam nach Iberne reisen. Es ist jetzt gut acht Tage her, [8820] dass wir eines Morgens weit von hier in einen Sturm gerieten, wie es uns häufig passiert. Der hat uns voneinander getrennt, ich meine: mich von den zwei anderen – ich weiß nicht, was aus ihnen geworden ist, Gott schütze sie, und ob sie noch am Leben sind. Ich bin in großen Nöten bös umhergetrieben worden [8830] in diesen schlimmen acht Tagen, bis ich gestern um die Mittagszeit herum, als der Sturm sich legte, Berge sichtete und Land. Dahin segelte ich, um auszuruhen. Ich ruhte da bis heute morgen, dann, bei Tagesanbruch, fuhr ich weiter und gelangte hierher nach Weisefort. [8840] Jetzt sieht es aber so aus, als wäre ich hier noch schlechter dran als dort draußen: Mir scheint, ich bin noch nicht gerettet. Und ich dachte doch, hier wäre ich in Sicherheit: Ich kenne die Stadt und war schon einmal hier auf einer Handelsreise. Desto leichter, meinte ich, würde ich hier Zuflucht und freundliche Aufnahme finden. Jetzt bin ich erst so recht in einen Sturm geraten. [8850] Aber noch kann Gott mich retten: Wenn ich von diesem Volk nicht Ruhe und Frieden haben kann, dann fahre ich wieder aufs Meer hinaus. Da finde ich dann allen Schutz der Welt und Kampf genug in der Flucht. Vielleicht wollt Ihr aber Eure Courtoisie und Eure Ehre an mir erscheinen lassen? Ich würde Euch gern von den Gütern, die ich dabeihabe, etwas geben – [8860] gestattet mir nur einen kurzen Aufenthalt: Nehmt mich und meine Waren in diesem Hafen unter den Schutz des Reichs, damit ich hier Erkundigungen einziehen kann; vielleicht habe ich ja Glück und erfahre etwas über meine Landsleute und über ihren Aufenthalt. Wenn Ihr mir das gewähren wollt, so befehlt, dass man mich unbehelligt leben lässt: Seht, wie eilig die dort zu meinem Schiff hin streben, [8870] alle diese Leute in den Ruderbooten. Wenn nicht, dann fahre ich hinüber zu den Meinen und fürchte Euch alle nicht die Bohne." Der Marschall hieß die Leute alle an Land zurückkehren. Zu dem Fremden sprach er dann: „Was wollt Ihr dem König dafür geben, dass ich Euch und Eure Güter in seinem Reich beschütze?" [8880] Da sagte der ausländische Kaufmann: „Herr, ich gebe ihm jeden Tag, wenn ich es nur irgend gewinnen und erjagen kann, ein halbes Pfund rotes Gold. Und Ihr sollt zum Lohn für Eure Dienste diesen Pokal haben, wenn Ihr wirklich meine Sicherheit garantieren könnt." „O ja", sprachen da alle, „er ist der Marschall des Reichs." Der Marschall nahm das Geschenk, [8890] das er ganz herrlich und großartig fand, und ließ ihn in den Hafen einlaufen. Unter seinen Schutz nahm er den Kaufmann und seine Habe. Da waren sie, ich meine: die Abgabe und die Gabe, großartig bemessen und rot, herrlich und rot das

Gold, das der König bekam, rot und herrlich der Lohn seines Hofbeamten, großartig war dieses wie jenes. Das half ihm sehr, [8900] dass er in Frieden und unbehelligt bleiben konnte.

Tristan hat es also jetzt geschafft, dass er in Frieden aufgenommen ist; indes hat noch niemand etwas davon erfahren, was er vorhat. Das sollt ihr nun hören, damit euch die Geschichte nicht langweilig wird. Die erzählt und berichtet von einem Serpant, der da in dem Land lebte. Das war ein schreckliches Ungeheuer [8910] und richtete mit seinen Schreckenstaten im Land so viel schrecklichen Schaden und Unheil an, dass der König bei seiner königlichen Ehre schwor, wer das Scheusal tötete, dem wolle er seine Tochter zur Frau geben, wenn er nur adelig und Ritter wäre. Diese Nachricht und die herrliche junge Frau [8920] brachten Tausende um ihr Leben, die dort den Kampf aufnahmen und umkamen. Das ganze Land redete davon. Auch Tristan hatte schon davon gehört: diese Sache hatte ihn überhaupt erst dazu ermutigt, die Fahrt zu wagen, darauf setzte er seine Zuversicht; andere Hoffnung hatte er nicht.

Nun, es ist Zeit, fang endlich an! [8930] Am nächsten Tag in der Frühe rüstete er sich wie ein Mann, der in den Kampf zieht. Er schwang sich auf ein starkes Ross. Eine lange, feste Lanze ließ er sich reichen, die stärkste und beste, die auf dem Schiff zu finden war. Dann machte er sich auf den Weg über Felder und Fluren [8940] und ritt in wildem Land viel kreuz und quer, und als der Tag höher stieg, da lenkte er sein Pferd in schnellem Lauf zum Tal von Anferginân hin: Da hauste der Drache, so steht es geschrieben. Da sah er nun in der Ferne vier Bewaffnete über die wilde Heide reiten, [8950] nicht im Trab, sondern in etwas kühnerer Gangart: in fliehendem Galopp. Der eine von den vieren war der Truchsess der Königin, der wäre nur allzu gern auch der *ami* der jungen Königin gewesen, die ihn partout nicht haben wollte. Und jedes Mal wenn jemand hinauszog, um sein Glück und seine Mannheit auf die Probe zu stellen, war der Truchsess [8960] öfter mit von der Partie, nur damit die Leute sagten, er sei auch bei denen gewesen, die da ausritten. Das war aber auch schon alles, denn sobald er den Drachen erblickte, suchte er mit kühnem Mut das Weite.

Die fliehende Schar zeigte Tristan an, wo der Drache zu finden war. [8970] Dahin wandte er sich, und es dauerte nicht lang, bis er das Schreckliche vor Augen hatte, den fürchterlichen Drachen. Der spie aus seinem Rachen Rauch und Feuer und sengenden Wind wie ein Geschöpf des Teufels und kam direkt auf ihn zu. Tristan senkte seine Lanze und gab seinem Pferd die Sporen; [8980] mit solcher Wucht schoss er auf den Drachen los, dass der Speer ihm durchs Maul hinab in den Schlund fuhr bis ans Herz, der Reiter aber mit dem Ross prallte so heftig auf den Serpant, dass das Pferd tot liegen blieb und Tristan selbst nur knapp mit dem Leben davonkam. Der Drache machte sich gefräßig und Feuer spuckend über das Pferd her. [8990] Das Ungeheuer hatte die vordere Hälfte schon verschlungen, da tat ihm der Speer, der in seinem Leib steckte, so weh, dass es von dem Ross abließ und sich zurückzog in Richtung einer steinigen Halde. Tristan, sein Gegner, verfolgte es, blieb ihm hart auf den Fersen. Das unselige Scheusal tobte vor Schmerzen auf seinem Weg: [9000] Der Wald erzitterte von seinem gräulichen Geschrei, viel Gesträuch brannte es nieder und riss es aus in seinem Grimm. So wild gebärdete sich der Drache, bis die Schmerzen endlich übermächtig wurden und er sich im Schutz einer Felswand niederduckte. Tristan zückte das Schwert, er glaubte, der Feind sei jetzt wehrlos. [9010] O nein, jetzt ging der Kampf erst richtig an, jetzt wurde es noch gefährlicher als vorher. Aber so schlimm es auch kommen mochte, Tristan ließ sich nicht aufhalten: Wieder ging er auf den Drachen los – und der Drache auf den Mann und trieb ihn so in die Enge, dass Tristan glaubte, er müsse sterben. Er ließ ihn nicht zur Besinnung kommen, bedrängte ihn so sehr, dass er fast ganz unfähig zum Angriff wie zur Verteidigung war. [9020] Aber der Drache war auch in der Übermacht: Er konnte Rauch und giftige Dämpfe aufbieten und allerlei andere Kriegsmittel, er griff den Feind nicht nur mit Hieben an, sondern auch mit Feuer, mit Zähnen und mit Krallen, die waren scharf geschliffen und schnitten besser als ein Schermesser. So trieb er ihn [9030] auf gefährlicher krummer Bahn vor sich her, von den Bäumen ins Gebüsch, da musste er sich verkriechen, um so sein Leben zu retten, denn alles Kämpfen hatte ihm nichts genützt. Er hatte immer wieder versucht, zum Gegenangriff überzugehen, bis der Schild vor seiner Hand fast ganz zu Kohle verbrannt war, denn der Drache spie so wild Feuer gegen ihn, [9040] dass er kaum mit dem Leben davonkam. Doch dauerte es nicht lang, bis die Kraft der mörderischen Schlange nachließ: Sie verzagte, und der Speer tat ihr so weh, dass sie sich wieder hinlegte und sich da in Qualen wand. Tristan aber zögerte nicht lange, er stürmte kühn heran [9050] und stach das Schwert tief bis ans Heft dorthin, wo die Lanze steckte: ins Herz. Da öffnete das Scheusal zum letzten Mal sein verfluchtes Maul und tat einen gewaltigen Todesschrei, so gräulich und grimmig, als stürzten Himmel und Erde zusammen und dass sein Brüllen weit ins Land hinaus hallte und Tristan sehr erschrak. [9060] Und als der Drache sich nicht mehr rührte und Tristan sah, dass er tot war, brach er ihm mit großer Mühe das Maul auf. Aus dem Rachen schnitt er mit dem Schwert ein Stück der Zunge, soviel er eben haben wollte. Das steckte er ein – so, dass es vor seiner Brust lag – und klappte das Maul wieder zu. Dann verließ er den Ort – er ging aber nicht zurück, sondern weiter in die Wildnis, [9070] und zwar mit Bedacht: Er wollte sich da irgendwo einen geschützten

Platz suchen, wo er den Tag über ausruhen und wieder zu Kräften kommen konnte, ehe er dann gegen Abend zurück zu seinen Leuten marschierte. Jetzt machte ihm aber nach dem harten Kampf mit dem feuerspeienden Drachen die Hitze schwer zu schaffen und schwächte ihn so sehr, [9080] dass er kaum mehr Leben in sich hatte. Da sah er ein Wasser blinken, das war ein schmaler Tümpel, in den von einem Felsen ein dünner Strahl kühles Quellwasser niederfloss. Da hinein ließ er sich fallen, voll gerüstet, wie er war, und versank so tief darin, dass nur sein Mund noch herausschaute. So lag er da den ganzen Tag und auch die Nacht hindurch, [9090] ohnmächtig von der schlimmen Kraft der Zunge, die er bei sich trug: Der Geruch, der von ihr ausströmte, bewirkte, dass er nicht zu Kräften kam und bleich und leblos da liegen blieb, bis die Königin sich seiner annahm.

Dem Truchsess, von dem ich vorher erzählt habe, dem Mann, der so gern der Geliebte und Ritter der wunderbaren Jungfrau gewesen wäre, [9100] ging so recht schön und mächtig das Herz auf von dem Gebrüll des Drachen, das da so ungeheuer und gräulich über Wald und Heide schallte. Er reimte sich alles so zusammen, wie es tatsächlich zugegangen war. „Er ist tot, ganz bestimmt", dachte er, „oder doch so sehr geschwächt, dass ich ihn besiegen kann, [9110] wenn ich es geschickt anfange." Von den drei anderen stahl er sich fort, ritt einen Hang hinab im Schritt und ließ sein Pferd im Tal dann galoppieren, immer in der Richtung, aus der er das Brüllen gehört hatte. Und als er zu dem toten Ross gelangte, gönnte er sich eine Rast. Lange saß er vor ihm da und betrachtete es genau mit Grausen; so kurz seine Ritterfahrt auch war, hatte er doch schon [9120] viel Angst und Schrecken erfahren. Indes ertüchtigte er sich doch nach langer Zeit ein wenig und ritt weiter, wie besinnungslos vor Schrecken und ohne jede Courage, in der Richtung, die das verbrannte Gras und Laub ihm wies, und stieß bald, ganz plötzlich, ehe er sich's versah, auf den Drachen, der da vor ihm lag. [9130] Der Schreck fuhr dem Truchsess so sehr in die Knochen, dass er beinah eine jähe Attacke hin zur Erde geritten wäre, so entsetzt war er, dass er dem Ungeheuer so nah gekommen war. Aber er fasste sich gleich wieder, mit so kühner, harter Hand warf er das Pferd herum, dass er sich nun doch mitsamt dem Ross am Boden wälzen musste. [9140] Als er dann wieder in die Höhe kam, von der Erde, meine ich, da wollte es ihm vor lauter Angst nicht glücken, sich ganz hinauf in den Sattel zu hieven: Der Truchsess, dieser schlechte Kerl, ließ sein Pferd stehen und lief davon. Als aber niemand ihn verfolgte, hielt er inne und schlich zurück. [9150] Er hob seinen Speer vom Boden auf, das Pferd nahm er beim Zügel und führte es zu einem Baumstumpf: Da saß er auf. Vergessen und wettgemacht war jetzt sein Missgeschick: Vorwärts sprengte er, doch nicht zu nahe, und musterte da den Drachen, ob es Anzeichen von Leben gab oder nicht. Und als er sah, dass er tot war, sprach er: [9160] „Nun denn, mit Gottes Segen! Ein Abenteuer hat sich hier gefunden: Ich bin gerade zur rechten Zeit gekommen und zu meinem Heil." Er senkte die Lanze, ließ dem Pferd die Zügel, trieb es an und spornte es zu schnellem Lauf und schmetterte dazu seinen Kriegsruf: „Schevelier damoisêle, [9170] ma blunde Isôt, ma bêle!" So gewaltig traf er ihn, dass der starke Schaft aus Eschenholz ihm aus der Hand glitt. Dass er aber nicht dennoch weiterkämpfte, geschah aus dieser klugen Überlegung heraus: „Wenn der noch am Leben ist", so dachte er, „der diesen Drachen erschlagen hat, dann hilft mir das alles nichts, was ich hier geleistet habe." [9180] Er ritt weg und suchte in der Umgebung umher in der Hoffnung, wenn er ihn dort irgendwo fände, so erschöpft vom Kampf oder so schwer verwundet, dass er den Kampf wagen und bestehen könnte, dann wollte er ihn erschlagen und die Leiche verscharren. Als er aber keine Spur von ihm entdecken konnte, [9190] dachte er: „Lass gut sein; mag er leben oder nicht, jedenfalls bin ich als erster da, und so wird mir keiner meinen Anspruch streitig machen können. Ich habe Verwandte und Vasallen, genieße Wertschätzung und Ansehen – wenn ja einer sich vermessen sollte, so wird den keiner ernst nehmen." Zurück zu seinem Gegner ritt er im Galopp. [9200] Da stieg er aus dem Sattel, um seinen Kampf da wieder aufzunehmen, wo er ihn unterbrochen hatte. Mit seinem Schwert stach er seinen Feind und versetzte ihm etliche Hiebe, so dass er doch so manche Schramme abbekam. Nicht wenig Mühe machte ihm der Hals: Er hätte ihn gern durchgehackt, aber er war so hart und groß, [9210] dass der Ritter bald die Lust verlor. Über einem Baumstumpf brach er den Speer mittendurch. Das vordere Stück stach er dem Drachen in die Gurgel, als hätte es eine Tjost dorthin gesteckt.

Auf sein spanisches Ross schwang er sich dann und gab ihm fröhlich und heiter die Sporen, dass es nach Weiseforte galoppierte. Da befahl er, man möge in aller Eile ein schweres Fuhrwerk, bespannt mit vier Rössern, dort hinaus schicken, [9220] den Drachenkopf zu holen. Und er erzählte allen Leuten von seinem Triumph und welch schlimme Gefahr und Not er durchgestanden habe. „Mein lieber Mann", sprach er, „alle Welt soll nicht allein die Ohren spitzen, sie soll das Wunder auch mit eigenen Augen sehen und erkennen, was ein beherzter Mann und ein fester Wille [9230] einer geliebten Frau zuliebe vermögen! Dass ich aus der Not, in der ich war, je entkam und am Leben blieb, das ist mir ein unbegreifliches Wunder, indes weiß ich wohl, dass ich nicht heil herausgekommen wäre, wenn ich eine so weichliche Natur wie jener andere Mann da wäre. Ich weiß nicht, wer der war: Irgendein abenteuernder Ritter, der auch sein Glück versuchen wollte, [9240] war zu seinem Unglück vor mir dort und hat da den Tod gefunden. Gott hat ihn nicht erhört: Der Drache hat die beiden gefressen, hin sind Ross und Reiter. Vom Pferd liegt noch die eine Hälfte da, angenagt und verbrannt. Aber was soll ich lang drum herum reden: Ich habe hier mehr Not und Gefahr durchgestanden, [9250] als je ein Mann zuvor einer Frau zuliebe auf sich genommen hat." Seine Freunde sammelte er um sich, führte sie zu dem Serpant und zeigte ihnen das Wunder. Er forderte sie alle auf, sie möchten Zeugnis ablegen und bestätigen, was sie da gesehen hatten. Das Drachenhaupt ließ er in die Stadt schaffen. Seine Verwandten, seine Vasallen bestellte er zu sich und lud er [9260] und zog vor den König, um ihn daran zu mahnen, was er geschworen hatte. Da wurde ein Reichstag beschlossen, der sollte in Weiseforte die Sache verhandeln. Dahin lud man das Reich, die Barone, meine ich, und die machten sich alle bereit, zu dem festgesetzten Termin an den Hof zu kommen.

Die Nachricht verbreitete sich schnell auch unter den Damen des Hofs. [9270] Das war ein Jammer und ein Schmerz, wie man ihn noch keine Dame jemals leiden sah! Dem süßen Mädchen, der schönen Isôt durchbohrte es das Herz, kein schlimmerer Tag als dieser war ihr je erschienen. Isôt, die Mutter, aber sprach zu ihr: „Nein, schöne Tochter, beruhige dich, nimm es dir nicht so sehr zu Herzen! Denn ob es mit der Wahrheit zugeht [9280] oder aber mit Lügen, so haben wir doch auch etwas mitzureden, und Gott wird uns wohl davor bewahren. Weine nicht, meine Tochter: Deine lichten Augen sollen von einer so schwächlichen Not nicht rot werden." „Ach, Mutter", sprach die Schöne, „meine Herrin: Tu deiner hohen Geburt und dir selbst nicht diese Schande an. [9290] Bevor ich dem zustimme, steche ich mir lieber ein Messer mitten ins Herz; bevor dieser Mann seinen Willen an mir bekommt, nehme ich mir das Leben: Er gewinnt niemals Isôt zu seiner Frau oder Herrin, oder höchstens, wenn er mich als Tote haben will." „Nein, schöne Tochter, fürchte nichts: Was er oder wer auch immer dazu sagen mag, das ist alles vergebens: [9300] Er wird nimmermehr dein Mann, und hätte es auch die ganze Welt geschworen."

Und als es Nacht wurde, da suchte die weise Frau Rat und Auskunft in dieser unseligen Sache ihrer Tochter bei ihren geheimen Künsten, auf die sie sich ausgezeichnet verstand, so dass sie tatsächlich in ihrem Traum erfuhr, dass es nicht so zugegangen war, wie man sich im Land erzählte. [9310] Und sobald es tagte, rief sie ihrer Tochter und redete mit ihr: „Ach, süße Tochter, bist du schon wach?" „Ja, Frau Mutter", sprach sie. „Du brauchst dich jetzt nicht mehr zu ängstigen; ich habe gute Neuigkeiten für dich: Der Truchsess hat den Drachen nicht erschlagen. Was für ein Zufall ihn hergeführt hat, weiß ich nicht: Ein Fremder ist der Drachentöter. Auf, eilen wir dorthin [9320] und sehen wir uns um. Brangäne, steh leise auf und sag Paranîs, er soll uns sofort Pferde satteln: wir vier – ich und meine Tochter, du und er –, wir müssen ausreiten. Er soll die Pferde so bald wie möglich zu der kleinen Pforte hinten bringen, wo es vom Baumgarten [9330] auf die Felder hinausgeht." Als alles fertig war, saßen sie auf und ritten dahin, wo, wie sie gehört hatten, der Drache getötet worden war. Da fanden sie nun das Pferd liegen. Sie beschauten da das Sattelzeug und betrachteten es genau: Das war von einer Art, wie sie es in Irland noch nie gesehen hatten, [9340] und sie kamen überein, wer der Mann gewesen sei, den dieses Pferd getragen habe, der habe den Drachen erschlagen. Weiter ritten sie und stießen auf den Serpant. Da war dieses Teufelsvieh so ungeheuer groß und gräulich, dass die lichte Schar der edlen Damen [9350] totenbleich wurde vor Schrecken bei dem Anblick. Die Mutter aber sprach zur Tochter: „Ei, jetzt bin ich erst recht sicher: Der Truchsess sollte es je gewagt haben, gegen den da zu kämpfen! Was das betrifft, so können wir ganz beruhigt sein. Jener andere aber, meine Tochter, sei er nun lebendig oder tot, das spüre ich ganz deutlich, [9360] muss hier irgendwo in der Nähe versteckt sein: So weissagt mir mein Herz. Darum wollen wir uns, wenn du einverstanden bist, auf die Suche machen; vielleicht lässt uns Gott in seiner Güte ihn finden und mit ihm die bodenlose Not besiegen, die uns arg ist wie der Tod." So fassten die vier schnell den Entschluss, [9370] sich zu trennen: Die eine suchte da, die andere dort.

Da geschah nun, was nur recht und billig war: Die junge Königin Isôt sah ihr Leben und ihren Tod, ihr Glück und ihren Schmerz zuerst; von seinem Helm blitzte ein heller Schein, [9380] der meldete ihr den Fremden. Als sie den Helm so sah, kehrte sie gleich um und rief ihrer Mutter: „Meine Dame, macht schnell, reitet her, ich sehe dort etwas blitzen, ich weiß nicht was; es könnte ein Helm sein: Ich glaube, ich habe ihn entdeckt." „Tatsächlich", sprach da die Mutter, „mir kommt es auch so vor. Gott meint es gut mit uns: [9390] Mir scheint, wir haben ihn, den wir suchen, gefunden." Sofort riefen sie die zwei anderen herbei und ritten alle vier dorthin.

Als sie nun näher kamen und ihn so liegen sahen, glaubten sie zuerst alle, er wäre tot. „Er ist tot", sprachen diese und jene Isôt, „unsere Hoffnung ist dahin! [9400] Der Truchsess hat ihn heimtückisch ermordet und getötet und dann in diesen Tümpel geworfen." Die vier stiegen ab. Es dauerte nicht lang, bis sie ihn herausgezogen hatten ans Land. Den Helm banden sie ihm ab und auch die Helmkappe darunter. Die kluge Isôt sah ihn an und sah, dass er noch lebte, [9410] dass aber sein Leben nur mehr an einem feinen Faden hing. „Er lebt", sprach sie, „wahrhaftig! Jetzt zieht ihm nur schnell die Rüstung aus. Wenn ich Glück habe und er nicht am Leben verwundet ist, so kann noch alles gut werden." Die drei

Schönen, die ganze lichte Gesellschaft, machten sich nun daran, dem Fremden [9420] mit schneeweißen Händen die Rüstung abzunehmen: Da fanden sie die Drachenzunge. „Sieh", sprach die Königin, „was ist das wohl, was kann das sein? Brangäne, meine hübsche Nichte, sprich." „Das ist eine Zunge, scheint mir." „Du hast Recht, Brangäne. Mir scheint es auch so, und ich glaube, sie hat dem Drachen gehört. [9430] Unser Glück will munter werden, mein Schatz, meine schöne Isôt, ich weiß es jetzt todsicher: Wir sind auf der richtigen Spur, die Zunge hat ihm alle Kraft genommen und ihn ohnmächtig werden lassen." So zogen sie ihm die Rüstung aus, und als sie sahen, dass er keine Quetschungen und Wunden hatte, waren sie sehr froh. [9440] Theriak nahm die gelehrte Königin da, die heilkundige, und flößte ihm soviel davon ein, dass er zu schwitzen begann. „Der Mann wird wieder gesund werden", sprach sie. „Das Gift, das die Zunge ausdünstete, wird jetzt bald verflogen sein, dann kann er wieder sprechen und schlägt die Augen auf." Tatsächlich, so geschah es: Es dauerte nicht lange, [9450] da blickte er auf und um sich.

Als er da um sich herum die reizende Schar sah, dachte er: „Ach, Herr Gott, du hast mich nicht vergessen in deiner Güte! Drei Lichter sitzen da bei mir, die besten, die es gibt auf der Welt, die Freude und Hoffnung vieler Herzen und vieler Augen Seligkeit: [9460] Isôt, die strahlende Sonne, und ihre Mutter Isôt, das heitere Morgenrot, und die stolze Brangäne, der schöne Vollmondschein." So fasste er nun Mut und Kraft und sprach kaum hörbar mit Mühe: „Ach, wer seid Ihr, und wo bin ich?" „Ah, Ritter, du kannst sprechen, sprich! Wir helfen dir in deiner Not", [9470] sagte die weise Isôt. „Ja, süße Dame, entzückende Frau, und ich weiß nicht, wie und warum ich so geschwächt bin und in so kurzer Zeit all meine Kraft verloren habe." Die junge Isôt sah ihn an. „Das ist Tantris, der Spielmann", sprach sie, „so wahr ich ihn je gesehen habe." Da sagten die anderen: „Ja, wirklich, uns kommt es auch so vor." [9480] Da sprach die Kluge wieder: „Bist du es, Tantris?" „Ja, Herrin." „Sag", sprach aber die Kluge weiter, „von wo oder wie bist du hierher gekommen, oder was hast du hier zu schaffen?" „Gebenedeite Frau, ich bin so schlecht beieinander und leider zu schwach, als dass ich Euch im Einzelnen recht berichten könnte, wie es mir ergangen ist. [9490] Lasst mich in Gottes Namen irgendwohin bringen oder tragen, wo mich jemand pflegen kann diesen Tag und diese Nacht lang. Und wenn ich dann wieder zu Kräften komme, ist es nur recht und billig, dass ich alles tue und erzähle, was Ihr wünscht und verlangt."

So nahmen denn die vier Tristan in ihre Obhut; auf ein Pferd hoben sie ihn [9500] und schafften ihn nach Hause, aber heimlich durch die versteckte Pforte, so dass von ihrem Ausflug und von ihrem Ritt niemand etwas merkte. Da pflegten und umsorgten sie ihn. Die Zunge aber, die ich vorhin erwähnt habe, seine Waffen und alle seine Sachen nahmen sie mit, [9510] den Mann und seine ganze Ausrüstung, so dass kein Faden und kein Stückchen Eisen dort liegen blieb.

Am nächsten Tag nahm die kluge Königin sich ihn wieder vor. „Nun, Tantris", sprach sie, „denk daran, was ich dir Gutes getan habe, jetzt wieder und schon früher, dass ich dir zweimal das Leben gerettet habe und dir wohl will und so freundlich gesonnen bin, wie du es deiner Frau sein sollst, und sag mir, wann du nach Irland gekommen bist [9520] und wie du den Serpant erschlagen hast." „Meine Dame, das will ich Euch sagen. Ich landete kürzlich – heute ist der dritte Tag – zusammen mit anderen Kaufleuten in diesem Hafen. Da kam eine räuberische Schar über uns, ich weiß nicht warum, die hätten uns, wenn ich sie nicht mit meinem Gold davon abgebracht hätte, [9530] mitsamt unserem Gold und Gut das Leben genommen. Das ist nun einmal unser Los: Wir müssen immer wieder in fremden Ländern heimisch werden und wohnen und wissen nicht, wem wir trauen können, denn man tut uns häufig Gewalt an. Indes weiß ich, dass es mir nur nützen kann, wenn ich es auf irgendeine Weise schaffe, mir in diesen Ländern einen Namen zu machen: [9540] Bekanntschaft in der Fremde macht den Kaufmann reich. Seht, meine Dame, das hatte ich im Sinn. Ich hatte ja schon oft von dem Serpant gehört und erschlug ihn aus keinem anderen Grund als diesem: Ich hoffe doch, dass ich so desto eher Frieden und Freundlichkeit bei den Bewohnern des Landes finde." „Friede und Freundlichkeit", sprach Isôt, [9550] „werden dich ein ehrenvolles Leben lang begleiten. Du bist dir selbst und uns zum Heil hierher gekommen. Nun überlege, was dein Herz begehrt, das sollst du haben: Ich will dir verschaffen, was du dir wünschst von meinem Herrn und mir." „Danke, meine Dame. So vertraue ich mein Schiff und mich selbst Eurem Schutz an. [9560] Gebt Acht, dass es mich nicht eines Tages reut, meinen Besitz und mein Leben in Eure treuen Hände gelegt zu haben." „Nein, Tantris, das wird gewiss nicht geschehen. Um dein Leben und deinen Besitz brauchst du keine Angst zu haben. Sieh, meine Treue und meine Ehre verpfände ich dir: Solange ich lebe, soll dir in Irland kein Leid geschehen. [9570] Eine Bitte aber habe ich an dich: Gib mir Rat in einer Sache, an der nun meine Ehre hängt und all mein Glück." Und sie sagte ihm, was ich bereits berichtet habe, welchen Lohn der Truchsess sich für seine Heldentat anmaßte und wie er mit allem Nachdruck nichts Geringeres gefordert hatte als Isôt und dass er den Betrug und seine Lüge so weit treiben wollte, [9580] seine Sache in einem Gerichtskampf zu verfechten, wenn jemand ihm den Anspruch streitig machte. „Verehrte Dame", sprach Tristan, „darum macht Euch keine Sorgen. Ihr habt mir zweimal mit Gottes Hilfe Leben und Gesundheit wiedergegeben, so bin ich es Euch schuldig, die beiden für Euch einzusetzen in diesem Kampf und jeder anderen Not, [9590] solange sie mir erhalten bleiben." „Das lohne dir Gott, lieber Tantris. Ich bin sehr froh darüber, dass ich mich auf dich verlassen kann, und will dir nicht verschweigen: Wenn das, was nicht mit rechten Dingen zugehen kann, tatsächlich geschähe, so wäre das für uns beide, für mich und für Isôt, der Tod bei lebendigem Leib." „Nein, meine Dame, redet nicht so. Nun, da ich unter Eurem Schutz stehe und meinen Leib und alles, was ich besitze, [9600] Eurer Ehre anvertraut habe und in ihr geborgen bin, so fasst nur guten Mut, liebe Dame. Macht mich nur wieder recht gesund, so werde ich alles ganz allein zu einem guten Ende bringen. Aber sagt mir, meine Dame, wisst Ihr, was aus der Zunge geworden ist, die man bei mir gefunden hat? Ist die noch dort, oder wohin hat man sie getan?" „Nein, du kannst dich darauf verlassen: Ich habe sie und alles andere auch, was du brauchst; [9610] meine schöne Tochter Isôt und ich, wir haben alles mitgenommen." „Das ist gut", sprach Tristan. „Jetzt, allerbeste Frau Königin, macht Euch keine Sorgen mehr und helft mir, dass ich zu Kräften komme, dann muss alles gut werden."

Die beiden Königinnen nahmen sich mit gleichem Eifer seiner an [9620] und bemühten sich um ihn, so gut sie es nur verstanden; unermüdlich waren beide darauf bedacht, ihm alles zu verschaffen, was nur irgend seiner Gesundheit und seinem Wohlbefinden förderlich sein konnte. Währenddessen litt sein ganzes Schiff mitsamt den Leuten große Not: Etliche von ihnen waren so verängstigt, dass sie sich schon aufgegeben hatten, gutes Zutrauen hatte keiner mehr, da sie in den zwei Tagen [9630] ohne jede Nachricht von ihm geblieben waren. Das Getöse, das der Drache machte, hatten sie wohl gehört, und unter den Einheimischen wurde viel davon geredet, dass da ein Ritter zu Tode gekommen sei: Die eine Hälfte von seinem Pferd habe man dort liegen gefunden. Da dachten nun die Seinen: „Wer, wenn nicht Tristan, sollte dieser Ritter gewesen sein? Es ist kein Zweifel möglich: Er muss tot sein, [9640] sonst wäre er doch zurückgekommen." So hielten sie Rat und beschlossen, Kurvenal auszuschicken, damit er sich das Pferd genau ansehe. Das tat er: Kurvenal ritt dorthin, er fand das Pferd und erkannte es wieder. Er ritt aber weiter und stieß bald auf den Drachen, und als er dort keine Spur von Tristan fand, [9650] keinen Fetzen von seinem Gewand, nicht das kleinste Stückchen Eisen, da kam Verzweiflung über ihn: „Ach, Tristan", dachte er, „mein Herr, lebst du oder bist du tot? O weh, o weh", sprach er, „o weh, Isôt, dass je Kunde von dir und von deinem Glanz nach Kurnewal dringen musste! Ach, dass deine Schönheit und dein Adel einem edlen Geschlecht, so sehr zum Glück bestimmt wie nur je eines, [9660] das sich dem Rittertum verschrieben hatte, zum Ver-

hängnis werden musste, da du ihm zu gut gefielst!" So weinend und klagend kehrte er zurück zum Schiff und erzählte dort, was er gesehen
hatte. Sein Bericht stimmte viele traurig, aber keineswegs alle: [9670]
Diese schlimme Geschichte war nicht für alle schlimm. Es gab etliche,
die konnten es leicht verschmerzen, anderen sah man an, dass es ihnen
bitter weh tat, und das waren die meisten. So waren die Haltungen und
Stimmungen der Leute unterschiedlich, die einen meinten es böse, die
anderen gut, und dieser Gegensatz in dem geteilten Schiff bestimmte,
was da geredet und getuschelt wurde. [9680] Die zwanzig Barone nahmen sich die trostlos ungewisse Kunde nicht allzu sehr zu Herzen; sie
wollten es dabei belassen und sich davonmachen. Und so sprachen sich
alle – ich meine: alle zwanzig und sonst niemand – einhellig dafür aus,
dass man nicht länger auf ihn warten, sondern, so ihr Rat, in der Nacht
fortfahren sollte. Andere aber meinten, [9690] sie sollten dableiben und
weitere Erkundigungen einziehen, wie es ihm ergangen sei. So stritten
sie miteinander, die einen wollten fort, die anderen wollten bleiben, und
schließlich entschied man, da man keine Gewissheit hatte, ob er tot war
oder nicht, noch eine Weile dazubleiben [9700] und weiter nach ihm zu
forschen und zu fragen, mindestens zwei Tage lang; so hatten die Barone
doch noch Grund zu klagen.

Jetzt war der Tag herangekommen, den Gurmûn bestimmt hatte: Da
sollte in Weiseforte die Sache seiner Tochter, der Jungfrau, und des
Truchsessen verhandelt werden. Gurmûns Nachbarn, seine Vasallen,
seine Verwandten, [9710] alle, die er an den Hof geladen hatte, um mit
ihnen Rat zu halten, waren ohne Zögern angereist. Die versammelte er
um sich und befragte sie in dieser Sache um ihre Meinung und bemühte
sich sehr um sie – es stand ja auch nichts Geringeres als seine Ehre auf
dem Spiel. In den Rat berief er auch seine liebe Frau, die Königin. [9720]
Er hatte guten Grund, sie gern bei sich zu haben, denn sie vereinigte in
sich zwei erlesene Vorzüge, die allerbesten, die ein Mann sich von einer
lieben Frau nur wünschen kann: Mit Schönheit und Verstand war sie so
reich begabt, dass ihre Anwesenheit ihrem Mann wohl angenehm sein
konnte. Diese wunderbare Frau, die schöne und kluge Königin, war also
auch da. [9730] Ihr lieber Mann, der König, führte sie beiseite und
sprach: „Was rätst du mir, sag; diese Verhandlungen hier sind mir bitter
wie der Tod." „Habt guten Mut", sprach Isôt, „es wird uns nichts Böses
geschehen, ich habe Vorsorge getroffen." „Wie? Herzallerliebste, sag es
mir, damit ich mich mit dir freuen kann." [9740] „Seht, unser Truchsess
hat den Drachen keineswegs erschlagen, ich aber weiß, wer es war, und
werde es beweisen, wenn es nötig ist. Ihr braucht keine Angst mehr zu
haben. Geht nur immer mutig zurück zu den Räten, sagt ihnen allen und
verkündet, sobald Ihr gehört und gesehen habt, dass der Truchsess die

116

Wahrheit sagt, wolltet Ihr gern den Eid, den Ihr dem Land geleistet habt, einlösen. [9750] Fordert sie auf, mit Euch zu gehen und Gericht zu halten. Fürchtet Euch nicht: Lasst den Truchsess seine Klage vortragen und sagen, was er zu sagen hat, und wenn dann die rechte Zeit gekommen ist, so bin ich mit Isôt zur Stelle. Fordert mich auf, zu sprechen, dann will ich Eure und Isôts und meine eigene Sache führen. Doch fürs Erste ist jetzt genug geredet; [9760] ich will nach meiner Tochter sehen, wir beide kommen dann gleich hierher zurück." Sie ging fort, ihre Tochter zu holen. Der König trat wieder in den Palas: Zu Gericht setzte er sich mit den Baronen und dem Adel des Reichs. Das war ein prächtiges Aufgebot von Rittern, eine gewaltige Menge, die hatten sich in solcher Zahl nicht so sehr deswegen eingefunden, um den König zu ehren, [9770] als vielmehr, weil sie gerne sehen wollten, wie diese Geschichte, die das ganze Land in Atem hielt, ausginge: Sie waren alle sehr gespannt darauf.

Als die zwei wunderbaren Isolden gemeinsam in den Palas traten, grüßten sie die Herren alle und hießen sie willkommen. [9780] Viele Gedanken und Worte galten der Pracht der beiden, sie gab viel Stoff zum Denken und Reden, noch mehr jedoch als von den Damen sprach man von dem großen Wurf des Truchsessen. Das beschäftigte sie alle, davon sprachen sie: „Seht euch den an, schaut: Wenn dieser armselige Kerl, [9790] an dem sein Leben lang nie auch nur der kleinste Schimmer Heil und Segen sichtbar wurde, dieses wunderbare Mädchen kriegt, dann ist dem mit einem Mal die Sonne allen Glücks erschienen, das ihm oder sonst jemandem je von einem Mädchen leuchten kann."

So traten sie zum König hin. Der stand vor ihnen auf, freundlich bat er sie, neben ihm Platz zu nehmen. „Nun", sprach der König, „Truchsess, rede. Was ist deine Bitte und dein Begehren?" [9800] „Sehr gerne, Herr", sprach der. „Mein Herr, ich bitte und begehre, dass Ihr nicht mir Euer königliches Wort brecht, das Ihr dem ganzen Land gegeben habt. Ihr werdet Euch gewiss erinnern, was Ihr gesagt und gelobt habt, versprochen und geschworen: dass Ihr dem Ritter, der diesen Serpant erschlüge, zum Lohn [9810] Eure Tochter Isôt geben wolltet. Der Eid brachte vielen Männern den Tod, ich aber ließ mich davon nicht schrecken, denn ich liebte die Frau und setzte mein Leben oft in fürchterlichen Kämpfen, wie sie kein Mann je bestanden hat, aufs Spiel, bis es mir zuletzt gelang, das Ungeheuer zu erschlagen. Ist sein Haupt Zeugnis genug? Hier liegt es, seht es Euch an; [9820] ich habe es mitgebracht zum Beweis. Jetzt macht Euer Versprechen wahr: Das Wort des Königs und des Königs Eid müssen wahrhaftig und verlässlich sein." „Truchsess", sprach da die Königin, „wenn einer so reichen Lohn, wie es meine Tochter Isôt ist, verlangt und hat nichts dafür geleistet, das ist wirklich maßlos." „Ei, meine Dame", sprach der Truchsess, [9830] „das ist böse!

Wie kommt Ihr dazu, so zu reden? Mein Herr, der die Sache entscheidet, kann doch wohl selber sprechen. Er soll reden und mir Antwort geben." Der König sprach: „Meine Dame, sprecht Ihr für Euch, für Isôt und für mich." „Danke, Herr, das will ich tun." Und die Königin redete weiter: „Truchsess, deine Liebe zu den Frauen ist gewiss rein und edel, [9840] und du bist so mannhaft, dass du eine gute Frau verdienst. Wer aber so hohen Lohn fordert, den er doch nicht verdient hat, der tut allerdings Unrecht. Du rühmst dich einer Heldentat, für die du nichts kannst, wie mir zu Ohren gekommen ist." „Meine Dame, ich weiß gar nicht, wie Ihr so reden könnt. [9850] Ich habe doch hier den Beweis erbracht." „Du hast einen Kopf hierher geschafft. Den hätte auch leicht ein anderer her-schaffen können, scheint mir, um sich so Isolde zu verdienen. Das ist zu wenig Aufwand, um sie zu gewinnen." „Nein, wahrhaftig", sprach die junge Isôt, „mit Heldentum in so kleiner Münze bin ich nicht zu kau-fen." [9860] „Oh, junge Frau Königin", sprach da der Truchsess, „dass Ihr so böswillig zu meiner Sache sprechen könnt, nachdem ich so oft solche Gefahren durchgestanden habe aus Liebe zu Euch!" „Dass Ihr mich liebt, mögt Ihr Euch als Verdienst anrechnen", sprach Isôt, „ich aber habe keinerlei Verbindlichkeiten Euch gegenüber und will niemals welche haben." [9870] „O ja", sprach er, „ich weiß schon, wie ihr Frauen seid. An Leib und Seele und angestammtem Wesen seid ihr alle so geschaffen, dass euch das Böse gut dünkt und alles Gute böse: Die Art ist in euch mächtig. Ihr seid verkehrt in allen Dingen: die Dummen haltet ihr für klug, die Klugen nennt ihr alle dumm, [9880] das Gerade macht ihr krumm und das Krumme grad mit Fleiß gerade; was nur irgend von hinten aufgezäumt ist, spannt ihr an euren Wagen: Ihr liebt das, was euch hasst, ihr hasst das, was euch liebt. Was ist das für ein Sinn, der euch regiert, dass eure Liebe stets mit aller Macht die Dinge in ihr Ge-genteil verkehren will? Das kann man doch immer wieder bei euch beobachten. [9890] Wer euch will, den wollt ihr nicht, ihr wollt den, der euch nicht will. Ihr seid das verrückteste Spiel, das man spielen kann. Der Mann ist von allen guten Geistern verlassen, der ohne gute Sicher-heiten seine Haut für eine Frau zu Markte trägt. Indes kommt es hier wahrhaftig nicht darauf an, was Ihr vorbringt oder meine Herrin – diese Sache wird anders entschieden, [9900] oder man bricht mir den Eid."

Da sprach wieder die Königin: „Truchsess, das sind starke Argumente, sehr scharfsinnig, das muss jeder sehen, der sie mit geschärftem Ver-stand prüft. Man könnte glauben, sie wären in der Kemenate, wo edle Damen unter sich sind, ausgetüftelt worden. Und du hast so recht als ein Frauenritter deine Lanze gebrochen. [9910] Gar zu innig vertraut bist du mit dem Wesen edler Damen, ja, du hast es selber angenommen und deine Männlichkeit vergessen. Auch deine Liebe will mit aller Macht die

Dinge in ihr Gegenteil verkehren. Mir scheint, dir ist ganz wohl dabei, du bist offenbar entschlossen, nach der Art der Damen zu kutschieren: Du liebst das, was dich hasst, du willst, was dich nicht will – [9920] das ist das Spiel der Frauen! Du wirst dir doch nicht unsere Regeln zu Eigen machen wollen! Um Gottes willen, du bist ein Mann! Lass uns Frauen Frauen sein, unsere Art ist nichts für dich. Halte du es immer wie ein rechter Mann, liebe, was dich liebt, wolle, was dich will, das ist ein gutes Spiel für deinesgleichen. Du machst ein großes Geschrei und sagst uns, [9930] du wollest Isôt und sie wolle dich nicht. Das ist ihre Natur, was soll man da tun? Sie lässt gar viele Dinge unbeachtet, die sie doch leicht haben könnte. Ganz gleichgültig ist ihr einer, dem sie das Liebste wäre – und gerade du noch vor allen anderen. Das hat sie von mir, ich habe dich auch nie leiden können. [9940] Genauso geht es Isôt, es liegt in der Familie. Du verschwendest deine große Liebe. Die Schöne, die Reine würde sich gar zu gemein machen, wenn sie jeden wollte, der sie will. Truchsess, du hast ganz recht, wenn du sagst, mein Herr solle dir bereitwillig Wort halten. [9950] Sieh du nur zu, dass du immer schön auf der Höhe deiner Reden und Ansprüche bleibst, damit sie nicht plötzlich alleine dastehen. Lass dich nicht aufhalten auf deinem Rechtsweg. Ich habe gehört, den Drachen habe jemand anders erschlagen: Was sagst du dazu?" „Wer sollte das sein?" „Ich kenne ihn und will ihn herbringen, wenn es nötig ist." „Meine Dame, es gibt niemanden, [9960] der sich das anmaßen und glauben könnte, mich so mit Betrug um meine Ehre zu bringen. Wenn ich nur, wie es recht ist, Gelegenheit dazu bekomme, will ich Leib und Leben einsetzen und daran wagen, gleichgültig wie das Hofgericht entscheiden mag: Ich räume nicht kampflos das Feld." „Ich verspreche es", sagte die Königin, [9970] „und stehe selber dafür ein, dass du bekommst, was du gefordert hast. Ich bringe ihn dir her, nicht heute und nicht morgen, denn das ist unmöglich, aber dann am dritten Tag stellt er sich dir zum Kampf, der Drachentöter." Der König sprach: „Das ist recht und billig." Und die Herren alle meinten auch: „Truchsess, das muss man ihr zugestehen, es ist ja nur ein kurzer Aufschub, um den sie bittet. [9980] Geh her, damit der Kampf in aller Form beschlossen und festgesetzt werden kann, und die Königin soll auch vortreten." Da mussten nun die beiden dem König feierlich versprechen und verbürgen, dass der Kampf ganz gewiss am dritten Tag stattfinden würde. Damit war die Sache fürs Erste abgetan.

Die beiden Damen gingen fort und nahmen ihren Spielmann wieder in ihre Obhut und Pflege. [9990] Ihre ganze Aufmerksamkeit war immer sanft darauf gerichtet, ihm alles und nur das zu bieten, was ihm irgend wohl tun konnte. Seine Genesung war auch schon weit gediehen, hell leuchtete seine Haut und schön. Nun sah Isôt ihn oft an und betrachtete genau seine Glieder und seine Bewegungen, viele verstohlene Blicke warf sie [10000] auf seine Hände und sein Gesicht, sie studierte seine Arme und seine Beine, die allzu deutlich sichtbar machten, was er geheim zu halten wünschte. Sie besah ihn von oben bis unten, alles, was ein Mädchen an einem Mann betrachten soll, gefiel ihr über die Maßen gut, und sie lobte es insgeheim. Und als nun die liebe Schöne seine herrliche Gestalt [10010] und sein edles Betragen in allen Einzelheiten vor sich sah und musterte, da sprach ihr Herz im stillen: „Herr Gott, dem kein Wunder unmöglich ist, wenn etwas von alledem, was du je getan hast oder tust, und an deinen Geschöpfen mangelhaft ist, dann ist gewiss das hier unvollkommen: dass dieser herrliche Mann, an dessen Leib du soviel Heil und Segen [10020] gelegt hast, unstet von einem Land zum anderen reisen muss, um seinen Lebensunterhalt zu verdienen. Einem Mann von seiner Statur sollte ein Reich untertan sein oder ein Land. Es geht nicht mit rechten Dingen zu in der Welt, da so viele Königreiche im Besitz von Geschlechtern ohne wahren Adel sind [10030] und nicht eines davon ihm gehört. Ein so herrliches Geschöpf, ausgestattet mit solchen Fähigkeiten, müsste doch Besitz und Befehlsgewalt haben. Er muss großes Unrecht leiden. Herr, du hast ihm ein Leben gegeben, das nicht zu seiner Statur passt." So redete das Mädchen oft. Nun hatte ihre Mutter dem König die ganze Geschichte von dem Kaufmann [10040] ausführlich berichtet, die ihr ja schon gehört habt: Wie es mit ihm zugegangen war und dass er nichts weiter verlangte, als dass er unangefochten seinen Geschäften nachgehen könnte, wenn er auf seinen Handelsreisen in das Königreich käme. Das alles hatte sie ihm bei einem vertraulichen Gespräch vom Anfang bis zum Ende erzählt.

[10050] Unterdessen befahl das Mädchen ihrem Knappen Paranîs, den Harnisch und das ganze Eisenzeug schön zu polieren, so dass es blitzte, und alle seine Sachen instand zu setzen und schön herzurichten. Das geschah, und als alles fertig war, wurde die ganze Ausrüstung schön ordentlich, ein Stück neben dem anderen, ausgelegt und hingebreitet. Da trat das Mädchen ganz ohne Scheu hin [10060] und betrachtete die einzelnen Dinge genau.

Nun erging es aber Isôt, wie es ein gerechter Zufall fügte: Der wollte, dass sie auch jetzt wieder den Vortritt hatte und das, was ihr das Herz zerfleischte, vor allen anderen erblickte. Es zog ihr Herz und immer wieder auch ihren Blick dorthin, wo seine Sachen lagen. Ich weiß nicht, wie es kam, [10070] dass sie das Schwert in die Hand nahm – es juckte sie in den Fingern, wie es eben jungen Mädchen und Kindern und, weiß Gott, auch genügend erwachsenen Männer leicht passiert. Sie zog es aus der Scheide und betrachtete es und ließ ihren Blick drüber hin wandern. Da fiel ihr die Scharte auf; sie musterte sie lange und genau und dachte bei sich: [10080] „Guter Gott, ich glaube, ich habe das Bruchstück, das an diese Stelle gehört. Das will ich genau wissen!" Sie holte es und setzte es ein: Da passte der unglückselige Splitter so genau in die Lücke, als wären er und das Schwert ein und dasselbe Ding, und das waren sie ja auch wirklich [10090] noch zwei Jahre vorher gewesen. Da wurde ihr Herz kalt von dem alten Leid. Zorn und Gram schoss ihr ins Gesicht, totenbleich und feuerrot in einem Augenblick. „Ah", sprach sie, „unselige Isôt, wehe, was bricht da über mich herein! Wer hat diese verfluchte Waffe von Kurnewal hierher gebracht? [10100] Damit wurde mein Oheim erschlagen. Und der Mann, der ihn erschlug, hieß Tristan. Wer hat es diesem Spielmann gegeben? Der wird doch Tantris genannt." Die beiden Namen bewegte sie nun aufmerksam in ihrem Sinn, untersuchte forschend diesen Klang und jenen. „Ach, Gott", sprach sie, „diese Namen beunruhigen mich. Wenn ich nur wüsste, was es damit auf sich hat: [10110] sie klingen so nah aneinander. Tantris", sprach sie, „und Tristan, die sind miteinander im Bund." Als sie nun die Namen immer wieder vor sich hin sprach, verfiel sie darauf, sich die Buchstaben genau anzusehen, aus denen man die beiden Namen bildet, und fand, dass es hier und dort genau dieselben waren. Und dann kam ihr der Gedanke, [10120] die Silben voneinander zu trennen und sie umzustellen, und da war sie nun auf der richtigen Spur angelangt, die führte sie direkt zu ihrem Ziel: Vorwärts las sie Tristan, rückwärts las sie Tantris – jetzt war kein Zweifel mehr möglich. „O ja", sprach die Schöne, „so ist das also, es ist alles Lug und Trug. [10130] Aber mein Herz hat es mir schon vorher ganz richtig gesagt, nur allzu gut habe ich Bescheid gewusst: Als ich ihn mir genau ansah, als ich seine Gestalt, sein Benehmen, sein ganzes Wesen so gründlich und in allen Einzelheiten musterte und alles meinem Herzen vorlegte, erkannte ich wohl, dass er zu einem Herrn geboren war. Wer sonst als er hätte das gewagt, von Kurnewal zu seinen Todfeinden zu reisen? [10140] Und wir haben ihm zweimal das Leben gerettet! Gerettet? O nein, jetzt ist er verloren, dieses Schwert wird seinem Leben ein Ende machen! Jetzt eile, Isôt, räche dein Leid! Erst wenn er tot daliegt, erschlagen mit dem Schwert, mit dem er meinen Oheim erschlug, ist das Maß der Rache voll." Sie fasste das Schwert und ging hin, wo Tristan war; der nahm gerade ein Bad. [10150] „Tristan", sprach sie, „der bist du doch?" „Nein, meine Dame, ich bin Tantris." „Dann bist du, das weiß ich jetzt, Tantris und Tristan, und die zwei sind ein Mann, der nicht mehr lang zu leben hat. Was Tristan mir angetan hat, muss Tantris mir büßen: du wirst mir das Leben meines Oheims vergelten." „Nein, süßes Mädchen, nein! Um Gottes willen, was tut Ihr? [10160] Bedenkt, was für einen Namen Ihr Euch damit macht. Ihr seid eine Dame, eine Jungfrau. Überall, wo man von Eurer Mordtat sprechen wird, da wird die Ehre der strahlenden Isôt tot und für immer erloschen sein. Die Sonne, die von Irland leuchtet und viele Herzen heiter macht, ach, die ist dann nicht mehr. Wehe, wie dürften diese weißen Hände je ein Schwert führen!"

[10170] Da trat die Königin, ihre Mutter, herein. „Nanu", sprach sie, „was soll das? Meine Tochter, was hat das zu bedeuten? Ist das ein Benehmen für eine schöne Dame? Bist du verrückt? Ist das Spaß oder Zorn? Was soll das Schwert in deiner Hand?" „Ach, Mutter, denk an unser beider bitterstes Leid: [10180] Der da ist der Mörder Tristan, der deinen Bruder erschlagen hat. Jetzt ist der Augenblick gekommen, da wir uns rächen können: Erstechen wir ihn mit diesem Schwert. Eine so günstige Gelegenheit finden wir kein zweites Mal." „Das ist Tristan? Woher weißt du das?" „Ich weiß es genau, er ist es. Das ist sein Schwert, da schau, und sieh dir diese Scharte an, [10190] dann wirst du gleich erkennen, ob es ist oder nicht. Diesen Splitter habe ich in die verfluchte Scharte eingesetzt, ach, da sah ich es: Einträchtig fügten sie sich zusammen zu einem Ganzen." „Ach, Isôt", sprach da die Mutter, „was rufst du da wach! Weh mir, dass ich geboren wurde! Und wenn der da wirklich Tristan ist, ach, wie habe ich mich betrügen lassen!" [10200] Da holte nun Isôt aus mit dem Schwert und trat zu ihm hin. Ihre Mutter lief auf sie zu. „Halt, Isôt", sprach sie, „halt ein! Weißt du nicht, was ich ihm versprochen habe?" „Es kümmert mich nicht, nein, er muss sterben." Tristan sprach: „Pardon, bêle Isôt!" „Pfui, Bösewicht", sprach Isôt, „du bittest mich um Pardon! Du verdienst kein Erbarmen, [10210] dein Leben musst du lassen." „Nein, Tochter", sprach die Mutter, „es kann nun einmal leider nicht sein, dass wir uns rächen, wir müssten ja wortbrüchig und ehrlos werden. Lass dich nicht dazu hinreißen. Sein Leben und sein ganzer Besitz stehen unter meinem Schutz. Wie immer es auch zugegangen sein mag, [10220] so habe ich ihm doch mein Wort gegeben, dass niemand ihm Gewalt antun dürfe." „Danke, meine Dame", sprach Tristan, „meine Dame, denkt daran, dass ich Euch meine Habe und mein Leben im Vertrauen auf Eure Ehre anbefohlen habe, und Ihr habt mich unter Euren Schutz genommen." „Du lügst", sprach da die Junge, „ich weiß es noch gut: Es war niemals die Rede davon, dass Tristan für [10230] seinen Leib und seinen Besitz Frieden und Schutz zugesichert würde." Und sie ging wieder auf ihn los. Da rief Tristan wieder: „Ah, bêle Isôt, gebt Pardon!" Die Mutter war auch noch da, die vorbildliche Dame, er hatte also nichts zu befürchten. Aber selbst wenn er da im Bad gefesselt gesessen hätte und Isôt mit allein gewesen wäre, [10240] hätte sie ihn gewiss nicht umgebracht. Die Liebe, Süße, deren weiblichem Sinn jede Säure und bittere Galle fremd war, wie hätte die je einen Mann erschlagen können? Es machte ja nur ihr Zorn und ihr Schmerz, dass sie sich so gebärdete, als wollte sie es wirklich tun. Und vielleicht hätte sie

es auch über sich gebracht, [10250] wenn sie das Herz dazu gehabt hätte. Das ihre war zu sanft dafür. Und doch hatte sie keineswegs nichts als Güte im Herzen, sie war zornig und erbittert, wenn sie den hörte und sah, der ihr solches Leid angetan hatte. Sie hörte ihren Feind und sah ihn und konnte ihn doch nicht töten: Ihre sanfte Weiblichkeit redete auf sie ein [10260] und zerrte sie zurück. In ihr kämpften erbittert die zwei Widersacher, die unversöhnlichen Gegensätze: Zorn und Weiblichkeit; die beiden ergeben ein übles Paar, wenn sie aneinander geraten. Wenn der Zorn in Isôt den Feind erschlagen wollte, trat jedes Mal die sanfte Weiblichkeit an sie heran. [10270] „Nein", sprach die Süße, „nein, tu's nicht!" So waren in ihrem Herzen zwei Willen, ein einziges Herz meinte es bös und gut. Die Schöne warf das Schwert hin, um es gleich darauf wieder aufzuheben: Sie wusste nicht, ob es sie mehr zum Hass hinzog oder zur Güte, sie wollte und wollte nicht, sie wollte es tun und lassen. [10280] So trieb sie der Zweifel hin und her, bis endlich doch die sanfte Weiblichkeit den Zorn in die Knie zwang, so dass der Todfeind verschont und Môrolt ungerächt blieb.

Da warf sie das Schwert fort, weinend sprach sie: „Weh mir, dass ich diesen Tag erleben musste!" Ihre kluge Mutter redete ihr zu: „Allerliebste Tochter, [10290] dein inniges Leid ist auch das meine, und mir tut es noch mehr und ärger weh als dir; Gott in seiner Gnade hat es so gefügt, dass es dir nicht so nahe geht wie mir. Ach, mein Bruder ist tot; das war bis jetzt mein schlimmster Kummer, jetzt aber fürchte ich einen anderen von dir, Tochter, der geht mir noch ärger zu Herzen: [10300] Ich habe ja nichts auf Erden so lieb wie dich. Wenn ich damit verhindern kann, dass dir etwas zustößt, was mir arg wäre, will ich gern auf diese Rache verzichten. Ich kann ja ein Leid leichter und besser ertragen als zweie. Kummer macht mir der Kampf, den jener schlechte Kerl uns angetragen hat; die Sache steht jetzt so, dass wir schleunigst einen Ausweg finden müssen, [10310] dein Vater, der König, ich und du, sonst verlieren wir unsere Ehre und können nie mehr froh werden."

Da sprach der Mann im Bad: „Glückselige Damen, es ist wahr: Ich habe Euch Leid angetan, aber ich konnte nicht anders handeln in der Not. Wenn Ihr die Sache recht betrachten wolltet, so würdet auch Ihr einsehen, dass die Not, die mich zwang, [10320] nichts anderes war als der Tod: Den leidet kein Mann freiwillig, solange er sich noch wehren kann. Wie immer es aber damals gewesen sein mag und was immer Euch jetzt von dem Truchsess geschehen soll, das überlasst ein und derselben Hand, die wird es weisen. Ich werde es zu einem guten Ende bringen – wenn Ihr mich am Leben lasst und der Tod im Kampf mich nicht hindert. [10330] Isôt, meine Dame, und noch einmal Isôt, Ihr seid, das weiß ich wohl, allezeit klug und gut, treu und gescheit: Wenn Ihr beide mich ein bisschen Zutrauen fassen ließet und auf offene Drohungen verzichtet und überhaupt Euren alten Hass gegen Tristan mäßigen wolltet, [10340] so wollte ich Euch gerne frohe Botschaft bringen."

Isôts Mutter Isôt sah ihn lange an: Röte stieg ihr ins Gesicht, und ihre klaren Augen wurden nass. „O weh", sprach sie, „jetzt höre ich es und weiß gewiss, dass Ihr es seid – ich habe bis jetzt immer noch gezweifelt. Jetzt habt Ihr selber ungefragt bestätigt, dass es wahr ist. Wehe, wehe, Herr Tristan, [10350] dass ich je solche Gewalt über Euch gewinnen musste! Die ist vollkommen legitim und doch von einer Art, dass ich sie nicht so ausüben kann, wie es mir nützt und taugt! Aber Gewalt ist ein so kompliziertes Ding. Ich glaube, ich kann doch in diesem besonderen Fall meinem Feind gegenüber Gebrauch davon machen und das Recht so weit beugen, da ich es mit einem Bösewicht zu tun habe. [10360] Ja, will ich das wirklich? Ich glaube schon, ja, allerdings."

Ebenda kam die stolze, kluge Brangäne hinzu, heiter und mit leichtem Schritt, schön angezogen und geputzt huschte sie herein und sah das blanke Schwert da liegen und die beiden Damen schwer bekümmert. „Nanu", sprach das edle Mädchen, [10370] „Was haben diese Mienen zu bedeuten? Was macht Ihr drei denn da? Warum sind die Augen dieser Damen so trüb und nass? Und wie kommt dieses Schwert hierher?" „Sieh", sprach die edle Königin, „Brangäne, allerliebste Nichte, sieh, wie wir betrogen worden sind. Nichtsahnend haben wir die Schlange aufgezogen statt der Nachtigall, [10380] dem Raben geschrotete Körner hingestreut, die der Taube zugedacht waren. Herr im Himmel, wie konnten wir nur unseren Feind in aller Freundlichkeit zweimal vor einem schlimmen Tod bewahren! Mit unseren eigenen Händen haben wir unseren Feind Tristan gesund gepflegt. Sieh, schau ihn an: Der da sitzt, ist Tristan. Jetzt kann ich mich nicht entscheiden, ob ich mich rächen soll oder nicht. [10390] Nichte, was rätst du mir?" „Nein, Herrin, lasst das sein! Euer Heil und Euer Verstand müssen Euch davor bewahren, dass Ihr jemals eine solche Untat in Erwägung zieht und so ganz von Sinnen kommt, dass Ihr daran denkt, einen Mann zu töten, noch dazu einen, [10400] den Ihr in Euren Schutz und Frieden aufgenommen habt. Bei Gott, das habt Ihr doch gewiss nie ernsthaft erwogen. Und dann müsst Ihr auch bedenken, was für eine wichtige Sache Ihr mit ihm habt, eine, mit der Eure Ehre steht und fällt. Wollt Ihr Eure Ehre für das Leben Eures Feindes hingeben?" „Was meinst du, was soll ich dann tun?" [10410] „Meine Dame, denkt darüber nach. Geht hinaus, lasst ihn aus der Wanne steigen. Unterdessen haltet Rat und überlegt, was das Beste für Euch ist." Und so zogen die drei sich zurück, um sich in ihrer Kemenate zu beraten.

Die kluge Isôt sprach: „Sagt mir, ihr beiden: Was hat er wohl gemeint, als er zu uns zweien sprach, [10420] wenn wir von unserem alten Hass gegen ihn abließen, wollte er uns eine frohe Botschaft bringen? Was für eine wohl, das hätte ich gern gewusst." Brangäne sprach: „Mein Rat dazu ist, dass niemand ihn Feindschaft spüren lässt, bis wir wissen, was er vorhat. Er meint es vielleicht gut mit Euch und Euren Ehren. [10430] Man muss sein Mäntelchen nach dem Wind hängen. Wer weiß, in welcher Absicht er nach Irland gekommen ist. Womöglich hat er große Dinge mit Euch vor. Behandelt ihn fürs erste fürsorglich und aufmerksam und vergesst nie das eine: Ihr müsst Gott ewig dafür dankbar sein, dass dieser Mann die gemeine Schmach abwenden wird, die Euch von dem betrügerischen Truchsess droht. Gott in seiner Gnade hat uns recht geführt [10440] auf unserer Suche: Hätten wir ihn da nicht so schnell gefunden, dann wäre er, weiß Gott, gestorben. Und dann, mein Fräulein Isôt, stünde es jetzt um unsere Sache wahrhaftig schlecht. Behandelt ihn nicht feindselig, denn wenn er euren Hass spürt, läuft er Euch davon, sobald er kann, und hat ganz recht damit. [10450] Bemüht Euch also beide um sein Wohlsein, so dass er keinen Grund zur Klage hat. Das ist mein Rat, so sollt Ihr tun: Tristan ist so edel wie Ihr, er ist fein gebildet und klug und vollkommen in allen Dingen; wie immer Euch insgeheim zumute sein mag, begegnet ihm mit Courtoisie. Ich weiß nicht, was seine Absichten sind, [10460] aber es sind bestimmt ernste Dinge, die ihn hierher geführt haben: Wichtige Geschäfte hat er zu besorgen."

Sie standen auf und gingen weg und kamen zu Tristan: der lag auf dem Bett in seiner Kammer. Tristan wusste wohl, was er sich schuldig war: Er fuhr auf, als sie eintraten, fiel vor den reizenden, vornehmen Damen nieder, [10470] flehend kniete er zu ihren Füßen und sprach: „Gnade, Ihr süßen Damen, seht freundlich auf mich herab. Haltet mir zugute, dass ich zu Eurer höheren Ehre und zu Eurem Nutzen in Euer Land gekommen bin." Die strahlende Gesellschaft, die strahlenden Damen alle drei blickten auf, [10480] sie sahen einander an; sie standen da, er lag immer noch auf seinen Knien. „Herrin", sprach da Brangäne, „der Ritter liegt schon zu lange dort." Und die Königin sprach: „Was willst du von mir? Wie soll ich mich verhalten? Nichts in meinem Herzen zieht mich zu ihm hin, so dass ich Freundschaft mit ihm schließen könnte. Ich weiß nicht, was ich mit ihm anfangen soll." Brangäne sprach zu ihr: [10490] „Nun, liebe Herrin, folgt meinem Rat, Ihr und mein Fräulein Isôt: Ich weiß genau, dass es Euch sehr schwer fällt, Euer altes Leid zu überwinden und ihn anzunehmen. So versichert ihm doch beide, dass er um sein Leben nicht zu fürchten braucht. Vielleicht weiß er dann noch etwas zu sagen, was ihn Euch empfehlen könnte." [10500] Die Damen sprachen: „Nun, es sei." So forderte sie ihn denn auf, sich zu erheben. Sie gaben ihm das Versprechen, dann setzten sich alle viere nieder. Tristan fuhr in seiner Rede fort.

„Seht, meine Dame", sprach er, „wenn Ihr jetzt gute Freundschaft mit mir halten wollt, sorge ich innerhalb von nur zwei Tagen dafür – das ist die reine, gute Wahrheit –, [10510] dass Eure Tochter, die Ihr liebt, einen edlen König zum Mann nimmt, der ihrer wohl wert ist: Er ist ein großer Herr, der großartig zu schenken weiß, mit Schild und Speer so edel und ruhmreich wie nur je ein Ritter, aus einem Geschlecht von lauter Königen und noch dazu weit mächtiger als ihr Vater." „Wahrhaftig", sprach die Königin, [10520] „wenn ich mich auf Euer Wort verlassen könnte, dann wollte ich gern gehorsam alles tun, was man mir vorschlägt." „Meine Dame", antwortete ihr Tristan, „ich werde Euch bald Gewissheit verschaffen. Sobald die Versöhnung besiegelt ist, liefere ich Euch den Beweis. Wenn nicht, dann entlasst mich aus Eurem Frieden und schont mein Leben nicht." Die Kluge sprach: „Brangäne, sprich: [10530] Was rätst du mir, was meinst du?" „Ich meine, seine Worte klingen gut, und rate, dass Ihr tun sollt, wie er vorschlägt. Macht Euch von allem Zweifel frei, steht auf alle beide und küsst ihn. Und ich, wenn ich auch keine Königin bin, will das Meine zur Versöhnung tun: So wenig vornehm ich auch bin, war Môrolt doch mein Verwandter." So küssten ihn da alle drei, Isôt aber, die junge, tat es [10540] nach langem Widerstreben.
Als diese Versöhnung so geschehen war, sprach Tristan zu den Damen: „Der gütige Gott im Himmel weiß, dass ich mein Leben lang nie so froh war wie jetzt. Ich habe all die Zeit immer nur nach Gefahren, die mir begegnen könnten, gespäht und Ausschau gehalten: Ich musste mich vorsehen. [10550] Aber jetzt muss ich nur vor mich sehen und weiß, dass ich in Eurer Gnade bin. Lasst alle Sorgen los, Heil und Ehre bringe ich Euch, darum bin ich von Kurnewal nach Irland gefahren. Nach meinem ersten Aufenthalt hier, wo ich von Euch gesund gepflegt wurde, pries und rühmte ich Euch bei Marke, meinem Herrn, über alle Maßen, [10560] bis ich mit meinem Zureden seinen Sinn ganz auf Euch gelenkt hatte, so dass er sich endlich ein Herz fasste – doch fiel es ihm sehr schwer, und zwar deswegen: Er fürchtete Euren Hass, und außerdem hatte er beschlossen, mir zuliebe unverheiratet zu bleiben, damit ich nach seinem Tod sein Erbe würde. Ich aber riet ihm davon ab, [10570] und schließlich ließ er sich überreden. So wurden wir zwei darin einig, dass diese Reise gewagt werden sollte. Darum kam ich nach Irland, darum erschlug ich den Drachen. Und weil Ihr Euch mit solcher Güte um mich bemüht habt, soll die junge Dame meine Herrin und Königin in Kurnewal und England sein. [10580] Jetzt wisst Ihr, warum ich hier bin. Allerliebste edle Damen, allerliebst alle drei, haltet es vorerst geheim." „Nun sagt mir", sprach die Königin, „habt Ihr etwas dagegen, dass ich mit meinem Herrn darüber rede und Versöhnung stifte?" „Nein, meine Dame", sprach Tristan, „er darf davon erfahren. [10590] Ihr müsst nur

gut Acht geben, dass Ihr mir nicht schadet." „Nein, Herr, fürchtet Euch nicht, Ihr braucht Euch keine Sorgen zu machen."

Nun gingen die Damen und zogen sich in die Frauengemächer zurück. Da unterhielten sie sich darüber, wie geschickt und mit welch glücklicher Hand er alle seine Dinge meisterte. Alle drei rühmten [10600] seine Klugheit, erst die Mutter, dann Brangäne, die Tochter aber sprach: „Mutter, ich muss dir noch erzählen, wie ich herausgefunden habe, dass er Tristan heißt, es ist erstaunlich: Als ich mir das Schwert genau angeschaut hatte, nahm ich mir die Namen vor, Tantris und Tristan; die bewegte ich in meinem Sinn hin und her und hatte dabei immer das Gefühl, [10610] sie hätten etwas gemeinsam. Da untersuchte ich sie und musterte sie in allen Einzelheiten und fand heraus, dass man mit genau denselben Buchstaben den einen wie den anderen Namen bilden kann: Wie ich es auch las, es lief aufs selbe hinaus, nämlich auf nichts anderes als Tristan oder Tantris, denn man kann immer *beides* lesen. [10620] Und jetzt, Mutter, jetzt trenne diesen Namen Tantris in ein Tan und in ein Tris, und stelle dann das Trist vor das Tan, so sprichst du Tristan; und wenn du das Tan vor das Tris tust, so hast du wieder Tantris." Die Mutter bekreuzigte sich. „Gott schütze mich", sprach sie, „dass du darauf gekommen bist!"

[10630] Als die drei dann lange genug über ihn geredet hatten, bat die Königin den König zu sich; der kam zu ihr. „Seht, Herr", sprach sie, „seid so gut, erfüllt uns dreien eine inständige Bitte; wenn Ihr es tut, kommt es uns allen zugute." „Ich bin Euch gern gefällig, wo ich kann. Was Ihr wünscht, soll geschehen." [10640] „Habt Ihr es mir also zugesagt?", fragte die edle Königin. „Ja, alles, was Ihr wollt." „Danke, Herr, das ist genug. Herr, der Mann, der meinen Bruder erschlagen hat, Tristan, den habe ich hier bei mir: Ihr sollt ihm in Liebe und Freundschaft begegnen. Das Anliegen, das ihn herführt, ist von einer Art, dass eine Versöhnung wohl gerechtfertigt ist." [10650] Der König sprach: „Wahrhaftig, diese Entscheidung überlasse ich ohne Zögern dir: Dich geht er mehr an als mich; Môrolt, dein Bruder, stand dir näher als mir. Wenn du seine Sache aufgegeben hast – wie du willst, so tu ich's auch." Da erzählte sie dem König alles, wie Tristan es ihr gesagt hatte. [10660] Das gefiel dem König sehr, und er sprach: „Nun sieh zu, dass er getreulich tut, was er versprochen hat." Da sandte die Königin Brangäne hin, Tristan zu holen, und als er kam, fiel er vor dem König nieder: „Gnade, Herr König", sprach er. „Steht auf, mein Herr Tristan, kommt her zu mir", sprach Gurmûn, „und küsst mich. [10670] Ungern tue ich es, doch lasse ich von dieser Rache ab, da die Damen sich davon losgesagt haben." „Herr", sprach da Tristan, „seid Ihr dann auch mit meinem Herrn ausgesöhnt und seinen zwei Ländern?" „Ja, Herr", sprach Gurmûn.

Als man so Frieden geschlossen hatte, führte die Königin Tristan zu ihrer Tochter und ließ ihn neben ihr Platz nehmen. [10680] Sie bat ihn, er möge selber ihrem Herrn die ganze Sache ausführlich erzählen, wie es sich alles zugetragen hatte, dass er den Drachen erschlug, und von dem Verlangen des König Marke. Das berichtete er noch einmal von Anfang an. Da sprach der König: „Herr Tristan, welche Garantien aber habe ich, so dass ich dessen gewiss sein kann, was Ihr sagt?" [10690] „Die allerbesten, Herr: Ich habe hier bei mir alle Fürsten meines Herrn. Was Ihr zu Eurer Sicherheit verlangt, sollt Ihr bekommen, Ihr braucht es nur zu sagen: Allesamt bis zum letzten Mann gebe ich sie Euch."

Danach verabschiedete sich der König, die Damen und Tristan blieben alleine da. Nun nahm Tristan Paranîs beiseite. „Mein lieber Freund", sprach er, „geh da hinunter, [10700] da liegt ein Schiff im Hafen. Dahin geh in aller Stille und frage nach einem Mann, der Kurvenal heißt. Dem sag, doch heimlich, dass es keiner hört, er soll zu seinem Herrn kommen. Rede mit niemandem sonst darüber und bringe ihn mir, ohne Aufsehen zu erregen. Ich verlasse mich ganz auf deine Courtoisie." Nun, genau das tat Paranîs: Er stellte es so diskret an, [10710] dass niemand es bemerkte. Und als sie vor die Damen traten, grüßte ihn die Königin und niemand sonst von den Anwesenden. Sie nahmen von ihm nicht Notiz, weil er nicht wie ein Ritter auftrat.

Als Kurvenal sah, dass Tristan bei den Damen in guten Händen war und frisch und gesund, sprach er ihn [10720] auf französisch an: „A, bêâ dûz sir, um Gottes willen, was treibt Ihr? Da lasst Ihr es Euch still und heimlich in diesem himmlischen Paradies wohl sein, und wir müssen die schlimmsten Ängste ausstehen! Wir glaubten uns schon verloren; ich hätte einen Eid darauf geschworen, dass Ihr nicht mehr am Leben seid. [10730] Solchen Kummer habt Ihr uns bereitet! Das ganze Schiff, alle Eure Leute waren und sind noch davon überzeugt, Ihr wärt tot, und ließen sich nur mit schwerer Mühe dazu überreden, noch bis zum Abend auszuharren: heute Nacht wären sie davongefahren, das war beschlossene Sache." „Aber nein", sprach die edle Königin, „er ist quicklebendig und gesund." [10740] Da sprach nun Tristan, und zwar auf britûnisch: „Kurvenal, geh flink hinunter und sag ihnen, dass meine Sache gut steht und dass ich alles, wie es uns aufgetragen ist, zu Ende bringen werde." Dann erzählte er ihm ausführlich und in allen Einzelheiten, wie schön ihm alles gelungen war, und als er ihm [10750] von seinem Glück und seinen Mühen berichtet hatte, sprach er: „Jetzt mach dich flink auf den Weg, sag den großen Herren des Landes und auch den Rittern, dass sie alle morgen früh bereit sein sollen, schön herausgeputzt und jeder in seinem besten Gewand. Sie sollen meinen Boten erwarten, [10760] und wenn ich ihnen den sende, sollen sie hierher an den Hof reiten. Auch dir schicke ich morgen früh jemanden; dem gib die kleine Truhe mit, in der ich meine Kostbarkeiten aufbewahre, und dazu meine allerbesten Kleider. Du selbst sollst dich auch so fein kleiden, wie es sich für einen Ritter und Edelmann gehört." Kurvenal verbeugte sich und ging davon. [10770] Brangäne sprach: „Wer ist dieser Mann, der fand, hier sei es wie im Paradies? Ist er ein Ritter oder ein Knappe?" „Meine Dame, so wie Ihr ihn jetzt gesehen habt, könnte man ihn für alles mögliche halten; er ist aber ein Ritter und ein rechter Mann. Ich kann Euch versichern, dass es unter der Sonne nie ein Herz gegeben hat, in dem bessere Tugenden wohnten." „Ah, gesegnet soll er sein, der selige Mann", [10780] sprachen die zwei Königinnen und Brangäne, die feine und höfische Dame.

Als Kurvenal zum Schiff kam und, wie ihm aufgetragen worden war, Bericht erstattete, erzählte er den Leuten, was er erfahren und wie er Tristan angetroffen hatte. Da benahmen sie sich grade so wie Leute, denen ein Toter [10790] wieder auferstanden ist, so froh waren sie alle. Etliche allerdings freuten sich nicht so sehr über Tristans Triumph als vielmehr über den Friedensschluss. Die missgünstigen Barone fingen wieder zu tuscheln an und führten ihre alten Reden: Nun, da Tristan einen so gewaltigen Erfolg erzielt hatte, waren sie erst recht davon überzeugt, dass er [10800] der Zauberei schuldig sein musste. Allenthalben hörte man sie sagen: »Da schaut, das geht doch nicht mit rechten Dingen zu, was für Wunder dieser Mann zustande bringt. Ja, das würde ich doch gern wissen, wie er es anstellt, dass ihm alles gelingt, was er anfängt.«

Nun war der Tag gekommen, da der Zweikampf stattfinden sollte. Viele große Herren, [10810] die ganze Macht des Reichs, waren vor dem König im Saal versammelt. Da gab es viel Gerede unter den Edlen, die Leute wollten gerne wissen, wer da für die junge Isôt gegen den Truchsess kämpfen würde. Die Frage war in aller Munde, aber da war niemand, der Auskunft geben konnte. [10820] Inzwischen hatte man Tristan seine Truhe gebracht und seine Kleider. Er hatte drei Gürtel für die drei Damen ausgewählt, wahrhaft erlesene Stücke: Keine Kaiserin oder Königin hatte je einen besseren. Haarreife und Broschen, Täschchen und Ringe, von solchen Dingen war der Kasten voll bis an den Rand, und jedes einzelne Stück war so gut, [10830] dass keines Herzens Sinn je etwas Besseres hätte ersinnen können. Es wurde niemals etwas herausgenommen als einzig das, was Tristan für sich selber haben wollte, einen Gürtel etwa, der ihm gefiel, oder einen Haarreif und ein Spänglein, die er tragen wollte. »Ihr Schönen«, sprach er, »alle drei, [10840] nehmt dieses Kästchen mit allem, was darin ist, und tut damit, was Ihr wollt.«

Nach diesen Worten ging er weg, um sich anzukleiden. Daran wandte er alle Sorgfalt und bemühte sich darum, in so prächtigem Staat aufzutreten, wie es einem so recht stolzen Ritter angemessen ist. Seine Kleider standen ihm auch wirklich ausgezeichnet. [10850] Als er wieder herein-trat zu den Damen und die ihn ansahen, da ließen ihn die Damen auch in ihre Gedanken ein: Sie fanden alle drei, dass er schön und glückselig sei, und die drei entzückenden Frauen dachten alle zugleich: „Wirklich, die-ser Mann ist eine so recht männliche Schöpfung; [10860] seine Kleidung und seine Gestalt schaffen einen vollkommenen Mann, sie passen voll-kommen zueinander. Seine Dinge sind alle wohl gelungen."

Nun hatte Tristan auch nach seinen Leute rufen lassen. Die waren ge-kommen und hatten nacheinander in dem Saal Platz genommen. Da ging die ganze Hofgesellschaft hin, [10870] die wunderbaren Kleider zu bestaunen, die sie sahen. Etliche sagten, noch nie seien irgendwo so viele Männer derart fein gekleidet beisammen gewesen. Dass sie aber stumm blieben und nicht mit den Edlen des Landes redeten, hatte den Grund, dass sie die Landessprache nicht konnten.

Nun schickte der König [10880] einen Boten zur Königin und ließ sie bitten, an den Hof zu kommen und ihre Tochter mitzubringen. „Isôt", sprach die Mutter, „komm, gehen wir! Ihr, Herr Tristan, bleibt da. Ich werde Euch bald rufen lassen. Dann soll Brangäne Euch bei der Hand nehmen und hinführen; Ihr zwei tretet nach uns in den Saal." „Gerne, Frau Königin."

So erschien dort die Königin Isôt, [10890] das heitere Morgenrot, und führte ihre Sonne an der Hand, das Wunder von Irland, die strahlende Jungfrau Isôt. Die ging leichten, anmutigen Schritts mit ihrem Morgen-rot einher auf derselben Bahn, die ganze Gestalt reizend anzusehen, schlank, schön gerundet und schmal in ihrem taillierten Gewand, [10900] als hätte die Liebe selber sie gedrechselt zu ihrem Entzücken, ein hochfliegendes letztes Ziel, über das hinaus selbst der Wunsch nicht gelangen kann. Sie trug aus braunem Samt ein Kleid und einen Mantel von französischem Schnitt; das Kleid war dort, wo ihre Flanken zu den Hüften hin ausliefen, gerafft und gefältelt [10910] und eng um die Taille zusammengezogen mit einer Borte, die schön da lag, wo die Borte lie-gen soll. Das Kleid schmiegte sich vertraulich an ihren Leib, nirgends trug es auf, sondern suchte allenthalben ihre Nähe von oben bis unten und warf um ihre Füße ebendie Falten, die ihr euch wünscht. Der Mantel war aufwendig gefüttert mit weißem Hermelin, lauter schmale Streifen in schöner Ordnung. Er war weder zu kurz noch zu lang, der Saum schleifte nicht am Boden, noch schwebte er zu hoch drüber hin, sondern fiel [10920] genau, wie er sollte. Verbrämt war er mit einem feinen Zo-bel, genau so viel, als hätte ihn der gute Geschmack selber abgemessen, [10930] nicht zu schmal und nicht zu breit, schwarz und grau gespren-kelt, aber in so glatter Melange, dass weder Schwarz noch Grau irgendwo herausstach. Er ging rundherum und fasste das Weiß schön ein; da kommt der Zobel recht zur Geltung, wenn das eine so hübsch passend neben dem anderen steht. An den Schließen [10940] hing ein zierliches Schnürlein mit weißen Perlen. Durch die Schlaufe hatte die Schöne den Daumen ihrer linken Hand gesteckt. Die rechte lag etwas tiefer: Da, wo man den Mantel schließen soll, ihr wisst es ja, hatte sie ihn elegant mit zwei Fingern gefasst und hielt ihn zusammen. Von da fiel er nach seinem eigenen Willen [10950] und öffnete sich zum Saum hin, so dass man dort beides sah, den Pelz meine ich und den Oberstoff. Man sah das Innere und das Äußere des Kleids und, darin eingehüllt, das Bild, das die Liebe an Leib und Geist so vollkommen gedrechselt hatte: Die zwei Künste, die der Plastik und der Schneiderei, schufen da gemeinsam [10960] ein lebendes Bild, das nicht seinesgleichen hat. Schwarz und flaumig weiß wurde ihnen da vor Augen von den räuberischen Blitzen, die wie dichtes Schneegestöber auf sie eindrangen: Isôt raubte da, so glaube ich, manchem Mann die Sinne. Auf dem Haupt trug sie einen goldenen Reif, schön schmal und raffiniert gearbeitet. [10970] Da waren Juwelen eingefasst, kostbare Steine, feurig strahlend, so klein sie waren, die besten weit und breit: Smaragde und Jâchante, Saphire und Calzedône, und die waren so schön über den Reif hingestreut und komponiert, wie es nur je ein Goldschmied nach allen Regeln seiner Kunst [10980] zustande bringen konnte. Da strahlten Gold und Gold, ich meine: der Reif und Isôt, im Widerstreit; wären da die Steine nicht gewesen, dann hätte auch der klügste Mann glauben müssen, da wäre gar kein Reif, so glänzend und vom Gold ununterscheidbar war ihr Haar.

[10990] So ging Isôt mit Isôt dahin, die Tochter mit der Mutter, heiter und ohne alle Sorgen. Ihre Schritte waren weder kurz noch lang, sondern genau recht bemessen. Aufrecht war ihre Haltung und gelassen stolz, dem Sperber gleich, und sie war prächtig herausgeputzt wie ein Papagei. [11000] Sie blickte um sich wie der Falke auf dem Ast, nicht zu zart und nicht zu hart nahm sie die Dinge ins Visier, vielmehr glitt ihr Blick glatt und eben über ihr Revier hin, und er war so angenehm, dass es wenige Augenpaare gab, die nicht an den Spiegeln ihrer Augen ihre helle Freude hatten. [11010] Diese freudenspendende Sonne breitete ihr Licht überall aus, die Leute und der ganze Saal wurden von ihr, die da neben ihrer Mutter ging, heiter. Die beiden gingen nicht müßig, sie hatten zu tun: Sie grüßten freundlich auf zweierlei Weise, mit Gruß und Verneigung, mit Worten und schweigend. Jede von den zweien übte ihr Amt, [11020] wie es ihr zugeteilt war: Die eine grüßte, die andere verneigte sich, die Mutter sprach, die Tochter schwieg; so hielten es die beiden feinen Damen und waren fleißig bei der Sache.

Als sich Isôt und Isôt, die Sonne und ihr Morgenrot, niedergelassen und beim König Platz genommen hatten, sah der Truchsess in die Runde [11030] und fragte überall umher, wo denn der Kämpfer sei, der für die Sache der Damen eintreten wollte, aber keiner konnte ihm Auskunft geben. Da scharte er die Seinen um sich – das war eine große Menge Leute – und trat vor den König hin, um sich dem Gericht zu stellen. „Nun, Herr", sprach er, „hier bin ich und fordere mein Kampfrecht ein. [11040] Wo ist er denn nun, der gute Mann, der mir meine Ehren streitig machen will? Ich habe genügend Freunde und Vasallen und dazu das Recht auf meiner Seite: Verfahrt nach dem geltenden Recht, wie es Eure Pflicht ist, dann will ich meine Sache schon durchfechten. Ich fürchte keine Gewalt, außer von Euch."

„Truchsess", sprach die Königin, [11050] „wenn dieser Kampf nicht abzuwenden ist, dann weiß ich nicht, was ich tun soll; ich bin nicht darauf vorbereitet. Aber glaub mir, wenn du doch noch zurücktreten und dich auf die Abmachung einlassen wolltest, dass Isôt unbehelligt bleiben und von allen Ansprüchen frei sein soll, dann wäre das zu deinem und zu ihrem Besten." „Frei?", sprach der Truchsess, [11060] „Ja, meine Dame, Ihr würdet an meiner Stelle ohne Zweifel so handeln und ein gewonnenes Spiel so ohne weiteres aufgeben! Redet, so viel Ihr wollt, aber ich will als Sieger und Gewinner aus diesem Spiel hervorgehen. Ich hätte große Müh und Plage umsonst auf mich genommen, wenn ich nun unverrichteter Dinge das Feld räumte. Nein, meine Dame, ich will Eure Tochter haben, das ist mein letztes Wort. [11070] Ihr kennt ihn doch so gut, den Mann, der den Drachen getötet hat. Bringt ihn mir, dann braucht es keine langen Reden mehr."

„Truchsess", sprach die Königin, „ich verstehe schon: Es muss nun einmal sein, und ich muss zusehen, wo ich bleibe." Sie winkte Paranîs zu sich. „Geh", sprach sie, „und bringe mir den Mann. Da sahen sie nun einander an, die Ritter und Barone, [11080] ein großes Geraune erhob sich in der Menge: Sie fragten und spekulierten alle, wer wohl dieser Ritter sei, aber keiner wusste es. Da trat auch schon die stolze Brangäne herein, schön wie der Vollmond, und führte an der Hand Tristan, ihren Begleiter. Die stolze Edle [11090] schritt mit edler Anmut neben ihm, entzückend waren ihre Gestalt und ihr Gebaren, und ihr Sinn war stolz und frei. Auch ihr Gefährte an ihrer Hand schritt stolz dahin; seine ganze Erscheinung war rühmenswert und staunenswürdig, er besaß in gesegneter Fülle alles, was einen rechten Ritter auszeichnet, [11100] alles, was einen Ritter ziert, hatte er in Herrlichkeit. Seine Gestalt und seine Kleidung harmonierten aufs glücklichste miteinander, gemeinsam schufen sie das Bild eines ritterlichen Mannes. Er trug Kleider aus Ciclât, die waren unvorstellbar herrlich und von orientalischer Pracht. Sie waren nicht von der Art, die vornehme Herrschaften verschenken, [11110] nicht so

132

rar wie an den Höfen war an diesem Stoff das Gold. Seidene Partien waren schwer zu finden: Allenthalben mit Gold überflutet und in Gold getaucht, sah man das Gewebe kaum mehr. Über den Stoff war ein Netz aus kleinen Perlen gebreitet, [11120] die Maschen etwa eine Handbreit weit. Dahinter leuchtete der Ciclât wie glühende Kohlen. Gefüttert war er mit Timît von einer Farbe noch intensiver als Veilchenstoff, so violett wie die Blüte der Schwertlilie. Dieser golddurchwirkte Seidenstoff warf so schöne Falten und schmiegte sich so schön an [11130] wie nur je ein Gewebe dieser Art: Er stand dem herrlichen Mann herrlich zu Gesicht, er hätte sich nichts Besseres wünschen können. Auf dem Haupt trug er ein wunderbar glänzendes Diadem, von einem Meister meisterlich gearbeitet, das leuchtete wie eine Kerzenflamme. Wie Sterne blinkten daran Topase und Sardîne, [11140] Chrysolithe und Rubine. Es umgab sein Haupt und sein Haar mit einem hellen und reinen Schimmer. So kam er herein in Pracht und stolzer Herrlichkeit, ganz ein großer Herr und edel. Alles an ihm war großartig, prächtig war er in allen Dingen. [11150] Sie machten ihm Platz, als er so in den Palas trat. Da sahen ihn nun auch die von Kurnewal; freudig liefen sie hin und begrüßten und umarmten Brangäne und Tristan, die da gemeinsam gingen. Sie nahmen die zwei, sie und ihn, bei den Händen [11160] und geleiteten sie herrlich im Triumph vor die gekrönten Häupter. Der König und beide Königinnen bewiesen ihm feinen Anstand: Sie standen auf und begrüßten ihn. Tristan verbeugte sich vor den dreien. Dann hießen die drei Tristans Leute willkommen, herrlich und mit aller Höflichkeit, [11170] die man edlen Herren schuldig ist.

Da drängte dann die ganze Menge der Ritter herzu, um die Fremden zu begrüßen, von denen keiner etwas Näheres wusste. Einige freilich erkannten jetzt in ihnen ihre Vettern und Verwandten wieder, nämlich die, die man als Tribut aus Kurnewal nach Irland geschickt hatte. Da fiel so mancher Mann vor Freude [11180] weinend den Seinen in die Arme. Da gab es viel Freude und Tränen, aber ich will das hier nicht alles im Einzelnen berichten. Der König nahm Tristan mit seiner Begleitung, ihn und Brangäne also, und wies ihnen neben ihm Plätze an, doch so, das Tristan direkt neben ihm saß – auf seiner anderen Seite saßen [11190] die zwei wunderbaren Königinnen. Die Ritter und Barone und Tristans Leute nahmen zu ebener Erde Platz, und zwar so, dass jeder das Gericht im Auge hatte und verfolgen konnte, was da vor sich ging.

Die Edlen des Landes hatten viel zu raunen und zu reden über Tristan. [11200] Ich bin gewiss, dass sich in dem Saal viele Quellen des Lobs auftaten, aus manchen Mündern sprudelte es nur so zu seiner Ehre. Gar mancherlei und allerhand wussten sie an ihm zu preisen, etliche gab es, die sagten: „Wo hätte Gott je einen Mann gebildet, der besser zu einem

133

Ritter taugte? [11210] Ah, so vollkommen ist er geschaffen zum Kampf und zum Streit! Und was für prächtige Kleider er trägt! Nie hat man hier in Irland ein Gewand gesehen, das so recht eines Kaisers würdig ist. Und seine Leute sind mit königlicher Pracht gekleidet. Wahrhaftig, wer er auch immer sein mag, [11220] er hat edlen und generösen Sinn." So redeten da viele. Der Truchsess aber hatte Essig in den Augen, das könnt ihr mir glauben.

Nun wurde Stille geboten im Saal, und als es vollkommen ruhig und kein Wort und kein Wörtchen mehr zu hören war, da sprach der König: „Truchsess, rede. [11230] Was willst du dir anmaßen?" „Herr, ich habe den Serpant erschlagen." Der Fremde stand auf und sprach: „Herr, das habt Ihr nicht getan." „Doch, Herr, und ich beweise es an Ort und Stelle." „Was für einen Beweis habt Ihr denn?", fragte Tristan. „Diesen Kopf da, seht, den habe ich mitgenommen." „Herr König", sprach da Tristan, „da er sich auf diesen Kopf beruft, [11240] so befehlt, dass man hineinschaue. Findet man die Zunge dort an ihrem Platz, dann trete ich von meinem Anspruch zurück und will nicht länger streiten." So öffnete man das Maul des Drachen und fand nichts darin. Da hieß Tristan sogleich die Zunge holen, die wurde auch gebracht. „Ihr Herren", sprach er, „prüft es und seht, ob das die Zunge des Drachen ist." [11250] Da stimmten ihm alle zu und gaben ihm einhellig Recht, nur der Truchsess wollte partout widersprechen, er wusste aber nicht so richtig, wie er es anstellen sollte: Dem Elenden gerieten die Zunge und der Mund, die Worte und die Gedanken aus der Fassung und verquer, er konnte weder reden noch schweigen [11260] und wusste weder aus noch ein. „Ihr Herren alle", sprach Tristan, „da seht Ihr jetzt, wie wunderbar es zugegangen sein muss: Nachdem ich den Drachen erschlagen hatte, so dass ich ihm mit Leichtigkeit diese Zunge hier aus seinem Maul schneiden konnte, um sie mitzunehmen – nach alledem kam der da und schlug den Drachen tot." Da sagten die Herren alle: [11270] „Mit diesem Maulheldentum ist wenig Ehre zu gewinnen. Da kann einer sagen und reden, was er will, so weiß doch jeder, was davon zu halten ist. Richtig ist nichts anderes als dies: Der Mann, der zuerst da war und die Zunge an sich nahm, der hat auch den Serpant erschlagen." Dem stimmten alle zu.

Da stand der Betrüger nun alleine da, [11280] und der Fremde, der nur mit der Wahrheit im Bunde war, hatte den Beifall des ganzen Hofs gewonnen. „Herr König", sprach da Tristan, „nun denkt daran, was Ihr versprochen habt: Eure Tochter ist mir zugefallen." Der König sprach: „Herr, das halte ich, so wahr ich mich auf Euer Wort verlassen kann." „Nein, Herr", sprach da der falsche Drachentöter, „um Gottes willen, das dürft Ihr nicht! Wie immer es zugegangen sein mag, [11290] so doch bestimmt nicht ehrlich, da war Betrug im Spiel. Ehe man mich mit einem ungerechten Urteil um die versprochenen Ehren bringt, will ich sie noch lieber, wenn es denn sein muss, im Kampf verlieren: Herr, ich will den Zweikampf wagen." „Truchsess", sprach die kluge Isôt, „deine Sache ist bereits erledigt. Mit wem willst du weiter prozessieren? [11300] Wieso sollte dieser Herr da gegen dich kämpfen wollen? Er hat Isôt bekommen, mehr will er nicht. Er wäre dumm und kindisch, wenn er mit dir um nichts und wieder nichts kämpfen wollte." „Warum nicht, meine Dame?", sprach Tristan. „Schon damit er nicht behaupten kann, wir hätten ihm aus purer Willkür sein Recht vorenthalten, will ich mich ihm gerne stellen. Mein Herr, meine Dame, sprecht: [11310] Befehlt ihm, er soll nur gehen und sich eilig rüsten und bereiten; ich tue das gleiche."

Als der Truchsess nun sah, dass die Sache mit Macht auf einen Kampf zustrebte, nahm er die Seinen und ging mit ihnen weg, um sich mit ihnen zu besprechen und Rat zu halten. Da fanden die aber diese Angelegenheit [11320] so peinlich, dass er wenig Zuspruch bekam. Man sagte ihm: „Truchsess, dieser Rechtsstreit ist aus bösen Ursachen entstanden, und so hat er denn ein böses Ende genommen. Wie kannst du so vermessen sein! Wenn du, der du im Unrecht bist, dich zum Kampf stellst, dann geht es dir ans Leben. [11330] Wie könnten wir dir dazu raten! In dieser Sache ist guter Rat ebenso teuer wie die Ehre. Verlierst du jetzt, nachdem schon deine Ehre hin ist, das Leben, so ist der Schaden noch größer. Wir alle meinen, dass der Mann, der da gegen dich kämpfen soll, ganz offensichtlich ein couragierter Krieger ist. Wenn du es mit dem aufnehmen willst, bist du ein toter Mann. Der verräterische Rat des Bösen [11340] hat dich um deine Ehre gebracht, sieh zu, dass du nun dein Leben behältst. Im Übrigen bemühe dich darum und warte ab, ob sich vielleicht der eine oder andere, aus welchen Gründen auch immer, bereitfindet, die Schande und die Lüge ruhen zu lassen." Da sprach der Lügner: „Was soll ich also tun?" „Unser Rat ist kurz: Geh wieder hinein und sag, [11350] deine Freunde empfehlen dir, deinen Anspruch aufzugeben; darum wolltest du nun davon Abstand nehmen." So machte es der Truchsess: Er ging hinein und sagte, seine Verwandten und Vasallen hätten es ihm ausgeredet, und so wollte er nichts mehr davon wissen. „Truchsess", sprach die Königin, „dass ich das noch erleben darf, [11360] dass du ein gewonnenes Spiel so ohne weiteres aufgibst! Das hätte ich mir nicht träumen lassen!" Überall im Palas trieben die Leute solchen Spott mit ihm. Der arme Truchsess war ihre Geige und ihre Leier. Wie einen Ball trieben sie ihn spottend umher; lärmend machten sie sich über ihn lustig. So endete der Betrug [11370] mit öffentlicher Schande.

Als diese Sache nun erledigt war, eröffnete der König den im Palas versammelten Edlen des Landes, den Rittern und Baronen, dass dies Tristan war, und er sagte ihnen, so gut er selbst es wusste, warum Tristan nach

Irland gekommen war und dass er ihm versprochen hatte, [11380] ihm die Abmachungen in allen Einzelheiten zusammen mit Markes Fürsten zu bestätigen und zuzusichern. Die Edlen von Irland waren sehr froh über diese Neuigkeiten. Die Herren sagten, diese Aussöhnung sei eine schöne Sache und könne nur Gutes stiften, lang dauernde Feindschaft [11390] sei ein böser Zeitvertreib.

Da gebot und bat der König, Tristan möge ihm jetzt, wie versprochen, verbindlich zusichern, was sie verabredet hatten. Das tat er: Tristan und alle Vasallen seines Herrn schworen sogleich, dass Isôt das Land Kurnewal als Morgengabe bekommen [11400] und Herrin über ganz England sein sollte. Dann übergab Gurmûn Isôt ihrem Feind Tristan zu treuen Händen. Ihrem Feind, sage ich, denn sie war in ihrem Herzen immer noch nicht mit ihm versöhnt. Tristan nahm sie bei der Hand. „König", sprach er, „Herr über Irland, wir bitten Euch, meine Herrin und ich, um einen Gefallen, [11410] tut es ihr und mir zuliebe: Alle Ritter und Knaben, die seinerzeit aus Kurnewal und England als Tribut hierher geschickt wurden, sollen meiner Herrin hier dienen, das ist nur recht und billig, denn sie ist die Königin der beiden Länder; lasst also diese Leute frei." „Gerne", sprach der König, „es sei: Ich habe nichts dagegen, [11420] dass sie alle mit Euch heimsegeln."

Dieser Lauf der Dinge machte viele Herzen froh. Tristan befahl, ein zusätzliches Schiff zu besorgen und es so herzurichten, dass er selbst und Isôt und diejenigen, die er dabeihaben wollte, es bequem hätten, und als das bereit war, machte er sich fertig zur Heimreise. Boten wurden ausgesandt, [11430] um alle seine Landsleute, die sich am Hof oder sonst irgendwo im Reich aufhielten, zusammenzurufen.

Während sich Tristan mit den Seinen zur Fahrt rüstete und richtete, bereitete Isôt, die weise Königin, einen Liebestrank und verschloss ihn in einem Fläschchen aus Glas. [11440] Den hatte sie mit viel Raffinement ersonnen und erdacht und mit wunderbaren Kräften zustande gebracht: Wer gemeinsam mit einer anderen Person davon trank, der musste sie, ob er wollte oder nicht, von Stund an über alles lieben, und ihr erging es genauso mit ihm – die beiden mussten eins sein im Leben und im Tod, in der Trauer und in der Freude, so war es ihnen aufgegeben. Den Trank nahm die Kluge [11450] und traf sich mit Brangäne zu einem vertraulichen Gespräch. „Brangäne", sprach sie, „liebe Nichte, sei nicht traurig: Du sollst meine Tochter auf ihrer Fahrt begleiten, richte dich darauf ein. Jetzt hör zu, ich muss dir etwas sagen: Nimm dies Glas mit diesem Trank, ich vertraue es dir an. Hüte es wie das kostbarste aller Güter, lass es [11460] keinen Menschen auf Erden sehen. Und du darfst keinesfalls zulassen, dass jemand davon kostet. Tu gewissenhaft, was ich dir sage: Wenn Isôt und Marke in Liebe beieinander sind, dann reiche ihnen die-

136

sen Trank anstelle von Wein und lass sie ihn gemeinsam trinken. Achte ja darauf, dass außer den zweien niemand sonst auch nur einen Schluck davon nimmt, glaub mir, es ist besser so; [11470] auch du selbst sollst nichts davon trinken. Es ist ein Liebestrank, lass es dir gesagt sein. Ich vertraue dir Isôt an, eindringlich bitte ich dich: Hüte sie mit aller Sorgfalt, sie ist mein Ein und Alles. Mich und sie habe ich in deine Hand gegeben, mit deiner ganzen Seligkeit stehst du mir für sie ein: Mehr brauche ich dir nicht zu sagen." „Liebe Herrin", sprach da Brangäne, [11480] wenn Ihr beide es wünscht, will ich gerne mit ihr fahren und sie und ihre Ehre behüten, so gut ich irgend kann."

Abschied nahm Tristan mit allen seinen Leuten. Mit großen Freuden sagten sie überall in Weisefort adieu. Aus Liebe zu Isôt geleiteten ihn [11490] der König und die Königin mitsamt der ganzen Hofgesellschaft zum Hafen hinunter. Die noch nicht einmal in Gedanken seine Geliebte war und Zwingherrin seines Herzens, die lichte, reizende Isôt, weinte immerfort an seiner Seite. Ihr Vater und ihre Mutter vertrieben sich mit Jammer die allzu kurze Zeit. [11500] Viele Augen da wurden nass und rot. Isôt hatte viele Herzen in ihrer Gewalt, vielen Herzen machte sie heimlichen Kummer: Die weinten bitterlich um Isôt, das Glück ihrer Augen. Da war das Weinen allgemein, um sie weinten einträchtig viele Herzen und viele Augen, [11510] diese offen, jene im Verborgenen. Und als Isôt und Isôt, die Sonne und ihr Morgenrot, und dazu der volle Mond, die schöne Brangäne, sich trennen mussten, die beiden von der einen, da sah man erst recht Jammer und Leid: Dass dies unverbrüchlich treue Band gelöst wurde, machte ihnen große Schmerzen. [11520] Isôt küsste die beiden oft und immer wieder.

Als die von Kurnewal und auch die irischen Gefolgsleute der Dame alle Abschied genommen hatten und an Bord gegangen waren, bestieg zuletzt auch Tristan sein Schiff; Isôt, die strahlende junge Königin, die schönste Blüte Irlands, [11530] führte er an der Hand, traurig war sie und sehr bedrückt. Die zwei verneigten sich zum Land hin und empfahlen die Leute und das Land der Güte Gottes. Sie legten ab und fuhren davon. Laut erhoben sie die Stimme, einmal und dann noch einmal sangen sie: „In Gottes Namen fahren wir" und segelten aufs Meer hinaus.

[11540] Nun hatte man den Damen zu ihrer Bequemlichkeit einen eigenen Raum zugewiesen, wo sie ungestört waren, das hatte Tristan angeordnet. Da hielt sich die Königin mit ihrer Zofe auf, und kein Mann kam über ihre Schwelle außer Tristan dann und wann. Der kam öfter zu Besuch [11550] und tröstete die Königin, die da weinend saß. Die weinte immerfort und klagte, dass sie so von ihrer vertrauten Heimat und von allen ihren Freunden getrennt war und mit lauter Fremden ins Ungewisse fahren musste. Da tröstete Tristan sie dann immer mit aller

zarten Liebenswürdigkeit, [11560] sooft er sie in solchem Kummer antraf: Er nahm sie in die Arme, ganz zart und sacht und nie anders als so, wie es sich für einen Vasallen seiner Herrin gegenüber schickt. Der treue Mann bemühte sich, der Schönen in ihrem Kummer Linderung zu verschaffen, aber immer [11570] wenn er seine Arme um sie legte, musste die schöne Isôt an ihren Oheim denken, und da sprach sie dann jedes Mal: „Lasst das, Meister, bleibt mir vom Leib, tut Eure Arme weg! Ihr seid mir lästig: Warum fasst Ihr mich an?" „Ach, Schöne, ist das unrecht von mir?" „Ja, denn ich hasse Euch." [11580] „Allerliebste Dame", sprach er, „warum?" „Ihr habt meinen Oheim erschlagen." „Wir haben uns doch ausgesöhnt." „Das ist gleichgültig; Ihr seid mir verhasst, denn ich hätte keinen Kummer und keinen Schmerz, wenn Ihr nicht wärt. Ihr allein habt diesen Jammer über mich gebracht mit Eurer List und Tücke. Warum nur musstet Ihr mir zum Unglück [11590] von Kurnewal nach Irland kommen? Ihr habt mich den Meinen, die mich aufgezogen haben, mit Betrug abgewonnen und verschleppt mich nun weiß Gott wohin. Weiß Gott, was für einen Handel Ihr mit mir treibt, weiß Gott, was aus mir werden wird." „Nein, schöne Isôt, seid unbesorgt, ja, Ihr könnt Euch selig preisen: Ist es denn nicht besser, in der Fremde eine mächtige Königin zu sein, als arm und unbedeutend daheim zu leben? [11600] Reichtum und Ehre in einem fremden Land, das schmeckt doch anders als Schmach im eigenen Vaterland." „Ihr könnt sagen, was Ihr wollt, Meister Tristan", sprach das Mädchen, „aber ich wollte lieber in nicht ganz so großem Stil angenehm und zufrieden leben als verdrossen und geplagt in Pracht und Herrlichkeit." „Da habt Ihr Recht", sprach Tristan. [11610] „Wenn man aber ein angenehmes Leben haben kann und große Macht dazu, dann fährt man doch wohl besser mit dem doppelten Segen als mit einem von den beiden. Und sagt mir doch: Wenn es dazu gekommen wäre, dass Ihr den Truchsess hättet nehmen müssen, wie hättet Ihr es dann getroffen? Dann wärt Ihr jetzt sicher glücklich und zufrieden! [11620] Das ist nun der Dank dafür, dass ich Euch zu Hilfe kam und Euch von ihm erlöste!" „Darauf könnt Ihr lange warten", sprach das Mädchen, „dass ich Euch dafür danke; denn wenn es auch wahr ist, dass Ihr mich von ihm erlöst habt, so habt Ihr mich doch seither in solche Angst und Not gestürzt, dass es mir lieber wäre, ich hätte den Truchsess zum Mann genommen, [11630] als mich von Euch vor ihm retten lassen. So wenig er auch taugt, hätte er doch mit der Zeit mir zu Gefallen seine Schlechtigkeit abgelegt. Weiß Gott, vielleicht hätte ich dann irgendwann doch erkannt, dass er mich wirklich liebt?" Tristan sprach: „Das kommt mir recht abenteuerlich vor. Dass ein Herz gegen seine Natur Tugend übt, [11640] das erfordert schwere Mühe. Dass Unart jemals artig werden könnte, wird jeder Mensch vollends für erlogen halten.

Schöne, macht Euch keine Sorgen. Es dauert nicht mehr lang, dann gebe ich Euch einen König zum Herrn, bei dem Ihr ein Leben in Herrlichkeit und Freuden und Reichtum und Tugend und Ehre in Fülle finden werdet."

So segelten die Schiffe dahin, [11650] sie hatten beide guten Wind und gute Fahrt. Es waren aber die Damen, Isôt und ihr Gefolge, Wind und Wellen nicht gewöhnt: Schon bald machten ihnen die Strapazen der Reise schwer zu schaffen. Da befahl Tristan, ihr fürsorglicher Herr, Land anzusteuern [11660] und Rast zu halten. Man legte in einem Hafen an; da gingen die meisten der Leute von Bord, um sich an Land Bewegung zu machen. Tristan indes suchte gleich seine schöne Herrin auf, um ihr seine Reverenz zu erweisen und nach ihr zu sehen. Er setzte sich zu ihr, und als sie so miteinander über dieses und jenes plauderten, [11670] bat er darum, man möge ihm etwas zu trinken bringen. Es war aber keine von den Hofdamen da, nur einige ganz junge Mädchen leisteten der Königin Gesellschaft. Eines von denen sagte: „Seht, da steht ein Fläschchen mit Wein." O nein, das war nicht Wein, wenn es auch so aussah: Es war das Weh, das nie aufhört, unheilbare Herzensnot, [11680] an der sie beide sterben sollten. Von alledem aber wusste das Mädchen nichts. Sie stand auf und ging dahin, wo der Trank in der Glasflasche verwahrt war. Ihrem Herrn Tristan reichte sie das Gefäß; der bot es Isôt dar. Sie sträubte sich lange, ehe sie trank, und reichte es Tristan, der trank auch davon: Beide glaubten, es wäre Wein. [11690] Und da trat nun Brangäne herein, die sah das Glas und erkannte, was geschehen war. Sie erschrak so sehr, dass alle Kräfte sie verließen, sie wurde totenblass vor Entsetzen. Mit abgestorbenem Herzen trat sie hin, sie nahm das unselige schlimme Glas und trug es fort: In die tobende wilde See warf sie es. [11700] „Weh mir Armen", sprach sie, „wehe, dass ich je geboren wurde! Ach, wie ist es zugegangen, dass ich so ehrlos und treulos geworden bin? Es muss Gott erbarmen, dass ich je diese Reise unternahm, dass mich der Tod nicht niederstreckte, als ich auf diese unselige Fahrt mit Isôt geschickt wurde. Ach, Tristan und Isôt, [11710] dieser Trank ist euer beider Tod!"

Als das Mädchen und der Mann, Isôt und Tristan, den Trank getrunken hatten, da war sogleich die Macht zur Stelle, die alle Menschen umtreibt: Die Liebe, vor der kein Herz sicher ist, schlich sich in ihre Herzen. Ehe die beiden sie bemerkten, hatte sie da schon ihr Siegesbanner aufgepflanzt und unterwarf sie ihrem Regiment: Sie, die vorher zwei und verschieden gewesen waren, [11720] wurden ein und dasselbe und miteinander eins. Die zwei waren einander nicht mehr feindlich entgegengesetzt, der Hass der Isôt war verschwunden. Die Liebe hatte Versöhnung gestiftet, sie hatte beider Sinn so von Hass gereinigt und in Zärtlichkeit vereint, dass jedes dem anderen [11730] wie ein vollkommen klarer Spiegel war. Sie hatten nur mehr ein gemeinsames Herz: Ihre Sorge war sein Kummer, sein Kummer war ihre Sorge. Sie waren eins in ihrem Wohl und Wehe, aber sie offenbarten sich nicht, das machten Zweifel und Scham: Sie schämte sich und er auch, sie zweifelte an ihm und er an ihr. [11740] So blind entschlossen das Verlangen ihres Herzens in seinem einen Willen war, so machte es ihnen doch zuerst und am Anfang Kummer, darum verbargen sie es voreinander.

Als Tristan die Liebe spürte, da dachte er sofort an seine Treue und Ehre und sträubte sich. „Nein", dachte er immerzu, „lass es sein, Tristan, komm zur Vernunft, [11750] daran darfst du gar nicht denken." Aber das Herz wollte nun einmal anders. Gegen seinen eigenen Willen stritt er, er widerstrebte seinem Streben, er wollte hin und wollte weg. Der gefangene Mann versuchte immer wieder, sich aus seinen Fesseln zu befreien, lange mühte er sich ab. [11760] Der Treue wurde von zwei Seiten her hart bedrängt: Wenn er *sie* ansah und die süße Liebe im Verein mit ihr über sein Herz und seine Sinne hereinbrach, so dachte er jedes Mal an die Ehre, und die brachte ihn von ihr ab und in Sicherheit. Gleich darauf aber zwang ihn die Liebe, sich ihr wieder zuzuwenden: Sie war seine angestammte Herrschaft, [11770] ihr musste er gehorchen. Seine Treue und seine Ehre machten ihm große Schmerzen, von der Liebe aber hatte er noch mehr zu leiden, die tat ihm weher als weh. Mehr als Treue und Ehre zusammen quälte ihn die Liebe. Sein Herz lachte, wenn es sie ansah, und mahnte ihn doch, die Augen abzuwenden. Sie aber nicht mehr zu sehen, [11780] das war seine schlimmste Pein. Immer wieder, wie ein Gefangener, überlegte er verzweifelt, wie er ihr entkommen könnte, und dachte: „Geh dahin oder dorthin, such diesem Verlangen andere Ziele, liebe nach Herzenslust, aber woanders!", aber immer war der Strick da, der ihn band. Er nahm sich sein Herz und seinen Sinn vor [11790] und suchte, wie es zu ändern wäre, aber da war nichts als immer nur Isôt und Liebe.

Genauso erging es Isôt: Sie versuchte es auch mit aller Gewalt, auch ihr war dies Leben zuwider. Als sie den Leim der verführerischen Liebe bemerkte und erkannte, dass ihre Sinne schon tief eingesunken waren, [11800] suchte sie Land zu gewinnen und wollte weg davon: Da klebte der Leim an ihr und hielt sie fest und zog sie nieder. Die Schöne strebte fort mit aller Macht und kam doch nicht von der Stelle. Sie wollte sich partout nicht fügen, versuchte es auf alle Weise, mit Füßen und mit Händen bemühte sie sich loszukommen [11810] und tauchte dabei ihre Hände und Füße immer tiefer in die dunkle Süßigkeit des Mannes und der Liebe. Ihre festgeleimten Sinne konnten nicht mehr weg, sie fanden weder Brücke noch Steg, keinen halben Fußbreit, keinen halben Schritt vermochten sie sich von der Liebe zu entfernen. Wohin Isôt auch ihre

Gedanken lenkte, [11820] was für Gedanken sie auch hervorbrachte, so war da immer nur und immer wieder Liebe und Tristan – und das blieb alles verborgen. Ihr Herz und ihre Augen harmonierten schlecht: Die Scham scheuchte ihre Augen weg, die Liebe zog ihr Herz hin. Die ganze wirr zerstrittene Bande, die Jungfrau und der Mann, die Liebe und die Scham, [11830] machte sie ganz konfus: Die Jungfrau wollte den Mann und bemühte sich nach Kräften, ihn nicht anzusehen; die Scham sehnte sich nach Liebe und war darauf bedacht, es ja niemanden merken zu lassen. Was half das? Scham und Jungfernschaft sind, wie alle Welt weiß, ein rätselhaftes Ding: mehr eine Ursache als eine Sache, ein *Anfang* von etwas und folglich nicht von Dauer; sie halten sich nicht lange. [11840] Isôt gab den Widerstand auf, sie fügte sich ihrem Schicksal: Die Besiegte lieferte sich mit Leib und Seele dem Mann und der Liebe aus. Immer wieder blickte sie zu ihm hin und musterte ihn heimlich; ihre klaren Augen und ihr Sinn waren jetzt in schöner Harmonie miteinander. Ihr Herz und ihre Augen [11850] raubten da heimlich und voller Lust den Mann. Der erwiderte ihre Blicke, zärtlich und innig sah er sie an. Auch er musste der Liebe nachgeben, sie zwang ihn dazu. Der Mann und das Mädchen nutzten da jede Gelegenheit, sich am Anblick des anderen zu erfreuen, [11860] und jedes Mal schien es den beiden Liebenden, als wäre der andere jetzt noch viel schöner als zuvor. So befiehlt es nun einmal Recht und Gesetz der Liebe: Heute und gestern und allezeit, solang es Liebe gibt, ist es unter Liebenden so Brauch, das sie einander, wenn die Liebe wächst und Blüten treibt und üppig wuchernd Lust und Glück hervorbringt, immer besser gefallen [11870] und noch mehr als am Anfang. Die starkwüchsige Liebe wird immer schöner mit der Zeit, das ist so in ihr angelegt, und darum kann sie nie vergehen. Je länger, desto schöner: Darin liegen Kraft und Wert der Liebe. Wenn die Liebe später nicht besser wäre als früher, so müsste ihre Herrschaft bald zerfallen.

Die Schiffe legten wieder ab [11880] und segelten davon in Herrlichkeit und guter Dinge, sofern man das sagen darf: Da fuhren ja zwei Herzen mit, die hatte Liebe ganz von ihrem Kurs abgebracht. Die beiden hingen schweren Gedanken nach, sie quälte jenes beglückende Leid, das lauter wunderliche Dinge anstellt: Den Honig vergällt es, das Süße macht es sauer, [11890] den kühlen Tau feurig, das Lindernde schmerzhaft, den Herzen raubt es jegliche Courage und verkehrt alles in sein Gegenteil. Dieses Leiden hatte Tristan und Isôt befallen. Eine übermächtige Gewalt, unwiderstehlich und unerklärlich, schlug sie in ihren Bann und machte, dass keines von den beiden je Ruhe oder Wohlsein finden konnte, [11900] solange sie einander nicht sahen. Wenn sie aber beieinander waren, so litten sie wieder, denn es bedrückte sie, dass sie nicht zueinander kommen konnten; sie wollten es beide, aber Fremdheit und

Scham standen ihrem Glück entgegen. Wenn sie so beisammen waren und einander in solcher Heimlichkeit, gefangen mit dem Leim der Liebe, unverwandt ansahen, [11910] blieb ihr Äußeres nicht unberührt von dem, was im Herzen und in den Gedanken vor sich ging. Die Liebe treibt es gerne bunt und gab sich nicht damit zufrieden, dass die Ihren sie heimlich und verhohlen in den edlen Herzen trugen, sie wollte die ganze Fülle ihrer Macht über die beiden auch augenfällig offenbaren. Nicht lange blieb ihre Farbe unverändert, [11920] ihre Farbe blieb nicht lange gleich. Sie erbleichten und erröteten in unablässigem Wechsel. Sie wurden rot und bleich, wie die Liebe sie schminkte. An diesen untrüglichen Zeichen erkannten beide, wie es nur natürlich ist, wohl, dass beim anderen Liebe im Spiel war, [11930] und sie begannen bald, im Einverständnis miteinander verliebt zu tun und Gelegenheiten zu suchen, wo sie miteinander flüstern und plaudern konnten. Als rechte Wilderer der Liebe legten sie unermüdlich ihre Netze und Schlingen aus, lauerten einander auf und pirschten mit Antwort und Frage: Sie hatten viel zu reden miteinander. [11940] Isôt fing es so recht nach Mädchenart an und näherte sich ihrem Liebsten und *ami* in einem weit geschwungenen Bogen: Ganz an den fernen Anfang der Geschichte ging sie zurück und erinnerte ihn daran, wie er in einem kleinen Boot nach Develîn geschwommen kam, schwer verletzt und einsam, wie ihre Mutter sich seiner angenommen und ihn geheilt hatte, [11950] und dann kam sie darauf zu sprechen, wie sie selbst unter seiner Anleitung die höheren Schreiberkünste gelernt hatte und Latein und Saitenspiel. Umständlich und in allen Einzelheiten führte sie ihm seinen Heldenmut vor Augen und sprach auch von dem Drachen und wie sie ihn zweimal erkannt hatte: in dem Tümpel und im Bad. [11960] Das Gespräch ging flink hin und her, sie redete zu ihm und er zu ihr. „Ach", sprach Isôt, „dass ich Euch damals in dem Bad, als sich die günstige Gelegenheit ergab, nicht erschlug! Lieber Gott, warum nur habe ich es bleiben lassen! Wenn ich damals gewusst hätte, was ich heute weiß, wärt Ihr gewiss nicht mit dem Leben davongekommen." „Warum, schöne Isôt?", sprach er. „Was macht Euch Kummer? Was wisst Ihr?" [11970] „Alles, was ich weiß, macht mir Kummer; alles, was ich sehe, tut mir weh; mich quälen der Himmel und das Meer; mein eigener Leib, mein Leben ist mir eine Last." Sie suchte bei ihm Halt und lehnte sich mit ihrem Arm an ihn: Das war ihre erste Kühnheit. Leise stiegen Tränen in ihre spiegelnd klaren Augen, ihr Herz ging über, [11980] ihre süßen Lippen wurden voll, ihr Kopf sank schwer nieder. Ihr Geliebter streckte seine Arme nach ihr aus und umfasste sie: Nicht zu leicht und nicht zu fest hielt er sie umschlungen, immer noch wie ein Fremder. Sanft und leise sprach er: „Ach, schöne Süße, sagt mir doch: Was macht Euch Kummer, was tut Euch weh?"

Isôt, der Liebe Falke, [11990] sprach: „*Lameir,* so heißt meine Not, *lameir* bedrückt mein Herz, *lameir* ist es, was mich quält." Als sie da immer wieder von *lameir* sprach, besann er sich und überlegte genau und gründlich, was dieses Wort bedeuten mochte, und er kam darauf: *l'ameir,* das konnte Liebe meinen, aber auch das Bittere, und *la meir* das Meer. [12000] Das war eine ganze Menge Bedeutungen, fand er. Er überging die eine von den dreien und fragte nach den zwei anderen; von der Liebe, ihrer beider Herrin, ihrer beider Sehnsucht und Verlangen, sprach er nicht, sondern von dem Bitteren und dem Meer. „Ich glaube", sprach er, „schöne Isôt, das Meer und das Bittere machen Euch zu schaffen; Ihr empfindet Meer und Wind, [12010] die beiden, scheint mir, sind Euch bitter." „Nein, Herr, nein, was redet Ihr denn da! Keines von beiden macht mir Kummer, weder die Luft noch die See spüre ich, *lameir* tut mir weh, nichts anderes!" Da dachte er nun das Wort zu Ende und merkte, dass die Liebe darin war. Verstohlen sprach er zu ihr: „Tatsächlich, Schöne, geht es mir genauso. *Lameir* und Ihr, ihr seid mein ganzer Kummer. [12020] Liebe Herrin, süße Isôt, Ihr allein und Eure Liebe haben mir die Sinne verwirrt und mich um den Verstand gebracht, so dass ich ganz und gar aus meiner Bahn geworfen bin und nimmermehr zurückfinde. Mich bekümmert und schmerzt, mich beleidigt und kränkt alles, was mein Auge sieht: [12030] Nichts in der ganzen Welt ist mir in meinem Herzen lieb als Ihr allein. Isôt sprach: „Herr, und so lieb seid Ihr mir."

Als die Liebenden da erkannten, dass sie in ihrem Sinn, in ihrem Herzen und in ihrem Willen eins waren, wurden ihre Schmerzen nach und nach zugleich gestillt und erst recht offenbar: Die beiden fassten kühnen Mut, einander anzusehen und anzusprechen, [12040] der Mann das Mädchen, das Mädchen den Mann. Die Fremdheit zwischen ihnen war verschwunden, er küsste sie und sie küsste ihn liebevoll und zärtlich: Solche Glückseligkeit gab ihnen die Liebe mit auf den Weg der Besserung. Beide schenkten, beide tranken Süßigkeit, die aus dem Herzen kam. Immer wenn sie Gelegenheit fanden, ging es so zwischen ihnen [12050] her und hin, aber in aller Stille und Heimlichkeit, so dass niemand ihre Gefühle und ihr Verlangen erriet als einzig die, die bereits etwas davon wusste.

Die kluge Brangäne beobachtete sie oft still und verstohlen und bemerkte ihre Heimlichkeiten. Oft dachte sie bei sich: [12060] „O weh, ich merke schon, bei denen fängt die Liebe an." Es dauerte nicht lang, da sah sie immer deutlicher, wie ernst es um die beiden stand, und erkannte an ihrem Äußeren den inneren Schmerz der Seele und des Herzens. Das Leid der beiden war ihr arg, immerzu sah sie die zwei ameiren und amouren, [12070] seufzen und schmachten, brüten und sinnieren, die

143

Farbe changieren. So versunken waren sie in Liebesgedanken, dass sie Essen und Trinken vergaßen und körperlich so herunterkamen, dass es Brangäne angst und bange wurde; sie fürchtete das Schlimmste für die beiden [12080] und dachte: „Jetzt fass dir ein Herz: Du musst Gewissheit haben, was es damit auf sich hat." So setzte sich die stolze Kluge eines Tages in aller Stille und Vertraulichkeit zu den zweien. „Hier ist niemand", sprach sie, „als wir drei; nun sagt mir: Was bedrückt Euch? Ich sehe Euch immerzu in schwere Gedanken versunken und seufzen und trauern und klagen." [12090] „Ihr habt Takt und feine Lebensart: Wenn ich es nur wagen dürfte, wollte ich es Euch schon sagen", sprach Tristan. „Ja, Herr, Ihr könnt mir vertrauen, redet, sagt mir, was Ihr sagen wollt." „Meine Liebe, Allerbeste", sprach er, „ehe ich darüber weiter rede, müsst Ihr uns hoch und heilig versichern oder schwören, dass Ihr uns Armen wohl gesonnen und gnädig sein wollt: [12100] Sonst sind wir verloren." Brangäne versprach es ihm, bei ihrer Treue und bei Gott gelobte und versicherte sie ihm, dass sie ihnen ganz ergeben sei. „Liebe und getreue Dame", sprach Tristan, „nun denkt zuerst an Gott und dann an Eure Seligkeit: Seht unser Leid und unsere schlimme Not. [12110] Ich Armer und die arme Isôt, ich weiß nicht, wie es zugegangen ist, wir haben ganz plötzlich den Verstand verloren; wir leiden an einem wunderlichen Übel: Wir sterben vor Liebe und können niemals ungestört beisammen sein, von früh bis spät seid Ihr uns im Wege. Ganz bestimmt werden wir daran sterben, [12120] das ist allein Eure Schuld: Unser Tod und unser Leben stehen in Eurer Hand. Damit ist alles gesagt; Brangäne, liebes Mädchen, jetzt helft und seid Eurer Herrin und mir gnädig." Da sprach Brangäne zu Isôt: „Herrin, kommt Euer Kummer wirklich von dieser Not?" [12130] „Ja, liebste Cousine", sprach Isôt. Brangäne sprach: „Gott sei's geklagt, dass der Böse seinen Spott so mit uns treiben kann! Ich sehe schon, es bleibt mir nichts anderes übrig, ich muss es Euch zuliebe mir zuleide tun und Euch zu Eurer Schande verhelfen. Ehe ich Euch sterben lasse, will ich Euch lieber Gelegenheit geben, zu tun, [12140] was immer Ihr wollt. Um meinetwillen braucht Ihr es Euch nicht zu versagen, da die Rücksicht auf Eure Ehre Euch nicht zum Verzicht bewegen kann. Wenn Ihr Euch aber zügeln und enthalten könnt, das wäre das Beste, glaubt mir. Lasst die Schande bei uns dreien ruhen, und reden wir nie mehr davon. Haltet die Sache geheim: [12150] Eure Ehre steht auf dem Spiel. Wenn jemand außer uns dreien davon erfährt, seid Ihr verloren und ich mit Euch. Liebste Herrin, schöne Isôt, Euer Leben und Euer Tod stehen in Eurer Hand: Lenkt Tod und Leben nach Eurem Gutdünken. Von jetzt an braucht Ihr keine Furcht mehr vor mir zu haben: [12160] Tut, wie es Euch gefällt."

In der Nacht, als die Schöne im Bett lag und sich nach ihrem Liebsten sehnte und verzehrte, kamen leise ihr *ami* und ihre Ärztin in ihre Kammer geschlichen, Tristan und die Liebe. Die heilkundige Liebe führte [12170] ihren Patienten Tristan an der Hand dort hinein zu ihrer Patientin Isôt. Sie nahm die beiden Kranken und gab ihn ihr und gab sie ihm als Medizin. Was sonst hätte auch diese beiden von ihrem gemeinsamen Leiden erlösen und befreien können als die Vereinigung der beiden, die Fessel ihrer beider Sinne? [12180] Die Liebe, die Bestrickerin, band die zwei Herzen mit dem Strick ihrer Süßigkeit so meisterhaft und so wunderbar fest zusammen, dass sie nie mehr voneinander loskamen.

Eine langer Sermon über die Liebe ist höfisch gebildeten Sinnen zuwider und lästig, eine kurze Rede von edler Liebe [12190] tut edlen Sinnen wohl.

Wenn ich für meinen Teil auch mein Leben lang nur wenig von dem süßen Leid erfahren habe, dem sanften innigen Schmerz, der im Herzen drinnen so recht sanft grausam sticht, so sagt mir doch eine ahnungsvolle innere Stimme, der ich hier wohl trauen kann, dass die zwei Liebenden da froh und glücklich waren, [12200] weil sie die leidige Aufpasserei, der Liebe Fluch und ihre Feindin, aus dem Weg geschafft hatten. Ich habe viel über die beiden nachgedacht, ich denke an sie heute und alle Tage, und jedes Mal wenn ich Freuden der Liebe und ihren Jammer vor meine Augen hinbreite und ihre Verhältnisse in meinem Herzen betrachte, [12210] so wachsen meine Sehnsüchte, und der Wunsch, mein Kampfgefährte, will wie beflügelt hoch hinaus. Und wenn ich mich erst dem Wunder über allem Wunder zuwende, demjenigen, das in der Liebe findet, wer es nur recht zu suchen versteht, und über das Glück nachdenke, das den, der wahrhaft liebt, erwartet, so wird mir das Herz [12220] unendlich weit. Aus ganzer Seele erbarmt mich die Liebe, weil fast alle, die sich ihr verschrieben haben, an ihr hangen und kleben und doch keiner es versteht, ihr gerecht zu werden. Wir alle haben Liebe im Sinn, am Willen fehlt es uns nicht. Aber so wie wir es einander machen, [12230] das ist ganz verkehrt, nein, das ist keine Liebe. Wir packen die Sache nicht richtig an, wir säen Bilsensamen aus und meinen, es sollten Lilien und Rosen aufgehen. Das kann natürlich nichts werden. Wir müssen das ernten, was angebaut wurde, und nehmen, was der ausgesäte Samen eben bringt. Wir können nichts anderes mähen und schneiden [12240] als das, was wir gepflanzt haben. Wir bauen Liebe an, mit Galle im Herzen, verdorben und schlecht, wie wir sind, und erwarten von ihr Lust für Leib und Seele, so trägt sie uns nichts als lauter Leid – was wir gesät haben, ernten wir: Unrat und Unfrucht und Unart. Und wenn es uns so bös ergeht [12250] und der Schmerz in unserem Herz uns umzubringen droht, dann lasten wir das der Liebe an und machen sie, die doch völlig unschuldig ist, dafür verantwortlich. Wir allein säen das

Böse, und darum ernten wir Schande und Schmerzen. Damit wir nicht so sehr leiden müssen, sollten wir vorher daran denken: Nur wer besser sät, [12260] kann auch besser ernten. Ach, dass wir, die sich die Dinge dieser Welt nicht aus dem Sinn – sei er nun böse oder gut – geschlagen haben, unsere Tage so vergeuden! Wir vertreiben, ja verjagen uns die Zeit mit etwas, das wir Liebe nennen, und gewinnen nichts dabei als ebendie Mühsal und Plage, die wir daran gewendet haben; es ist alles Unglück und Misslingen, [12270] vergebens bemühen wir uns um das kostbare Gut, nach dem wir alle verlangen und das wir so sehr entbehren: Treu liebende Freundlichkeit, die immerfort wohl tut, die erst lässt Rosen inmitten der Dornen blühen und schenkt Wohlsein zur Plage; in ihr liegt verborgen Glück inmitten von Leid, sie bringt am Ende Freude hervor, [12280] soviel Kummer auch über sie kommen mag. Die findet man heute nirgends mehr: So schlecht haben wir ihren Acker bestellt.

Es ist wahr, wenn man behauptet, die Liebe sei ausgetrieben worden und ans Ende der Welt verjagt. Wir haben von ihr nur mehr das Wort, den leeren Namen, und selbst den haben wir so sehr zerredet und zerschlissen, [12290] dass nun die Erschöpfte sich ihres Namens schämt und das Wort ihr peinlich ist. Sie lebt sich selbst zum Schimpf und zur Last auf Erden, verachtet und gemein. Sie schlurft von Haus zu Haus und bettelt und trägt, um ihre Schande voll zu machen, einen buntscheckigen Sack mit sich herum. Darin bewahrt sie ihre Diebesbeute und was sie sonst zusammenrafft und sich vom Mund abspart, [12300] um es auf offener Straße zu verhökern. Ach, diesen Handel haben wir geschaffen, wir sind es, die sie zu so widernatürlichem Gebaren zwingen, und wenn wir noch so unschuldig tun. Die Liebe, aller Herzen Königin, frei und einzigartig edel, ist käuflich und für jedermann zu haben. Ach, wie haben wir uns unsere Herrin tributpflichtig gemacht! Wir haben [12310] in die Fassung des Rings, den wir tragen, einen falschen Stein eingesetzt und machen uns so selbst etwas vor. Das ist ein armseliger Betrug, wenn einer seine Lieben so belügt, dass er sich selbst betrügt. Wir falschen Liebenden, Betrüger in der Liebe, wie elend bringen wir unsere Tage hin, da wir unseren Jammer so selten an ein seliges Ende bringen! [12320] Wie vertun wir unser Leben freudlos und nutzlos! Immerhin gibt es doch etwas, was uns froh macht, so wenig es uns auch angeht: Wenn jemand schöne Geschichten von Freundschaft und Liebe zu erzählen weiß, wenn wir von Leuten reden können, die einst vor vielen hundert Jahren gelebt haben, das tut uns so recht von Herzen wohl. [12330] Gelegenheit, es jenen Menschen nachzutun, hätten wir in Fülle: Es gibt wohl kaum jemanden, der – wenn er nur treu und wahrhaftig und seinen Lieben gegenüber ohne Falsch wäre – nicht mit eigenen Anstrengungen in eigener Sache seinem Herzen solche Lust verschaffen könnte – nur ist es leider so, dass bei uns ebendas jämmerlich darniederliegt, was alle jene hohen Dinge hervorbringt: [12340] Treue, die von Herzen kommt. Die empfiehlt sich uns vergebens: Wir wenden die Augen ab von ihr und treten die Süße gleichgültig mit Füßen, ja, wir haben sie verachtungsvoll in den Boden gestampft, so dass wir sie, wenn wir uns jetzt auch noch so gern um sie bemühen wollten, gar nicht ohne weiteres wiederfinden könnten. [12350] Treue unter Menschen, die einander lieb sind, ist eine so gute und lohnende Sache – warum schätzen wir sie nicht? Es ist doch wahr: Ein Blick aus lieben Augen, die uns innig ansehen, löscht hunderttausend Schmerzen des Leibes und der Seele aus; ein Kuss von lieben Lippen, der aus dem tiefsten Grund des Herzens sanft und leise zu uns käme, [12360] ach, der könnte soviel Leiden der Sehnsucht und Herzweh von uns nehmen!

Ich weiß wohl, dass auch Tristan und Isôt, ungeduldig, wie sie waren, einander viel Leid und Traurigkeit abnahmen, als sie da endlich Besitz ergriffen von dem, was sie sich gemeinsam gewünscht hatten. Jenes Sehnen, das die Gedanken tyrannisiert, war vorbei. [12370] Alles, wonach Liebende sich sehnen, taten sie nun nach Herzenslust. Wenn die Zeit günstig war und ihnen Gelegenheit machte, gaben und nahmen sie treu und redlich und willig den Zins und den Zoll, die sie einander und der Liebe schuldeten. Ihnen war von Herzen wohl auf ihrer Reise; [12380] als sie erst die Fremdheit hinter sich gelassen hatten, war ihre Leidenschaft mächtig und stark. Und sie taten recht so und weise, denn die Liebenden, die sich voreinander verbergen, nachdem sie sich hingegeben haben, die dann schamhaft sein und von ihrer Lust nichts mehr wissen wollen, die bestehlen sich selbst. Je mehr sie verhehlen und verbergen, [12390] desto ärmer machen sie sich und mischen Leid in ihre Lust. Diese beiden aber verbargen sich nicht voreinander: Mit Reden und Blicken taten sie sehr vertraulich miteinander. So brachten sie in Glück und Seligkeit die Reise hin, und doch nicht völlig unbeschwert: Die Furcht vor dem, was sie erwartete, bedrückte sie. [12400] Schon jetzt fürchteten sie das, was wirklich ihrem Glück ein Ende machen und sie in große Not bringen sollte: dass die schöne Isôt einem Mann gehören sollte, den sie nicht wollte. Und noch etwas machte den beiden schwere Sorgen, nämlich Isôts verlorene Jungfernschaft. Um die tat es ihnen leid, [12410] der trauerten sie beide nach. Indes war der Verlust nicht ganz so schlimm und zu verschmerzen, zumal sie ihrer beider Willen oft und immer wieder freien Lauf lassen konnten.

Als sie sich dem Ziel ihrer Reise näherten und Kurnewal in Sicht kam, da freuten sich alle, [12420] alle waren froh, nur Tristan und Isôt nicht: Die erfüllte der Anblick mit Furcht und Schrecken – wenn es nach ihrem Willen gegangen wäre, so hätten sie nie wieder Land gesehen. Die

Furcht um ihrer beider Ehre quälte sie sehr. Sie wussten sich keinen Rat, wie sie es anstellen sollten, [12430] damit der König nicht merkte, dass Isôt keine Jungfrau mehr war. In ihrem kindlichen Unverstand – Liebende sind halt rechte Kinder – konnten sie zu keinem Rat gelangen, indes kam doch Rat zu ihnen.

Wenn Kinder, wie ungewitzt auch immer sie sonst noch sein mögen, so groß geworden sind, dass die Liebe mit ihnen spielen will, dann können wir an ihnen immer einigen Verstand und Schlauheit finden.

Ich will mir lange Reden sparen: [12440] Das kluge Kind Isôt fand einen Ausweg; das Beste, was sie jetzt noch tun konnten, war, Brangäne darum zu bitten, sie möge sich still und ohne ein Wort mit ihm zu sprechen in der ersten Nacht zu Marke, ihrem Herrn, legen und mit ihm schlafen. Wenn er auch um sein Recht betrogen werden musste, hätte er doch unter allen falschen Bräuten keine bessere wählen können, [12450] denn sie war schön und Jungfrau obendrein. Ja, so stiftet die Liebe die reine Aufrichtigkeit selber, die doch von gemeiner Hinterlist und Tücke nichts wissen sollte, dazu an, eifrig Betrügereien auszuhecken.

So machten es die Liebenden: Sie baten und bettelten Brangäne so lange, [12460] bis sie endlich nachgab und ihnen zusicherte und gelobte, zu tun, was sie verlangten; aber es fiel ihr sehr schwer: Mehr als einmal wurde sie rot und dann wieder ganz bleich, so arg war ihr diese Bitte. Es war auch wirklich eine sonderbare Zumutung. „Liebe Herrin", sprach Brangäne, „Eure Mutter, meine Herrin, [12470] die edle Königin, hat Euch in meine Obhut gegeben, ich hätte Euch auf dieser Fahrt und dieser unseligen Reise vor Unglück bewahren sollen. Jetzt ist Schande und Leid über Euch gekommen, weil ich unachtsam war. Ich darf mich darum nicht allzu bitter beklagen, wenn ich nun mit Euch die Schande tragen muss, ja, es wäre nur gerecht, [12480] wenn ich die ganze Last alleine auf mich nähme und Euch davon befreite. Gnädiger Gott, warum hast du mich so im Stich gelassen!" Da sprach Isôt zu Brangäne: „Stolze Cousine, sag: Was soll das heißen? Wovon sprichst du? Warum solltest du dir Vorwürfe machen, das verstehe ich nicht?" „Herrin, ich habe da vor einigen Tagen ein Glasfläschchen ins Meer geworfen." [12490] „Ja, und? Was ist daran schlimm?" „Ach", sprach sie, „dieses Glas, der Trank, der darin war, der ist Euer beider Tod." „Warum, liebe Cousine?", sprach Isôt, „Was ist damit?" „Es ist so", sprach Brangäne, und dann erzählte sie den beiden die ganze Geschichte von Anfang an. „Nun, Gott wird es weisen", sprach Tristan, „ob Tod oder Leben: [12500] Mir jedenfalls war es ein liebes Gift. Ich weiß nicht, wie jener Tod sein wird – dieser tut mir wohl. Wenn die selige Isôt mir immer so den Tod bringen sollte, dann wollte ich mich mit allen Kräften um ein ewiges Sterben bemühen."

Alles Reden hilft nichts: Wenn wir die Freuden der Liebe suchen, suchen wir, anders ist das gar nicht möglich, [12510] immer auch Leid.
So süß uns diese Freuden auch immer sein mögen, dürfen wir doch
darüber nicht vergessen, was die Ehre von uns fordert. Wer sich um
nichts mehr kümmern will als allein um die Lust des Leibes, der hat die
Ehre aufgegeben. Sosehr Tristan dieses Leben genoss, zog ihn doch die
Ehre davon weg. [12520] Seine Treue ließ ihm keine Ruhe und ermahnte
ihn, seine Pflicht zu tun: Er musste Marke seine Braut bringen. Die ver-
einte Macht von Treue und Ehre bedrängte mit wilder Gewalt sein Herz
und seinen Verstand, die vorher der Liebe unterlegen waren, da er sich
gegen sie für die Liebe entschieden hatte: Die beiden Besiegten [12530]
gewannen jetzt die Oberhand.

Tristan schickte sogleich Leute in zwei Booten hinüber ans Land, die
sollten Marke berichten, wie die Werbung um die schöne Irin ausgegangen war. Da ließ Marke in aller Eile das ganze Reich zusammenrufen,
tausend Boten schwärmten aus, die Ritterschaft des Landes herzuholen:
[12540] In großer Pracht und Herrlichkeit hieß man die Heimkehrer und
die Fremden willkommen. Das Ärgste und das Beste empfing Marke in
diesen beiden, die sein ganzes Leben waren, und er empfing es großartig
wie ein Mann, der empfängt, was ihm das Liebste auf der Welt ist. Marke
schickte Botschaft an alle Barone des Reichs: [12550] Sie sollten ihm die
gebührende Ehre erweisen und sich in achtzehn Tagen an seinem Hof
einfinden zu seiner Hochzeit. Alles geschah wie befohlen, sie kamen mit
großem Staat. Viele prächtige Scharen von Rittern und Damen kamen
dorthin, um das Glück ihrer Augen zu sehen, die klare Isôt. [12560] Die
wurde betrachtet und gemustert und bewundert, und alle sagten von
ihr: „Isôt, Isôt la blunde, marveil de tû le munde: Isôt ist einzigartig in
der Welt, ein Wunder ohnegleichen. Es ist wahr, was man von diesem
herrlichen Mädchen erzählt: Sie schenkt der Welt Glück [12570] wie die
Sonne mit ihrem Licht; in allen Ländern gibt es kein so wunderbares
Mädchen."

Als sie nun in aller Form verheiratet und in ihrem Recht als Herrin
über Kurnewal und England bestätigt worden war – doch sollte Tristan
den Thron erben, wenn sie keinen Erben zur Welt brächte – und man ihr
gehuldigt hatte, [12580] da kam die Nacht, da sie mit Marke, ihrem Gemahl, schlafen sollte. Da hatten sie und Brangäne und Tristan ihre Sache
gründlich überlegt und vorbereitet und alles aufs Beste bestellt. In Markes Kemenate waren nur vier Personen: [12590] diese drei und der König selber; Marke hatte sich bereits hingelegt. Brangäne hatte die Kleider
der Königin angezogen, die beiden hatten die Kleider getauscht. Tristan
führte Brangäne hin zu der Stätte, wo sie die Marter und die Pein erlei-
den sollte, ihre Herrin Isôt löschte die Lichter. Marke drückte Brangäne

fest an sich. [12600] Ich weiß nicht, wie ihr diese neue Sache gefiel, aber sie fügte sich so geduldig in das Spiel, das er mit ihr trieb, dass keine Klage hörbar wurde. Bereitwillig gab sie ihm hin, was er verlangte, mit Messing und mit Gold bezahlte sie ihn so, dass nichts zu wünschen übrig blieb. Ich muss schon sagen, [12610] dass dergleichen gewiss noch nicht oft vorgekommen ist: Welche Frau hätte je vorher in einem Bett so schönes Messing anstelle von goldener Münze an den Mann gebracht? Ja, ich will mein Leben darauf wetten, dass seit Adams Zeiten nie so edles Falschgeld ausgegeben und keinem Mann je ein so erfreulicher Schwindel ins Bett gelegt wurde.

All die Zeit, während die zwei da lagen [12620] und ihr Spiel trieben, stand Isôt große Angst und Not aus, sie musste immer wieder denken: „Ach, Gott, steh mir bei und hilf, dass meine Cousine mir die Treue hält! Ich fürchte, wenn sie dieses Spiel zu lange treibt, findet sie Geschmack daran [12630] und bleibt womöglich bei ihm, bis es hell wird: Dann fallen wir alle in Spott und Schande." Aber nein, ihr Sinn war lauter und ohne jede Bosheit: Als sie anstelle von Isôt ihre Schuldigkeit getan hatte, stand sie auf vom Bett. Da war schon Isôt zur Hand, [12640] ihren Platz einzunehmen, und setzte sich vor das Bett. Der König verlangte nun Wein, wie es der Brauch war: Damals war es allgemein üblich, dass, wenn einer bei einer Jungfrau gelegen und mit ihr geschlafen hatte, jemand den beiden Wein brachte, [12650] den sie gemeinsam aus einem Becher tranken. Genau so geschah es dort: Sein Neffe Tristan kam mit Licht und Wein, den tranken der König und die Königin. Einige Fassungen der Geschichte sagen, sie hätten von dem Elixier getrunken, das Tristan und Isôt in solche Not gebracht hatte, aber es war ja nichts mehr davon übrig: [12660] Brangäne hatte das Glas ins Meer geworfen.

Als sie dem Brauch Genüge getan und beide getrunken hatten, legte sich die junge Königin Isôt mit großem Widerstreben, insgeheim gepeinigt am Herzen und an der Seele, zu dem König, ihrem Herrn, nieder. Der wollte gleich noch einmal sein Glück in die Arme schließen und drückte sie fest an seinen Leib. [12670] Diese Frau oder jene, für ihn machte es keinen Unterschied, denn er fand auch dieses Mal eine Frau von bester Art und Gattung. Die eine war ihm wie die andere, von beiden bekam er Gold und Messing, und diese tat wie jene ihre Schuldigkeit, so dass er nichts merkte.

Isôt wurde [12680] von ihrem Herrn Marke sehr geliebt und mit Ehren überhäuft, das ganze Land war voll von ihrem Ruhm und Preis, denn alle sahen, dass sie mit vielen Tugenden und Fähigkeiten glänzte. Was nur irgend zu loben imstande war, lobte und pries sie. In all der Zeit fanden sie und ihr *ami* [12690] genügend Gelegenheit, sich miteinander die Zeit zu vertreiben, und genossen von früh bis spät ihr Glück, denn niemand ahnte etwas, kein Mensch argwöhnte etwas Unrechtes. Sie war immer und überall in seiner Nähe und konnte tun und lassen, was ihr gefiel.

Da kam ihr einmal, als sie über ihre Lage nachdachte, in den Sinn, [12700] da niemand von ihrem Geheimnis und ihren Betrügereien etwas wusste als Brangäne, so bräuchte sie sich, wenn nur dieses Mädchen nicht wäre, um ihre Ehre keine Sorgen mehr zu machen. Der Gedanke quälte sie und machte ihr große Angst, dass Brangäne in Marke verliebt sein [12710] und ihm ihre Schande und wie es alles zugegangen war verraten könnte. Am Beispiel der so ängstlich besorgten Königin können wir sehen, dass die Menschen Schande und Spott mehr fürchten als Gott. Zwei Knappen ließ sie kommen, Fremde aus England, die ließ sie beide [12720] fürchterliche Eide schwören und hoch und heilig versprechen und befahl es ihnen bei Todesstrafe: Was sie ihnen auftrug, sollten sie tun und niemandem etwas davon verraten. Dann sagte sie ihnen ihren mörderischen Plan, so sprach sie: „Jetzt passt auf, ihr beiden, was ich von euch will. Ich schicke euch ein Mädchen, [12730] mit dem reitet ihr flugs und in aller Stille in irgendeinen Wald, nah oder fern, der euch geeignet scheint und wo keine Menschen wohnen: Da schlagt ihr den Kopf ab. Passt gut auf, was sie redet, und sagt mir alles, was sie euch erzählt. Und bringt mir ihre Zunge mit. [12740] Ihr könnt euch darauf verlassen, dass ich euch schon morgen, koste es, was es wolle, beide großzügig ausstatten und zu Rittern machen werde, und ich will euch mein Leben lang Lehen und reiche Güter geben."

Das sicherte sie ihnen in aller Form zu. Dann rief Isôt Brangäne zu sich. „Brangäne", sprach sie, „schau mich an, [12750] ich sehe schrecklich elend aus, nicht wahr? Ich weiß nicht, was mir fehlt: Ich habe schlimmes Kopfweh. Du musst uns Kräuter holen; wir müssen etwas gegen dieses Übel tun, sonst sterbe ich." Brangäne sprach voller Mitgefühl: „Herrin, Euer Unglück tut mir sehr Leid. [12760] Jetzt zögert nicht länger, lasst mich irgendwohin führen, wo ich etwas finde, was gegen Euer Übel hilft." „Sieh, hier sind zwei Knappen, die sollen dich begleiten und dir den Weg weisen." „Ja, Herrin, das will ich tun." Sie saß auf und ritt mit ihnen. Als sie in den Wald kamen, wo es Pflanzen und Kräuter und Gras [12770] im Überfluss gab, wäre Brangäne gern abgestiegen, aber die beiden führten sie immer tiefer hinein in die wüste Wildnis. Mitten im Wald, weit weg von den Feldern, halfen die beiden treuen, edlen Kavaliere ihr vom Pferd und setzten sie auf die Erde, traurig und bekümmert [12780] zückten sie die Schwerter. Brangäne erschrak so sehr, dass sie niederfiel und lange so auf der Erde hingestreckt liegen blieb. Ihr Herz bebte, und sie zitterte am ganzen Leib. Ängstlich blickte sie auf. „Erbarmen, Ihr Herren", sprach sie. „Um Gottes willen, was habt Ihr vor?" „Ihr müsst da Euer Leben lassen." „Ach, warum? Sagt mir, warum." Da sprach der eine von den zweien: [12790] „Was habt Ihr der Königin angetan? Die hat uns befohlen, Euch zu töten. Es muss sein: Eure und unsere Herrin Isôt will Euren Tod."

Brangäne faltete die Hände, weinend sprach sie: „Nein, Ihr Herren, bei Eurer Güte und bei Gott bitte ich Euch, gewährt mir eine Frist und lasst mich noch so lange leben, [12800] dass ich Euch Antwort geben kann. Danach erschlagt mich: Das ist ja schnell vollbracht. Ihr sollt meiner Herrin sagen und selber wissen, dass ich nichts getan habe, mir ihre Ungnade zu verdienen, nichts, woraus ihr je, soweit ich denken konnte, ein Leid entstehen würde – allenfalls das eine, aber das will ich denn doch nicht glauben: Als wir von Irland hierher fuhren, [12810] da hatten wir zwei zwei Kleidungsstücke, jede eines, die waren etwas ganz Besonderes, exquisite Stücke, die nicht ihresgleichen hatten, die nahmen wir mit auf die Reise: zwei Hemden weiß wie Schnee. Und als wir auf unserer Fahrt in dieses Land auf dem Meer dahinsegelten, war ihr so heiß von der Sonne, dass sie in all den Tagen kaum je [12820] andere Kleidung vertrug als allein ihr weißes, reines Hemd. Das war ihr angenehm, und so zog sie es an und trug es immerzu, bis es mit der Zeit litt und sein reines Weiß unansehnlich wurde. Da hatte aber ich mein Hemd wohl behütet, schön in ein weißes Tuch eingeschlagen, in meinem Kasten [12830] verwahrt und verborgen. Und als meine Herrin hier ankam und sich mit dem König vermählte und mit ihm schlafen sollte, nun, da war ihr Hemd nicht so schön weiß, wie es sein sollte und wie sie es gerne wollte: Dass ich ihr dann meines lieh, nachdem ich es ihr erst verweigert hatte und so tatsächlich an ihr schuldig wurde, [12840] das könnte sie mir allenfalls zum Vorwurf machen, sonst weiß ich nichts; Gott ist mein Zeuge, dass ich nie eine Bitte oder ein Gebot von ihr missachtet habe. Jetzt seid so gut in Gottes Namen und grüßt sie von mir, die ihr so treu ergeben ist wie nur je ein Fräulein seiner Herrin. Gott in seiner Güte möge ihre Ehre, ihren Leib, ihr Leben behüten und beschützen. [12850] Mein Tod sei ihr vergeben. Meine Seele befehle ich Gott, mein Leben lege ich in Eure Hände."

Da sahen die zwei Männer voll Erbarmen einander an, das reine Mädchen, das so bitterlich weinte, rührte sie. Es reute sie beide, und es tat ihnen leid, dass sie versprochen hatten, [12860] sie umzubringen, da sie doch nichts an ihr fanden noch jemals finden konnten, was eine solche Mordtat gerechtfertigt hätte und todeswürdig gewesen wäre. Sie berieten sich untereinander und kamen überein, sie am Leben zu lassen, was immer ihnen auch geschehen mochte. Die Treuen fesselten sie und banden sie [12870] an einen Baum, hoch oben, wo sie vor den Wölfen sicher war, bis sie wiederkämen. Dann schnitten sie einem ihrer Vogelhunde die Zunge heraus und ritten fort. Ihrer Herrin Isôt, die den Mord befohlen hatte, sagten sie, sie hätten das Mädchen ermordet, sosehr es sie auch jammerte und erbarmte. [12880] Die Zunge, sagten sie beide, sei die ihre. Isôt sprach: „Jetzt sagt mir, was hat sie euch gesagt?" Da erzählten sie alles, wie sie es gehört hatten, die ganze Rede von Anfang an, und verschwiegen ihr nichts. „So", sprach sie, „mehr hat sie euch nicht gesagt?" „Nein, Herrin." Da rief Isôt: „Wehe! Zu Hilfe! Was sagt ihr da! [12890] Verfluchte Mörder, was habt ihr getan! Dafür müsst ihr beide hängen!" „Bei Gott", sprachen da die zwei, „wie könnt Ihr so etwas sagen? Launische Herrin, das ist ja nicht zu fassen! Ihr selber habt uns doch bedrängt und inständig angefleht, nur darum haben wir sie getötet." „Von einer solchen Bitte weiß ich nichts. [12900] Ich habe euch das Mädchen anvertraut und euch befohlen, auf sie Acht zu geben und sie zu schützen auf ihrem Weg; sie sollte etwas für mich besorgen. Bringt sie mir zurück, sonst müsst ihr sterben. Ihr verfluchten Mörderschlangen, ich bringe euch beide an den Galgen, oder ihr werdet auf dem Scheiterhaufen verbrannt." [12910] „Wahrhaftig, Herrin", sprachen die zwei, „Euer Herz und Euer Sinn sind nicht rein und gut, Ihr sprecht mit vielen Zungen. Herrin, lasst nicht gleich den Henker kommen: Wir wollen gern am Leben bleiben, darum bringen wir sie Euch wohlbehalten und heil zurück." Da weinte Isôt bitterlich und sprach: [12920] „Jetzt sagt mir die Wahrheit: Lebt Brangäne oder ist sie tot?" „Sie lebt noch, launische Isôt." „Ach, dann bringt sie nur her, dann will ich wahr machen, was ich euch versprochen habe." „Herrin Isôt, das soll geschehen." Isôt behielt den einen bei sich, der andere ritt zurück zu Brangäne [12930] und brachte sie ihrer Herrin Isôt. Und als sie vor Isôt trat, nahm die sie in die Arme und küsste sie einmal und immer wieder auf die Wangen und den Mund. Den beiden Männern gab sie zehn Pfund Gold; sie mussten versprechen, dass sie die Sache geheim hielten.

Da hatte nun die Königin Isôt [12940] den Beweis erhalten, dass Brangäne unwandelbar treu bis in den Tod war: Rein und ohne Falsch war ihr Sinn, im Tiegel geschmolzen und geläutert wie Gold. Von da an waren Brangäne und Isôt ein Herz und eine Seele, in Liebe und Treue einander so innig verbunden, dass nichts Trennendes [12950] mehr zwischen ihnen stand. Sie waren miteinander froh und vergnügt. Brangäne fühlte sich wohl dort am Hof, alle sangen ihr Lob, und sie war zu jedermann freundlich und wollte keinem etwas Böses, weder offen noch versteckt. Sie stand dem König und der Königin mit Rat und Tat zur Seite, [12960] nichts war ihr verschlossen, nichts geschah am Hof ohne Brangänes Wissen. Mit Eifer diente sie Isôt: Alles, was die nur wünschte, tat sie im Dienst ihrer Liebschaft mit Tristan. Sie betrieben ihre Sache so diskret, dass niemand je Verdacht schöpfte. Ihr Benehmen, ihre Reden, ihr

Wesen, [12970] ihr ganzes Tun und Lassen zog keine argwöhnischen Blicke auf sich, niemand ahnte etwas Böses. Sie lebten so sorglos heiter wie nur je zwei Liebende, die ungehindert und wie es ihnen gefällt über ihre gemeinsame Zeit verfügen können. Da jagten *amîe* und *amî* immerzu der Liebe nach. [12980] Oft fingen sich während des Tages ihre Augen in den Schlingen inniger Blicke: In der Menge, inmitten von Leuten, muss man mit Blicken deuten, sie müssen die Worte ersetzen, die das gegenseitige zärtliche Einverständnis zwischen den Liebenden vermitteln. So trieben sie es früh und spät, und sie konnten es ohne Gefahr tun: [12990] Ihre Reden und ihr ganzes Verhalten waren allezeit, wo sie auch gingen oder standen oder saßen, ungezwungen und natürlich. Wenn sie in Gesellschaft miteinander sprachen, woben sie bisweilen mit wunderbarer Kunstfertigkeit klebrige Wortfäden ein: In ihren Reden sah man viel Gespinst der Liebe glitzern [13000] wie Gold im Brokatstoff. Es dachte aber niemand, dass die Liebe, die aus ihren Worten und ihrem Benehmen sprach, eine andere wäre als die zwischen Verwandten: Alle wussten ja, wie nahe Marke und Tristan einander standen. Damit führten sie viele hinters Licht und erschwindelten sich Liebesfreuden; so führte die Liebe, diese hohe Dame, [13010] viele Herzen irre, so dass keines von ihnen erkannte, was es mit ihren Freundlichkeiten auf sich hatte. Ihre Liebe war rein und edel, ihrer beider Sinn, ihrer beider Wille waren eins und einig, ja und ja, nein und nein. Ja und nein, nein und ja, das gab es überhaupt nicht: Sie waren nirgends einander entgegen, [13020] sie gingen ineinander auf.

So brachten die zwei gemeinsam ihre Zeit in schöner Liebe hin, mal so und mal so, und waren manchmal froh und manchmal verstimmt, wie es Verliebten eben ergeht: In deren Herzen braut die Liebe süße und bittere Tränke, sie schafft Freude, doch auch Kummer und Not. [13030] Tristan und seiner Dame Isôt war es arg, wenn sie nicht zusammen sein konnten, wie sie gerne wollten, und so lebten sie denn traurig und froh. Es blieb ihnen auch nicht erspart, dass zuweilen Streit entstand, ich meine: Streit ohne Hass. Wenn aber einer behauptet, Zorn vertrüge sich nicht [13040] mit so inniger Liebe, dann sage ich euch: Wahrhaftig, der Mann hat niemals rechte Liebe erfahren, denn ebendas ist ihre Eigenart, auf solche Weise facht sie die Flammen der Leidenschaft an und befeuert die Liebenden; wenn der Zorn ihnen weh tut, so macht doch innige Treue alles wieder gut, und dann lebt die Zärtlichkeit neu wieder auf, und das Band der Treue ist stärker als je zuvor. [13050] Wie aber solcher Zorn zwischen Liebenden entsteht, und wie sie ohne einen Schlichter zu einer Versöhnung gelangen, das habt ihr oft genug erfahren. Liebende, die oft und immerzu beieinander sein können, bilden sich leicht ein, dass jemand anders ihrem Schatz lieber und inniger verbunden sei als sie

selbst; beim kleinsten Argwohn erheben sie gleich ein zorniges Kriegs-
geschrei, [13060] und ein eingebildetes Wehwehchen wird in einer großen Sühne wieder gutgemacht. Das ist auch ganz richtig so und soll
nicht anders sein, denn davon wird die Liebe stark und jung und neu und
in ihrer Innigkeit befeuert. Liebe verarmt und altert, kühlt ab und erkal-
tet, wenn ihr Feuer nicht lodert. [13070] Sobald der Zorn abgestorben
ist, treibt sie kein frisches Grün mehr hervor. Wenn unter Liebenden der
eine oder andere Streit ausbricht, so ist die Treue stets frisch und neu bereit, Versöhnung zu stiften; das erhält die Treue jung und läutert die
Liebe wie Gold.

So brachten Tristan und Isôt mit Lust und Leid ihre Tage hin, [13080]
Lust und Leid machten ihnen unermüdlich zu schaffen, doch war es ein
Leid, das ihnen nicht das Herz zerriss: Sie hatten beide noch kein Herzeleid erfahren, kein Unglück, das ins Herz trifft. Sie schwiegen fein still
von ihrer Sache und hielten ihr Geheimnis sorgsam und mit aller Sorgfalt
geheim. [13090] Das ging auch lange gut: Sie waren beide guter Dinge,
unbeschwert und fröhlich. Die Königin Isôt war beliebt im ganzen Land,
und von Tristan redeten alle Leute: Er war berühmt und bekannt und erstaunlich gefürchtet [13100] im ganzen Königreich.

Tristan war mutig und stolz: Viel von seiner Zeit verbrachte er mit
Kämpfen und ritterlichen Übungen. Wenn ihm seine Pflichten Zeit ließen, ging er auf die Beizjagd. Er ritt auch auf die Pirsch und auf die Hetzjagd, wie es eben die Jahreszeit fügte. Eines Tages kam ein Schiff nach
Kurnewal in Markes Hafen. [13110] Da ritt ein Ritter heraus und an den
Strand, ein edler Baron aus Irland, der hieß Gandîn und war fein gebildet, schön und mächtig und ein so gewaltiger Krieger, dass ganz Irland
seine Stärke rühmte. Der kam schön gekleidet und seinem ganzen Aus-
sehen und seiner Haltung nach ritterlich und vornehm [13120] alleine
auf Markes Hof geritten, ohne Schild und ohne Speer. Umgehängt auf
seinem Rücken trug er eine Rotte, hübsch mit Gold und Edelsteinen geschmückt und verziert und, damit ja nichts zu wünschen übrig bliebe,
mit Saiten bespannt. Er stieg ab und ging in den Palas, um [13130]
Marke und Isôt zu begrüßen, wie es sich gehörte: Er war oft und bei vielen Gelegenheiten ihr Ritter und *ami* gewesen, ihretwegen war er von Irland nach Kurnewal gekommen. „Dê vûs sal, messire Gandîn!", sprach
die Königin mit feiner Höflichkeit. „Merzî", sprach Gandîn, „bêle Isôt,
[13140] Schöne, schöner als Gold in Gandîns Augen." Da nahm Isôt den
König beiseite und sagte ihm, wer der Mann war. Marke fand es lächer-
lich und ziemlich sonderbar, dass er die Rotte mit sich herumtrug. Allen
stach es ins Auge, samt und sonders fanden sie es höchst befremdlich;
[13150] indes bemühte sich Marke, ihm Ehre zu erweisen, sowohl um
seiner eigenen Ehre willen als auch Isôt zuliebe: Die mahnte ihn, er

möge ihn ja ehrenvoll behandeln, da er ihr Landsmann war. Das ließ er sich gern gesagt sein: er bat ihn gleich, sich zu ihm zu setzen, und stellte ihm allerlei Fragen [13160] nach Land und Leuten, nach vornehmen Damen und höfischen Sitten. Als dann das Essen bereit war und alle sich die Hände wuschen und man auch ihm das Wasser reichte, da redete man ihm vielmals zu, endlich die Rotte abzulegen, doch konnte man ihn nicht dazu bewegen. Der König und die Königin [13170] ließen es ihm großzügig durchgehen, aber viele fanden es ungezogen und unanständig. Es blieb auch nicht aus, dass in der Gesellschaft allerlei Spott aufkam: Sie machten sich lustig über den Ritter mit der Rotte, den Herrn mit der Hucke. Der achtete gar nicht darauf: Er hatte [13180] neben Marke an der Tafel Platz genommen und aß und trank, wie es ihm gefiel.

Als man die Tische hinausgetragen hatte, stand er auf und ging hin, wo Markes Leute saßen. Die wiesen ihn nicht ab und unterhielten ihn, sehr bemüht, mit allerlei Hofgeschichten. Der König Marke, höflich wie er war und königlich in seinem ganzen Wesen, [13190] bat ihn vor der ganzen Gesellschaft, auf seiner Rotte etwas vorzutragen, es wäre ihnen allen ein Vergnügen, sein Spiel anzuhören. Der Gast sprach: „Herr, dazu habe ich keine Lust, so lange ich nicht weiß, was ich dafür bekomme." „Herr, wie meint Ihr das? Wollt Ihr etwas von mir haben? Seid ganz unbesorgt. Lasst Eure Kunst hören, [13200] ich gebe Euch, was Ihr nur wünschen könnt." „Abgemacht!", sprach der Ire. Er spielte ihnen eine Melodie, die allen sehr gefiel. Dann bat ihn der König, er möge gleich noch ein Stück zum Besten geben. Der hinterlistige Kerl lachte insgeheim und sprach: „Für *den* Lohn spiele ich Euch alles, was Ihr wollt", [13210] und musizierte noch einmal so schön. Als er das zweite Stück zu Ende gespielt hatte, trat Gandîn vor den König hin, die Rotte in der Hand. „Nun, Herr", sprach er, „denkt daran, was Ihr versprochen habt." Der König sprach: „Bitte, ich bin gern zu allem bereit. Sagt, was wollt Ihr haben?" „Gebt mir", sprach er, „Isôt." „Lieber Freund", sagte der König, „alles sonst, was Ihr [13220] verlangt, steht Euch zu Gebote. Aber *das* ist ganz unmöglich!" „Wahrhaftig, Herr", sprach Gandîn, „ich will nicht mehr und nicht weniger als dies: Isôt muss es sein." Der König sprach: „Wahrhaftig, das kann nicht sein." „Herr, Ihr wollt also Euer Wort nicht halten? Wenn sich das erst einmal herumspricht, dass Eure Wahrheit nichts wert ist, [13230] dann seid Ihr die längste Zeit König gewesen. Lasst Euch das königliche Recht vorlesen, und wenn da etwas anderes geschrieben steht, will ich auf meinem Anspruch nicht weiter bestehen. Und wenn Ihr behaupten wollt, oder wer sonst es sagt, Ihr hättet mir nichts versprochen, so halte ich gegen Euch oder ihn und gegen jedes Urteil eines Hofgerichts an meinem Recht fest: [13240] Mit meinem Leben stehe ich dafür ein im Kampf und will mein Recht erfechten. Nennt mir einen Streiter, oder reitet selbst mit mir in den Ring, da werde ich beweisen, dass die schöne Isôt mir zusteht."

Der König blickte umher in der Runde, ob er unter den Seinen jemanden fände, [13250] der es mit diesem Mann aufnehmen wollte. Da war aber keiner, der Lust hatte, sein Leben aufs Spiel zu setzen, und auch Marke selbst wollte nicht um Isôt kämpfen, denn Gandîn war so stark und kriegerisch und kühn, dass keiner sich danach drängte, ihm gegenüberzutreten. Nun war aber mein Herr Tristan in den Wald geritten auf die Jagd [13260] und wäre gewiss nicht so schnell zurück an den Hof gekommen, wenn er nicht unterwegs die böse Neuigkeit gehört hätte, dass man jenem die Königin ausgeliefert habe. Tatsächlich, sie war in seiner Gewalt: Gandîn hatte die Schöne, die bitterlich weinte und auf alle Weise ihrem Jammer Ausdruck gab, weggeführt vom Hof an den Strand, [13270] wo man ihm einen prächtigen Pavillon aufgestellt hatte, der war so recht edel und herrschaftlich. Da saß er mit der Königin und wartete, dass die Flut käme und sein Schiff wieder flott würde in der Strömung, denn es lag fest auf dem Uferkies.

Als nun Tristan heimkam [13280] und man ihm die Geschichte von der Rotte in allen Einzelheiten erzählt hatte, schwang er sich sogleich auf sein Pferd – seine Harfe nahm er mit – und sprengte kühn davon. In der Nähe des Hafens, lenkte er listig sein Pferd ab vom Weg zu einem Gebüsch und band es an einem Ast fest. Sein Schwert hängte er da hin [13290] und lief, die Harfe in der Hand, zu dem Pavillon. Da fand er in den Armen des Barons die arme Isôt sitzen, verzweifelt und in Tränen. Gandîn war sehr darum bemüht, sie zu trösten, es half aber wenig – ich meine: bis zu dem Augenblick, da sie *ihn* sah, den mit der Harfe. [13300] Gandîn grüßte ihn und sprach: „Dê te saut, bêas harpiers." „Merzî, gentil schevaliers", sprach Tristan. „Herr, ich habe mich sehr beeilt, hierher zu kommen. Man hat mir gesagt, Ihr seid von Irland. Herr, von dort stamme ich auch. Seid so großmütig, nehmt mich mit Euch heim nach Irland." [13310] Der Ire sprach, ohne lang zu überlegen: „Freund, das verspreche ich dir. Jetzt nimm Platz, spiele mir etwas auf der Harfe. Wenn du meine Dame hier trösten kannst, so dass sie aufhört zu weinen, dann schenke ich dir das allerbeste Gewand, das in diesem Pavillon zu finden ist." „Das gefällt mir, Herr", sprach Tristan. „Und ich bin guter Hoffnung: Wenn es nicht ganz schlimm um sie steht, [13320] so dass überhaupt kein Mann auf Erden sie mit seinem Spiel trösten kann, wird sie bestimmt bald aufhören, so unmäßig zu weinen."

Er griff in die Saiten und spielte so wunderschön, dass die Melodie Isôt sanft zu Herzen ging und alle ihre Gedanken durchdrang: Sie kam ganz vom Weinen ab und dachte nurmehr an ihren *ami*. [13330] Als nun das Stück zu Ende war, hatte die Flut eingesetzt und das Schiff wieder flott gemacht. Da riefen die Leute an Bord zum Strand hinüber: „Herr! Herr, kommt aufs Schiff! Wenn der Herr Tristan kommt und trifft Euch dort an Land, dann geht eine üble Zeit an. In seiner Hand liegt alle Gewalt [13340] über Land und Leute. Und er ist, sagt man, so kühn, so mutig und stolz, dass es Euch schlecht ergehen könnte." Die Rede machte Gandîn ärgerlich, sehr unwillig sprach er: „Gott soll mich verdammen, wenn ich deswegen früher an Bord gehe! [13350] Freund, lass erst noch den Leich von Dido hören; du spielst so schön, dass ich dich dafür lieben muss. Jetzt spiele für meine Herrin! Ich bringe dich in Freundschaft mit mir und ihr übers Meer und gebe dir schon hier an Ort und Stelle den versprochenen Lohn, das allerbeste Gewand, das ich habe." [13360] Tristan sprach: „Herr, das soll geschehen."

Der Spielmann hob von neuem an, wieder spielte er so wunderbar, dass Gandîn seiner Musik hingegeben lauschte. Er sah auch, dass Isôts Gedanken ganz bei der Harfe waren. Als der Leich zu Ende war, nahm Gandîn die Königin [13370] und wollte mit ihr auf sein Schiff. Da war aber mittlerweile die Flut so hoch angestiegen, dass das Schiff ein gutes Stück weit vom Ufer entfernt lag und man nur auf einem hochbeinigen Pferd zu der Rampe, die auf das Schiff führte, hinüber gelangen konnte. „Was sollen wir jetzt tun?", sprach Gandîn, „wie kommt meine Herrin dort hinüber?" „Nun, Herr", sprach der Spielmann, „da ich sicher bin, [13380] dass Ihr mich mitnehmt auf die Fahrt, will ich das, was ich hier in Kurnewal besitze, nicht zurücklassen. Ich habe ein großes Pferd, das steht hier in der Nähe; es ist bestimmt hoch genug, dass ich meine Herrin, Eure Geliebte, sicher so hinüberbringen kann, dass die Wellen ihr nichts anhaben können." Gandîn sprach: „Lieber Spielmann, [13390] dann geh nur flink, hole dein Pferd her und nimm auch gleich dein Gewand in Empfang." Tristan holte schnell das Pferd, und als er wiederkam, nahm er seine Harfe auf den Rücken und sprach: „Nun, Herr aus Irland, hebt mir meine Herrin herauf: Sie soll vor mir im Sattel sitzen; so bringe ich sie hinüber." „Nein, Spielmann", sprach Gandîn, „du darfst sie nicht anfassen, [13400] ich werde sie selbst aufs Schiff bringen." „Ach, Herr", sprach die schöne Isôt, „was macht Ihr so unnötige Umstände! Warum sollte er mich nicht anfassen dürfen? Schluss damit – ich sage Euch: Entweder dieser Spielmann bringt mich hin oder überhaupt niemand." Da reichte Gandîn ihm Isôt hinauf. „Mein Freund", sprach er, „pass gut auf sie auf und behandle sie mit edlem Anstand, [13410] dann will ich dir immer dankbar sein." Sobald er Isôt sicher in seinen Armen hatte, ließ er sein Pferd ein Stück weit galoppieren. Als Gandîn das sah, rief er ihm zornig nach: „He, du Gimpel, was soll das?" „Nein", sprach Tristan, „Gandîn heißt der Gimpel! Ihr, mein Freund, seid am Ende der Gimpel: Was Ihr mit Eurer Rotte dem König abgeschwindelt habt,

[13420] entführe ich Euch mit der Harfe. Ihr wolltet betrügen, jetzt seid Ihr selbst betrogen: Tristan ist Euch auf dem Fuß gefolgt, bis er Euch übertölpelt hat. Ihr schenkt wirklich kostbare Gewänder, mein Lieber: Ich habe jetzt das beste Kleid, das in Eurem Zelt zu finden war."

Tristan ritt seiner Wege. Gandîn war maßlos traurig und bedrückt: [13430] Der Schaden und die Scham taten ihm zuinnerst weh. Er fuhr heim übers Meer mit Scham und Schmerzen. Jene beiden Gefährten aber, Tristan und Isôt, ritten fort. Ob sie unterwegs vielleicht miteinander irgendwo ein Glück fanden und in den Blumen Rast hielten, darüber will ich keine Vermutungen anstellen – [13440] überhaupt ist alles Spekulieren und Vermuten meine Sache nicht. Tristan brachte Isôt seinem Oheim Marke zurück und tadelte ihn hart. „Um Gottes willen, Herr", sprach er, „wenn Euch die Königin lieb ist, wie könnt Ihr so gedankenlos sein, sie ohne weiteres für Harfen- oder Rottenspiel hinzugeben! [13450] Ihr macht Euch zum Gespött. Das ist doch ohne Beispiel in der Welt: dass eine Königin für Rottenspiel verschachert wird. Nehmt Euch in Acht, dass so etwas nie wieder geschieht, und passt künftig besser auf meine Herrin auf."

Tristans Lob und Ehre blühten nun erst recht am Hof und im ganzen Land, alle priesen sein Geschick und seine Klugheit. [13460] Er und die Königin waren weiter froh und munter: Sie machten einander glücklich, so gut sie es nur verstanden.

Damals hatte Tristan einen Kameraden, der war ein hoher Herr, ein Vasall des Königs und sein oberster Truchsess und hieß Marjodô. [13470] Er war Tristans Freund und ihm in Liebe verbunden – in der Liebe zu der reizenden Königin, meine ich: Die verehrte er heimlich, so wie oft Männer für irgendwelche Damen schwärmen, die ihrerseits kaum Notiz davon nehmen. Der Truchsess und Tristan bewohnten gemeinsam eine Kammer und waren gerne beieinander. [13480] Tristan konnte schön erzählen, und darum hatte der Truchsess es so eingerichtet, dass er nachts nahe bei ihm lag: So konnten sie bequem miteinander reden. Eines Nachts hatten er und Tristan sich lange über allerlei Dinge unterhalten und geschwatzt, und er war schließlich eingeschlafen. [13490] Da stahl sich der verliebte Tristan leise davon auf seine Pirsch: Das sollte ihm und der Königin viel schlimmen Kummer eintragen. Er glaubte sich unentdeckt und sicher, da hatte das Unglück seinen Fallstrick schon gespannt und lauerte mit Verrat und Plage an dem Pfad, den er gewöhnlich nahm, [13500] wenn er heiteren Herzens zu Isôt ging: Auf diesem Pfad lag Schnee in jener Nacht, auch schien der Mond sehr hell und klar. Tristan bemerkte keine Gefahr und ahnte keinerlei Verrat, er schritt nur immer frisch dahin, wo seine Heimlichkeiten ihn bereits erwarteten. Als er in die Kemenate kam, [13510] nahm Brangäne ein

Schachbrett, das da lag, das lehnte sie vor das Licht. Ich weiß nicht, warum sie vergaß, die Tür zu schließen: Die ließ sie offen, bevor sie wieder schlafen ging.

Während dies alles geschah, schlief der Truchsess und sah in einem Traum einen wilden, gefährlichen Eber, der kam aus dem Wald gelaufen [13520] zum Königshof, Schaum vor dem Maul, die Hauer gebleckt, und fiel alles an, was sich ihm in den Weg stellte. Da kamen gleich eine Menge Leute gerannt, viele Ritter liefen aufgeregt um den Eber herum, aber es war keiner darunter, der den Kampf gegen ihn aufnehmen wollte. [13530] So tobte er grunzend durch den Palas. Durch die Tür von Markes Schlafzimmer brach er, sein Bett zerwühlte er, besudelte mit seinem Geifer das Bett und die Laken des königlichen Betts. Das sahen alle Leute Markes, [13540] aber keiner tat etwas dagegen.

Da erwachte Marjodô und versammelte noch einmal die Bilder des Traums in seinem Herzen, denn ihm war sehr bang. Er rief Tristan, er wollte ihm erzählen, was ihm geträumt hatte. Er bekam aber keine Antwort. Da rief er noch einmal und wieder und streckte die Hand nach ihm aus, [13550] und als er ihn nicht ertasten konnte und merkte, dass das Bett leer war, erwachte mit einem Mal der Verdacht, dass Tristan Geheimnisse vor ihm hatte; aber von seinen Heimlichkeiten mit der Königin ahnte er nichts, das kam ihm gar nicht in den Sinn. Doch war er ihm in aller Freundschaft schon ein bisschen böse, [13560] weil er ihm, seinem lieben Kameraden, nichts von seinem heimlichen Treiben erzählt hatte.

Marjodô stand auf und zog sich an, ganz leise schlich er sich zur Tür und schaute hinaus: Da sah er Tristans Spur. Der folgte er durch einen Baumgarten: [13570] Der Schein des Mondes führte ihn auf dem Weg, den Tristan gegangen war, über Schnee und Gras bis zu der Tür der Kemenate. Da getraute er sich nicht weiter: Dass die Tür so weit offen stand, behagte ihm gar nicht. So überlegte er da lange, wohin Tristan wohl gegangen war, schlimme Dinge und gute zog er in Erwägung. [13580] Endlich kam ihm in den Sinn, Tristan sei vielleicht hinter einer von den Kammerjungfern her. Und kaum hatte er diesen Gedanken gefasst, da verfiel er auch schon auf den Verdacht, dass es die Königin selber war, die er besuchte. Der Verdacht ließ ihm keine Ruhe. Zuletzt fasste er sich ein Herz und trat ganz leise in das Zimmer [13590] und fand darin kein Licht noch Mondschein, denn die Kerze, die da brannte, half ihm wenig: Die war mit dem Schachbrett abgedeckt. So ging er aufs Geratewohl weiter und tastete sich an Mauern und Wänden entlang, bis er zum Bett der beiden kam; da hörte er die zwei, die da beieinander lagen, und es entging ihm nicht, was sie taten. [13600] Das kränkte ihn zuinnerst und war ihm wie ein Stich ins Herz, denn er hatte Isôt bis dahin mit treuer Anhänglichkeit geliebt und verehrt. Das war nun alles mit Hass und Leid hinweggefegt. Er dachte jetzt an sie mit Hass und Schmerz, mit Schmerz und Hass; das eine war ihm bitter und das andere arg. Er wusste nicht, wie er sich Genugtuung verschaffen konnte, [13610] wie er in dieser Sache am besten verfahren sollte, so dass er auch die rechte Wirkung erzielte. Hass und Schmerz stachelten ihn an, ohne jede Rücksicht auf die Gebote feiner Lebensart ihr Geheimnis auszuschreien und es überall herumzuerzählen. Davor ließ ihn aber der Gedanke an Tristan zurückschrecken, die Angst, [13620] der könnte ihm etwas antun. So zog er sich zurück und ging fort, als ein schwer beleidigter Mann legte er sich wieder hin. Bald kam auch Tristan zurück und schlüpfte leise in sein Bett. Er schwieg, und der andere schwieg auch; dergleichen war vorher kaum je vorgekommen und höchst ungewöhnlich. [13630] Das fiel Tristan auf, und er merkte, dass der andere etwas argwöhnte. Darum nahm er sich in Acht und passte besser auf als früher, was er sagte und tat, aber seine Vorsicht kam zu spät: Sein Geheimnis war verraten [13640] und entdeckt.

Der neidische Marjodô nahm den König beiseite und sagte ihm im Vertrauen, am Hof sei ein Gerede aufgekommen von Isôt und Tristan, das viel Ärgernis errege im Reich und bei den Leuten; der König müsse sich darum kümmern und zusehen, [13650] was er in der Sache tun könne, seine Ehe und seine Ehre zu schützen. Er sagte aber kein Wort davon, dass er selbst das, was er da berichtete, zweifelsfrei wusste. Durch und durch treu und gut und ohne Falsch, wie Marke war, fand er es ganz unglaublich, und er sträubte sich dagegen, [13660] dass er Isôt, den Leitstern seiner Freuden, je irgendeiner Missetat verdächtigen sollte, aber der Gedanke bedrückte und schmerzte ihn doch, und er belauerte ständig und allezeit die beiden, um etwas zu entdecken, was ihm Gewissheit gab. [13670] Er achtete genau auf ihre Worte, ihr Benehmen, fand aber nichts, was sie überführt hätte, denn Tristan hatte Isôt zur Vorsicht ermahnt und ihr vom Argwohn des Truchsessen erzählt.

Aber Marke ließ in seiner Wachsamkeit nicht nach, ängstlich gespannt beobachtete er sie bei Tag und Nacht. [13680] Eines Nachts, als er bei ihr lag und sich mit ihr unterhielt, da knüpfte er, während sie so plauderten, die Schlinge einer List und legte sie der Königin in den Weg: Und wirklich fing er sie darin. „Nun, meine Dame", sprach er, „sagt mir, was Ihr dazu meint, wie soll ich es machen: Ich will bald [13690] eine Wallfahrt unternehmen und bin vielleicht lange fort von zu Hause. In wessen Obhut wollt Ihr sein während dieser Zeit, wem soll ich Euch anvertrauen?" „Gott behüte!", sprach die Königin. „Wie könnt Ihr da fragen! Bei wem wäre ich je besser aufgehoben mitsamt dem ganzen Reich und Euren Leuten als bei Eurem Neffen, dem Ihr uns alle getrost anbefehlen könnt? [13700] Herr Tristan, Euer Schwestersohn, ist tapfer und klug und weiß sich in jeder Lage zu helfen."

Diese Antwort bestärkte Marke in seinem Argwohn und missfiel ihm sehr. Von nun an beobachtete und belauerte er sie erst recht misstrauisch und behielt sie so wachsam wie nie zuvor im Auge. Er erzählte auch dem Truchsess, [13710] wie die Probe ausgegangen war. Der sagte dazu: „Tatsächlich, Herr, es ist wahr! Da seht Ihr es: Sie kann es nicht verbergen, so sehr liebt sie ihn. Es ist eine große Torheit, dass Ihr sein Treiben duldet. So wahr Euch Eure Frau und Eure Ehre lieb ist: Ihr dürft ihn nicht länger dulden!" [13720] Das machte Marke schwer zu schaffen: Er litt ständig Todesqualen, weil er seinem Neffen mit Zweifel und Misstrauen begegnen musste und doch keinen Beweis in Händen hatte, der ihn irgendeiner Untat überführte.

Die überlistete Isôt war froh und glücklich; sie erzählte Brangäne lachend [13730] und voller Freude von der Wallfahrt, die ihr Herr machen wollte, und dass er sie gefragt hatte, wem er sie anvertrauen sollte. Da sprach Brangäne: „Herrin, jetzt sagt mir, und lügt mich nicht an, um Gottes willen, wen habt Ihr ihm genannt?" Da sagte ihr Isôt ganz wahrheitsgetreu, wie es zugegangen war. „Ach, törichte Frau!", sprach Brangäne, [13740] „Warum habt Ihr das gesagt? Diese ganze Rede, das höre ich doch, war nur eine List. Ich weiß genau, dass kein anderer als der Truchsess sich diesen Plan ausgedacht hat. Sie wollen Euch nur aushorchen. In Zukunft nehmt Euch besser in Acht: Wenn er noch einmal darauf zu sprechen kommt, dann tut, was ich Euch jetzt sage." [13750] Und sie belehrte ihre Herrin, wie sie antworten sollte und wie sie dieser List am besten begegnen konnte.

Marke war in all der Zeit mit zweierlei Leid schwer geschlagen, beide taten ihm weh, der Zweifel und das Misstrauen, die er hatte und nicht loswurde. Er misstraute sehr [13760] seiner herzallerliebsten Isôt, er zweifelte an Tristan, den er nie falsch oder illoyal gefunden hatte. Sein lieber Freund Tristan, sein Glück Isôt, die zwei waren seine ärgste Not: Sie hielten sein Herz und seinen Sinn in ihrer Gewalt. Er misstraute ihr und ihm, er zweifelte an beiden. [13770] Dem gedoppelten Leid folgte er gehorsam, wie es seine Pflicht und Schuldigkeit war: Sobald er sich Isôt zuwenden wollte, um sich der Freude zu ergeben, hielt das Misstrauen ihn zurück. Dem wollte er dann folgen und sich von ihm zur Wahrheit leiten lassen: Weil die ihm aber versagt blieb, quälte ihn der Zweifel wieder, [13780] und so war wieder alles wie zuvor.

Was könnte den Freuden der Liebe schädlicher sein als Zweifel und Misstrauen? Was quält ein Herz, das nach Liebe verlangt, mehr als der Zweifel? Das wird in seiner Not an sich selbst irre: Da hat es durch einen unseligen Zufall dieses oder jenes erfahren oder gesehen und könnte schwören, jetzt habe es letzte Gewissheit, [13790] aber ehe man auch nur die Hand umdrehen kann, wird alles wieder umgestoßen, und es sieht oder erfährt etwas anderes, das wieder Zweifel weckt und neue Verwirrung stiftet. Zwar tut es alle Welt, gleichwohl ist sehr unklug und eine große Torheit, in der Liebe dem Zweifel Raum zu geben, denn niemand kann mit ganzer Seele einen Menschen lieben, [13800] an dem er zugleich zweifeln muss. Nur noch schlimmer aber macht der seine Sache, der vom Zweifel und vom Argwohn zur Gewissheit vordringt, denn wenn er sein Ziel erreicht und weiß, was er vorher nur argwöhnte, wird ihm ebendas, was er mit solch unermüdlichem Eifer zu erjagen gesucht hatte, die Wahrheit, zur Quelle größten Unglücks. [13810] Jene beiden Übel, die ihn früher quälten, wären ihm jetzt eine Wohltat. Wenn es nur möglich wäre, würde er gerne Zweifel und Argwohn wiederhaben und ja niemals die unwiderlegliche Wahrheit finden. So kommt es, dass ein Übel neue Übel hervorbringt, und wenn die ärger werden und schlimmer, [13820] so erscheint uns das frühere Übel gut. So schlimm Zweifel in der Liebe ist, ist er doch nicht so schlimm und weit leichter zu ertragen als der gewisse Hass. Im Übrigen ist es nun einmal unvermeidlich: Liebe bringt unweigerlich Zweifel hervor. Wo Liebe ist, ist auch Zweifel, damit muss die Liebe leben. So lange sie zweifelt, [13830] so lange kann ihr noch geholfen werden; wenn sie die Wahrheit erblickt, ist sie verloren. Auch hat die Liebe einen eigentümlichen Charakterzug, der, ihr selbst am meisten zum Schaden, schon viel Unheil und Unruhe gestiftet hat: Wo ihre Sache ganz nach ihren Wünschen gerät, da strengt sie sich nicht an, zu behalten, was sie hat, und gibt es sehr leicht auf; wo sie aber zweifelt, [13840] da lässt sie nicht los, es zieht sie hin mit unwiderstehlicher Macht: Dem Zweifel spürt sie lauernd nach und strebt mit größerem Eifer nach unseliger Gewissheit als nach dem Glück, das sie gewinnen und festhalten könnte. Diese verrückte Verhaltensweise machte sich auch Marke ganz zu Eigen; von früh bis spät [13850] sann er mit leidenschaftlichem Verlangen darauf, wie er dem Zweifel und dem Argwohn ein Ende machen und zur gewissen Wahrheit seines Unglücks kommen könnte: Das war sein Wunsch und sein Begehren.

Eines Nachts geschah es wieder – das hatten er und Marjodô zusammen ausgeheckt –, [13860] dass er seine List an Isôt versuchte und sie listig aushorchen wollte. Da ging das Ding aber anders herum: mit dem Strick, den er ihr schlau zur Schlinge knüpfte, fing die Königin den König, ihren Herrn – und mit der Klugheit, die Brangäne sie gelehrt hatte. [13870] Brangänes Rat war ihr sehr nützlich, und ihnen beiden half, dass List gegen List ein gutes Mittel ist. Der König drückte die Königin ganz fest an sein Herz und küsste sie viele Male auf die Augen und den Mund. „Schöne", sprach er, „nichts auf der Welt ist mir so recht von Herzen lieb als Ihr allein; dass ich nun von Euch Abschied nehmen muss, [13880] Gott im Himmel sei's geklagt, das bringt mich schier um den Verstand." Die Königin hatte ihre Lektion gelernt und parierte Schlauheit mit Schläue. Seufzend sprach sie: „Weh mir, ach, es zerreißt mir das Herz! Ach, als Ihr von dieser unseligen Sache spracht, dachte ich, das wäre nur zum Scherz. Jetzt erst höre ich und weiß, [13890] dass es im Ernst geschehen soll." Sie hob an, mit den Augen und dem Mund schmerzliche Klage zur Schau zu stellen, und begann so jämmerlich zu weinen, dass der König in seiner simplen Gutgläubigkeit sich um allen seinen Zweifel betrügen ließ und geschworen hätte, dass ihre Klage von Herzen kam. [13900] Denn an den Frauen ist sonst keine Galle als die, die sie in ihren eigenen Worten offen legen, Verstellung ist ihnen fremd und Falschheit völlig unbekannt, wenn man davon absieht, dass sie, ob ihnen danach zumute ist oder nicht, jederzeit weinen können, sooft es ihnen geboten erscheint.

Isôt weinte bitterlich. Der gutgläubige Marke sprach: „Schöne, sagt mir doch, [13910] was habt Ihr, warum weint Ihr?" „Ich habe allen Grund zu weinen", sprach Isôt, „wenn ich klage, so, weil ich in meiner großen Not nicht anders kann. Ich arme Frau bin hier in einem fremden Land, ich habe nur dieses eine Leben und soviel Verstand, wie ich eben habe. Die zwei sind ganz Euch und Eurer Liebe hingegeben, so dass ich meinen Sinn an nichts hängen [13920] und nichts lieben kann als Euch allein. Mir ist nichts von Herzen lieb als Ihr, und ich weiß doch genau, dass Ihr mich nicht so gern habt, wie Ihr tut und sagt. Dass Ihr je den Gedanken ernstlich in Erwägung ziehen konntet, fortzureisen und mich in diesem fremden Land zurückzulassen, zeigt mir, wie wenig Euch an mir liegt, [13930] und so kann ich nie mehr froh und glücklich werden." „Nicht doch, Schöne", sprach er da, „Euch sind ja Land und Leute untertan, die gehören Euch so gut wie mir; Ihr seid ihre Herrin, alles steht zu Eurem Gebot: Jeder Wunsch wird Euch erfüllt, Ihr braucht nur zu befehlen. Und während meiner Abwesenheit [13940] wird sich mein fein gebildeter Neffe Tristan bestens um Euch kümmern. Der ist besonnen und klug und immer eifrig darum bemüht, Euch glücklich zu machen und Eure Herrlichkeit zu mehren. In den setze ich alles Vertrauen, das er verdient. Er hat Euch lieb [13950] und mich und wird alles tun, Euch und mir zu gefallen." „Herr Tristan?", sprach die schöne Isôt. „Wahrhaftig, lieber wollte ich tot und begraben sein, als je mein Einverständnis dazu geben, dass ich ihm anbefohlen würde. Dieser Heuchler weicht mir nicht von der Seite, ständig streicht er schmeichelnd um mich herum [13960] und sagt mir, wie lieb ich ihm sei. Aber Gott sieht ihm ins Herz und weiß, was es mit seiner treuen Anhänglichkeit auf sich hat. Und ich selber kenne ihn auch gut genug: Er hat mir meinen Oheim erschlagen und fürchtet meine Rache. Darum und aus keinem anderen Grund umschmeichelt er mich unablässig und umwirbt mich listig und tut mir schön, dieser Heuchler, [13970] und hofft so meine Freundschaft zu gewinnen. Aber das verfängt nicht, alles Schmeicheln hilft ihm wenig: Weiß Gott, wenn Ihr nicht wärt und ich nicht Euch zuliebe noch mehr als aus Rücksicht auf meine Würde freundlich täte, dann würde ich ihm gewiss nie einen freundlichen Blick schenken. [13980] Da es nun einmal nicht zu vermeiden ist, dass ich ihn höre und sehe, so lasse ich es mir wohl oder übel gefallen, aber mit dem Herzen bin ich nicht dabei, und auf meine Treue kann er nicht zählen. Ich habe mich ihm, das könnt Ihr mir glauben, oft und bei vielen Gelegenheiten zugewendet, doch immer mit herzlosen Augen und lügnerischem Mund [13990] und nur, um mich nicht dem Vorwurf auszusetzen, den man uns Frauen so oft macht: Wir seien, sagt man, den Freunden unserer Männer feind. Aus diesem Grund habe ich ihn oft mit lügenhaften Blicken und falscher Herzlichkeit so gründlich betrogen, dass er jeden Eid geschworen hätte, meine Freundlichkeit käme von Herzen. Herr, darauf dürft Ihr nichts geben. [14000] Euer Neffe, Herr Tristan, der darf keinen einzigen Tag lang mein Beschützer sein. Wenn Ihr meine Bitte erhören wollt, seid so gut, dann kümmert Euch auf Eurer Reise selbst um mich: Wo Ihr hingeht, dahin will ich Euch begleiten, wenn nicht Ihr selbst es mir verbietet oder der Tod dazwischentritt." So ging Isôt heuchlerisch ihrem Herrn und Ehemann um den Bart, [14010] bis sie ihm Zweifel und Zorn ganz abgeschmeichelt hatte und er geschworen hätte, dass sie es ehrlich meinte. Marke, der Zweifler, war da wieder auf gebahnten Weg gekommen. Seine Liebste hatte ihn von Zweifel und Argwohn erlöst: Alles, was sie sprach und tat, gefiel ihm wohl. [14020] Der König berichtete auch gleich dem Truchsess haarklein und in aller Ausführlichkeit, was sie ihm geantwortet und gesagt hatte und dass an ihr nicht das kleinste bisschen Verrat sei. Das gefiel dem Truchsess gar nicht, und er war tief enttäuscht, indes redete er dem König weiter zu und erklärte ihm, wie er Isôt [14030] noch einmal auf die Probe stellen sollte.

In der Nacht, als Marke wieder ein Bettgespräch mit ihr führte, stellte er ihr tückisch eine neue Fangfrage und lockte sie wieder in die Falle. „Seht", sprach er, „meine Dame, ich glaube, auf uns kommen schlimme Zeiten zu. Jetzt würde ich Euch gerne prüfen und mich davon überzeugen, dass eine Frau sehr wohl ein Reich regieren kann. [14040] Meine Dame, ich muss fort in den Krieg, und Ihr bleibt hier bei den Meinen. Alle, die mir wohlwollen, Verwandte wie Vasallen, werden Euch bereitwillig zugestehen, was Ihr an Gut und Ehre von ihnen fordert, die Damen und Gefolgsleute aber, die Ihr nicht in Eurer Nähe haben wollt und die nicht Euer Wohlgefallen finden, [14050] die schickt alle fort: Um

Euch und auf Eurem Land soll niemand bleiben, der Euch widerwärtig ist, damit nichts Euer Auge oder Ohr beleidige. Ich selber will mein Herz und meinen Sinn niemandem in Liebe zuwenden, dem Euer Herz nicht gnädig ist, das verspreche ich Euch. Seid immer froh und heiter [14060] und macht alles so, wie es Euch gefällt, damit bin ich gerne einverstanden. Und da mein Neffe Tristan Eurem Herzen zuwider ist, will ich ihn vom Hof entfernen, er soll aus dem Haus, sobald sich eine passende Gelegenheit findet. Er soll nach Parmenîe heimkehren und sich um seine eigenen Angelegenheiten kümmern, das ist das Beste für ihn und das Reich."

[14070] „Ihr seid sehr gnädig, Herr", sprach Isôt, „und meint es gut mit mir. Da ich nun davon überzeugt sein kann, dass Ihr besten Willens seid, nichts gern zu haben, was mein Herz betrübt, so scheint es mir nur recht, dass ich in allen Dingen, die Euch wohlgefallen und behagen, Eurem Willen nachgebe, so weit ich irgend kann, [14080] und mich von früh bis spät darum bemühe, Eurer Ehre mit Rat und Tat zu dienen. Überlegt Euch genau, Herr, was Ihr tut: Mein Rat und mein Wille ist es nicht und wird es niemals sein, dass Ihr Euren Neffen je von Eurem Hof entfernt, denn ich hätte die Schande davon; man würde ja sofort [14090] am Hof und im ganzen Land herumerzählen, ich hätte Euch aus Rachedurst und Hass dazu gedrängt, weil er mir meinen Oheim erschlagen hat. Da entstünde viel Gerede, das mir Schande und Euch keine Ehre machte. Ich werde dem niemals zustimmen, dass Ihr mir zuliebe einen Freund verstoßt [14100] oder um meinetwillen irgendjemanden kränkt oder hasst, der in Eurer Huld steht. Ihr müsst auch dies bedenken: Wenn er fort ist, wer beschützt dann Eure zwei Länder? Die sind bei einer Frau nicht gut und sicher aufgehoben. Wer zwei Königreiche recht und in Ehren regieren soll, [14110] der braucht Verstand und Courage. Wenn Ihr den Herrn Tristan nicht hier lasst, damit er den Ländern beisteht, dann sind die zwei Länder herrenlos. Keiner bringt es je wie er dahin, dass alle tun und lassen, wie er will. Wenn Krieg und Fehde ausbricht – damit muss man immer rechnen und jederzeit darauf vorbereitet sein –, [14120] dann kann es leicht geschehen, dass die Sache unglücklich ausgeht: So wird man mir anklagend und voll Erbitterung immer wieder den Herrn Tristan vorhalten, und allenthalben wird es heißen: ‚Wäre Tristan hier gewesen, dann stünden wir jetzt besser da!‘ Und sie werden mir alle [14130] in lautstarker Einigkeit den Vorwurf machen, ich hätte ihn Euch und ihnen zum Schaden um Eure Gunst gebracht. Herr, lasst das besser sein. Überlegt Euch die Sache noch einmal, denkt gründlich darüber nach. Entweder lasst mich mit Euch reiten, oder vertraut ihm die Regentschaft an. Was für Gefühle auch immer ich gegen ihn im Herzen trage, [14140] so ist es mir doch lieber, ihn in meiner

Nähe zu haben als einen anderen Mann, der uns nur hinderlich ist und uns gar noch zu Fall bringt."

Der König erkannte da sofort, dass ihr Herz darauf bedacht war, Tristans Ehre ungeschmälert zu erhalten, und fiel in seinen alten Zweifel und Argwohn zurück. Da war er nun mehr denn je der [14150] Zorngalle ausgeliefert und wurde ganz von ihr beherrscht. Isôt berichtete auch dieses Mal Brangäne ausführlich, was sie gesprochen hatten, und teilte ihr alles haarklein mit. Das missfiel Brangäne sehr, dass sie das gesagt hatte und dass das Gespräch so verlaufen war. Eine neue Lektion erteilte sie ihr und brachte ihr bei, was sie beim nächsten Mal sagen sollte.

[14160] In der Nacht, als die Königin wieder zu ihrem Herrn ins Bett kam, nahm sie ihn in ihre Arme: Sie hielten einander umschlungen, sie küssten einander, an ihre sanften, weichen Brüste drückte sie ihn fest, und sie begannen wieder ihr hinterhältiges Spiel mit Antwort und Frage. „Herr", sprach sie, [14170] „seid so gut und sagt mir: Habt Ihr da im Ernst geredet, als Ihr mir das von Herrn Tristan sagtet, ich meine, dass Ihr ihn mir zuliebe nach Hause schicken wollt? Wenn ich das glauben könnte, wollte ich Euch gerne dafür danken, heute und mein Leben lang. Herr, es ist nicht so, dass ich Euch weniger vertraute [14180] als ich kann und soll, nur fürchte ich, Ihr wollt mich vielleicht auf die Probe stellen. Wüsste ich aber gewiss, dass Ihr mir tatsächlich, wie Ihr gesagt habt, aus den Augen schaffen wollt, was mir verhasst ist, dann würde ich daran erkennen, dass Ihr mich wirklich lieb habt. Ich hätte Euch längst, [14190] wenn ich es nur über mich gebracht hätte, darum gebeten; denn ich weiß wohl, was ich von ihm zu erwarten habe, wenn ich ihn zu lang in meiner Nähe dulde. Nun, Herr, bedenkt dies, unbeirrt von meinem Hass: Wenn er in Eurer Abwesenheit die Reichsgeschäfte führt und Euch etwas zustößt, [14200] wie es im Krieg ja leicht geschehen kann, dann nimmt er mir die Krone und das Reich. Da habt Ihr es, da seht Ihr, was mir von ihm droht. Nun sorgt dafür, dass es gut wird, tut wie ein wahrer Freund: Erlöst mich von dem Herrn Tristan, das ist wohl getan; schickt ihn heim in sein Land oder befehlt ihm, dass er Euch auf Eurem Zug begleite – [14210] mich gebt in die Obhut des Truchsessen Marjodô. Könntet Ihr Euch aber dazu entschließen, mich mitzunehmen auf Eure Fahrt, so könnte meinetwegen hier regieren und herrschen, wer will, wenn ich nur bei Euch sein dürfte. Im Übrigen lasst Euch von alledem nicht beeinflussen, sondern verfahrt mit den Ländern und mit mir, wie es Euch selbst gut dünkt. [14220] Das ist mein Wille und meine Absicht, nichts anderes habe ich im Sinn, als Eurem Willen Genüge zu tun: Land und Leute stehen in Eurer Hand."

So tat sie ihrem Herrn schön, bis sie ihn wieder dazu brachte, den

Zweifel aufzugeben, und er wieder davon abkam, ihrem Herzen und ihrer Liebe zu misstrauen, [14230] und wieder die Königin für ganz unschuldig hielt und keiner Missetat fähig. Den Truchsess Marjodô aber hielt er für einen Lügner durch und durch, dabei hatte der ihm die reine Wahrheit von ihr gesagt.

Als nun der Truchsess sah, [14240] dass es nicht so ging, wie er gern wollte, versuchte er etwas Neues. Da war ein Zwerg am Hof, der hieß, so heißt es, Melôt Petit von Aquitanien und verstand sich angeblich darauf, verborgene Dinge nachts in den Gestirnen zu sehen. Ich selber will von ihm nichts berichten als das, was in dem Buch geschrieben steht. [14250] Da aber, in der wahren Geschichte, finde ich zu seiner Person nur die Auskunft, er sei durchtrieben und listig und redegewandt gewesen. Er ging beim König ein und aus und hatte auch Zutritt zur Kemenate. Da redete der Truchsess ihm zu, er solle, wenn er zu den Damen käme, ein Auge auf Tristan und die Königin haben; [14260] vielleicht könnte er ihm helfen, einen unumstößlichen Beweis für die Liebe der beiden zu finden, Marke würde ihn reich dafür belohnen und ihm immer dankbar sein.

An dieses Geschäft wandte nun der Zwerg unermüdlich alle seine List und Tücke: Immer wachsam achtete er genau auf ihre Worte und ihr Benehmen [14270] und entdeckte bald an den Liebenden die Liebe: Sie gingen so sanft vertraut miteinander um, dass Melôt ohne weiteres die untrüglichen Zeichen der Liebe sah. Er teilte es auch gleich Marke mit, dass da tatsächlich Liebe sei. So trieben die drei dies Spiel, Melôt und Marke und Marjodô, [14280] und verfielen schließlich auf den Gedanken: Wenn man Tristan vom Hof entfernte, so würde an den beiden die Wahrheit für jedermann sichtbar zu Tage treten.

Dieser Plan wurde auch gleich in die Tat umgesetzt: Der König bat seinen Neffen, er möge aus Rücksicht auf seine eigene Ehre [14290] die Kemenate meiden und sich auch sonst an keinem Ort aufhalten, wo er einer von den Damen begegnen könnte – am Hof werde geredet, und man tue gut daran, sich vor allem in Acht zu nehmen, woraus ihm und der Königin Schaden und Peinlichkeiten erwachsen könnten. Wie er gebeten und geboten hatte, so geschah es fortan: [14300] Tristan ließ sich überall dort, wo die Damen ein und aus gingen, nicht mehr sehen, die Kemenate und den Palas betrat er nicht mehr. Die Leute am Hof wurden jetzt erst so recht auf ihn aufmerksam, es fiel ihnen auf, dass er sich so rar machte, und sie kommentierten es zu seinem Ärger mit bösartigen Reden und sprachen schlecht von ihm. Allenthalben musste er immer neue Schmähungen hören.

[14310] Er und Isôt brachten ihre Zeit mit Sorgen hin, Traurigkeit und Jammer machte ihnen beiden schwer zu schaffen. Sie hatten Kummer

und noch einmal Kummer: Markes Argwohn machte ihnen Kummer, und sie litten Kummer, weil sie nicht zusammenkommen und miteinander reden konnten. Beide siechten dahin, [14320] unaufhaltsam schwanden ihnen Mut und Lebenskraft, bleich und blass wurden sie und sahen immer schlechter aus: Der Mann verzehrte sich nach der Frau, die Frau verzehrte sich nach dem Mann, nach Isôt Tristan, nach Tristan Isôt. Es war für beide ein harter Zwang. Es wundert mich nicht, [14330] dass ihre Not eins war und ihr Leid ungeschieden, sie hatten ja auch nur ein einziges Herz und einen Sinn gemeinsam; ihrer beider Übel, ihrer beider Wohlsein, ihrer beider Tod, ihrer beider Leben, die waren innig miteinander verwoben: Was einem von den beiden arg war, das bekam auch das andere zu spüren, was dem einen wohl tat, [14340] empfand auf der Stelle auch das andere. Sie waren beide miteinander im Bösen und im Guten völlig eins: Ihr gemeinsames Herzeleid war ihnen ins Gesicht geschrieben, ihre Farbe konnte die Liebe kaum verleugnen.

Marke bemerkte das auch sofort und sah den beiden an, [14350] dass die Trennung und Entfremdung ihnen nahe ging: Wenn sie nur gewusst hätten, wie sie es einrichten konnten, wären sie gern zusammengekommen. Ihm kam ein Gedanke, wie er sie in Versuchung führen konnte. Sogleich befahl er den Jägern, sich bereit zu machen, sie sollten mit den Hunden in den Wald. Er ließ ihnen ausrichten und am Hof bekannt geben, [14360] er wollte zwanzig Tage jagen; wer etwas vom Waidwerk verstehe oder sich gern die Zeit damit vertreiben wolle, sei eingeladen, ihn zu begleiten. Er verabschiedete sich von der Königin und sagte ihr, sie möge es sich gut gehen lassen daheim, wie es ihr beliebe. Verstohlen befahl er dem Zwerg Melôt, [14370] Tristans und Isôts Heimlichkeiten listig zu belauschen und auszuforschen, er werde ihm immer dafür dankbar sein. Er selber machte sich unter großem Getöse auf in die Wälder, sein Jagdgenosse Tristan blieb daheim: Seinem Oheim hatte er ausrichten lassen, er sei krank. [14380] Den kranken Jägersmann zog es auf seine eigene Pirsch. Er und Isôt blieben ihrem Kummer überlassen und schweiften mit Gedanken angestrengt suchend umher: Wie konnten sie es mit aller Vorsicht bewerkstelligen, einander zu sehen?

Sie konnten es aber nicht erdenken. [14390] In dieser Zeit nun ging Brangäne zu Tristan, denn sie wusste wohl, dass seine Liebesschmerzen ernst waren. Sie klagte ihm, er klagte ihr, er sprach: „Ach, Reine, sagt mir doch, wie ist diesem Jammer abzuhelfen? Was sollen wir tun, ich und die arme Isôt, damit wir nicht zugrunde gehen? [14400] Ich weiß nicht, wie wir es anstellen sollen, dass wir unser Leben behalten." „Was für einen Rat kann ich Euch geben?", entgegnete die Treue. „Ach, es muss Gott im Himmel reuen, dass wir je geboren wurden. Wir alle drei haben unser Glück und unsere Ehre verloren, wir können nie mehr so froh und frei werden wie früher. [14410] Wehe, Isôt! Wehe, Tristan! Dass ich Euch je begegnet bin, dass von mir dieses ganze Unglück über Euch kam! Und ich weiß keinen Rat und keinen Kniff, Euch zu helfen, ich kann nichts finden, was Euch etwas nützt, ich weiß nur so gewiss wie meinen Tod, dass das Schlimmste zu befürchten ist, wenn Ihr noch lange [14420] so streng bewacht und unterjocht leben müsst. Da etwas Besseres nicht zu haben ist – ich meine: jetzt, solange Ihr aus unserer Nähe verbannt seid –, so tut, was ich Euch rate. Wenn Ihr seht, dass sich eine Gelegenheit ergibt, dann nehmt einen Ölbaumzweig und schnitzt lange Späne davon ab. Die zeichnet Ihr, doch [14430] nur mit einem T an einem Ende und am anderen mit einem I: Schreibt lediglich die Anfangsbuchstaben von Euren Namen, tut nichts dazu und nehmt nichts davon weg und geht in den Baumgarten. Ihr kennt bestimmt das Bächlein, das da von der Quelle kommt und vor der Kemenate vorbeifließt: Da hinein werft einen Span [14440] und lasst ihn hinuntertreiben vor die Tür der Kemenate. Dahin gehen wir oft, ich und die trostlose Isôt, und weinen über unser Leid. Wenn wir ihn da sehen, so wissen wir, dass Ihr oben bei der Quelle seid, dort im Schatten des Ölbaums. Da haltet Ausschau und passt auf: [14450] Bald kommt sie mit Verlangen dahin, meine Herrin und Eure Geliebte, und ich auch, wenn es möglich ist und Ihr es erlaubt. Herr, die kurze Frist, die ich noch zu leben habe, will ich mit Euch zweien hinbringen und will für Euch beide leben und Euch leben helfen. Könnte ich Euch eine Stunde [14460] schenken, die Ihr zwei in Freuden lebtet, wollte ich gerne tausend meiner Stunden dafür geben, alle meine Tage würde ich gern so verkaufen, um Euer Leid zu lindern."

„Danke, Schöne", sprach Tristan. „Ihr habt Treue und Ehre, kein Zweifel: Nie war in einem Herzen mehr davon verborgen als in Eurem. [14470] Wenn irgend Heil an mir wäre, wollte ich es an Euch wenden zu Eurem Glück und Eurer Ehre, das bin ich Euch schuldig. So jämmerlich es aber jetzt darum bestellt ist, da mein Glücksrad feststeckt, würde ich doch, wenn ich nur wüsste, wie es zu machen wäre, gerne meine Tage und Stunden hergeben und mein eigenes Leben verkürzen, um Euch Freude zu erkaufen, das könnt Ihr mir getrost glauben." [14480] Und weinend sprach er: „Ach, treue, wunderbare Frau!" und umarmte sie und drückte sie ganz fest und innig an sich. Ihre Augen und ihre Wangen küsste er unter großen Schmerzen oft und immer wieder. „Schöne", sprach er, „nun handelt mit Güte und wie es die Treue erfordert, nehmt Euch [14490] meiner und der herrlichen Isôt an, die sich in Sehnsucht verzehrt, kümmert Euch um uns beide, um sie und um mich." „Gerne, Herr, das will ich tun. Wenn Ihr erlaubt, ich muss jetzt gehen. Tut, wie ich es Euch gesagt habe, und quält Euch nicht zu sehr." „Gott behüte Eure Ehre und Euren schönen Leib." [14500] Unter Tränen verneigte sich Brangäne und ging traurig fort. Der traurige Tristan schnitzte und warf die Späne, wie seine Ratgeberin Brangäne ihm in seiner Not empfohlen hatte. So kamen er und seine Dame Isôt zu der Quelle im Schatten des Baums und zu einem lauschigen Stelldichein. Das geschah in acht Tagen genau achtmal, [14510] und niemand bekam etwas davon mit, kein Auge sah es. Eines Nachts jedoch, als Tristan wieder dorthin ging, passierte es, dass der verfluchte Zwerg Melôt, des Teufels Werkzeug, ich weiß nicht, durch welchen bösen Zufall, ihn bemerkte. Er schlich ihm nach und sah ihn zu dem Baum gehen [14520] und dort stehen, bis nach einer kurzer Weile eine Dame zu ihm kam, die er in seine Arme schloss. Wer aber die Dame war, das konnte der Zwerg nicht erkennen.

Am nächsten Tag ging Melôt der Sache in aller Stille weiter nach: Kurz vor Mittag machte er sich auf, wohl versehen mit heuchlerischen Klagen, [14530] und trug unter dem Gewand verborgen viel böse Tücke. So kam er zu Tristan. „Wahrhaftig, Herr", sprach er, „ich habe viel Angst ausgestanden auf dem Weg hierher, denn Ihr werdet so scharf beobachtet und belauert, dass es mir nicht leicht gefallen ist, das könnt Ihr mir glauben, mich unbemerkt zu Euch zu schleichen. Ach, die treue Isôt, die edle Königin, [14540] erbarmt mich von Herzen, die muss in diesen Tagen große Schmerzen um Euch leiden. Sie hat mich gebeten, zu Euch zu gehen, denn sie hat sonst niemanden, dem sie diese Botschaft anvertrauen wollte. Sie bat mich und befahl mir, Euch von ihr zu grüßen und von ganzem Herzen, [14550] und ich soll Euch dringend bitten, dass Ihr Euch zu einem Gespräch mit ihr einfinden mögt dort – Ihr wisst schon, wo, ich weiß es nicht –, wo Ihr das letzte Mal mit ihr beisammen wart. Und Ihr sollt darauf achten, dass Ihr genau zur gewohnten Zeit und Stunde kommt – ich weiß nicht, was sie damit sagen will. Glaubt mir, ihr Leid und Euer Kummer [14560] sind mir schmerzlicher als irgendetwas sonst. Nun, mein Herr Tristan, gnädiger Herr, wenn Ihr erlaubt, will ich fort. Wenn ich ihr etwas von Euch ausrichten soll, bitte schön. Ich getraue mich nicht, noch länger hier zu bleiben: Die Leute des Königs könnten mir auf die Schliche kommen, das müsste ich vielleicht bitter büßen. Sie meinen ja alle und sagen, [14570] was zwischen Euch und ihr ist, das wäre alles auch mein Werk. Das will ich aber vor Gott versichern und vor Euch beiden, dass ich nie auch nur mit einem Wort dazu geraten habe." „Mein Lieber", sprach Tristan, „das hat Euch wohl geträumt! Was für Geschichten erzählt Ihr mir da? Was glauben die Leute des Königs? Was ist zwischen meiner Herrin und mir? Fort! Schnell fort, verfluchter Kerl! [14580] Und lasst Euch von mir sagen und versichern: Ließe ich nicht alles hingehen, was dieser oder jener glaubt und redet – schon weil es mir allzu verächtlich ist –, dann hättet Ihr nie mehr Gelegenheit, bei Hofe davon zu berichten, was Euch hier geträumt hat."

Melôt ging fort und ritt eilig in den Wald zu Marke. Dem sagte er, er wisse jetzt ganz sicher, [14590] dass er der Wahrheit endlich auf den Grund gekommen sei, und erzählte ihm, wie es da an der Quelle zugegangen war. „Ihr könnt Euch selbst davon überzeugen", sprach Melôt. „Herr, wenn Ihr wollt, dann reitet heute Abend mit mir da hin. Ich weiß es so gewiss wie nur irgendetwas – wie auch immer sie es arrangieren mögen –, dass sie heute Nacht beide dorthin kommen. [14600] Da könnt Ihr dann selber sehen, was sie miteinander treiben." Der König ritt mit Melôt hin, sein Unglück auszuspähen. Als sie nun nachts in den Baumgarten kamen und sich umsahen, da fanden der König und der Zwerg kein Versteck und keinen geeigneten Ort, [14610] wo sie sich auf die Lauer legen konnten. Nun stand da, wo die Quelle sprudelte, ein Ölbaum, nicht allzu groß und hoch, doch ziemlich breit. Da machten sie sich die Mühe hinaufzuklettern und saßen dort oben und verhielten sich ganz still.

Als die Nacht kam, schlich sich Tristan wieder fort. Er kam in den Baumgarten, [14620] nahm seine Boten zur Hand, legte sie ins strömende Wasser und ließ sie hintreiben. Die brachten Isôt, die ihn sehnsüchtig erwartete, sichere Nachricht, dass ihr Geliebter da war. Tristan ging zu einer Stelle oberhalb des Wassers, die im Schatten des Ölbaums lag, da stand er versonnen im Gras [14630] und betrachtete in seinem Herzen seine heimlichen Kümmernisse. So kam es, dass er die Schatten von Marke und Melôt sah, denn der Mond schien mit Macht durch die Zweige des Baums. Als er die verräterischen Schatten von den beiden deutlich wahrnahm, da wurde ihm angst und bange, denn er erkannte [14640] die Gefahr, die da lauerte. „Herr im Himmel", dachte er bei sich, „beschütze Isôt und mich! Wenn sie nicht an diesem Schatten sofort erkennt, dass wir beobachtet werden, so geht sie geraden Wegs zu mir: Das wäre schlimm, dann sind wir verloren. Herr im Himmel, nimm Dich unser beider an in Deiner Güte! [14650] Bewahre Isôt auf diesem Weg, lenke jeden ihrer Schritte, warne die Reine vor diesem Hinterhalt und vor der Bosheit, die da auf uns lauert, dass sie nichts spricht oder tut, was man uns übel deuten kann. Ja, Herr Gott, hab Erbarmen mit mir und ihr. Unsere Ehre und unser Leben [14660] sind heute Nacht in Deine Hand gegeben."

Seine Herrin, die Königin, und ihrer beider Freundin, die reine Brangäne, die zwei und sonst niemand gingen, um Ausschau zu halten nach Tristans Boten, in ihrem Jammergarten, wo sie immer, wenn sie unbeobachtet waren, einander ihren Kummer klagten. [14670] Da gingen sie betrübt und bedrückt hin und her und redeten von ihrem Liebesleid. Es dauerte nicht lang, da sah Brangäne die Boten kommen, die Späne in der Strömung. Sie winkte ihrer Herrin, die fischte die Späne heraus und sah sie an: Da las sie Isôt und las Tristan und nahm gleich ihren Mantel, [14680] den zog sie sich über den Kopf und schlich durch Blumen und Gras hin zu dem Ort an der Quelle, wo der Baum stand. Als sie sich näherte, so dass sie einander sahen, rührte Tristan sich nicht von der Stelle – das war ganz ungewöhnlich: Sonst war er ihr immer schon von weitem entgegengelaufen. Das wunderte Isôt [14690] sehr, sie fragte sich, was das wohl zu bedeuten hatte, und ihr wurde bang ums Herz. Sie ließ traurig den Kopf hängen, beklommen ging sie weiter: Sie fürchtete Schlimmes. Als sie nun so zögernd vorwärts schritt und etwas näher zu dem Baum hin kam, da sah sie die Schatten von drei Männern, wo doch nur einer sein durfte. [14700] Da wusste sie, dass sie beobachtet wurden, und verstand, warum Tristan sich so sonderbar benahm. „Ah, diese Bluthunde!", dachte sie, „Was haben die vor? Wie kommen die hierher? Mein Herr ist hier, ganz bestimmt, irgendwo hier hat er sich versteckt. Ich fürchte, wir sind verraten und verloren. [14710] Herr Gott, beschütze uns! Hilf uns, dass wir hier unsere Ehre nicht verlieren. Herr, bewahre mich und ihn!" Und sie dachte bei sich: „Ob wohl Tristan von dieser bösen Sache weiß, oder ahnt er nichts?" Da musste sie nicht lang überlegen: Er hatte die Lauscher bemerkt, das wurde aus seinem Verhalten deutlich.

[14720] In einiger Entfernung von ihm blieb sie stehen und sprach: „Herr Tristan, es kränkt mich tief, dass Ihr, von keinem Zweifel angefochten, mich mit solcher Selbstverständlichkeit für unbedarft und töricht haltet und mir zumutet, mich mitten in der Nacht mit Euch zu einem Gespräch zu treffen. Seht zu, dass Eure Ehre bei Eurem Oheim und bei mir nicht in Verruf gerät, das ist schicklicher und verträgt sich besser mit Euren Treuepflichten [14730] und mit meiner Ehre, als wenn Ihr mich zu so später Stunde und mit soviel Heimlichtuerei zu einer Unterredung einbestellt. Jetzt sprecht: Was wollt Ihr von mir? Ich bin mit großen Ängsten hergekommen und nur, weil Brangäne darauf bestand. Die bat mich inständig und redete, nachdem sie heute von Euch kam, auf mich ein, ich sollte zu Euch gehen [14740] und Eure Klage anhören. Dass ich mich von ihr überreden ließ, das war ein großer Fehler. Sie ist aber hier ganz in der Nähe, zu meiner Sicherheit. Trotzdem wollte ich lieber einen Finger meiner Hand verlieren – es gibt ja so viele übelwollende Menschen – als erleben, dass jemand von diesem Treffen mit Euch erfährt. [14750] Man hat ja eine Menge Klatsch über Euch und mich verbreitet: Die Leute würden es beschwören, dass wir beide einander verfallen sind in hochverräterischer Liebe. Der ganze Hof ist überzeugt davon. Gott aber weiß, was ich in meinem Herzen für Euch empfinde, ja, ich darf sagen: Gott sei mein Zeuge, [14760] und ich wollte immer sündig bleiben, wenn ich Euch je so und von Herzen geliebt hätte. Vor

Gott erkläre ich, dass ich nie einen Mann begehrt habe und dass mein Herz heute und für alle Zeit jedem Mann verschlossen ist und bleibt, ausgenommen den einen, dem ich die erste Rosenblüte [14770] meiner Jungfernschaft schenkte. Dass mein Herr Marke diesen schlimmen Verdacht gegen mich hegt, Euretwegen, Herr Tristan, ist, weiß Gott, ein großes Unrecht, da er mich doch so genau kennt und weiß, was ich für ihn empfinde. Die Leute, die mich ins Gerede gebracht haben, sind wirklich ganz gedankenlos: Sie kennen mein Herz überhaupt nicht. [14780] Ich habe Euch bestimmt hunderttausendmal Zeichen meiner Gunst gegeben: Das tat ich aus Liebe zu dem, dem ich meine Liebe schuldig bin, und nicht aus Treulosigkeit, bei Gott. Jedem, ob Ritter oder Knappe, so glaubte ich und dachte, das sei recht und billig, und mache auch mir selber große Ehre, jedem, der meinem Herrn Marke lieb ist oder gar verwandt, [14790] sollte ich Ehre erweisen. Und jetzt wird mir das *so* missdeutet! Aber ich will Euch doch niemals feind sein, mögen sie auch noch so viele Lügen verbreiten. Herr, jetzt sagt mir, was Ihr mir zu sagen habt, denn ich will gehen; ich kann nicht länger hier bleiben."

„Glückselige Herrin", sprach Tristan, „ich zweifle nicht, dass Ihr, wenn Ihr darauf hoffen könntet, jemanden damit zu überzeugen, [14800] gern reden wolltet und tun, was Tugend und Ehre gebieten. Aber sie lassen es nicht zu, diese Lügner, die Euch ein Verhältnis mit mir angedichtet und uns um die Gunst meines Herrn gebracht haben: Das haben wir doch nicht verdient und sind, Gott weiß es wohl, vollkommen unschuldig. Nun, allerbeste, hochmögende Frau Königin, bedenkt [14810] und überlegt, dass ich vor Euch und ihm so ganz unschuldig bin, redet mit meinem Herrn und sagt ihm dies: Er möge seiner Courtoisie zu Ehren seinen Zorn und seinen Hass gegen mich, der doch nichts verbrochen hat, verbergen und mit feinem Anstand zügeln, acht Tage lang, mehr nicht. So lange möge er und mögt auch Ihr [14820] den Schein wahren und mich so behandeln, als ob ich noch Eure Gnade hätte; ich aber werde diese Zeit benützen, um meine Abreise vorzubereiten. Wir verlieren alle unsere Ehre, mein königlicher Herr und Ihr und ich, wenn Ihr Euch in Eurem Verhalten mir gegenüber die Ungnade anmerken lasst, die mich forttreibt. Dann werden unsere Feinde sagen: „Ja, es war eben doch etwas dran an der Geschichte! [14830] Nicht ohne Grund hat der Herr Tristan so im Bösen vom König Abschied genommen."

„Mein Herr Tristan", sprach Isôt, „ich will lieber sterben als meinen Herrn zu bitten, er möge mir zuliebe irgendetwas tun oder lassen, was Euch angeht. Ihr wisst ja doch genau, dass ich nun schon so lange Zeit [14840] wegen Euch in Ungnade bei ihm bin, und wüsste und erführe er davon, dass ich zu dieser Stunde bei Euch bin, alleine und mitten in der Nacht, dann wäre auch der letzte Rest an guter Meinung dahin, und er könnte mich nie mehr lieben und achten. Wenn es jemals soweit kommt, so weiß ich wahrhaftig nicht zu sagen, warum, und ich frage mich verzweifelt, [14850] wie mein Herr Marke überhaupt dazu gekommen ist, mich zu verdächtigen, oder wer ihm das eingeflüstert hat. Ich habe ja niemals in Eurem Benehmen etwas bemerkt – und so etwas bemerkt eine Frau doch sofort –, was als Ermunterung zu etwas Unrechtem zu deuten gewesen wäre, und ich für meinen Teil war im Umgang mit Euch auch nie treulos oder leichtsinnig. Ich weiß nicht, was uns in diese Not gebracht hat, [14860] aber es steht zum Erbarmen schlecht um uns, dem allmächtigen Gott sei es geklagt, auf dass Er, solange noch Zeit ist, sich unserer Sache annehme und sie bessere und richte.

Jetzt, mein Herr, wenn Ihr erlaubt, will ich gehen, geht auch Ihr. Eure Kümmernis und Plage sind mir, weiß Gott, arg. Ich hätte viele gute Gründe, Euch zu hassen, [14870] doch will ich jetzt nichts mehr davon wissen: Es erbarmt mich, dass Ihr meinetwegen schuldlos soviel Leid erdulden müsst; darum will ich Euch verzeihen, und wenn es wirklich soweit kommt, dass Ihr fortmüsst, Herr, so möge Gott Euch schützen, und die Himmelskönigin [14880] soll Euch behüten. Was Eure Bitte betrifft, die ich ausrichten soll, so wollte ich, wenn ich nur wüsste, dass mein Rat irgend Kraft hat, gern nach meinem besten Willen und Wissen so raten und tun, dass Euch damit geholfen ist. Ich fürchte aber sehr, dass er es mir übel auslegen wird. Mag es indes gehen, wie es will, [14890] und mir noch so gefährlich werden, soll es Euch doch zugute kommen, dass Ihr nie treulos an mir und meinem Herrn gehandelt habt. Ich will es auf gut Glück versuchen und Eure Botschaft ausrichten, so gut ich nur kann."

„Ihr seid sehr freundlich, Herrin", sprach Tristan, „und lasst mich sogleich wissen, wie er es aufgenommen hat. Wenn ich aber etwas bemerke [14900] und vielleicht so von hier Abschied nehmen muss, dass ich Euch nie mehr wiedersehe, dann mögen Euch, tugendreiche Königin, was immer aus mir werden mag, alle himmlischen Heerscharen segnen. Gott weiß wohl, dass Erde und Meer nie eine so reine Frau getragen haben. Herrin, Eure Seele und Euren Leib, Eure Ehre und Euer Leben [14910] möge Gott behüten."

So trennten sie sich. Die Königin ging seufzend und traurig hin, ameirend und amourend, mit heimlichen Schmerzen an Leib und Seele. Tristan, der die Tristesse in seinem Namen trug, ging auch voller Trauer weg, bitterlich weinend. [14920] Der traurige Marke aber, der da auf dem Baum saß, war deswegen traurig und zu Tode betrübt, weil er seinen Neffen und seine Frau so schlimmer Dinge verdächtigt hatte; die ihn dazu verführt hatten, die verfluchte er tausendmal im Herzen und mit Worten. Er warf [14930] dem Zwerg Melôt zornig vor, er habe ihn betrogen und seine reine Frau bei ihm verleumdet. Sie stiegen von dem Baum und ritten zurück zu der Jagdgesellschaft mit Jammer und Leid. Doch litten Marke und Melôt verschiedene Schmerzen: Melôt schmerzte der Vorwurf, er sei ein Betrüger, [14940] Marke sein eigener Argwohn: dass er seinen Neffen und seine Frau und am allermeisten sich selbst so bekümmert und ins Gerede bei Hof und im ganzen Land gebracht hatte.

Am Morgen in aller Frühe ließ er den Jägern sagen, sie sollten bleiben und weiter jagen, er selbst kehrte heim. [14950] „Sagt, Frau Königin", sprach er, „wie habt Ihr Euch die Zeit vertrieben unterdessen?" „Herr, meine Müh und Plage war unnötiger Kummer, mein müßiges Vergnügen aber waren die Harfe und die Leier." „Unnötiger Kummer?", sprach Marke. „Was für einer, und wie kam das?" Da lächelte Isôt und sprach: [14960] „Es kam und kommt so, wie es eben kommt, heute und allezeit: Traurigsein und Jammern ohne Grund, das ist nun einmal meine und aller Frauen Art; so reinigen wir die Herzen und läutern die Augen. Wir machen uns oft in aller Stille aus nichts ein großes Leid und vergessen es nach einer Weile wieder." So trieb sie ihren Scherz mit ihm. [14970] Doch hörte Marke aufmerksam zu und achtete genau auf ihre Worte, und was sie wohl meinte.

„Nun, meine Dame", sprach er, „sagt mir, weiß jemand hier, oder wisst Ihr, wie es Tristan geht? Man sagte mir neulich, als ich auf die Jagd ritt, er fühle sich nicht wohl." „Herr, da hat man Euch die Wahrheit gesagt", entgegnete ihm die Königin. [14980] Sie hatte dabei die Liebe im Sinn: Sie kannte ja sein Leiden und wusste, dass seine Beschwerden von der Liebe kamen. Da fragte der König weiter: „Das wisst Ihr? Wer hat Euch das gesagt?" „Ich weiß nur, was ich eben denke und was Brangäne mir von seiner Krankheit sagte; sie war gestern bei ihm [14990] und richtete mir aus, ich solle seine Klage und seine Botschaft Euch vortragen und Euch bitten, Ihr möchtet um Gottes Willen nicht so arg nach seiner Ehre trachten und Euren Zorn gegen ihn noch acht Tage lang im Zaum halten: Während dieser Zeit wird er seine Reisevorbereitungen treffen. Verabschiedet ihn mit allen Ehren, [15000] wenn er dann Euren Hof verlässt und fortzieht von dem Land. Darum bittet er uns beide." Und sie trug ihm alles vor, wie er es bei der Quelle gesagt hatte und wie es der König selbst mit angehört hatte, als sie darüber redeten.

Da sprach der König: „Meine Dame, verflucht soll er sein, der mich dazu verleitet hat, [15010] ihn zu verdächtigen! Das tut mir von Herzen Leid, denn ich habe vor kurzem erfahren, dass er unschuldig ist: Ich habe letzte Gewissheit bekommen. Und Euch, glückselige Königin, so wahr Ihr mich lieb habt, bin ich nicht länger böse. Was Ihr tut, das soll so sein: Nehmt Euch unser beider an, [15020] und schlichtet diese Sache zwischen mir und ihm." „Nein, Herr", sprach die Königin, „mit diesem mühsamen Geschäft will ich nicht geplagt sein, denn wenn ich heute Frieden stifte, fangt Ihr morgen von neuem mit Euren Verdächtigungen an." „Nein, meine Dame, ganz bestimmt nicht, nie mehr! Ich werde niemals wieder mit Verdächtigungen seiner Ehre zu nahe treten und will Euch, Frau Königin, [15030] bloß äußerlicher Liebe wegen nie mehr mit meinem Argwohn verfolgen." Das versprach er ihr in aller Form. Nun ließ man Tristan rufen, und da wurde dann der Argwohn in Güte und mit reinem Willen abgetan. Der König selbst führte Isôt zu Tristan und gab sie wieder in seine Obhut. [15040] Der hütete sie fleißig und war mit Rat und Tat unablässig um sie bemüht; sie und ihre Damen taten nur, was er gebot. Tristan und seine Herrin Isôt lebten wieder in Freuden und Wonne, das Glück der beiden war vollkommen. So war ihnen nach ihrem Leid wieder ein paradiesisches Leben vergönnt, wenn es auch nicht lange dauerte, [15050] bis neues Leid über sie kam.

Ich sage es in aller Deutlichkeit: Kein Nesselkraut war je so gallig und bösartig wie ein böser Nachbar, und kein Übel ist so schlimm wie ein Verräter im eigenen Haus – ich meine die Verräterei, die dem Freund gegenüber freundlich tut und ihm im Herzen feind ist: [15060] So ein Mensch ist ein wahrhaft fürchterlicher Hausgenosse. Dem trieft immer Honig von den Lippen, aber sein Stachel ist vergiftet. Der giftige Neid bereitet dem Freund Unglück in allen Dingen, von denen der Verräter hört und die er sieht, und niemand nimmt sich vor ihm in Acht. Wenn aber einer in aller Offenheit [15070] seinem Feind nachstellt und ihm zu schaden trachtet, das nenne ich nicht Verrat. Solange einer erklärtermaßen einem anderen Böses will, solange richtet er nicht allzu viel Schaden an. Wenn er sich jedoch freundlich einschmeichelt, dann ist Vorsicht geboten.

So machten es Melôt und Marjodô. Sie suchten tückisch immerfort Tristans Nähe [15080] und wichen ihm kaum je von der Seite. Beide trugen ihm voll Falschheit und Tücke ihre ergebene Freundschaft an und versuchten sein Vertrauen zu gewinnen. Aber Tristan nahm sich wohl in Acht vor ihnen und warnte auch Isôt. „Seht, Herzenskönigin", sprach er, „nun bringt nicht mich und Euch in Gefahr: Passt auf, was Ihr redet und wie Ihr Euch benehmt! [15090] Wir werden scharf beobachtet und belauert. Zwei Giftschlangen in Taubengestalt, schmeichelnd angenehm in ihrem äußeren Wesen, sind immer um uns: Vor denen seid auf der Hut, allerliebste Königin. Denn wo die Hausgenossen von vorn wie Täubchen anzusehen und doch geschwänzt sind wie Schlangengezücht, [15100] da soll man drei Kreuze schlagen gegen das Unheil und ein Stoßgebet sprechen gegen den jähen Tod. Glückselige Herrin, schöne Isôt, nehmt Euch ja gut in Acht vor dem giftigen Wurm Melôt und vor

dem Hund Marjodô!" Die zwei taten auch wirklich wie die Schlange und
der Hund: Sie belauerten ständig die zwei Liebenden, [15110] was die
auch trieben und wohin sie auch gingen, wie Hund und Schlange. Und
sie spornten nimmermüde ihre Bosheit gegen Marke und setzten ihm
mit Rat und Rügen zu, bis er von neuem an seinem Glück irre wurde,
neuen Verdacht gegen die Liebenden schöpfte und wieder anfing, ihren
Heimlichkeiten [15120] nachzuspüren und aufzulauern.

Eines Tages befahl der König einen Aderlass, das hatten ihm seine bösen Räte empfohlen und mit ihnen Isôt und Tristan. Denen kam es gar
nicht in den Sinn, dass diese Sache vielleicht ihnen zum Schaden ange-
zettelt worden war, und bemerkten keine Gefahr. So lagen dann der König und die Seinen den Tag über, um sich zu erholen, [15130] still und
ruhig in der Kammer. Am nächsten Abend, als die Hofgesellschaft sich
aufgelöst hatte und der König schlafen gegangen war, lagen da in der
Kemenate nur noch Marke und Isôt, Tristan und Melôt, Brangäne und
eines von den Mädchen der Königin. [15140] Damit der Schein der Ker-
zen nicht störte, hatte man Tücher davor gehängt. Als man nun zur
Frühmesse läutete, zog der argwöhnische Marke sich schweigend an
und weckte Melôt: Der sollte mit ihm zur Frühmesse gehen.

Melôt ließ Marke vom Bett weggehen [15150] und nahm sein Mehl
zur Hand: Das verstreute er auf dem Fußboden, damit man es nachher
an den Spuren erkannte, wenn jemand zu dem Bett hin ginge oder es
verließe. Dann gingen die beiden zur Kirche, aber ihre Andacht war
nicht beim Gebet. Es dauerte nicht lang, da bemerkte Brangäne das tü-
ckische Mehl. [15160] Sie schlich sich zu Tristan, warnte ihn und legte
sich dann wieder hin.

Die Hinterlist kränkte Tristan sehr. Sein Herz war voll Verlangen nach
der Frau und sann darauf, wie er zu ihr kommen konnte. Er verhielt sich
ganz nach dem Wort, das da sagt, [15170] dass Liebe keine Augen haben
soll und das Begehren keine Furcht kennt, wenn es echt und ernst ist.
„Ach, lieber Gott", dachte er bei sich, „wie fange ich's nur an, dass ich
diesem verfluchten Hinterhalt entgehe? Dieses Wagnis fordert einen
sehr hohen Einsatz." Er stand auf von seinem Bett und sah sich um,
[15180] wie es zu machen wäre, dass er hinüberkäme. Es war da hell genug, so dass er das Mehl deutlich sehen konnte, und ihm schien, dass die
Entfernung zu groß war für einen Sprung; aber einfach hinüber zu gehen, wagte er auch nicht. So blieb ihm nichts anderes zu tun übrig als
das, was von den beiden eher Erfolg versprach; er setzte seine Füße auf
und fasste festen Stand: [15190] Blind in seiner Liebe und mit ritterlicher
Bravour tat Tristan einen allzu mächtigen Satz: Er sprang bis zum Bett
und verlor dennoch das Spiel, denn seine Ader brach ihm auf; daraus
sollten ihm viel Kümmernis und Unheil erwachsen. Das Bett und die La-

ken besudelte das Blut – [15200] das ist nun einmal seine Art – und machte überall Flecken. Es dauerte nicht lang, bis Purpur und Seide, Bett und Bettzeug ganz versudelt waren. Da sprang er wieder zurück und legte sich in sein Bett. Da lag er in Gedanken bis zum hellen Tag.

Da kam auch bald Marke zurück [15210] und sah nieder auf den Fußboden, musterte das verräterische Mehl, das ihm nichts verriet. Als er aber zum Bett hin ging und es genau betrachtete, sah er überall Blut. Da wurde ihm schwer ums Herz. „Was ist das, Frau Königin?", sprach er, „was hat das zu bedeuten? Wo kommt dieses Blut her?" [15220] „Meine Ader ist aufgebrochen, daher kommt es: Es hat gerade erst zu bluten aufgehört." Da nahm er sich nun auch Tristan vor – er tat so, als wollte er sich einen Spaß mit ihm machen. „Aufstehen, Herr Tristan!", sprach er und zog ihm die Decke weg: Da sah er, dass auch hier Blutflecken waren. Er verstummte und sagte nichts dazu, er ließ ihn liegen und ging weg. [15230] Er war aber schwer bedrückt und plagte sich immerfort mit düsteren Gedanken wie ein Mann, der einen bösen Tag heraufkommen sieht. Die schmerzliche Gewissheit, der er nachjagte, war da zum Greifen nahe, und doch wusste er von den Heimlichkeiten der beiden und von den wahren Begebenheiten nur das, was das Blut, das er gesehen hatte, ihm verriet: [15240] Der Beweis war aber schwach. Zusammen mit dem Zweifel und dem Misstrauen, von denen er sich schon einmal losgemacht hatte, musste er jetzt wieder im Geschirr gehen. Dass er auf dem Boden vor dem Bett keine Spuren gefunden hatte, sprach dafür, dass sein Neffe nicht an ihm schuldig geworden war; weil er aber die Blutspuren bei der Königin und in seinem Bett gesehen hatte, [15250] gewannen immer wieder sein schlimmer Verdacht und sein Zorn die Oberhand, wie es eben dem ergeht, der zweifeln muss. In seinem Zweifel wusste er nicht aus noch ein: Mal glaubte er dies, mal das andere, er wusste nicht, was er wollte und was er glauben sollte. Er hatte da an seinem Bett die Spur sündiger Liebe gefunden, [15260] aber davor war nichts gewesen. So war ihm die Wahrheit zugleich offenbart und verschlossen. Auf keins von beiden konnte er sich verlassen, beide hielt er für wahr und lügenhaft und hatte an beiden nichts: Er wollte sie nicht für schuldig halten und wollte sie auch nicht von Schuld freisprechen. Das alles quälte den armen Zweifler [15270] sehr.

Der verunsicherte Marke war nun erst so recht in schweren Sorgen; er zerbrach sich den Kopf darüber, wie er es anstellen sollte, sich Gewissheit zu verschaffen und zu einem entschiedenen Urteil zu gelangen, wie er die Last des Zweifels loswerden und wie er die Hofgesellschaft [15280] von ihrem Verdacht gegen seine Frau und seinen Neffen abbringen könnte. Seine Fürsten, auf deren Treue er baute, versammelte er und klagte ihnen sein Leid. Er berichtete ihnen von dem Gerede, das da am

Hof aufgekommen war, und dass er um [15290] seine Ehe und seine Ehre fürchte. Er sagte, er habe beschlossen, da die beiden in aller Öffentlichkeit beschuldigt würden und das ganze Land voll von dem Gerede sei, wolle er der Königin nicht mehr gnädig sein und keinen vertrauten Umgang mehr mit ihr haben, bis sie vor allen Leuten ihre Unschuld und ihre eheliche Treue bewiesen hätte.

Er bat sie alle um ihren Rat, [15300] wie er jeden Zweifel in dieser bösen Sache ausräumen könnte, so dass seine Ehre gewahrt bliebe, so oder so. Seine Verwandten und Vasallen rieten ihm sogleich, er möge ein Konzil nach Lunders in England einberufen und den gelehrten geistlichen Würdenträgern, [15310] die sich im Kirchenrecht auskannten, sein Problem vorlegen. Das Konzil wurde auch gleich beschlossen: In Lunders nach der Pfingstwoche Ende Mai sollte es stattfinden. Dahin kamen viele geistliche und weltliche Herren, die der König gebeten und geladen hatte. [15320] Es kam auch Marke und es kam Isôt, beide bedrückt: Sie litten Angst und Schmerz. Isôt fürchtete sehr um ihr Leben und ihre Ehre, Marke tat es bitter weh, dass er seine Frau Isôt demütigen und so sein Glück und seine Herrlichkeit in den Staub treten sollte.

Da setzte sich nun Marke zu den Beratungen nieder. [15330] Den Fürsten seines Landes trug er seine Klage vor, berichtete, was er zu leiden hatte unter dieser Schande, und bat sie inständig, sie möchten um Gottes und ihrer Ehre willen, wenn sie irgendetwas wüssten, eine Ausweg finden und ihm raten, wie er diese Untat rächen und richten sollte [15340] und ihr auf den Grund kommen könnte, so oder so. Da sagten viele ihre Meinung dazu, jeder nach seiner Art, der eine bös, der andere gut, dieser so und jener anders.

Da stand einer von den Fürsten, die dort Rat hielten, auf, der hatte Verstand und die nötige Reife und war somit genau der rechte Mann, um guten Rat zu geben, [15350] von edler Erscheinung und alt, ein Greis und weise war der Bischof von Thamîse. Auf seinen Krummstab gestützt stand er da und sprach: „König, Herr, hört mich an. Ihr habt uns Fürsten von England einberufen, damit wir Euch mit Treue und mit Rat beistehen, die Ihr bitter nötig habt. Ich bin einer dieser Fürsten, [15360] Herr, und habe Sitz und Stimme in ihrem Rat, ich bin auch alt genug, dass ich in eigener Vollmacht tun und lassen und auch sagen kann, was ich zu sagen habe. Jeder hier mag für sich sprechen, und so spreche ich für mich und sage Euch, Herr, meine Meinung und meinen Willen. Wenn es Euch gut dünkt, was ich denke, und wenn es Euch gefällt, so folgt [15370] meinem Rat und mir. Man verdächtigt meine Herrin und den Herrn Tristan böser Dinge, doch hat man, wie ich höre, die beiden weder auf frischer Tat ertappt noch sonst wie überführt. Wie könntet Ihr je das Böse, das bis jetzt nur eine böse Meinung ist, mit Bösem bessern? Wie könntet Ihr über Euren Neffen und Eure Frau Gericht halten, [15380] das ihnen an die Ehre und ans Leben geht, da man sie keiner Missetat überführt hat noch so leicht je überführen wird? Irgendwer sagt Tristan nach, er habe sich dies oder jenes zuschulden kommen lassen, aber er sagt es ihm nicht offen ins Gesicht, wie es recht wäre. Und genauso leicht kann irgendwer auch Isôt ins Gerede bringen, [15390] obwohl er keinerlei Beweise hat. Da aber der Hof einen so starken Verdacht gegen sie hegt, sollt Ihr im Bett und bei Tisch keine Gemeinschaft mehr mit der Königin haben, bis sie ihre Unschuld Euch und dem ganzen Land, das dieses Gerücht kennt und täglich weiter verbreitet, beweisen kann. [15400] Leider nimmt das Ohr ja solche Reden nur allzu bereitwillig auf und ist der Lüge wie der Wahrheit gern zu Diensten. Ob es wahr ist oder erlogen, das macht keinen Unterschied: Wenn etwas in ein Gerede kommt, das man besser Verruf nennt, dann strebt das und stachelt sich selbst zu immer ärgeren Dingen. Wie immer es sich in diesem Fall verhalten mag, ob es wahr ist oder nicht, [15410] so sind doch das Gerede und die üble Nachrede so weit gediehen, dass diese Sache Euch kränken muss und am Hof viel böses Blut gemacht hat. Jetzt rate ich Euch, Herr, und empfehle, dass man meine Herrin, die Königin, der man solche Schändlichkeiten nachredet, hierher bestellt vor unser aller Angesicht [15420] und dass man Eure Anschuldigung und ihre Antwort darauf höre, wie es dem Hof wohl ansteht."

Der König sprach: „Mein Herr, damit bin ich einverstanden; die Rede und der Rat scheinen mir vernünftig und recht." Man schickte nach Isôt, und sie kam zu der Versammlung in den Palas. Als sie Platz genommen hatte, tat der Bischof [15430] von Thamîse, der alte, kluge Mann, wie der König ihm befohlen hatte, er stand auf und sprach: „Meine Herrin Isôt, edle Königin, nehmt mir meine Rede nicht übel: Der König, mein Herr, befiehlt mir, für ihn zu sprechen, es sind seine Worte. Ich muss ihm gehorchen, aber ich versichere Euch bei Gott: Was irgend Eurer Würde zuwider ist [15440] und die Reinheit Eures guten Namens trübt, breite ich sehr ungern hier im hellen Tageslicht vor aller Augen aus. Ach, ich wünschte, es bliebe mir erspart! Glückselige, edle Königin, Euer Herr und Euer Mann befiehlt mir, Euch wegen der Anschuldigungen, die in aller Munde sind, zur Rede zu stellen. Ich weiß so wenig wie er, wie es gekommen ist, [15450] aber es ist so: Man redet Euch am Hof und im Land nach, Ihr hättet etwas mit seinem Neffen Tristan. So Gott will, Herrin, seid Ihr ganz unschuldig, jedoch hat Euch der König im Verdacht, da der Hof es Euch nachredet. Mein Herr selbst hat Euch nie anders als gut erlebt. [15460] Von Gerüchten, die am Hof umgehen, kommt sein Argwohn gegen Euch, nicht von irgendeiner sicheren Wahrheit. Und wenn er Euch jetzt vor seinen Freunden und Vasallen zur

Rede stellt, so dass sie alle es hören, so tut er es, um mit unser aller Hilfe diesem Gerede und dieser Lüge ein Ende zu bereiten. Jetzt wäre es gut, scheint mir, [15470] wenn Ihr Euch zu dieser Sache, die er argwöhnt, äußern und ihm Antwort geben wolltet vor der ganzen Versammlung."

Die kluge Isôt, die gescheite Königin, stand auf, da sie nun sprechen sollte, und sprach: „Herr, Herr Bischof, Barone des Reichs und alle Herrschaften des Hofs, Ihr alle seid Zeugen: [15480] Was zu sagen ist, um meinen Herrn und mich von der Schande loszusprechen, sage und versichere ich jetzt und jederzeit. Ihr Herren alle, ich weiß wohl, dass mir seit einem Jahr diese Gemeinheit am Hof und im Land nachgeredet wird. Ihr alle aber wisst, dass kein Mensch, und wäre ihm auch alles Heil der Welt gegeben, [15490] so leben kann, dass er jedermann allezeit wohlgefällt und von übler Nachrede verschont bleibt. Deswegen wundert es mich nicht, wenn auch ich unter solchem Klatsch zu leiden habe. Natürlich konnte es nicht ausbleiben, dass man mir allerhand Verfehlungen und Schändlichkeiten zum Vorwurf machte, denn ich bin ja fremd hier und habe [15500] keine Freunde und Verwandten, an die ich mich wenden könnte: Da ist weit und breit niemand, dem mein Leid irgend weh täte. Ihr allesamt ohne Ausnahme, vom Höchsten bis zum Niedrigsten, Ihr seid ohne weiteres bereit, an meine Schlechtigkeit zu glauben. Wenn ich nur wüsste, was ich tun und wie ich es anstellen könnte, Euch für die Sache meiner Unschuld [15510] zu gewinnen, wie es die Ehre meines Herrn fordert – am guten Willen fehlt es mir nicht. Was ratet Ihr mir, was soll ich tun? Ich bin gern bereit, mich jedem Gericht, das über mich entscheiden soll, zu stellen, damit Euer aller Verdacht ausgeräumt werde und – dies vor allem und zuerst – [15520] die Ehre meines Herrn und meine eigene keinen Schaden nehmen."

Der König sprach: „Frau Königin, das lasse ich gerne gelten; wenn ich in einem ordentlichen Verfahren Gerechtigkeit suchen kann, wie Ihr uns angeboten habt, so beweist uns jetzt, dass Ihr es damit ernst meint: Geht nur gleich her und gelobt, dass Ihr die Probe mit dem glühenden Eisen wagen wollt, [15530] die wir Euch hier auferlegen." Das tat die Königin und gelobte, sich, wie es Ihr bestimmt war, in sechs Wochen in der Stadt Karlûin zu dem Gericht einzufinden. Der König und die Barone und alle, die an dem Konzil teilgenommen hatten, fuhren dann heim. Isôt blieb alleine da mit Angst und Sorge, [15540] die beiden hielten sie gepackt mit hartem Griff. Sie ängstigte sich um ihre Ehre, es plagte sie die heimliche Sorge, dass sie ihre Lüge offenbaren müsste. Wie sie mit diesen beiden Kümmernissen fertig werden sollte, wusste sie nicht: Da beschloss sie, ihr Leid in die gnädige Hand Gottes zu legen, [15550] der den Seinen hilft in ihrer Not; mit innigem Gebet und Fasten empfahl sie ihm alle ihre Angst und Not. Zugleich hatte Isôt – denn sie vertraute fest auf Gottes

Courtoisie – in ihrem Herzen einen schlauen Plan gefasst: Sie schrieb und schickte Tristan einen Brief und bat ihn, er möge, [15560] wenn es sich irgend machen ließe, frühmorgens an dem Tag, da sie dort mit dem Schiff eintreffen wollte, nach Karliûn kommen und sie am Strand erwarten. Das geschah: Tristan kam dorthin in Pilgerkleidung, das Gesicht unansehnlich und aufgedunsen, Gestalt und Kleidung verändert.

Als nun Marke und Isôt kamen [15570] und da landeten, sah die Königin ihn dort und erkannte ihn gleich: Kaum hatte das Schiff festgemacht, befahl und gebot Isôt, man möge den Pilger dort, wenn er bei Kräften und stark genug wäre, in Gottes Namen bitten, er möge sie [15580] vom Schiff an Land tragen, sie wolle, so wie die Dinge derzeit stünden, diesen Dienst keinem von den Rittern zumuten. Da riefen alle hinüber: „Kommt her, guter Mann, tragt meine Herrin ans Ufer!" Er tat, worum man ihn gebeten hatte: Seine Herrin, die Königin, nahm er auf seinen Arm und trug sie durchs seichte Wasser. [15590] Da flüsterte ihm Isôt zu, er solle, wenn er ans Ufer käme, straucheln und mitsamt seiner Last hinfallen, unbekümmert darum, was ihm geschehen mochte. Das tat er; als er ans Ufer kam und aufs trockene Land, da sank der Pilger hin, als wäre er gestolpert, und fiel so, [15600] dass er da zusammen mit der Königin und von ihrem Arm umschlungen auf der Erde lag. Da kamen gleich ihre Leute herbeigelaufen, eine große Schar, und wollten mit Stäben und Stecken über den Pilger herfallen. „Nein, nein, lasst ihn!", sprach Isôt. „Der Mann kann nichts dafür, er ist entkräftet und schwach [15610] und ist gestrauchelt." Da machten sie ihr alle Komplimente und priesen sie laut und im stillen dafür, dass sie dem armen Mann so gütig verzieh. Isôt aber lächelte neckisch und sprach: „Oder hat sich der fromme Mann vielleicht einen Scherz mit mir erlaubt? Zuzutrauen wär's ihm!" [15620] Das rechneten ihr alle hoch an und fanden, dass sie wahrhaft feine Lebensart bewies; es trug ihr viel Lob und Ehre ein. Marke war auch dabei und sah und hörte alles mit an. Da sprach Isôt: „Jetzt weiß ich aber nicht, wie ich es anstellen soll: Jeder Einzelne von Euch kann ja bezeugen, dass es mir nun nicht mehr möglich ist zu behaupten, [15630] ich hätte nie um einen anderen Mann meinen Arm geschlungen und nie hätte ein anderer als Marke an meiner Seite gelegen." So brachen sie auf und machten unterwegs allerlei Späße über jenen Wallfahrer, bis sie nach Karliûn kamen. Da waren viele Barone versammelt, Geistliche und Ritter, [15640] dazu eine große Menge gewöhnliche Leute. Bischöfe und andere Prälaten, die Messe hielten und das Gericht segneten, griffen ihre Sache an und taten ihre Pflicht: Das Eisen wurde in die Glut gelegt.

Die edle Königin Isôt hatte ihr Silber und ihr Gold, ihren Schmuck [15650] und was sie an Pferden und Kleidern besaß, hergeschenkt, um Gottes Gnade zu erwerben, auf dass Gott ihrer Schuld nicht gedächte und sie zu ihrer Ehre gelangen ließe. So war sie zum Münster gekommen und hatte andächtig die Messe gehört, zu Gott hin wendete die edle, kluge Dame ihren Sinn. [15660] Sie trug auf dem Leib ein härenes Bü-ßerhemd, darüber ein wollenes Kleid, so kurz, dass es mehr als eine Handbreit über ihren Knöcheln endete. Ihre Ärmel waren bis zum Ell-bogen gerafft: Arme und Füße waren bloß. Viele Herzen und Augen sa-hen sie mit Jammer und Erbarmen. [15670] Ihr Gewand und ihre Gestalt musterte man genau. Nun brachte man die Reliquien her, auf die sie schwören sollte. Isôt wurde ermahnt, sie möge ihre Sündenschuld Gott und der Welt bekennen. Da hatte Isôt ihre Ehre und ihr Leben ganz der Gnade Gottes ausgeliefert. Ihr Herz und ihre Hand bot sie zum Eid auf die Reliquien [15680] mit wohl berechtigter Furcht. Hand und Herz gab sie in Gottes Hut, damit er sie schütze und bewahre.

Da waren nun etliche, die wollten in ihrer ordinären Bosheit unbe-dingt der Königin den Eid so diktieren, dass er ihr zum Verderben wer-den musste. [15690] Der neidige Truchsess Marjodô, voller Gift und Galle, hetzte überall gegen sie und ließ nichts unversucht, ihr zu scha-den. Ihm widersprachen aber, zu ihrer eigenen Ehre, viele, die es gut mit ihr meinten. So ging der Streit um den Eid hin und her, der eine wollte ihr übel, der andere wohl, [15700] wie es eben geht in solchen Dingen. „Herr König", sprach die Königin, „was auch immer dieser oder jener sa-gen mag, so muss mein Eid zuletzt doch so lauten, wie es Euch gefällt und behagt. Passt deswegen jetzt genau auf, was ich spreche oder tue, und seht Ihr selbst, ob ich es Euch mit dem Eid recht mache: Wir kön-nen nicht jeden Einzelnen von all den Leuten um seine Meinung fragen. [15710] Hört zu, wie ich Euch schwören will: Dass nie ein Mann meinen Leib kennen gelernt hat und kein Mann auf Erden, ausgenommen Ihr, je in meinen Armen noch an meiner Seite lag, als einzig der, den ich nicht in diesen Eid einschließen und verleugnen kann – Ihr habt ihn ja selbst in meinen Armen liegen sehen –, [15720] jener arme Wallfahrer: So wahr mir mein Herr im Himmel mit allen Heiligen helfe, diese Probe wohlbe-halten und heil zu bestehen. Wenn Euch das nicht genügen sollte, Herr, so will ich es gern nachbessern, Ihr braucht mir nur zu sagen, was Ihr vermisst."

„Meine Dame", sprach der König, „es scheint mir so genug, [15730] wenn ich es recht überlege. Jetzt nehmt das Eisen in die Hand: So wahr es ist, was Ihr gesagt habt, helfe Euch Gott in dieser Not!" „Amen", sprach die schöne Isôt. In Gottes Namen packte sie es an und trug es so, dass es sie nicht verbrannte. Da wurde wohl offenbar und aller Welt be-wiesen, dass der mächtige Gott [15740] luftig wie ein Ärmel ist: Der passt und schmiegt sich an, wenn man es recht mit ihm versteht, so ge-schmeidig und schön, wie man es nur immer verlangen kann. Allen Herzen ist er gern gefällig und dient der lauteren Wahrheit wie dem Schwindel. Ob es Ernst ist oder Spiel, er ist immer so, wie man ihn haben will. Das zeigte sich in aller Klarheit [15750] an der klugen Königin: Die retteten ihre Durchtriebenheit und der vergiftete Eid, den sie vor Gott leistete, so dass sie mit heiler Ehre davonkam, und sie wurde von ihrem Herrn Marke wieder sehr geliebt und hoch geachtet und vom ganzen Land gepriesen und bewundert. [15760] Was ihrem Herzen wohl gefiel, das war, sobald der König es bemerkte, auch sein Wunsch und Wille, Ehren bot er ihr und Reichtum. Sein ganzes Herz, sein ganzer Sinn waren ihr allein ergeben ohne jeden Hintergedanken. Sein Zweifel und sein Argwohn waren wieder abgetan.

Als Tristan, Isôts Kamerad, [15770] sie in Karliûn ans Ufer getragen und getan hatte, worum sie ihn gebeten hatte, fuhr er von England nach Swâles zu dem Herzog Gilân; der hatte keine Frau und war jung und ein großer Herr und frei und fröhlich. Dem war er sehr willkommen: [15780] Er hatte schon viel von ihm gehört, von Heldentum und ganz erstaunlichen Erfolgen. Er war eifrig darauf bedacht, ihm Ehre zu erweisen und ihm Vergnügungen und Annehmlichkeiten zu bieten: Was ihm irgend geeignet schien, seinen Gast zu erfreuen, darum bemühte er sich mit aller Aufmerksamkeit. [15790] Der betrübte Tristan aber war immerzu in tiefen Gedanken befangen, er musste ständig trübe und trauernd sinnen, wie es ihm ergangen war.

Eines Tages geschah es, dass Tristan mit Gilân zusammensaß in trübseligen Gedanken, da kam ihm ein Seufzen aus. Da befahl Gilân, aufmerksam wie er war, [15800] man möge ihm sein Hündchen Petitcriû bringen: Das war die Freude seines Herzens und das Glück seiner Augen – er hatte es aus Avalûn bekommen. Wie er befohlen hatte, so geschah es: Ein edler Purpur von unerhörter, wunderbarer Pracht, so groß, dass er den ganzen Tisch bedeckte, wurde vor ihm ausgebreitet; darauf setzte man ein Hündchen. [15810] An dem lag, so wird berichtet, ein Feenzauber; es war dem Herzog aus Avalûn, dem Land der Feen, von einer Göttin geschickt worden zum Zeichen zärtlicher Liebe. Man hatte solche zauberische Kunst sowohl an sein Äußeres wie auch an seine besonderen Kräfte gewendet, dass keine Zunge je beredt genug, kein Herz je klug genug sein könnte, [15820] seine Schönheit und seine Eigenart zu beschreiben und zu schildern. Seine Farbe war mit unerhörter Meisterschaft so in eins komponiert, dass niemand recht sagen konnte, welche Farbe es eigentlich hatte. Es war ein Vexierspiel von Farben: Wenn man es von vorn ansah, hätte jeder ohne weiteres behauptet, seine Brust sei weißer als Schnee, [15830] gegen die Flanken hin war es grüner als Klee, eine Seite röter als Scharlach, die andere gelber als Safran, unten wie Lapislazuli, oben eine Melange von Farben, so fein miteinander vermischt, dass sich keine einzeln heraushob; da gab es weder Grün noch Rot noch Weiß noch Schwarz noch Gelb noch Blau, [15840] und doch war etwas von allen da, es war so recht purpurn. Wenn man dieses Wunderwerk aus Avalûn gegen den Strich des Fells ansah, so konnte selbst der klügste Mensch auf Erden unmöglich seine Farbe bestimmen: Sie war so vielerlei zugleich und so trügerisch changierend wie keine Farbe sonst. Um sein Hälslein trug es [15850] eine Kette, die war golden; daran hing eine Schelle, die klang so süß und hell, als das Hündchen sich munter bewegte, dass der trauernde Tristan, der da saß, mit einem Mal seinen Kummer und seine Betrübnis los wurde und nichts mehr davon spürte und das Leid um Isôt, das ihn bedrückt hatte, ganz vergaß. [15860] So süß war der Klang des Glöckchens, dass Jammer und alles Unglück jedem Menschen, der ihn hörte, sogleich abgenommen wurden und zerstoben. Tristan hörte und sah dies wunderbare Wunder, er merkte auf, Hund und Glöckchen betrachtete er, studierte achtsam dieses und jenes, den Hund und sein seltsames Fell, [15870] das Glöckchen und seinen süßen Klang. Beide fand er ganz erstaunlich, doch das Wunder dieses Hündchens schien ihm noch viel wunderbarer als das andere Wunder, das des süßen Klangs, der ihm in sein Ohr sang und ihm seine Traurigkeit nahm. Das kam ihm wahrhaft abenteuerlich vor, dass er mit ungetrübten Augen [15880] lauter Farben erblickte, die seine Augen Lügen straften, denn er erkannte keine, obwohl er doch so viele sah. Er streckte behutsam die Hände aus und streichelte es. Da kam es Tristan so vor, als er das Hündchen anfasste, als striche er über Palmâtseide, so weich und glatt war es überall. [15890] Es knurrte und bellte nicht und ließ sich immer brav jeden Spaß gefallen, wenn man mit ihm spielte. Und es brauchte nicht zu essen noch zu trinken, so behauptet die Geschichte.

Als es wieder fortgetragen wurde, da lebten Tristans Trauer und sein Leid wieder auf, und er hatte nun erst recht schwermütig zu grübeln: Mit aller Kraft seines Geistes, [15900] die er aufbieten konnte, sann er darauf, wie es ihm glücken oder wie er es schlau anstellen könnte, das Hündchen Petitcriû seiner Dame, der Königin, zu gewinnen, damit es sie in ihren Liebesschmerzen tröste. Er konnte sich aber nicht denken, [15910] wie es ihm je gelingen könnte, sei es mit Bitten, sei es mit List; denn er wusste wohl, dass Gilân es niemals hergeben würde, nichts auf der Welt war ihm so lieb und teuer, höchstens sein Leben. Diese Gedanken und Sorgen lagen ihm ständig schwer auf der Seele, aber er ließ sich nichts davon anmerken.

Wie uns die wahre Geschichte [15920] von Tristans Heldentum erzählt, hatte damals das Land Swâles einen Riesen als Nachbarn, der war stolz und herrschsüchtig und hatte eine Burg auf der *rivâge*; er hieß Urgân li vilûs. Diesem Riesen war Gilân mit seinem Land Swâles untertan, sie mussten ihm Tribut zahlen, [15930] damit er die Bewohner des Landes in Frieden leben ließ und ihnen nichts Böses antat. Da wurde nun am Hof bekannt, dass der Riese Urgân im Land eingefallen war und sich den Tribut, den er beanspruchte, geholt hatte: Rinder, Schafe und Schweine ließ er vor sich her treiben. Die Sache kam auch zwischen Gilân und Tristan zur Sprache, und der Herzog erzählte seinem Freund, [15940] wie der Tribut dem Land mit Gewalt und Bosheit aufgezwungen worden war. „Jetzt sagt mir, Herr", sprach Tristan, „wenn ich es fertig bringe, Euch davon zu befreien, so dass Ihr schon bald diesen Tribut ein für allemal los seid – was gebt Ihr mir zum Lohn dafür?" „Ihr habt mein Wort, Herr", sprach Gilân, [15950] „ich gebe Euch mit Freuden alles, was ich habe." Da sprach Tristan weiter: „Herr, wenn Ihr mir Euer Wort gebt, so helfe ich Euch, koste es was es wolle, und schaffe Euch ganz gewiss schon bald Urgân für immer vom Hals oder verliere mein Leben." „Mein Wort, Herr: Ich werde Euch geben, was immer Ihr verlangt", sprach Gilân, [15960] „Ihr braucht nur zu befehlen." Er versprach es ihm in die Hand. Tristan ließ sogleich sein Pferd und seine Rüstung holen und bat um einen Führer, der ihn dahin brächte, wo jener Sohn des Teufels mit seiner Beute heimwärts zog.

Tristan gelangte auch wirklich bald auf Urgâns Straße. Die lief durch einen wüsten, wilden Wald, [15970] der an das Herrschaftsgebiet des Riesen grenzte; da hinüber führte eine Brücke, die er immer benutzte, wenn er von seinen Raubzügen heimkehrte. Bald kamen Raub und Riese daher. Nun war da aber Tristan, der versperrte den geraubten Herden den Weg. Als der verfluchte Riese Urgân merkte, dass der Zug dort an der Brücke stockte, rannte er in wilden Sätzen dorthin, mit einer langen [15980] eisernen Stange fuchtelte er hoch in der Luft. Da traf er auf den Ritter, der dort wohl gerüstet hielt; mit Verachtung sprach er ihn an: „Guter Mann da auf dem Pferd, wer seid Ihr? Warum lasst Ihr mein Vieh nicht über die Brücke? Weiß Gott, das kostet Euch das Leben, [15990] oder wollt Ihr Euch lieber kampflos ergeben?" Der auf dem Pferd sprach ohne Zögern: „Guter Mann, ich heiße Tristan und fürchte deine Stange und dich nicht die Bohne, damit du's weißt! Also, benimm dich anständig und lass dir gesagt sein: Deine Beute kommt gewiss nicht von der Stelle, solange ich etwas zu bestimmen habe." [16000] „Aha", sprach der Riese, „Herr Tristan! Ihr meint, Ihr habt Môrolt von Irland überwunden, den Ihr allem Recht zum Trotz, aus purer Willkür und Hoffart, zum Kampf gezwungen und getötet habt. Aber ich bin von anderem Schlag als jener Ire, dem Ihr in einem bloßen Wortgefecht die Schöne entreißen konntet, [16010] die blühende Isôt, die er für sich beanspruchte. Oh nein, mein Haus steht hoch auf der *rivâge*, und ich heiße Urgân li vilûs: fort mit dir, aus dem Weg!"

Er holte aus mit beiden Armen, auf Tristan zielte er einen Wurf und Schuss, [16020] mächtig und weit, auf genau gezirkelter Bahn, der Tristan töten sollte. Und als er die Stange auf ihn schleuderte, riss Tristan sein Pferd herum, aber nicht schnell genug: [16030] Sie traf das Pferd vor der Kruppe und schlug es mitten entzwei. Der gräuliche Riese schrie auf und rief Tristan lachend zu: „Jetzt helfe Euch Gott, Herr Tristan! Reitet nicht gar zu eilig fort, seid so freundlich und wartet auf mich, damit ich Euch anflehen kann, Ihr möchtet mir die Gnade und Ehre erweisen, mich mit meiner rechtmäßigen Habe [16040] meiner Wege gehen zu lassen."

Tristan stieg ab auf das Gras, da sein Pferd ja tot war. Er griff Urgân mit der Lanze an und stach ihm ins Auge – da war sein Schicksal besiegelt. Der gräuliche Riese Urgân strebte nun eilig dahin, wo die Stange lag. [16050] Als er die Hand danach ausstreckte, da hatte Tristan seine Lanze schon weggeworfen und setzte ihm nach mit gezücktem Schwert. Er traf ihn genau so, wie er es sich gewünscht hatte: Die Hand schlug er ihm ab, die nach der Stange griff, so dass sie auf der Erde lag, und versetzte ihm noch einen Hieb in den Schenkel und zog sich zurück. [16060] Der schwer verletzte Urgân langte mit der Linken nach der Stange, nahm sie und ging auf seinen Feind los. Er jagte Tristan unter den Bäumen umher auf gefährlicher Irrfahrt kreuz und quer.

Urgâns Wunden bluteten so stark, dass dem teuflischen Mann [16070] angst und bange wurde, er fürchtete, mit all dem Blut schon bald Kraft und Kampfesmut zu verlieren. Er ließ seine Beute und den Ritter stehen, nahm die Hand, die da lag, und trat kühn den Rückzug an, heimwärts in seine Burg. Tristan blieb allein im Wald zurück bei dem geraubten Vieh. [16080] Er machte sich große Sorgen, weil Urgân lebend entkommen war. Er setzte sich nieder ins Gras und dachte nach und überlegte und kam doch über die Erkenntnis nicht hinaus, dass er, da er nichts vorweisen konnte als allein den Tribut, das geraubte Vieh, nichts ausgerichtet und alle Not und Gefahr umsonst [16090] auf sich genommen hatte, und fürchtete, dass Gilân ihm den vereinbarten Lohn verweigern würde. Da machte er sich wieder auf den Weg und folgte wild entschlossen Urgâns Fährte: Wo der gelaufen war, hatte er die Erde und das Gras mit seinem Blut betropft.

Als er zu dem Château gelangte, [16100] hielt er Ausschau nach Urgân und suchte überall, aber er fand weder ihn noch sonst eine lebende Seele. Der schwer verwundete Mann hatte, wie die Geschichte uns sagt, seine abgehauene Hand auf einen Tisch in seinem Palas gelegt und war von der Burg ins Tal gelaufen, um Wurzeln auszugraben, [16110] die er brauchte, seine Wunden zu behandeln. Er wusste, dass ihre Heilkräfte ihm helfen konnten. Er hatte sich überlegt: Wenn er die Hand rechtzeitig, bevor sie ganz abgestorben war, wieder mit dem Arm verbinden könnte – er wusste, wie dieses Kunststück zu schaffen war –, dann wäre er, einäugig, aber mit zwei Händen, gerettet. [16120] Doch das sollte nicht sein, denn Tristan kam dorthin und fand die Hand da liegen, und da sie keine Waffe trug, nahm er sie und ging so unangefochten weg, wie er gekommen war. Urgân kam zurück und sah, dass seine Hand verloren war, das schmerzte ihn und machte ihn zornig: Seine Heilkräuter warf er hin [16130] und setzte Tristan nach. Der war schon über die Brücke; er hatte wohl bemerkt, dass der Riese ihn verfolgte. Er nahm die Hand und versteckte sie flugs unter einem Baumstumpf. Jetzt erst war sein Schrecken vor dem fürchterlichen Mann so recht groß, denn es gab nun keinen Zweifel mehr: Einer von ihnen musste sterben, [16140] entweder der Riese oder er. Er wandte sich zur Brücke, mit der Lanze rannte er ihn an und stach ihn, dass der Schaft zersplitterte, und in dem Moment, da er ihn traf, war auch schon der verfluchte Urgân mit seiner Stange da. So ungeduldig wild schlug er zu, dass Tristan, wenn der Hieb nicht über ihn hinweg gegangen wäre, [16150] sein Leben nicht davongebracht hätte, und wäre er auch ganz aus Erz gegossen gewesen. Ihn rettete Urgâns Ungestüm; der war ihm zu nahe auf den Leib gerückt, seine Stange schlug hinter Tristan ein. Ehe der gräuliche Mann noch einmal ausholen konnte, hatte Tristan ihn mit einer Finte getäuscht und ihm einen Stich ins Auge versetzt; [16160] das war keine Finte, sondern echt: Das andere Auge stach er ihm aus. Jetzt schlug Urgân wahrhaft und mit Recht wie ein Blinder um sich. So wild fuchtelte er, dass Tristan sich ein Stück zurückzog und ihn umhertappen und um sich hauen ließ mit der linken Hand. So kam der Riese dann ganz nahe dorthin, [16170] wo Tristan ihn attackieren wollte; der legte alle seine Kraft und Macht in diesen Angriff: Kühn jagte er hin, mit beiden Händen schob er ihn zum Abgrund, stieß ihn von der Brücke in die Tiefe, so dass die ungeheure Masse an den Felsen ganz zerschellte.

Da nahm dann Tristan, [16180] der glückliche Sieger, seine Hand und machte sich in Eile auf den Heimweg. Es dauerte gar nicht lang, da traf er auf den Herzog Gilân, der ihm entgegengeritten kam. Dem tat es von Herzen leid, dass Tristan das auf sich genommen hatte und den Kampf wagen wollte, denn es war ihm unvorstellbar, dass er so völlig unversehrt am Leben bleiben könnte. Und als er ihn jetzt sah, wie er ihm entgegenlief, [16190] sprach er ihn freudig an: „Ah, bienvenjanz, gentil Tristan! Allerliebster, sagt, seid Ihr heil und gesund?" Da zeigte Tristan ihm gleich die leblose Hand des Riesen und erzählte ihm, wie es zugegangen war und wie er diese ganze Sache glücklich und erfolgreich gemeistert hatte. Da war Gilân sehr froh. [16200] Zurück zur Brücke ritten sie und fanden bestätigt, was Tristan gesagt hatte: Da lag ein zerschmetterter

Mann, den sahen sie mit Staunen. Dann kehrten sie heim, des Riesen Beute trieben sie froh vor sich her in ihr Land. Die Kunde verbreitete sich schnell im ganzen Land Swâles. [16210] Man überhäufte Tristan dort so reichlich mit Lob und Preis und Ehre wie keinen zweiten Mann, der je Heldentaten verrichtete.

Als nun Gilân und Tristan, der glückliche Sieger, wieder nach Hause kamen und ihre erfolgreiche Sache weiter beredeten, [16220] sprach Tristan, dieser erstaunliche Mann, zum Herzog: „Herzog, mein Herr, jetzt lasst Euch an Euer Wort erinnern und den Vertrag, den wir geschlossen haben, und daran, was Ihr mir versprochen habt." Gilân sprach: „Herr, ich bin gern dazu breit, sagt mir nur, was Ihr gern hättet; was verlangt Ihr?" „Mein Herr Gilân, ich hätte gern, [16230] dass Ihr mir Petitcriû gebt." Gilân entgegnete: „Da wüsste ich etwas Besseres für Euch." Tristan sprach: „Lasst hören, was das ist." „Ihr lasst mir das Hündchen und nehmt statt seiner meine schöne Schwester und dazu die Hälfte von allem, was ich besitze." „Nein, mein Herr Herzog Gilân, denkt an Euer Wort! Ich wollte nicht für alle Reiche und alle Länder der Welt darauf verzichten, [16240] wenn sie mir jemand dafür böte. Keinen anderen Lohn als Petitcriû will ich dafür haben, dass ich Urgân li vilûs erschlug." „Wahrhaftig, mein Herr Tristan, da Ihr es lieber haben wollt als das, was ich Euch angeboten habe, so halte ich mein Wort und tue, wie Ihr es wünscht. Ich will an Euch nicht treulos handeln oder listige Ausflüchte suchen, [16250] so schwer es mir auch fällt, Euch Euren Wunsch zu erfüllen: Da Ihr es befehlt, so sei es." Und er befahl, dass man ihm und Tristan das Hündchen bringe. „Seht, Herr", sprach er, „ich muss Euch sagen und schwöre es bei meiner Seligkeit, dass ich nichts besitze oder je besitzen werde, was mir so lieb wäre, ausgenommen nur meine Ehre und mein Leben: [16260] Alles wollte ich Euch lieber geben als meinen Hund Petitcriû. Nun nehmt ihn hin und behaltet ihn, Gott lasse Euch Freude daran haben! Wahrhaftig, Ihr nehmt mir die schönste Wonne meiner Augen und das Glück meines Herzens."

Das Hündchen, das Tristan da gewonnen hatte, schien ihm ein so kostbares Besitztum, dass ihm im Vergleich damit wahrhaftig [16270] Rom und alle Reiche, alles Land und alles Meer der Erde keinen Pfifferling galten. Er war so glücklich wie nie zuvor außer mit Isôt. Einen Spielmann aus Gâles zog er ins Vertrauen, der war geschickt und klug. Den unterwies er, wie er es listig anstellen sollte, [16280] der schönen Königin Isôt das wunderbare Hündchen zu bringen. Er versteckte es schlau in der Rotte des Mannes und schrieb Isôt Briefe, die gab er ihm mit und berichtete ihr, wo und wie er es für sie gewonnen hatte. Der Spielmann machte alles so, wie es ihm aufgetragen und befohlen worden war: [16290] Er ging auf die Reise und kam nach Tintajoêl in das Château des

König Marke, ohne dass ihm unterwegs irgendein Missgeschick begegnet wäre. Brangäne suchte er auf, der übergab er den Hund und die Briefe, und sie brachte das alles der Königin. Isôt betrachtete genau in allen Einzelheiten die ganze Fülle [16300] wunderbarer Wunder, die sie da an dem Hündchen fand. Dem Spielmann schenkte sie zum Lohn für seine Dienste fünf Pfund Gold. Sie schrieb und schickte Tristan beschwörende Briefe und versicherte ihm, dass ihr Herr Marke ihm gnädig und gewogen sei [16310] und ihm jene Geschichte nicht nachtrage, er solle doch recht bald kommen, sie habe alles bereinigt und geschlichtet. Tristan tat wie geheißen und kehrte sogleich heim. Der König und der Hof, die Leute und das ganze Land erwiesen ihm wieder große Ehren so wie früher, ja, er genoss am Hof noch höhere Achtung als je zuvor. [16320] Allerdings bot Marjodô ihm nur nach außen hin und nicht im Herzen Ehre, und ebenso der andere, der mit ihm am selben Strick zog, petit Melôt – die beiden waren ja schon früher seine Feinde gewesen. So viel Ehre sie ihm zollten, so wenig Ehre geschah ihm doch. Jetzt sagt alle, was ihr dazu meint: Wo man dem Schein Genüge tut, ist das Ehre oder nicht? Ich sage nein und ja, [16330] nein und ja sind beide richtig: Nein, was den betrifft, der sie erweist, ja gilt für den, der sie empfängt – beide zusammen werden den beiden gerecht, ja gehört hierher und nein. Mehr ist dazu nicht zu sagen: Es ist Ehre ohne Ehre.

Die Königin Isôt erzählte ihrem Gemahl von dem Hündchen und sagte ihm, es sei ein Geschenk von ihrer Mutter, [16340] der weisen Königin von Irland. Sie ließ ihm aus kostbaren Materialien, aus Gold und Geschmeide, ein prächtiges Häuschen machen, das nichts zu wünschen übrig ließ. Darin wurde eine Decke aus herrlichem Seidenbrokat ausgebreitet, auf der das Hündchen ruhte. So hatte Isôt es bei Tag und Nacht, inmitten der Hofgesellschaft und in der stillen Kammer, allezeit [16350] vor Augen. Sie richtete es so ein, dass es immer in ihrer Nähe war, wo sie sich aufhielt oder wo sie ritt; man führte oder trug es immer mit, so dass sie es nie aus den Augen verlor. Und das tat sie nicht etwa zu ihrem Wohlsein, vielmehr, so sagt die Geschichte, um den Schmerz der Sehnsucht immer wieder neu anzufachen und Tristan zuliebe, [16360] der es ihr aus Liebe geschickt hatte. Es bereitete ihr kein Wohlgefühl, sie suchte keinen Trost darin. Denn schon am ersten Tag, als die treue Königin das Hündchen erhielt und sie das Glöckchen hörte, das sie ihre Traurigkeit vergessen ließ, da kam ihr in den Sinn, dass ihr Geliebter Tristan [16370] um ihretwillen schweren Kummer hatte, und sie dachte bei sich: „Ach, und ich Treulose kann Freude empfinden! Wie dürfte ich jemals auch nur einen Augenblick lang froh sein, während er meinetwegen traurig ist, der seine Freude hingegeben hat und um meinetwillen sein Leben in Traurigkeit zubringt? Woran könnte ich mich freuen ohne ihn, [16380] dessen ganze Trauer und Freude ich bin? Wie dürfte ich jemals lachen, da sein Herz keinen Trost finden kann, solang das meine ihm fern ist? Er hat kein Leben ohne mich: Soll ich da ohne ihn froh und in Freuden leben, während er trauert? Davor bewahre mich Gott in seiner Güte, [16390] dass ich jemals ohne ihn Freude suche." Und sie riss das Glöckchen ab, die Kette ließ sie ihm. Damit büßte aber das Glöckchen ein für allemal seine edle Art und seine Kraft ein, nie mehr wirkte es mit seinem Klang seinen besonderen Zauber: Man sagt, dass es niemals wieder, [16400] sooft man es auch klingeln hörte, eines Herzens Kummer vernichtete und verschwinden ließ. Das war Isôt gleichgültig, sie wollte ja nicht fröhlich sein: Die unwandelbar treue Dulderin hatte alle Freude und ihr Leben der Sehnsucht und Tristan hingegeben.

Wieder hatten Tristan und Isôt ihr Leid und ihre Not überwunden und lebten sich wieder gut ein am Hof: [16410] Der hielt sie wieder in hohen Ehren, beide waren so beliebt wie nie zuvor. Sie genossen wieder das Vertrauen ihres Herrn Marke. Sie nahmen sich auch sehr in Acht; wenn es sich nicht einrichten ließ, dass sie ohne Gefahr zusammen sein konnten, so tat ihnen doch, wie es Liebenden oft ergeht, schon der bloße Wille wohl: Die Hoffnung und Zuversicht, [16420] das zustande zu bringen, wonach das Herz verlangt, flößen dem Herzen Lebenslust und Kraft ein, so dass es aufblüht. Das ist die rechte Innigkeit, das ist die eigentliche Kunst der Liebe und der Zärtlichkeit: dass man, wenn die Verhältnisse es nicht erlauben, zu tun, was zur Sache der Liebe gehört, leichten Herzens darauf verzichtet [16430] und den Willen für das Werk nimmt. Wo der gewisse Wille da ist, da wäre auch gute Gelegenheit zu wünschen. Wenn nicht, muss der gewisse Wille das Verlangen stillen. Liebende sollen niemals etwas wünschen, was die Verhältnisse unmöglich machen, sonst wünschen sie sich Leid: Wenn man das Unmögliche will, [16440] das ist ein böses, ungleiches Spiel. Was möglich ist, das soll man wollen, da lässt sich mit guten Chancen spielen und ohne Herzeleid. Wenn die Gespielen Isôt und Tristan keine Gelegenheit fanden, so ließen sie es und begnügten sich mit dem gemeinsamen Willen. Der ging auf leisen Sohlen zwischen ihnen her und hin, [16450] nimmermüde sanft und süß: Gemeinsame innige Zärtlichkeit in Gedanken war ihnen süß und tat ihnen wohl. Die Liebenden nahmen sich allezeit sehr in Acht, ihr Glück vor dem Hof und vor Marke zu verbergen, so gut die blinde Liebe, die immer in ihrer Nähe war, es ihnen erlaubte.

Nun ist es aber mit der Eifersucht [16460] und mit dem Samen des Verdachts so einen Sache: Wenn der ausgestreut ist und erst einmal Würzelchen getrieben hat, dann ist er so fruchtbar und vital und starkwüchsig, dass er, solange er nur Feuchtigkeit hat, kaum jemals mehr verdirbt und nicht mehr umzubringen ist. Der nimmermüde Argwohn begann wieder mit Macht auszutreiben: Er hatte leichtes Spiel [16470] mit Tristan und Isôt und schoss üppig ins Kraut. Er fand nur allzu reichlich Feuchtigkeit an jenen süßen Zeichen, die zu allen Zeiten von der Liebe Kunde gaben. Der Mann hatte ganz recht, der da sagte: Sosehr man sich auch in Acht nimmt, es ist nicht zu verhindern: Es zieht sie zueinander hin – das Auge zum Herzen, [16480] den Finger zu der Stelle, wo es weh tut. Die Leitsterne des Herzens suchen am liebsten dort nach Beute, wo das Herz hinstrebt, der Finger und die ganze Hand gehen oft und immer wieder dahin, wo der Schmerz sitzt. Genauso taten die Liebenden: All ihrer Angst und Not zum Trotz vermochten und wussten sie es nicht zu vermeiden, [16490] immer wieder und allzu oft den Argwohn zu nähren mit zärtlichen Blicken – leider zog es, wie gesagt, des Herzens lieben Schatz, das Auge, immer wieder zu dem Herzen hin, die Hand ging unwillkürlich zu dem Schmerz. Immer wieder strickten die beiden mit Blicken ihre Augen und Herzen so fest aneinander, [16500] dass sie sich oft nicht schnell genug aus diesen Fesseln lösen konnten und Marke in ihren Augen den Balsam der Liebe erkannte. Deswegen beobachtete er sie noch schärfer, er behielt sie immer im Blick und sah sehr oft die verborgene Wahrheit in ihren Augen, aber nur dort, [16510] nirgends sonst. Sie sahen einander mit solcher Liebe an, so zärtlich und so voller Sehnen, dass es ihn mitten ins Herz traf, und er wurde so zornig, so bitter und böse, dass er dem und dem anderen, ich meine: dem Zweifel und dem Argwohn, ungezügelt freien Lauf ließ. Schmerz und Zorn überwältigten ihn, [16520] so dass er jeden Sinn für Maß und Ziel verlor. Es brachte ihn um den Verstand, dass seine geliebte Isôt einen anderen Mann wahrhaft lieben sollte, denn Isôt war ihm so teuer wie nichts sonst auf der Welt, und davon rückte er nicht ab: So zornig er auch war, behielt er doch seine geliebte Frau [16530] lieb und lieber als sein Leben. Bei aller Liebe aber trieben ihn dieses Leid und der rasende Schmerz in solche Raserei, dass er alles andere vergaß und sich ganz seinem Zorn überließ. Ob es stimmte oder nicht, danach fragte er nicht mehr.

In diesem blinden Schmerz [16540] bestellte er die beiden zu sich in den Palas, wo der gesamte Hof versammelt war. In aller Öffentlichkeit, vor der ganzen Hofgesellschaft, sprach er zu Isôt: „Meine Dame, Isôt von Irland, das ganze Land weiß nur allzu gut, in welch dringendem Verdacht Ihr, was Eure Beziehungen zu meinem Neffen Tristan angeht, nun schon so lange Zeit steht. [16550] Jetzt habe ich Euch nachgespürt und allerlei Fallen gestellt in der Hoffnung, Ihr würdet etwas Vernunft annehmen. Aber Ihr wollt es nicht lassen. Ich bin nicht so töricht, dass ich das nicht merkte, ich sehe es Euch deutlich an: In großer Gesellschaft oder in kleiner Runde, immer sind Euer Herz und Eure Augen [16560] wie gebannt bei meinem Neffen. Dem erweist und zeigt Ihr mehr Freundlichkeit als mir. An Eurem Benehmen erkenne ich, dass Ihr ihn mehr lieb habt als mich. So wachsam ich auch Euch und ihn im Auge behalte, so hilft das alles nichts, es ist umsonst, was ich auch tue. [16570] Ich habe Euch so oft daran gehindert zusammenzukommen, dass ich nur staunen kann, wie Ihr aller äußerlichen Trennung zum Trotz über so lange Zeit hinweg im Herzen so vollkommen eins sein könnt. Den Austausch zärtlicher Blicke habe ich oft unterbunden und kann doch die Liebe, die Euch verbindet, nicht scheiden. Ich habe es mir allzu lange von Euch gefallen lassen, [16580] jetzt will ich ein Ende damit machen, hört zu, was ich Euch sage: Ich will die Schande und das Leid, das Ihr mir antut, nicht länger tragen und mich nicht mehr mit Euch plagen; ich dulde diese Schmach von jetzt an nicht mehr. Ich will mich aber nicht so grausam an Euch rächen, wie ich es von Rechts wegen wohl dürfte, [16590] wenn ich mich rächen wollte. Mein Neffe Tristan, meine Dame Isôt, Euch zu töten oder Euch sonst etwas Schlimmes anzutun, dazu seid Ihr beide mir zu lieb, so schwer es mir fällt, das zu sagen. Da ich nun sehe, dass Ihr gegen meinen ausdrücklichen Willen einander mehr liebt und immer lieben werdet als mich, [16600] so seid denn beieinander, wie Ihr es wünscht: Vor mir braucht Ihr keine Angst mehr zu haben. Da Eure Liebe so groß ist, will ich Euch von nun an nie mehr lästig sein und will Euch in Euren Dingen Eure Freiheit lassen. Nehmt einander bei der Hand und verlasst meinen Hof und mein Land. Wenn Ihr mir ein Leid antut, [16610] will ich davon nichts hören und sehen. Wir drei können nicht länger Gemeinschaft halten; ich will Euch nicht voneinander scheiden, sondern selbst weggehen, wie immer ich es anstellen mag. Diese Gemeinschaft ist schlecht, ich will sie gern entbehren. Ein König, der das Brot der Liebe wissentlich mit einem anderen teilt, [16620] hat nicht mehr Adel im Leib als ein Bauerntölpel. Geht mit Gott, Ihr beiden, liebt und lebt so, wie es Euch gefällt. Mit dieser Gemeinschaft ist aus für immer!"

So wurde es gemacht, genau so, wie Marke es befohlen hatte, geschah es: Tristan und seine Herrin Isôt nahmen nur mäßig bedrückt und nicht allzu heftig blutenden Herzens Abschied [16630] von ihrer beider Herrn, dem König, und dann von seinen Leuten. Die treuen Gefährten nahmen einander bei der Hand und traten auf den Hof hinaus. Ihrer Freundin Brangäne wünschten sie gute Gesundheit und baten sie, sie möge da bleiben und sich am Hof die Zeit vertreiben, bis sie von ihnen hörte, [16640] wie es ihnen erginge, das legten sie ihr ans Herz. Tristan nahm zwanzig Barren von Isôts Gold mit auf die Reise zu seinem und ihrem Unterhalt. Dann brachte man ihm noch, wie er befohlen hatte, seine Harfe und sein Schwert, seine Armbrust für die Jagd und sein Horn. [16650] Außerdem hatte er sich noch einen Hund aus seiner Meute ausgesucht, der war schön und zierlich und hieß Hiudan; den führte er selbst an der Leine mit. Seine Leute befahl er in Gottes Hand, sie sollten heim in ihr Land reisen zu seinem Vater Rûal. Nur Kurvenal behielt er bei sich. [16660] Er gab ihm die Harfe zu tragen, die Armbrust nahm er selbst, dazu das Horn und den Hund Hiudan, nicht Petitcriû. So ritten die drei fort vom Hof.

Die reine Brangäne blieb ganz allein mit Jammer und Weh zurück. Die traurige Geschichte und die bittere Trennung [16670] von den beiden, die ihr so lieb waren, taten ihr so weh und gingen ihr so nahe, dass es ein großes Wunder war, dass der Schmerz sie nicht umbrachte. Und den zweien fiel der Abschied auch sehr schwer, indes geschah es mit gutem Grund, dass sie Brangäne eine kurze Weile da auszuharren und zu bleiben befahlen [16680] und sie bei Marke zurückließen: Sie sollte die Versöhnung zwischen ihnen und Marke vermitteln.

So zogen nun die drei Gefährten hin durch Wald und Heide, immer der Wildnis zu, fast zwei Tagereisen weit. Da kannte Tristan von früher her eine Höhle in einem Berg, fern von menschlichen Behausungen. Er hatte sie [16690] zufällig entdeckt: Er war einmal in der Gegend auf der Jagd gewesen, da hatte ihn sein Weg dorthin geführt. Diese Höhle war einst in heidnischer Zeit – noch vor Corinêis, als Riesen die Herren des Landes waren – in den wilden Berg gehauen worden: Dahin zogen sie sich zurück, wenn sie ungestört sein wollten, [16700] um sich der Liebe hinzugeben. Und wo man eine solche Höhle fand, da machte man eine Tür aus Bronze davor und widmete die Stätte der Liebe: la fossiure a la gent amant, Grotte der Liebenden, so nannte man sie; der Name stand dem Ding wohl an. Die Geschichte sagt uns auch, die Grotte sei kreisrund und weit und hoch gewesen, die Seiten strebten senkrecht empor, [16710] schneeweiß war sie, rundum glatt und eben. Das Gewölbe wurde oben prächtig abgeschlossen: Auf dem Schlussstein prangte eine Krone, wunderschön mit Geschmeide geziert und mit Edelsteinen besetzt. Der Fußboden war glatt und spiegelnd und herrlich aus Marmor, grün wie Gras. [16720] Ein Bett stand mittendrin, schön und rein aus Kristallstein gearbeitet, hoch und weit, schön erhöht. Über alle Seiten lief eine gravierte Schrift, die auch davon Kunde gab, dass es der Liebesgöttin gewidmet war. Oben in der Grotte waren kleine Fensterchen [16730] durchgebrochen, damit Licht hereinkam, die leuchteten da und dort. Wo man aus und ein ging, gab es eine Tür aus Bronze, und darüber standen drei dicht belaubte Linden, nur diese drei, sonst keine. Um den Eingang herum und gegen das Tal hin standen jedoch zahllose Bäume, die dem Berg mit ihrem Laub [16740] und ihren Zweigen Schatten spendeten. Auf der einen Seite war eine weite Lichtung, da floss eine Quelle, frisches, kühles Wasser, ganz hell und klar wie die Sonne. Darüber standen wieder drei Linden, schön und herrlich anzuschauen, die beschirmten die

Quelle vor Regen und Sonne. Bunte Blumen, grünes Gras [16750] leuchteten auf dem freien Feld und stritten aufs schönste miteinander: Jedes wollte das andere mit Leuchten übertreffen. Auch hatte man da in der rechten Jahreszeit den schönen Gesang der Vögel. Der Gesang war so schön und noch schöner als irgendwo sonst. Auge und Ohr hatten da beide Weide und Wonne: [16760] das Auge seine Weide, das Ohr seine Wonne. Da gab es Schatten und Sonne, die Luft und die Winde waren sanft und wohltuend. Von diesem Berg und dieser Höhle erstreckte sich eine gute Tagereise weit unbebautes felsiges Land, wüste Wildnis. Es führten keine gebahnten Wege dorthin, [16770] kein Pfad und kein Steig, doch war das Gelände nicht so unwegsam, dass es Tristan abgeschreckt hätte: Er und seine Liebste durchquerten es und nahmen in dem Fels und in dem Berg Quartier.

Als sie sich dort häuslich eingerichtet hatten, sandten sie Kurvenal zurück. Er sollte am Hof [16780] und überall sonst, wo es sich fügte, erzählen, dass Tristan und die schöne Isôt mit Jammer und viel Weh wieder nach Irland gefahren wären, um ihre Unschuld den Leuten und dem ganzen Land vor Augen zu führen. Er sollte sich dann dort am Hof niederlassen, Brangäne gehorsam in allen Dingen, [16790] und ihrer beider Freundin, der Treuen, sagen, dass sie ihr in aufrichtiger Freundschaft und Liebe ergeben seien. Und er sollte auch in Erfahrung bringen, was Marke vorhatte, und wenn der irgendeinen bösen Plan zu irgendeinem bösen Anschlag auf ihr Leben fasste, sollte er es ihnen gleich mitteilen und überhaupt in allen Dingen [16800] Tristan und Isôt in seinem Sinn behalten und regelmäßig alle zwanzig Tage zu ihnen kommen und berichten, was vielleicht nützlich und ermutigend sein könnte. Was soll ich mehr darüber sagen als dies: Er tat gehorsam alles, was ihm aufgetragen war. Da hatten nun Tristan und Isôt ihren Hausstand [16810] in dieser wilden Klause.

Es gibt genügend Neugierige, die jetzt nur allzu gerne wissen möchten und sich mit der Frage plagen, wie sich Tristan und Isôt, die beiden Verbannten, in dieser Wüstenei ernährten. Dieser Not will ich abhelfen und diese Neugier stillen: Sie sahen einander an, [16820] davon lebten sie – vom üppigen Ertrag ihrer Augen ernährten sie sich. Sie aßen nichts als Lust und Liebe. In diesem Haus der Liebe war für die Furage immer wohl gesorgt. Die beiden trugen verborgen unter dem Gewand [16830] das beste Lebensmittel, das man haben kann auf dieser Welt. Das stand ihnen gratis zur Verfügung, immer frisch und neu: Das war die reine Treue; die balsamische Liebe, die dem Körper und dem Geist so recht wohl tut, die Herz und Sinn befeuert, war ihre Nahrung, eine bessere gibt es nicht. [16840] Wahrhaftig, sie nahmen niemals etwas zu sich als allein die Speise, die das Verlangen des Herzen nährte und das Auge beglückte und die auch dem Leib gab, was er brauchte. Daran hatten sie genug. Zur Liebe waren sie geboren, die begleitete sie auf Schritt und Tritt und jeden Augenblick und gab ihnen alles, [16850] was zu einem Leben in vollkommenem Glück nötig ist. Auch machte es ihnen wenig Kummer, dass sie allein und ohne Gesellschaft in der Wildnis leben mussten. Wen hätten sie denn da vermissen sollen? Was hatten andere Leute da zu suchen? Sie waren eine gerade Summe, eins und eins sonst nichts. Wenn sie sich jemanden dazugeholt hätten, [16860] so wären sie ungerade geworden und hätten von dem überzähligen Dritten nichts als Ärger und Verdruss gehabt. Ihre Gesellschaft, so wie sie war, schien den beiden großartig genug: Bei keinem noch so glänzenden Fest am Hof des glückseligen König Artûs hätten sie mehr Lust und Glück genießen können. [16870] In der ganzen Welt hätte man kein Vergnügen gefunden, das die zwei, solange sie da in der Grotte wohnten, auch nur um ein Ringlein mit einem unechten Stein darin hätten kaufen wollen.

Alles, was nur irgendjemand irgendwo ersinnen und für nötig halten kann zum vollkommenen Leben, hatten die beiden dort. Für ein besseres Leben hätten sie [16880] keinen Pfifferling gegeben, nur um ihre Ehre tat es ihnen leid. Was sonst hätten sie vermissen sollen? Sie hatten ihren eigenen Hof, sie hatten alles, was ein Mensch zum Glück braucht. Sie hatten die Ihren stets um sich: die grüne Linde, den Schatten und die Sonne, das Ufer des Bachs und die Quelle, Blumen, Gras, Laub und Blüten, [16890] die den Augen wohl tun. Ihre Hofmusikanten waren die Vögel: Die zierliche, reine Nachtigall, die Drossel und die Amsel und andere Waldvögel, der Zeisig und die Lerche wetteiferten miteinander und waren immer eifrig darum bemüht, den Ohren und dem Kunstsinn ihrer Herrschaft etwas zu bieten. [16900] Ihr Fest war die Liebe, die ihrem Glück die Krone aufsetzte. Sie brachte ihnen in ihrer Güte jeden Tag tausendmal die ganze Herrlichkeit von Artûs' Tafelrunde und von seiner ganzen Hofgesellschaft in ihre Klause. Wie hätten sie bessere Nahrung für Seele und Leib wünschen können? Da war der Mann bei der Frau, die Frau bei dem Mann – [16910] was brauchten sie mehr? Sie hatten, was sie brauchten, und waren dort, wo sie sein wollten.

Jetzt gibt es aber etliche, die erzählen in ihrem Unverstand Dinge, mit denen ich nicht einverstanden bin. Sie behaupten, zu solchem Spiel brauche der Mensch noch andere Nahrung. Ich weiß nicht genau, ob das stimmt oder nicht, ich glaube aber, es ist nichts weiter nötig. [16920] Wenn es jemanden geben sollte, der so etwas schon erlebt hat und ein anderes Lebensmittel besser fand, der mag anders reden, wie er es eben versteht. Ich selbst habe auch schon so ein Leben geführt, und mir hat damals nichts gefehlt.

Nun werdet mir nicht ungeduldig und lasst euch erklären, was es zu bedeuten hat, [16930] dass die Grotte in dem Fels so und nicht anders gestaltet wurde. Sie war, so habe ich gelesen, rund, weit, hoch mit senkrechten Wänden, schneeweiß, rundum glatt und eben. Die runde Form bedeutet die Einfachheit der Liebe: Die immergleiche, stetige Gestalt passt zur Liebe, die ohne Winkel sein soll. Der Winkel in der Liebe [16940] ist Tücke und Berechnung. Die Weite ist die Kraft der Liebe, die ist grenzenlos. Die Höhe ist der stolze, frohe Sinn, der hoch bis in die Wolken strebt. Dem ist nichts zu schwer, er will immer weiter hinauf bis dorthin, wo alle Vollkommenheit sich trifft, die Krone der Wölbung zu bilden. So ist es denn genau richtig, [16950] dass die Vollkommenheit mit edlen Steinen besetzt und mit Lob und Preis geschmückt ist: Wir, deren niederer, gedrückter Sinn in der Sphäre des Fußbodens bleibt und nicht aufschweben und sich lösen kann, schauen staunend zu dem Kunstwerk hinauf, das dort in seiner Vollkommenheit prangt; [16960] was von der Pracht dessen, was da hoch oben in den Wolken schwebt, auf uns kommt und zu uns nieder glänzt, das bestaunen wir gebannt. Davon wachsen uns die Federn, mit denen der Sinn sich aufschwingt und sich im Flug nach Vollkommenheit Ehre macht.

Die Wand war weiß, glatt und eben, wie es dem Wesen der lauteren Aufrichtigkeit entspricht. Deren immergleicher weißer Schimmer [16970] soll nirgends übermalt und verfälscht sein, und kein böser Hintergedanke soll an ihr einen Buckel oder eine Grube finden. Der marmorne Fußboden, immergrün und fest, gleicht der Beständigkeit. Die Bedeutung passt am besten zu ihm, wegen der Farbe und der glatten Oberfläche. Die Beständigkeit soll so recht grün sein wie das Gras, das ist ihr angemessen, [16980] und glatt und lauter wie Glas. Das Bett der kristallklaren Liebe, das in der Mitte stand, trug seinen Namen mit Recht. Der Künstler hatte ihr Wesen ganz richtig erkannt, der die Liegestätte, die der Liebe dienen sollte, aus Kristall fertigte: Die Liebe selber soll ja auch kristallen durchsichtig und rein sein.

Innen konnte man die Bronzetür [16990] mit zwei Riegeln verschließen. Außerdem war da eine Türfalle, sehr sinnreich so konstruiert, dass man sie auch von außen betätigen konnte, das hatte Tristan gleich gesehen: Da gab es einen Mechanismus mit einer Handhabe dran, so konnte man die Falle von außen heben und senken. Weder Schloss noch Schlüssel war daran, und ich sage euch auch, warum: [17000] Da war deswegen kein Schloss, weil alle Sperrvorrichtungen, die man an einer Tür anbringt – ich meine: außerhalb –, auf falsche Liebe deuten; denn wer selbstherrlich durch die Tür der Liebe schreiten will, statt darauf zu warten, dass er eingelassen wird, dessen Liebe ist nicht echt, da ist Betrug oder Gewalt im Spiel. Darum ist der Eingang zur Liebe [17010] mit einem ehernen Tor verschlossen: Einlass kann man nicht erzwingen, sondern nur in Liebe und Freundlichkeit erbitten. Aus Bronze ist es, damit man es auf keine Weise, nicht mit Gewalt und Macht, nicht mit List oder überlegener Klugheit, weder mit Betrug noch mit Lüge, aufbrechen kann. Die beiden Riegel innen, [17020] Wahrzeichen der Liebe, waren einander gegenüber angebracht, links und rechts an der Wand. Der eine war aus Zedernholz, der andere aus Elfenbein. Jetzt hört, was sie bedeuten: Das Siegel aus Zedernholz bezeichnet die Weisheit und Klugheit in der Liebe, das aus Elfenbein [17030] die Keuschheit und Reinheit. Mit diesen reinen Riegeln ist das Haus der Liebe so verschlossen und versiegelt, dass Betrug und Gewalt nicht Eingang finden.

Die versteckte kleine Klinke außen, mit der man die Türfalle betätigen konnte, war aus Zinn, die Falle war aus Gold, [17040] und das hatte seinen guten Grund: Die Falle und die Handhabe waren so gemacht, dass sie ganz genau ihrem eigentlichen Wesen entsprachen. Das Zinn, das ist die rechte Aufmerksamkeit zum heimlichen Geschäft der Liebe, das Gold ist das Gelingen. Zinn und Gold sind hier am rechten Platz: Seine Aufmerksamkeit kann jeder lenken, wie er will, [17050] er kann sie verengen und verbreitern, verkürzen und dehnen, er kann ihr freien Lauf lassen oder Fesseln anlegen, so oder so, mit leichter Mühe, sie ist fügsam wie Zinn und kostet nicht viel. Wer es aber recht versteht, seine Gedanken der Liebe zuzuwenden, den bringt die Klinke aus Zinn, diesem schlechten Metall, [17060] zu goldenem Gelingen und köstlichen Dingen.

Oben in die Decke der Grotte waren hübsch versteckt drei Fensterchen, nicht mehr, durch den Fels gebrochen, da schien die Sonne hinein. Das eine von denen ist die Güte, das andere Demut, das dritte edler Anstand. Durch diese drei [17070] lacht der liebe Schein, der herrliche Glanz der Ehre, das beste Licht, das es gibt, und erhellt die Grotte des irdischen Daseins. Auch hat es seine gute Bedeutung, dass die Grotte einsam in der Wildnis lag; es verweist darauf, dass die Liebe und ihre Möglichkeiten [17080] nicht auf gebahnter Straße liegen oder auf den Feldern wachsen, die Liebe wohnt verborgen in der Wildnis. Nur mit Mühen und Plagen gelangt man zu ihrer Klause. Sie ist umgeben von Bergen, regellos verstreut, schwer zu überwinden auf krummer Bahn. Wir armen Märtyrer finden die Steige hinauf und hinab [17090] oft so mit Geröll verschüttet, dass wir dem rechten Pfad nicht folgen können: Wenn wir nur einen Fehltritt tun, so sind wir verloren. Wer aber das Glück hat, dass er dort in der Wildnis ans Ziel gelangt, der hat sich nicht vergebens geschunden, der findet da des Herzens heitere Wonne: [17100] Alles, was das Ohr gern hört und was das Auge freut, gibt es in der Wildnis so reichlich, dass er nicht mehr fortwill.

Das weiß ich wohl, denn ich war selber dort, ich habe dort in der

Wildnis den Vogel und das Haarwild, den Hirsch und das Reh durch viele Wälder verfolgt und ihnen nachgestellt [17110] und habe meine Zeit damit verschwendet, denn ich bekam nie Gelegenheit, etwas zu bästen; alle Mühe und Strapazen führten zu nichts. Ich fand die Klinke an der Tür zur Grotte und sah die Falle, ich bin auch hin und wieder zu dem Kristall vorgedrungen. Ich bin oft im Reigen hingesprungen und wieder zurück, [17120] habe aber nie dort geruht. Den Marmorboden um das Bett herum habe ich mit meinen Tritten ganz zertrampelt, so hart er ist. Wenn er nicht immer nachwachsen würde – das macht die grüne Farbe, die ihm diese besondere Fähigkeit verleiht –, dann könnte man noch heute meine Spur der wahren Liebe darauf erkennen. Auch habe ich an der lichten Wand [17130] meine Augen oft geweidet, ich habe eifrig meine Blicke hinauf zu der Krone gesandt und zu dem Gewölbe und dem Schlussstein und mir schier die Augen ausgeguckt an dem Schmuckstück dort, das so meisterlich mit Steinen bestirnt ist. Die sonnenhellen Fensterchen haben mir oft ihre Strahlen ins Herz geschickt. [17140] Ich kenne die Fossiure seit meinem elften Jahr und war doch nie in Kurnewal.

Die Getreuen jenes wilden Hofs, Tristan und seine *amîe,* widmeten sich dort im Wald und auf der Wiese müßig und mit Fleiß sehr angenehmen Dingen. Sie waren immer [17150] beieinander. Im Morgentau gingen sie leichten Schritts zu der Lichtung, wo der Tau die Blumen und das Gras erfrischte. Auf der kühlen Heide gingen sie spazieren, sie wanderten dort umher und plauderten und lauschten [17160] dem süßen Gesang der Vögel. Dann spazierten sie dahin, wo die kühle Quelle klang, und lauschten ihrem Spiel und ihrem leichten Lauf hinaus ins freie Gelände. Da setzten sie sich immer hin, um auszuruhen, da hörten sie dem Rauschen zu und beobachteten das Fließen des Wassers, und auch daran hatten sie ihre helle Freude. [17170] Wenn dann aber die gleißende Sonne höher stieg und die Hitze drückend wurde, gingen sie zur Linde, wo ein lindes Lüftchen wehte, die schenkte ihnen neue Lust, so dass ihnen wohl war an Leib und Seele. Augen und Sinn wurden heiter unterhalten, und die liebe Linde fächelte ihnen sanft und spendete ihnen Schatten mit ihrem Laub. [17180] Das Lüftchen in ihrem Schatten war sanft und lind und angenehm kühl. Der Sitzplatz, den die Linde ihnen bot, war auf Blumen und Gras, so schön bunt wie nur je ein Rasen unter einer Linde. Da saßen aneinander geschmiegt die Liebenden in traulichem Gespräch von Liebesleuten aus früherer Zeit, die [17190] in Liebe ein tragisches Ende gefunden hatten. Sie redeten und erzählten und trauerten und klagten über das Leid, das Phyllis von Thrazien und der armen Kanazä im Namen der Liebe geschah, dass die Liebe zu ihrem Bruder Byblis das Herz brach, dass es der Königin von Tyrus und Sidon,

[17200] der liebeskranken Dido, so jämmerlich erging. Mit solchen Geschichten waren sie immer beschäftigt.

Wenn sie aber von diesen Gesprächen genug hatten, so gingen sie in ihre Klause und begannen etwas anderes, was ihnen Freude machte: Sie machten Musik, sehnsuchtsvoll und süß klangen [17210] ihre Stimmen und ihr Harfenspiel. Abwechselnd gaben sie den Händen und den Zungen zu tun, sie spielten und sangen Lieder und Weisen der Liebe und tauschten ihre Lust, wie es ihnen gefiel: Wenn eins von beiden die Harfe zupfte, [17220] so musizierte das andere mit der Stimme und sang mit süßer Inbrunst. Und die Musik der Harfe harmonierte mit der Gesangsstimme, wenn sie ineinander klangen, so innig süß, wie es dem Namen dieses Orts, der ja der süßen Liebe zugeeignet war, entsprach: la fossiure a la gent amant.

Was aber von der Fossiure [17230] seit alters her behauptet wurde, das machten erst diese beiden so recht wahr: Erst ihrem Spiel gab sich die Herrin dieses Orts so völlig hin – alle Kurzweil, alles Spiel, das man ihr vorher dort geboten hatte, tat ihr nicht Genüge; es war nicht [17240] so lauter und rein in seiner Absicht wie das Spiel der beiden. So brachten sie ihre Zeit im Dienst der Liebe so schön hin wie kein Liebespaar sonst und taten immer nur, was das Herz ihnen eingab.

Untertags trieben sie allerlei Kurzweil. Manchmal, wenn sie Lust dazu hatten, ritten sie in die Wildnis, um [17250] mit der Armbrust Vögel und Wild zu erlegen, bisweilen jagten sie auch Rotwild mit ihrem Hund Hiudan. Der war anfangs noch für keine Art der Jagd zu gebrauchen, bei der ein Hund still schweigen muss, aber Tristan hatte ihm schnell beigebracht, [17260] Hirsch und Reh und anderem Wild in Wald und Feld, was es auch sei, so nachzuspüren, wie man es von ihm verlangte, und dabei niemals Laut zu geben. So vertrieben sie sich oft die Zeit, nicht um der Beute willen, die es brachte, sondern nur zu ihrer Unterhaltung. [17270] Sie jagten, das weiß ich genau, mit dem Hund und mit der Armbrust mehr zum Vergnügen und um sich Bewegung zu machen als um der Furage willen. Sie taten und trieben jederzeit und alle Wege nichts als das, was ihnen recht und angenehm war und wozu sie Lust hatten.

Während dieser ganzen Zeit [17280] hatte der betrübte Marke keine gute Stunde. Er trauerte sehr um seine Ehre und seine Frau. Von Tag zu Tag ging es ihm schlechter an Leib und Seele, Ehre und Besitz freuten ihn nicht mehr. So ritt er eines Tages auf die Jagd in jenen Wald, mehr aus Traurigkeit [17290] als zum Vergnügen. Als sie nun in den Wald kamen, nahmen die Jäger ihre Hunde und stießen bald auf ein Rudel Wild, da ließen sie die Meute los. Sogleich trieben die Hunde einen ungewöhnlichen Hirsch vom Rudel ab, der hatte eine Mähne wie ein Pferd und war stark und groß und weiß, [17300] das Geweih zierlich und

kurz, noch wenig entwickelt, als hätte er erst kürzlich seine Stangen ab-
geworfen. Den jagten sie um die Wette mit aller Kraft bis an den Abend:
Da verloren sie seine Fährte, so dass der Hirsch ihnen entkam und dahin
flüchtete, [17310] wo er hergekommen war, in die Nähe der Grotte. Dahin lief er und war gerettet.

Marke und noch viel mehr die Jäger verdross dieses Missgeschick sehr;
sie alle ärgerten sich, weil der Hirsch wegen seiner Farbe und der Mähne
etwas so Besonderes war. Sie sammelten ihre Hunde [17320] und richteten sich ein, die Nacht da zu verbringen, denn sie alle hatten Ruhe nötig.
Nun hatten aber Tristan und Isôt den ganzen Tag über den Lärm von
Jagdhörnern und von den Hunden dort im Wald gehört und hatten gleich
vermutet, dass es kein anderer als Marke war, der da jagte. Da wurde ihnen bang ums Herz, denn sie fürchteten, [17330] sie wären verraten.

Am nächsten Tag noch vor dem Morgenrot war der Jägermeister
schon auf den Beinen und befahl seinen Leuten, den Tag abzuwarten
und ihm dann auf die Jagd zu folgen. An die Leine nahm er einen Hund,
der ihm geeignet schien, und setzte ihn auf die Fährte. [17340] Der
Hund führte ihn zielstrebig durch unwegsames Gelände über Stock und
Stein, öde Heide und Gras die ganze Strecke, die der flüchtende Hirsch
in der Nacht gelaufen war. Er folgte unbeirrt seiner Spur, bis er ins Freie
kam und ans Licht der Sonne, die eben erst so recht aufgegangen war:
Da war er an der Quelle [17350] auf Tristans weiter Wiese.

An diesem Morgen waren Tristan und seine Gespielin in aller Frühe
Hand in Hand hinausgegangen auf die betaute Blumenwiese und in das
liebliche Tal. Da fingen Lerche und Nachtigall zu musizieren an, [17360]
ihre lieben Nachbarn zu begrüßen, sie erwiesen eifrig ihre Reverenz Tristan und Isôt. Die wilden Waldvögelchen hießen die beiden aufs schönste
willkommen in ihrem Latein. Viele hübsche Vögelchen hatten sich eingefunden, sie freundlich zu empfangen. Alle bemühten sich, ihnen
Freude zu machen: [17370] Den zwei Liebenden zu Ehren sangen sie
von den Zweigen ihre entzückenden Weisen in vielen Variationen. Da
gab es viele angenehme Stimmen, die sangen den Cantus firmus und den
Diskant und entzückten mit ihren Chansons und Wechselgesängen die
Liebenden. Die kühle Quelle empfing sie: Hübsch sprang sie ihren Augen entgegen, [17380] noch hübscher klang sie in ihren Ohren, lief mur-
melnd auf sie zu, hieß sie leise schwatzend willkommen und grüßte mit
süßem Geflüster die Liebenden. Auch die Linden grüßten sie und sandten ihnen ihren süßen Hauch, der erfreute Leib und Seele, er tat den Ohren wohl und allen Sinnen. Die Blütenpracht der Bäume, [17390] die
bunte Wiese, die Blumen, das saftig grüne Gras und alles, was da blühte,
das lachte ihnen entgegen. Auch grüßte sie überall der liebe Tau, der
kühlte ihre Füße und erfrischte ihre Herzen. Und als ihnen Genüge getan

war, gingen die beiden wieder leise in ihre Felsenhöhle [17400] und hielten miteinander Rat, wie sie sich nun verhalten sollten, denn sie hatten Angst und befürchteten ebendas, was auch wirklich bald geschehen sollte: dass irgendjemand von den Leuten, die da mit den Hunden umherstreiften, durch irgendeinen Zufall hierher käme und ihr Versteck entdeckte. Da verfiel Tristan auf einen schlauen Gedanken, den befanden sie beide für gut: Sie gingen wieder zu Bett [17410] und legten sich hin, aber nicht wie Mann und Frau, sondern voneinander abgewandt und getrennt wie zwei Kameraden; Leib an Leib lagen sie und doch fremd. Zudem hatte Tristan sein blankes Schwert dazwischen gelegt: Auf der einen Seite lag er, auf der anderen sie, voneinander geschieden lagen sie, jedes für sich. [17420] So schliefen sie ein.

Der Jäger – ich meine den, von dem ich vorher berichtet habe –, der da zu der Quelle gekommen war, sah im Tau die Spur, wo Tristan und seine Dame [17430] gegangen waren. Da dachte er, das könne nichts anderes sein als die Fährte des Hirschs. Er stieg vom Pferd und folgte der Spur der beiden durchs tauige Gras bis hin zur Tür der Grotte. Die war mit zwei Riegeln verschlossen, so dass er nicht hinein konnte. Da ihm der gerade Weg versperrt war, suchte er nach einem Umweg, er ging umher und außen herum und stieß endlich oben auf ein verstecktes Fensterchen. [17440] Da lugte er vorsichtig hinein und sah sogleich die ganze Hausgemeinschaft der Liebe, nur eine Frau und einen Mann. Die sah er mit großem Staunen, denn die Frau schien ihm so wunderschön wie kein anderes Geschöpf, das je von einer Frau zur Welt gebracht worden war. Jedoch sah er sie nicht lange an, [17450] denn schon bald bemerkte er das blanke Schwert, das da lag, und fuhr erschreckt und verängstigt zurück: Er dachte, das gehe nicht mit rechten Dingen zu, und fürchtete sich. Er stieg wieder hinunter und machte sich auf den Weg zurück zur Meute.

Indessen war Marke, [17460] den Jägern weit voraus, seiner Spur gefolgt und kam ihm nun in Eile entgegen. „Seht, Herr König", sprach der Waidmann, „ich habe da gerade etwas ganz Wunderbares entdeckt." „Sag, was ist das?" „Eine Liebesgrotte." „Wo hast du die gefunden oder wie?" [17470] „Herr, hier in dieser Wildnis, ganz in der Nähe." „In dieser wüsten Gegend?" „Ja." „Hast du da auch Menschen gesehen?" „Ja, Herr, da drin sind ein Mann und eine Göttin, die liegen in einem Bett und schlafen, als ob sie es bezahlt bekämen. Der Mann ist so wie andre Männer auch; ich bezweifle aber, dass seine Bettgenossin [17480] ein menschliches Wesen ist, denn die ist schöner als eine Fee – schöner als je irgendein Geschöpf aus Fleisch und Blut auf Erden. Ich weiß nicht, was es zu bedeuten hat, aber zwischen ihnen liegt ein Schwert, das ist schön und rein und blank." Der König sprach: „Führe mich hin."

Der Jägermeister führte ihn [17490] durch die Wildnis auf dem Weg, den er gekommen war, bis zu der Stelle, wo er vom Pferd gestiegen war. Da stieg der König ab und ging den Rest des Wegs zu Fuß weiter auf der Spur des Jägers; den ließ er dort zurück. Marke kam zu der Tür, die beachtete er nicht, sondern ging weiter, außen an dem Fels herum. Oben auf dem Felsen suchte er den Boden ab, [17500] wie der Jäger ihm empfohlen hatte, und fand auch wirklich ein Fensterchen. Da hinein blickte er zu seiner Freude und zu seinem Leid: Er sah die beiden da liegen auf dem Kristall, immer noch in tiefem Schlaf. Er fand sie so, wie auch der Jäger sie gefunden hatte: voneinander getrennt und abgewandt, er hierhin, sie dorthin, [17510] zwischen ihnen das blanke Schwert. Er erkannte seinen Neffen und seine Frau: Sein Herz und sein ganzer Leib wurden kalt vor Schmerz und auch vor Freude. Dass sie da so lagen, fern voneinander, tat ihm wohl und weh – wohl, meine ich, tat ihm die Hoffnung, sie wären ohne Falsch, weh tat ihm, dass er sich davor in Acht nahm. [17520] In seinem Herzen sprach er: „Gnädiger Gott, was hat das zu bedeuten? Wenn zwischen ihnen etwas von dem geschehen wäre, was ich schon lange argwöhne, wie könnten sie dann so liegen? Eine Frau, die einen Mann lieb hat, wird sich doch immer in seine Arme und eng an seine Seite schmiegen – was für ein Liebespaar sollte das sein, das so daliegt?" [17530] Aber dann sprach er wieder zu sich selbst: „Ist nicht doch etwas dran? Ist das, was ich da sehe, Schuld oder nicht?" Und so war der Zweifel wieder da: „Schuld?", sprach er, „Oh ja, allerdings!" „Schuld?", sprach er, „Nein, ganz gewiss nicht!"

So trieb er es hin und her, bis Marke gar nicht mehr aus noch ein wusste und wieder ganz im Zweifel war, was es mit der Liebe der beiden auf sich hatte. [17540] Da kam die Liebe, die so gern Versöhnung stiftet, auf leisen Sohlen herbei, schön geputzt und zauberhaft geschminkt: Sie hatte das Weiße ihres Gesichts mit goldener Täuschung übermalt, ihrer allerbesten Farbe: Nein – das Wort schien und gleißte dem König ins Herz. [17550] Das andere, das ihn so schmerzte, das widrige Wort Ja, das sah Marke nirgends mehr, es war verschwunden und mit ihm aller Zweifel, aller Argwohn: Die Goldfarbe der Liebe, die goldene Unschuld lockte seine Augen und seine Gedanken mit ihrem verführerischen Reiz dahin, wo die österliche Sonne [17560] aller seiner Freuden aufging. Er sah nichts anderes mehr als seines Herzens Seligkeit Isôt, die ihm so herrlich schön vorkam wie nie zuvor.

Ich wüsste nicht zu sagen – die Quelle meldet und erzählt uns nichts dergleichen –, von welcher Müh und Plage ihr so warm geworden sein sollte, wahr ist aber, dass ihr Teint und ihre ganze lichte Gestalt so reizend und lebhaft [17570] wie die Farben einer melierten Rose hinaufstrahlten zu dem Mann: Ihr Mund leuchtete feurig wie glühende Kohle.

Ach so, jetzt weiß ich, welche Anstrengung Isôt auf sich genommen hatte: Sie war ja, wie ich berichtet habe, im Morgentau auf die Wiese hinausgegangen – daher die hitzigen Farben. [17580] Nun kam noch ein feiner Sonnenstrahl dazu, der schien auf ihre Wange, auf ihr Kinn und ihren Mund: Da spielten jetzt zwei Schönheiten miteinander, vereint strahlten Licht und Licht. Die Sonne und die Sonne feierten da ein prächtiges Fest, [17590] Isôt zu verherrlichen: Ihr Kinn, ihr Mund, ihr Teint, ihr Leib, die waren so recht entzückend, so reizend, so anmutig, dass sie Marke wohl gefiel: Ihn verlangte nach ihr, und er hätte sie gern geküsst. Die Liebe fachte ihr Feuer an, mit der Schönheit ihres Körpers heizte die Liebe dem Mann ein, bis er lichterloh brannte. [17600] Die Schönheit der Frau lockte seine Sinne hin zu ihrem Leib und ihrer Liebe. Seine Augen waren wie gebannt, mit inniger Andacht sah er ihre Kehle und ihr Brustbein, ihre Arme und Hände unter dem Gewand hervorscheinen. Sie trug keine Haube, nur ein Kränzlein aus Klee: [17610] Nie hatte ihr Gemahl sie so reizend und reizvoll gefunden. Als er nun den Sonnenstrahl bemerkte, der von oben durch die Öffnung in dem Fels auf ihr Gesicht schien, fürchtete er, es könnte ihr schaden; er nahm Gras, Blumen und Laub und verstopfte damit das Fenster. Er nahm Abschied von der Schönen, [17620] empfahl sie der Güte Gottes und ging weinend fort. Traurig kehrte er zurück zu seinen Hunden. Er wollte nicht weiter jagen und befahl sogleich den Jägern, mit den Hunden heimzukehren. Das tat er aber deswegen, damit niemand anders dorthin käme [17630] und die beiden sähe.

Kaum war der König fort, da erwachten Isôt und Tristan, und als sie sich umsahen und nach oben schauten zum Sonnenlicht, da schien die Sonne nur durch zwei Fensterchen. Sie suchten nach dem dritten und wunderten sich sehr, als sie bemerkten, dass es dunkel blieb. [17640] Da hielt sie nichts mehr in ihrem Bett, die beiden standen auf und stiegen außen auf den Felsen: Da sahen sie gleich, dass die Fensteröffnung mit Laub und Blumen und Gras verstopft war. Die beiden fanden auch im Sand über der Grotte und davor Spuren von einem Mann, der gekommen und wieder gegangen war. [17650] Da erschraken sie und fürchteten sich sehr: Sie dachten gleich, dass Marke irgendwie hierher gefunden und sie gesehen hatte – so nahmen sie an, Gewissheit hatten sie nicht. Immerhin hatten sie doch einen Trost: Wer immer sie da gesehen haben mochte, [17660] hatte sie voneinander getrennt und abgewandt liegen gefunden.

Der König ließ gleich am Hof und im ganzen Land seinen Rat und seine Verwandten zusammenrufen, um mit ihnen Rat zu halten. Er sagte und berichtete ihnen – ihr wisst es ja schon von mir –, wie er die beiden dort gefunden hatte, [17670] und erklärte, dass er niemals mehr Tristan

205

und Isôt irgendeiner Untat für schuldig halten werde. Seine Räte verstanden auch gleich, wie es gemeint war und dass er die beiden gerne wiederhaben wollte. Sie rieten ihm weise, was sein Herz begehrte und wonach ihn verlangte: [17680] dass er seine Frau Isôt und seinen Neffen Tristan wieder an den Hof kommen ließe, da er von nichts wisse, was gegen seine Ehre sei, und niemals wieder bösem Gerede über sie Beachtung schenken sollte. Man schickte Kurvenal hin, der wurde ausersehen, den beiden die Botschaft auszurichten, weil er mit den Verhältnissen dort vertraut war. [17690] Der König ließ Tristan sagen und auch der Königin, er sei ihnen gnädig und von Herzen gut, sie möchten doch zurückkommen und ganz ohne Sorge sein, dass ihnen jemand Böses wollte. Kurvenal ging hin und sagte den beiden Markes Willen. Das gefiel den Liebenden, und sie wurden von Herzen froh. [17700] Die Freude kam von Gedanken an Gott und ihre Ehre weit mehr als von irgendetwas sonst auf Erden. Sie kehrten zurück in ihr altes Geleise und ihr Herrenleben. Sie konnten aber nie mehr in allen ihren Tagen so innig vertraut miteinander umgehen, und niemals wieder waren die Umstände ihrem Glück [17710] so günstig. Indes bemühten sich Marke und die Seinen, die ganze Hofgesellschaft, sehr, ihnen Ehre zu erweisen; trotzdem waren die beiden nie mehr so offen und unbefangen wie vorher. Marke, der Zweifler, befahl Tristan und Isôt und legte ihnen eindringlich ans Herz, sie möchten sich Gott und ihm zuliebe [17720] im Zaum feinen Anstands halten, sich davor hüten und in Acht nehmen, einander mit süßen Schlingen inniger Blicke nachzustellen, und nicht mehr so vertraulich miteinander tun, sondern im Gespräch den Abstand wahren. Diese strengen Regeln machten den Liebenden schwer zu schaffen.

Marke war jetzt wieder froh und heiter. Er hatte jetzt wieder an seiner Frau Isôt alle Freude, [17730] die sein Herz begehrte, wenn auch diese Herrlichkeit nur seinem Leib zugute kam und nicht der Ehre: Er hatte von seiner Frau keine Liebe und Zuneigung noch irgendeine Ehre, die Gott werden ließ, außer höchstens die, dass sie nach ihm und seinem Recht dort, wo er König war, Herrin und Königin hieß. Damit gab er sich zufrieden [17740] und war ihr gut und gnädig, als ob sie ihn von Herzen lieb hätte, so töricht war er. Das machte jene Blindheit des Herzens, von der es heißt: Die Blindheit der Liebe blendet außen und innen, sie blendet die Augen und den Verstand: Was die beiden sehr wohl sehen, wollen sie partout nicht sehen. [17750] Genau das war Marke zugestoßen: Der wusste es so gewiss wie seinen Tod und sah wohl, dass es seine Frau Isôt mit Herz und Sinnen in Liebe zu Tristan hinzog, und wollte es doch nicht wissen. Wem soll man die Schuld dafür geben, dass er ein so ehrloses Leben mit ihr führte? [17760] Der täte wahrhaftig Unrecht, der Isôt Betrug vorwerfen wollte, sie betrog ja weder ihn noch

Tristan: Er sah es doch mit eigenen Augen und wusste es auch unbesehen ganz genau, dass sie keine Liebe zu ihm empfand, und trotzdem hatte er sie lieb. „Warum, Herr, und weswegen hatte er sie so ins Herz geschlossen?" [17770] Aus demselben Grund wie all die vielen, die noch heute tun wie er: Begierde und Verlangen leiden unter großen Schmerzen, was sie leiden müssen. Ja, vom Schlag des Marke und der Isôt sieht man noch heute viele, die sind, wenn man es hier zur Sprache bringen darf, noch blinder oder genauso blind am Herzen und an ihren Augen. Darunter ist nicht einer, [17780] nein, viele und noch einer mehr, die wollen von ihrer Blindheit gar nicht mehr lassen: So einer will von dem, was offen vor seinen Augen liegt, nichts wissen und hält für eine Täuschung, was er doch weiß und sieht. Wer kann etwas dafür, dass er so blind ist? Wenn wir so einen betrachten, wie es ihm gemäß ist, so werden wir den Damen keinen Vorwurf machen können. [17790] Sie haben sich den Männern gegenüber nichts zuschulden kommen lassen, vor deren Augen sie ihr Tun und Treiben nicht verbargen: Wo ein Mann die Schuld vor Augen hat, da wird er von seiner Frau nicht hintergangen noch betrogen, da hat ihm seine eigene Begierde den Kopf nach hinten verdreht. Das Verlangen ist es, das überall und alle Zeit [17800] sehende Augen Lügen strafen will. Was man auch von der Blindheit sagen mag, so verblendet doch keine Blindheit so arg und schlimm wie Begierde und Verlangen. Und wenn wir auch lieber davon schweigen, so ist das Wort doch wahr: Schönheit bringt Hohn und Spott. Die wunderbare Schönheit der blühenden Isôt [17810] machte Marke außen und innen blind, verblendete ihm die Augen und den Verstand. Er konnte nichts mehr an ihr sehen, was er ihr zum Vorwurf hätte machen können, und wusste von ihr nichts als nur das Allerbeste. Um die Sache zu Ende zu bringen, sage ich: Er war so gerne bei ihr, dass er über alles Leid hinwegsah, [17820] das ihm von ihr geschah.

Was im Herzen immer versiegelt und verschlossen liegt, das lässt sich schwer unterdrücken, man schafft gerne dem, was uns auf der Seele liegt, in der Tat Bewegung. Das Auge zieht es mit Macht zu seiner Weide, Herz und Auge streben beide immer wieder auf den lang vertrauten Pfad, [17830] der sie zu ihrer Freude führt, und wer ihnen ihr Spiel verleiden will, der macht es ihnen, weiß Gott, erst recht reizvoll. Je mehr man sich bemüht, sie davon abzuhalten, desto mehr Gefallen finden sie an ihrem Spiel, und desto weniger sind sie bereit, davon zu lassen: So taten auch Isôt und Tristan. Als sie erleben mussten, dass strenge Wachsamkeit sie nicht mehr zu ihrem Glück und ihrem Vergnügen gelangen ließ [17840] und das Verbot sie hinderte, da quälten und härmten sie sich sehr: Jetzt tat ihnen das lockende Verlangen erst so richtig weh und setzte ihnen ärger zu als vorher. Die Sehnsucht zueinander machte ihnen noch weit schlimmere Not und Qual als je zuvor. Die bergschwere Last der verfluchten Wachsamkeit [17850] lag ihnen auf der Seele, schwer wie ein bleierner Berg. Die Feindin der Liebe, die verwünschte Sorge, die über die Tugend der Ehefrauen wacht, brachte sie schier um den Verstand. Isôt litt wahrhaft furchtbare Qualen, sie konnte ohne Tristan nicht leben. Je strenger ihr Herr ihr jeden vertrauten Umgang mit ihm verbot, [17860] desto tiefer versenkte sie ihre Gedanken und ihren Sinn in ihn. Das eine aber sollten alle Tugendwächter wissen: Wo man solche Wachsamkeit hegt und pflegt, da gedeiht immer nur dorniges Gestrüpp, ich meine: erbitterter Zorn, der einem guten Namen schweren Schaden tun kann und schon manche Frau entehrt hat, die gerne ehrenhaft geblieben wäre, [17870] wenn man sie entsprechend behandelt hätte. Wenn man ihr Unrecht tut, so hat sie von ihrer Ehre und ihrem guten Willen nichts als Kummer. So bringt die misstrauische Sorge um ihre Tugend sie dazu, der Ehre und dem Ehrgefühl den Rücken zu kehren. Und wenn man es dennoch nicht lassen kann, so nützt die strengste Wachsamkeit nichts, denn kein Mann kann eine böse Frau bewachen. Auf eine gute braucht man nicht aufzupassen, [17880] die, sagt man, passt selber auf sich auf. Und wer meint, er sollte zusätzlich ein Auge auf sie haben, der macht sich verhasst, das könnt ihr mir glauben, der treibt die Frau dazu, sich mit Leib und Seele von der Ehre abzuwenden, und dies vielleicht so ganz und gar, dass sie nie wieder zu Anstand und Sitte zurückfindet und nie mehr ganz das loswird, was der Dornstrauch hervorgebracht hat; [17890] denn wenn der böse Dornbusch einmal in so gutem Grund Wurzeln geschlagen hat, ist er da schwerer auszurotten als auf dürrem Boden oder anderswo. Das eine weiß ich: Ein guter Charakter, dem so lange Unrecht geschehen ist, bis er endlich fruchtbar wird mit üblem Misswuchs, der bringt schlimmere Übel hervor als einer, der schon immer übel war, [17900] ganz gewiss, so steht es geschrieben. Darum soll ein kluger Mann und jeder, der seine Frau in Ehren halten will, ihrem guten Willen nichts zuwidertun und keine andere Aufmerksamkeit an ihre Heimlichkeiten wenden als Rat und Belehrung, Zärtlichkeit und Güte. So soll er auf sie Acht haben, und ich sage Euch: [17910] Eine bessere Aufsicht gibt es nicht; denn wenn er ihr – ob sie bös ist oder gut – zu oft Unrecht tut, so kann es leicht passieren, dass ein Mütchen sie anfliegt, das man gut entbehren kann. Jeder rechte Mann und jeder, der auch nur einen Funken männlichen Sinn in sich hat, sollte seiner Frau – und sich selbst – zutrauen, dass sie alles Ungehörige [17920] ihm zuliebe unterlässt. Sooft man es auch versuchen mag, kann doch niemand von einer Frau Liebe im Bösen erzwingen, vielmehr löscht man so die Liebe aus. Misstrauische Wachsamkeit ist von Übel in der Liebe, sie reizt verderblichen Zorn, und man macht sich die Frau für immer abspenstig.

Und wenn man auch noch auf Verbote verzichten könnte, [17930] das wäre, glaube ich, ein Segen, denn aus denen erwächst den Frauen oft Schande. Man tut ja so manches, was man einfach unterließe, wenn es nicht verboten wäre, eben *weil* es verboten ist. Dieser Stachel und Dorn ist, weiß Gott, den Frauen angeboren; die Damen, die zu dieser Art gehören, sind rechte Kinder ihrer Mutter Eva, die übertrat das erste Verbot: [17940] Gott, unser Herr, gab ihr die Erlaubnis, über alles Obst und alle Blumen und alles Gras im Paradies nach ihrem freien Belieben zu verfügen, nur eins verbot er ihr bei Lebens- und Todesstrafe: Die Kleriker sagen, es sei die Feige gewesen, die brach sie und brach Gottes Gebot [17950] und verlor sich selbst und Gott. Und ich bin fest davon überzeugt, dass Eva das niemals getan hätte, wäre es ihr nicht verboten worden. In ihrer ersten Tat gab sie ihr Wesen zu erkennen und handelte dem Verbot zuwider. Wenn man sich aber die Sache überlegt, so muss man sagen, dass Eva auf diese eine Frucht leicht hätte verzichten können; [17960] sie hatte doch die anderen alle miteinander, wie es ihr gefiel, und wollte partout keine andre als die, die sie nicht essen konnte, ohne zugleich alle ihre Ehre zu verzehren. So sind alle Kinder Evas, die in ihrem Wesen der Eva nachschlagen. Ach, man braucht nur zu verbieten, so finden sich auch heute noch genügend Evchen, die, nur weil es verboten ist, [17970] sich selbst verraten und Gott! Und weil es in ihrer Art liegt und ihre Natur sie dazu treibt, verdienen diejenigen, die sich dennoch enthalten können, Lob und Ehre. Denn wenn eine Frau ihrem natürlichen Wesen zum Trotz tugendhaft ist und gegen ihre Art ihren guten Ruf, ihre Ehre, ihren Leib rein bewahrt, die ist nur dem Namen nach eine Frau, ihr Geist und ihre Seele sind männlich. [17980] Der soll man alles, was sie tut, hoch anrechnen und soll sie preisen und ehren. Wo eine Frau so ihre Weiblichkeit ablegt und sich von ihrem Herzen lossagt, um das Herz des Mannes anzunehmen, da honigt die Tanne, und der Schierling bringt Balsam, und die Nesselwurzel treibt Rosenblüten hervor.

[17990] Wie könnte eine Frau je zu größerer Vollkommenheit gelangen, als wenn sie gemeinsam mit ihrer Ehre gegen ihren Leib kämpft um das Recht beider, das des Leibes und der Ehre? Sie muss den Kampf so führen, dass sie beiden zu ihrem Recht verhilft, und soll sich immer so um jenen und um diese kümmern, dass das andere dabei [18000] nicht zu kurz kommt. Das ist keine rechte Frau, die ihre Ehre um des Leibes willen oder den Leib um der Ehre willen verstößt, wenn es sich doch so einrichten lässt, dass sie an beiden festhalten kann. Sie soll weder dies noch das lassen, beiden in Freuden und Leid, wie es eben kommt, treu bleiben. [18010] Weiß Gott, so werden sie alle zu immer höherem Adel steigen unter schweren Mühen. Sie soll in ihrem ganzen Tun und Lassen nach diesem genau gemessenen Ausgleich streben, das soll sie immer im

Sinn behalten und sich selbst und ihr Verhalten damit schmücken. Das rechte Maß ist herrlich, sich darein zu fügen adelt den Leib und macht die Ehre glänzend. Nichts [18020] unter der Sonne ist so glückselig wie eine Frau, die ihr Leben und ihren Leib dem rechten Maß unterwirft und sich selbst in der rechten Weise gut ist: Solange sie sich selber lieb hat, ist es nur recht und billig, dass alle Welt sie liebt. Eine Frau, die ihren eigenen Leib bekriegt [18030] und mit allen ihren Sinnen sich selber feindlich gegenübersteht, wer sollte die lieben? Wenn eine ihren eigenen Leib nicht achtet und das der Welt ganz offen zeigt, wie sollte die jemand lieben oder achten? Man befriedigt das Verlangen, sobald es einen drängt, und will die namenlose Sache [18040] dem hehren Namen unterschieben. Nein, nein, das ist nicht Liebe, das ist ihre Feindin, die niedrige, gemeine, die schlechte Zuchtlosigkeit, die keiner Frau wohl ansteht. Ein Sprichwort sagt mit Recht: Die Frau, die vielen ihre Liebe anträgt, bleibt von vielen ungeliebt. Die danach trachtet, [18050] von aller Welt geliebt zu werden, lerne zuerst, sich selbst zu lieben, sie zeige dann aller Welt die Spuren ihrer Liebe, und wenn es die Fußstapfen echter Liebe sind, wird alle Welt sich ihrer Liebe anschließen.

Eine Frau, die ihre Weiblichkeit sich selbst zur Freude lebt und der Welt zum Wohlgefallen, wird von aller Welt geachtet und gepriesen werden; [18060] die wird sie bekränzen und krönen mit immer neuen Ehren und sich so selber Ehre machen. Der Mann, den sie ermutigt, dem sie sich mit Leib und Seele zuwendet und dem sie ihre ganze Liebe und Neigung zuwendet, der darf sich selig preisen, der ist zur Seligkeit auf Erden geboren und auserwählt, [18070] der trägt das irdische Paradies unverlierbar in seinem Herzen; er braucht keine Angst zu haben vor den Stacheln, wenn er die Hand nach den Blüten ausstreckt, und davor, dass der Dorn ihn sticht, wenn er die Rose brechen will: Da gibt es keine Stacheln noch Dornen, da hat die Distel des Zorns keine Stätte. [18080] Der Rosenduft des Friedens hält Dornen und Disteln und Stacheln fern. In diesem Paradies treibt und sprießt und wächst aus den Zweigen nichts als eitel Wonne für die Augen, sie sind übersät mit Blüten weiblicher Güte. Darin gibt es kein Obst [18090] als Treue und Liebe, Ehre und Ruhm. Ah, in einem solchen Paradies, einem so herrlichen Maiengarten, könnte ein glücklicher Mann wohl seines Herzens Seligkeit finden und das Glück seiner Augen! Worum sollte er je Tristan und Isôt beneiden? [18100] Wenn ihr mich fragt, dann sage ich: Er hätte wahrhaftig keinen Grund, sich zu wünschen, er könnte mit Tristan das Leben tauschen, denn wenn eine rechte Frau sich mit ihrer Ehre und ihrem Leib einem Mann hingibt und ihm diese beiden schenkt, ach, dann nimmt sie sich mit ganzem Herzen seiner an. So sanft und süß kümmert sie sich um ihn, räumt überall Disteln und Dornen weg [18110] und alle Ärgernisse des

Herzens. Sie macht ihn so frei von Liebesschmerzen wie nur je eine Isôt ihren Tristan. Und ich bin überzeugt: Wenn einer nur richtig sucht, so leben noch heute Isolden, an denen man alles das finden kann, wonach man nur immer suchen möchte.

Nun wird es Zeit, dass wir zur wachen Sorge um die eheliche Treue zurückkehren. [18120] Den Liebenden machte sie, wie ihr gehört habt, schwer zu schaffen; Isôt und Tristan litten so sehr unter dem Verbot, dass sie so angestrengt wie nie zuvor darüber nachdachten, wie sie zusammenkommen konnten, und endlich auch eine Lösung fanden – zu ihrem Unheil und Verderben: Beiden erwuchs daraus Leid und schlimmer Jammer. [18130] Es war an einem Mittag, und die Sonne schien sehr heiß, das vertrug ihre Ehre schlecht. Zweierlei Sonnenschein strahlte der Königin ins Herz und in die Sinne: Die Sonne und die Liebe, das liebende Verlangen und die Mittagshitze plagten sie im Wettstreit. Da wollte sie den beiden, die sie so hart bedrängten, [18140] dem Verlangen und der Tageszeit, listig ein Schnippchen schlagen, und ebendas wurde ihr zum Verhängnis. Sie sah sich in ihrem Baumgarten um, suchte Schatten, der ihrem Vorhaben günstig war, Schatten, der ihr Deckung und Beistand bot, einen kühlen, einsamen Ort. Und als sie den fand, [18150] da ließ sie gleich ein prächtiges, schönes Bett herrichten; Steppdecken und Leintücher, Purpur und Seide, wahrhaft königliches Bettzeug wurde darüber gebreitet. Als nun das Bett aufs beste bereitet war, legte sich die Blonde im Hemd nieder. [18160] Ihre Mädchen schickte sie alle fort bis auf Brangäne.

Jetzt sandte man Tristan eine Botschaft: Er sollte sich durch nichts abhalten lassen und sogleich hierher zu Isôt kommen. Da machte er es so wie Adam seinerzeit: Die Frucht, die Eva ihm reichte, nahm er und aß gemeinsam mit Eva den Tod. Er kam, und Brangäne ging fort [18170] zu den anderen Damen, da saß sie in ängstlicher Sorge. Sie befahl der Dienern, alle Türen zu verriegeln und niemanden einzulassen, wenn nicht sie selbst es ihnen gebôte. Die Türen wurden versperrt, Brangäne aber saß da und sann tief betrübt darüber nach, [18180] dass weder Furcht noch strenge Wachsamkeit bei ihrer Herrin etwas ausrichteten.

Während sie so in Gedanken war, ging einer von den Dienern vor die Tür und als er eben über die Schwelle trat, kam der König daher und ging an ihm vorbei ins Zimmer; er wollte dringend die Königin sprechen. Da sagte man ihm: „Sie schläft, Herr, glaube ich." [18190] Die arme Brangäne schrak aus ihren Gedanken auf und schwieg. Ihr Kopf sank ihr auf die Achsel, Hände und Herz fielen nieder. Der König aber sprach: „Wo schläft sie, die Königin?" Da wiesen sie ihn zum Garten, und Marke ging sogleich hin, wo er etwas sehen musste, was ihm das Herz brach: Die Frau und den Neffen sah er, [18200] die Arme verfloch-

ten, eng und innig umschlungen, ihre Wange an seiner Wange, ihr Mund
an seinem Mund. Was er sehen konnte, ich meine: was ihn die Decke sehen ließ, was oben unter der Decke hervorschaute, ihre Arme und
Hände, ihre Schultern und Brustbeine, [18210] das alles war so eng und
dicht aneinander gedrängt – kein Bildwerk, aus Bronze oder Gold gegossen, sollte oder könnte je besser gefügt sein. Tristan und die Königin
schliefen selig – nach welchen Mühen, weiß ich nicht.

Als der König sein Elend [18220] so offen daliegen sah, da hatte er
zum erstenmal sein Herzeleid als vollendete Tatsache vor Augen. Seine
Dinge waren jetzt nur allzu eben und beglichen: Argwohn und Zweifel,
die ihn lange schwer bedrückt hatten, waren ihm abgenommen – er ver-
mutete nicht mehr, er wusste; er hatte bekommen, was er immer gewünscht hatte. Ich aber vermute und versichere euch, [18230] er wäre
mit dem Argwohn weit besser gefahren als mit dem Wissen: Ebendas,
worum er sich mit aller Kraft bemüht hatte in seinem Streben, sich aus
der Klemme seiner Zweifel zu befreien, das war nun sein Tod bei lebendigem Leib. So ging er schweigend fort. Seinen Rat und seine Leute versammelte er um sich. Er ergriff das Wort und sagte ihnen, er habe
[18240] sichere Nachricht, dass Tristan und die Königin beieinander
seien, sie alle sollten mit ihm gehen und nach den beiden schauen, und
wenn man sie da wirklich so fände, so sollte man ihnen den Prozess machen und ihm sein Recht verschaffen, wie es das Landrecht wollte.

Nun war es aber so, dass Tristan, just [18250] als Marke fortging von
dem Bett und sich noch nicht weit entfernt hatte, aufgewacht war und
den König gesehen hatte. „O weh“, sprach er, „was habt Ihr getan, treue
Brangäne! Bei Gott, Brangäne, ich fürchte, dieser Schlaf kostet uns das
Leben. Isôt, wacht auf, arme Frau, wacht auf, meine Herzenskönigin!
[18260] Ich fürchte, wir sind verloren!“ „Verloren?“, sprach sie, „Herr,
wie kann das sein?“ „Mein königlicher Herr stand hier vor uns. Er hat
uns beide gesehen, und ich sah ihn. Er geht jetzt von uns weg, und ich
weiß so gewiss, wie dass ich sterben muss: Er geht, um Hilfe zu holen in
dieser Sache und Zeugen, sein Geschäft ist unser Tod! [18270] Liebste
Herrin, schöne Isôt, jetzt müssen wir voneinander scheiden, wir werden
wohl nie wieder Gelegenheit bekommen, in solchen Freuden zusammen
zu sein. Nun bedenkt, wie wir in lauterer Liebe gelebt haben bis jetzt,
und seht zu, dass sie so ungebrochen fortdauert. Lasst mich nicht aus
Eurem Herzen! [18280] Was dem meinen auch immer geschehen mag,
es wird nicht von Euch lassen, Isôt wird immer in Tristans Herzen bleiben. Nun seht zu, Herzallerliebste, dass die Trennung und Entfernung
mich nicht Euch entfremdet: In aller Not, die kommen mag, vergesst
mich nicht. Dûze amîe, bêle Isôt, entlasst mich jetzt und küsst mich.“

[18290] Sie trat ein Schrittchen zurück, seufzend sprach sie zu ihm:

„Herr, unsere Herzen und Sinne, sind schon zu lange, zu innig und zu eng einander zugetan, als dass sie je Vergessen erfahren könnten. Ob Ihr mir fern seid oder nah, so wird doch immerdar in meinem Herzen [18300] kein Leben und kein lebendes Wesen sein als einzig Tristan, mein Leib und mein Leben. Herr, ich habe Euch schon längst Leben und Leib hingegeben, nun seht Ihr zu, dass mich keine Frau auf Erden je von Euch scheide und dass wir beide in der immer gleichen frischen Liebe und Treue verbunden bleiben, die wir uns so lang und all die Zeit hindurch [18310] so rein bewahrt haben. Und nehmt dieses Ringlein. Es soll Euch von meiner Treue und Liebe Zeugnis geben, wenn es Euch je in den Sinn kommen sollte, fern von mir zu lieben, damit Ihr daran denkt, wie mir jetzt zumute ist in meinem Herzen. Denkt dann an diesen Abschied [18320] und wie er uns zu Herzen und ans Leben geht. Denkt an die Leiden, die ich um Euretwillen erduldet habe, und lasst niemanden Euch näher sein als Isôt, Eure Geliebte. Um keines Menschen willen dürft Ihr mich vergessen; wir zwei haben ja Glück und Leid so innig verbunden miteinander geteilt bis an diese Stunde, [18330] und sollen dieses Angedenken bis in den Tod bewahren. Herr, es ist ganz unnötig, dass ich Euch so eindringlich ermahne: Wenn Isôt und Tristan je ein Herz und eine treue Seele waren, dann muss das immer neu und unverbrüchlich so bleiben. Trotzdem will ich Euch um etwas bitten: dass Ihr Euch, in welche Länder Ihr auch reisen mögt, [18340] in Acht nehmt, denn Ihr, das ist mein Leib, und wenn ich den verliere, dann bin ich, Euer Leib, verloren. Auf mich, Euren Leib, will ich immer schön und sorgsam achten, um Euretwillen und nicht mir zuliebe, denn ich bin Euer Leib und Euer Leben, das weiß ich wohl: Wir beide sind *ein* Leib und *ein* Leben. Behaltet mich immer in Euren Gedanken, [18350] Euren eignen Leib Isôt. Passt gut auf Euch auf, damit ich mich in Euch, sobald es irgend möglich ist, lebendig wiedersehe und Ihr Euch in mir: Unser beider Leben liegt in Eurer Hand. Jetzt kommt her und küsst mich; Tristan und Isôt, Ihr und ich, wir beide mögen immer ungeschieden eins sein. Dieser Kuss soll es besiegeln: [18360] Ich bin Euer, und Ihr seid mein immerdar bis an den Tod, *ein* Tristan und *eine* Isôt wollen wir sein und bleiben."

Als nun diese Rede gesiegelt war, machte sich Tristan auf mit Jammer und mit Schmerzen. Sein Leib, sein zweites Leben Isôt blieb unter großen Qualen dort zurück: Kein Abschied je zuvor hatte den beiden Liebenden [18370] so bitter weh getan wie dieser.

Nun kam auch schon der König, der hatte eine Menge Leute dabei, die Edlen seines Kronrats. Sie kamen aber zu spät und fanden nur Isôt vor, die sinnend in ihrem Bett lag. Als der König dort niemanden antraf als einzig seine Frau Isôt, [18380] da nahmen seine Räte ihn gleich in ihre Mitte und führten ihn mit sich wieder abseits. „Herr", sprachen sie,

„Ihr vergeht Euch an Eurer Frau und Eurer Ehre, wenn Ihr sie immer wieder mit so schändlichen Beschuldigungen überzieht und überhäuft, und dies ohne guten Grund und wegen nichts und wieder nichts. Ihr seid der Ehre und der Frau feind, [18390] am allermeisten aber Euch selbst. Wie könnt Ihr jemals wieder froh werden, solange Ihr Eure Frau und damit Euer Glück schlecht macht und sie am Hof und im Land ins Gerede bringt? Dabei habt Ihr nie etwas an ihr gefunden, was gegen die Ehre wäre. Was werft Ihr der Königin vor? Warum schimpft Ihr sie falsch, [18400] die nie falsch gegen Euch war? Herr, um Eurer Ehre willen tut das niemals wieder: Hütet Euch vor solchen Schändlichkeiten, Euch selbst und Gott zuliebe." So redeten sie auf ihn ein, bis er endlich nachgab und wieder von seinen Zorn abließ und ungerächt fortging.

Tristan kam zu seinem Quartier, [18410] da sammelte er alle seine Leute um sich und zog mit ihnen in Eile zum Hafen. Das erstbeste Schiff bestieg er sogleich und fuhr mit den Seinen in die Normandie. Dort blieb er aber nicht lange, denn sein Sinn riet ihm, hinauszuziehen auf die Suche nach einem Leben, [18420] das ihm Erholung schaffen konnte und Trost in seiner Traurigkeit. Das traf sich aber sonderbar, passt auf: Tristan war auf der Flucht vor Mühsal und Leid und suchte nichts anderes als Leid und Mühsal: Er floh vor Marke und dem Tod und suchte tödliche Gefahr, die ihm sein Herz ertötete: die Trennung von Isôt. Was half es ihm, dass er den Tod dort floh, [18430] da er doch hier den Tod zu seinem Kameraden wählte? Was half es, dass er der Qual in Kurnewal entkam, da er sie doch immer mit sich trug, Tag und Nacht lag sie auf seinem Rücken. Der Frau rettete er sein Leben, das war aber vergiftet mit ebendieser Frau. Nichts, was auf Erden lebte, war seinem Leib und Leben so mörderisch gefährlich [18440] wie sein bestes Leben, wie Isôt: So litt er Not und Todespein. Da dachte er, wenn er diese Not je aushalten sollte, so dass er überlebte, so könnte er sein Heil nur in ritterlichem Leben finden.

Da redete nun das ganze Land von einem großen Krieg, der in Almânje geführt wurde. [18450] Auch Tristan hörte davon. Da machte er sich auf in die Champagne und zog weiter nach Almânje. Da diente er dem Szepter und der Krone so schön wie kein zweiter, der sich je mit Rittertaten unter der Fahne des römischen Reichs Ruhm erwarb. Glück und Erfolg [18460] in kriegerischen Dingen und Abenteuern hatte er viel – ich will nicht alles aufzählen, denn wenn ich sämtliche Taten, die von ihm in den Büchern berichtet werden, vollständig und im Einzelnen erwähnen wollte, würde die Geschichte allzu wunderbar. Um die Fabeleien, die darunter sind, kann ich mich nicht weiter kümmern, mir ist ja mit der Wahrheit [18470] schon genügend Plage aufgegeben.

Tristans Leben und seinem Tod, seinem lebendigen Tod, der blonden

Isôt, war weh und angst. Dass ihr an dem Tag, da sie Tristan und sein Schiff entschwinden sah, das Herz nicht brach, kam nur davon, dass er am Leben blieb: Sein Leben rettete sie vor dem Tod, sie konnte [18480] ohne ihn nicht leben noch sterben. Tod und Leben waren ihr vergiftet, sie konnte nicht sterben und nicht leben bleiben. Das Licht ihrer lichten Augen verleugnete oft und immer wieder sein wahres Wesen, die Zunge in ihrem Mund verstummte oft in ihrer Not. Da war nicht Leben noch Tod, und doch waren beide da, [18490] aber das Leid hatte sie so um ihr Recht gebracht und sich selbst entfremdet, dass Isôt sich weder für das eine noch das andere entschied. Als sie das Segel da fliegen sah, sprach sie in ihrem Herzen: „Ach, mein Herr Tristan, ach, nun hängt mein Herz so fest an Euch, und meine Augen ziehen mit Euch, und Ihr strebt in Eile fort von mir. Wie könnt Ihr mich so jäh verlassen? [18500] Ich weiß doch ganz gewiss, dass Ihr von Eurem Leben wegstrebt, wenn Ihr Euch von Isôt entfernt, denn Euer Leben bin ich. Ihr könnt ja ohne mich genauso wenig auch nur einen Tag lang leben wie ich ohne Euch. Wir beide und unser Leben sind so ganz ineinander verwoben und verstrickt, [18510] dass Ihr mein Leben mit Euch fortnehmt und mir das Eure hier lasst. Nie wurden zwei Leben so in eins gemischt. Jedes von uns beiden trägt in sich des anderen Leben und Tod, denn keines von uns kann wirklich sterben oder leben außer durch das andere. Darum ist jetzt die arme Isôt [18520] weder lebendig noch wirklich tot. Ich kann nicht hin noch her. Nun, Herr, mein Herr Tristan, da Ihr mit mir für immer ein Leib und ein Leben seid, müsst Ihr mir raten, wie ich Euch zuallererst und dann auch mir den Leib und das Leben bewahren soll. Fangt an! Warum sagt Ihr nichts? Guter Rat ist uns bitter nötig. [18530] Ach, was rede ich da, unvernünftige Isôt! Tristans Zunge und mein Verstand fahren ja dort miteinander hin. Isôts Leib, Isôts Leben sind den Segeln und den Winden anbefohlen und ausgeliefert. Wo kann ich mich nun finden? Wo kann ich mich nun suchen, wo? Ich bin hier und bin auch dort draußen und bin doch weder dort noch hier. [18540] Wer war je so verwirrt, je so zerrissen? Ich sehe mich dort auf dem Meer und bin hier auf dem festen Land. Ich fahre dort mit Tristan fort und bleibe hier bei Marke. In mir kämpfen wild Tod und Leben miteinander, beides wird mir zum Gift. Ich wollte gerne sterben, wenn ich könnte, [18550] aber er, der mein Leben bewahrt, lässt es nicht zu. Und ich kann auch nicht recht leben, ihm zur Freude oder mir, da ich ohne ihn leben muss. Er lässt mich hier und fährt weg und weiß doch ganz genau, dass ich ohne ihn im Herzen tot bin. Um Gottes willen, was rede ich da! Mein Leid gehört ja uns beiden, [18560] ich muss es nicht alleine tragen; es ist so gut das seine wie das meine, mir scheint, sogar noch mehr. Sein Jammer, seine Qualen sind noch größer als die meinen: Wenn mir die Trennung von ihm Kummer macht, so liegt sie ihm noch schwerer auf der Seele; wenn es mir im Herzen weh tut, dass ich ihn nicht bei mir habe, [18570] so tut es ihm erst recht weh. So wie ich um ihn klage, so klagt er um mich, doch klagt er nicht wie ich mit gutem Recht: Ich darf wohl sagen, dass es nur recht und billig ist, wenn ich um Tristan trauere und klage, denn mein Leben liegt an ihm – dagegen liegt an mir sein Tod, was hätte er also zu beklagen? Er kann froh sein, von mir wegzukommen [18580] und so seine Ehre und den Leib zu retten, denn wenn er länger bei mir bleiben müsste, wäre er verloren. Darum will ich von ihm lassen, wenn es mir auch noch so nahe geht, soll er doch nicht um meinetwillen Kummer haben. So schmerzlich ich ihn auch vermisse, ist es mir doch sehr viel lieber, dass er gesund und heil fern von mir lebt [18590] als hier in meiner Nähe, da ich doch immer um ihn fürchten müsste. Weiß Gott, wer dem Geliebten zum Schaden um sein eigenes Wohlergehen besorgt ist, dessen Liebe taugt nicht viel. Mag es mir noch so schlimm ergehen, will ich doch nicht, dass Tristan von meiner Liebe irgend Schaden hat. Wenn ihm nur wohl wird, [18600] alles andere kümmert mich nicht, und sollte ich auch immer unglücklich sein. Ich will mir gern in allen meinen Dingen Gewalt antun und mich und ihn entbehren, damit er mir und sich selbst erhalten bleibe."

Tristan hielt sich, wie ich schon erzählt habe, in Almânje auf. Da war er ein halbes Jahr oder länger gewesen, als ihn heftige Sehnsucht nach Hause überkam: [18610] Er hoffte da Neuigkeiten zu erfahren von seiner Herrin. Er entschloss sich dazu, Almânje den Rücken zu kehren, und machte sich auf die Reise dahin, woher er gekommen war: zurück in die Normandie und von da nach Parmenîe zu Rûals Söhnen – [18620] zu Rûal selbst wollte er eigentlich, um ihm sein Leid zu klagen, aber, ach, der war gestorben und seine Frau Florête auch. Seine Söhne jedoch, das kann ich euch sagen, freuten sich von ganzem Herzen über Tristans Heimkehr, mit aufrichtiger Liebe begrüßten sie ihn: [18630] Seine Hände und seine Füße, seine Augen und seinen Mund überhäuften sie mit Küssen. „Herr", sprachen sie, „Gott hat uns in Euch Vater und Mutter wiedergegeben. Getreuer, gütiger Herr, lasst Euch wieder hier nieder, nehmt wieder in Besitz, was Euch und uns gehört, [18640] und lasst uns mit Euch in Freuden leben, so wie unser Vater mit Euch lebte als Euer Gefolgsmann. So wie er wollen wir Euch immer dienen. Unsere Mutter, Eure Freundin, und unser Vater sind beide gestorben. Jetzt hat sich Gott in seiner Gnade unserer Not erinnert und Euch zu uns heimgesendet."

Der traurige Tristan [18650] hörte das mit neuer Trauer und großem Jammer. Er ließ sich zu dem Grab der beiden führen und trat traurig hin. Da bei ihnen stand er lange weinend und klagend, seinem Jammer ließ er freien Lauf. Aus vollem Herzen sprach er: „Der mächtige Gott sei mein Zeuge: Wenn es je wahr werden sollte, [18660] was ich von Kindheit an immer wieder gehört habe, nämlich, dass Treue und Ehre in der Erde begraben werden, dann liegen sie beide hier bestattet. Und wenn Treue und Ehre bei Gott wohnen, wie es heißt, so habe ich keinen Zweifel, und niemand kann es bestreiten, dass sie vor Gottes Angesicht leben: Rûal und Florête, [18670] die Gott vor den Menschen so geadelt und erhöht hat, dürfen gewiss auch dort Kronen tragen, wo die Kinder Gottes gekrönt werden." Rûals prächtige Söhne boten Tristan mit reinem, ehrlichem Willen ihre Häuser, ihre starken Arme, ihre Habe zur freien Verfügung an und wollten ihm gerne dienen, so gut sie nur konnten. [18680] Sie waren ihm jederzeit gefällig: Was er gebot, das wurde getan, wenn sie es nur irgend vermochten. Sie ritten mit ihm dahin, wo man Ritter und edle Damen sah, sie begleiteten ihn oft zu Turnieren, auf die Pirsch und auf die Hetzjagd und bei allerlei anderen Unternehmungen, mit denen er sich die Zeit vertreiben wollte.

[18690] Nun war da ein Herzogtum, das lag zwischen Britanje und England am Meer und hieß Arundêl. Da gab es einen Herzog, kühn und von vornehmer Lebensart und schon in fortgeschrittenem Alter, dem setzten, so sagen die Chroniken, seine Nachbarn schwer mit Fehden zu und hatten ihm sein Reich und seine Marken genommen [18700] und zu Lande und auf dem Meer die Oberhand gewonnen. Er hätte sich sehr gern zur Wehr gesetzt, wenn er es nur gekonnt hätte. Einen Sohn und eine Tochter hatte er von seiner Ehefrau, die hatten alle inneren und äußeren Vorzüge, die man sich nur wünschen kann. Der Sohn hatte sich nach seiner Schwertleite ganz dem ritterlichen Leben gewidmet [18710] und in den drei Jahren seither viel Ruhm und Ehre erjagt. Seine Schwester war schön und Jungfrau und hieß Isôt als blansche mains, ihr Bruder Kâedîn li frains, ihr Vater Herzog Jovelîn, ihre Mutter, die Herzogin, hieß Karsîe.

Als man nun in Parmenîe Tristan davon erzählte, [18720] dass in dem Land Arundêl Krieg herrschte, da besann er sich darauf, dort Vergessen zu suchen und seinen Kummer etwas zu zerstreuen. So machte er sich auf die Reise von Parmenîe hin nach Arundêl zu dem Château, wo er den Herrn des Landes fand, das hieß Karke; dahin begab er sich geradewegs. [18730] Der Herr und seine Leute empfingen ihn so recht wie einen tüchtigen Helfer in der Not - sie hatten schon von ihm gehört: Tristan war, so sagt uns die Geschichte, seiner Tapferkeit wegen berühmt auf allen Inseln, die am Ozean liegen. Darum waren diese Leute sehr froh, ihn bei sich zu haben. Der Herzog wollte gerne seinem Rat und seinen Anweisungen folgen. [18740] Er bat ihn, über sein Land und seine Ehre in Herrlichkeit zu verfügen. Sein Sohn, der fein gebildete Kâedîn, bemühte sich sehr aufmerksam um Tristan: Was er nur ersinnen konnte, den edlen Gast zu ehren, das bot er auf nach besten Kräften und war allezeit um sein Wohlsein besorgt. Die beiden schlossen sich eng zusammen: Immerfort und jederzeit [18750] wetteiferten sie miteinander in dem Bemühen, einander Freundlichkeiten zu erweisen. Sie gelobten einander treue Kameradschaft, und sie hielten auch wirklich daran fest bis an ihr Ende.

Der Fremdling Tristan nahm Kâedîn zu sich und ging mit ihm zum Herzog. Den befragte er und ließ sich berichten, [18760] wie es zugegangen war in dem Krieg und wie die Feinde ihn geführt hatten und von wo man dem Herzog den schwersten Schaden zugefügt hatte. Als er das alles erfahren hatte, wie die Fehde verlaufen war, und man ihm genau gesagt hatte, wo der Feind stand und auf welchen Wegen er heranzog bei seinen Angriffen, [18770] da bot sich nun ein Château an, das der Herzog in seiner Gewalt behalten hatte: Das lag an der Straße zu den Feinden hin. Dort quartierten Tristan und sein Freund Kâedîn sich ein mit einer kleinen Schar von Rittern. Ihre Streitmacht war nicht stark genug, dass sie je eine offene Feldschlacht hätten wagen dürfen, aber sie konnten doch [18780] immer wieder wie der Dieb in der Nacht in das Land der Feinde einbrechen und ihm mit Raub und Brand Schaden tun. Tristan schickte in aller Heimlichkeit Boten heim nach Parmenîe: Seinen lieben Gefolgsleuten, den Söhnen Rûals, ließ er ausrichten, er brauche dringend Ritter, er habe sie so bitter nötig wie nie zuvor [18790] und beschwöre sie bei ihrer Mannheit und Ehre, sie möchten ihm zu Hilfe kommen. Sie brachten ihm ein Kontingent von fünfhundert Mann, alle schön ritterlich gerüstet, dazu eine große Menge Proviant. Als Tristan davon hörte, dass aus seinem Land Verstärkung kam, fuhr er ihnen entgegen, [18800] lotste sie in dunkler Nacht und brachte sie so heimlich an Land, dass niemand etwas davon merkte als diejenigen, die seine Freunde waren und ihm dabei halfen. Die eine Hälfte dieser Schar ließ er in Karke zurück und gebot und befahl ihnen, ja immer schön in Deckung zu bleiben und sich nicht zum Kampf verleiten zu lassen, wer auch immer vor die Stadt gezogen käme. [18810] Erst dann, wenn man sichere Nachricht hätte, dass Kâedîn und er kämpften, sollten sie hinausreiten und ihr Heil in der Schlacht suchen. Dann nahm er die andere Hälfte und führte sie mit sich zu der Burg, die er besetzt hielt. Er zog in der Nacht dort ein und ermahnte diese Leute ebenso wie die in Karke eindringlich, sich nicht sehen zu lassen.

[18820] Am nächsten Morgen beim ersten Tageslicht hatte Tristan eine Anzahl Ritter, nicht weniger als hundert Mann, auserlesen, die Übrigen ließ er in der Stadt zurück. Er bat Kâedîn, den Seinen zu sagen, wenn der Feind ihn bis vor die Burg verfolgte, sollten sie auf ihn Acht ge-

ben [18830] und ihm von dort und von Karke zu Hilfe kommen. Dann ritt er fort über die Grenze und wütete mit Raub und Brand ganz offen im Land der Feinde, überall, wo Burgen und Städte waren. Noch am selben Tag verbreitete sich die Kunde davon im ganzen Land, dass der stolze Kâedîn [18840] in aller Offenheit einen Kriegszug unternehme. Rugier von Doleise und Nautenîs von Hante und Rigolîn von Nante, die feindlichen Heerführer, hörten das mit Schrecken: Alle Kräfte und alle Kämpfer, die man binnen einer Nacht aufbieten konnte, wurden zusammengerufen. [18850] Am nächsten Tag gegen Mittag, als sich die Streitmacht gesammelt hatte, zogen sie gegen Karke. Es waren vierhundert Ritter oder mehr, und sie rechneten fest damit, dass sie da in aller Bequemlichkeit ein Lager aufschlagen könnten, wie sie es früher schon oft getan hatten. [18860] Jetzt aber folgten ihnen Tristan und sein Freund Kâedîn auf dem Fuß, und als jene sich ganz sicher glaubten und meinten, niemand würde es wagen, sie anzugreifen, fielen diese von allen Seiten zugleich über sie her, und keiner meinte, er käme schon noch früh genug an den Feind.

Als nun die Feinde sahen, dass es zu kämpfen galt, [18870] stellten sie sich gleich zum Kampf. Sie kamen alle zusammen heran: Da stürmten so feindlich Speer gegen Speer, Ross gegen Ross, Mann gegen Mann, dass viel Unheil geschah, hier wie dort richteten sie viel Unheil an, hier Tristan und Kâedîn, dort Rugier und Rigolîn. Was einer da mit dem Schwert [18880] oder der Lanze einforderte, das bekam er prompt. Sie riefen ihre Parolen, hier: „Schevelier Hante, Doleise und Nante!", dort: „Karke und Arundêl!"

Als die in dem Château sahen, dass der Kampf festgefahren war, stürmten sie aus den Toren und fielen dem Feind in den Rücken. [18890] Sie trieben ihn hin und her mit erbitterten Angriffen. Es dauerte nicht lang, da durchbrachen sie von beiden Seiten her die feindlichen Reihen, sie stießen vor und wüteten unter ihnen wie der Eber unter den Schafen. Zu den Bannern und Wappenzeichen der Anführer ihrer Feinde drangen Tristan und sein Freund Kâedîn vor: [18900] Da wurden Rugier und Rigolîn von Nautenîs gefangen genommen, und sie verloren viele ihrer Gefolgsleute: Tristan von Parmenîe und seine Landsleute stachen die Feinde vom Pferd, erschlugen sie oder nahmen sie gefangen. Als die Feinde sahen, dass Gegenwehr ihnen nichts nützte, [18910] da drängte es jeden Einzelnen nur mehr dazu, so gut er es eben vermochte, zu entkommen oder mit Schlauheit sein Leben zu retten oder zu sichern: Flucht oder Flehen oder der Tod entschieden den Kampf.

Als nun die Schlacht mit der vollständigen Niederlage der einen Seite geendet hatte und man die Gefangenen weggebracht und in sicheren Gewahrsam genommen hatte, [18920] sammelten Tristan und Kâedîn ihre Ritterschaft, ihre ganze Streitmacht und ihr Heer und fielen nun erst so recht in das Land ein: Wo man Feinde antraf oder was dem Feind gehörte, Güter aller Art, Städte, Festungen, das war verloren samt und sonders. Ihren Gewinn und ihre Beute schickten sie nach Karke. [18930] Als sie so die Gebiete des Feinds völlig unterworfen und ihrem Zorn Genüge getan hatten und das ganze Land ihnen gehorsam sein musste, da schickte Tristan seine Landsleute wieder heim und dankte ihnen vielmals, dass sie ihm freundlich zu Ehren und Erfolg verholfen hatten. [18940] Nachdem er seine Leute verabschiedet hatte, wandte sich der umsichtige Tristan den Gefangenen zu: Sie sollten, so sein Rat, Gnade finden und von ihrem Herrn ihren Besitz zu Lehen nehmen; er sollte ihnen zusichern, dass er ihnen verzieh, und sie versprachen, dass alle Schuld und Feindschaft vergessen und aus dieser Sache dem Land [18950] von ihrer Seite her nie Schaden erwachsen werde. Und so wurden sie allesamt freigelassen, die großen Herren und ihre Vasallen.

Nun pries man Tristan dort am Hof und im Land erst recht und erwies ihm hohe Ehren, der Hof und das ganze Land rühmten seine Klugheit und seine Tapferkeit, und hier wie dort war jedermann ihm in allen Dingen gern zu Willen. [18960] Kâedîns Schwester Isôt, Isôt mit den weißen Händen, die schönste Blume des Landes, war stolz und klug und hatte sich mit ihrer Herrlichkeit solchen Ruhm erworben, dass das ganze Land ihr zu Füßen lag und nichts als nur das Allerbeste von ihr sagte. Als Tristan sie in ihrer Schönheit vor sich sah, [18970] lebte sein Leid wieder auf, der alte Schmerz in seinem Herzen setzte ihm mit neuen Kräften zu: Sie rief ihm mit Macht die andere Isôt, die Reine, die aus Irland, in Erinnerung. Da sie auch Isôt hieß, wurde ihm jedes Mal, wenn er sie sah, von der Kraft des Namens so verzweifelt weh, [18980] dass ihm der Schmerz, den er im Herzen fühlte, ins Gesicht geschrieben stand. Doch hatte er diesen Schmerz lieb und war ihm von Herzen gut, er fand ihn sanft und wohltuend. Er liebte dies Leid und sah sie gerne an. Und er sah sie gerne an, weil ihm die Trauer um die Blonde weit angenehmer war [18990] als irgendeine Freude auf der Welt. Isôt war sein Glück und sein Leid, ja, Isôt, die ihn so verwirrte, tat ihm wohl und tat ihm weh: Je mehr Isôt im Namen der Isôt ihm das Herz zerfleischte, desto lieber sah er sie an.

Oft und immer wieder sprach er zu sich selbst: „A dê benîe, dieser Name macht mich ganz verrückt! [19000] Er verwirrt mich und lässt mich an Wahrheit und Lüge meines Verstandes und meiner Augen irre werden. Er schafft mir eine wundersame Not: Ich höre immerzu Isôt, heiter klingelt ihre Stimme in meinen Ohren, und doch weiß ich wohl, wo Isôt sich aufhält, und mein Auge, das Isôt dort sieht, sieht in Wahrheit nicht Isôt. Isôt ist fern und ist doch da: [19010] Ich fürchte, ich bin zum zweiten Mal einem Isôtenzauber verfallen. Mir scheint, aus Kurnewal ist Arundêl geworden und Karke aus Tintajoêl und Isôt aus Isôt. Mir kommt es jedes Mal so vor, wenn jemand über diese Jungfrau spricht und sie bei Isôts Namen nennt, ich hätte Isôt wieder bei mir. [19020] Ich bin ganz konfus, allzu wunderlich ist es mit mir zugegangen! Isôt zu sehen, sehne ich mich jetzt schon lange Zeit. Jetzt bin ich endlich dahin gekommen, wo Isôt ist, und bin Isôt zwar nahe, doch keineswegs bei ihr. Isôt sehe ich alle Tage und sehe nichts von ihr, das ist bitter. Ich habe Isôt gefunden, [19030] aber nicht die Blonde, die mir so süße Schmerzen macht. Es ist Isôt, die mich auf solche Gedanken gebracht hat, in denen nun mein Herz befangen ist: Es ist die von Arundêl und nicht Isôt la bêle, die sieht mein Auge leider nicht. Doch muss ich allem, was mein Auge sieht, wenn es nur das Wahrzeichen ihres Namens trägt, [19040] jederzeit mit Liebe begegnen und von Herzen gut sein und muss dem lieben Namen danken, der mir so oft Glück und Wonne geschenkt hat."

Solche Reden führte Tristan oft mit sich selbst, wenn er sein süßes Leid, Isôt als blansche mains, ansah. Die verjüngte ihm sein Verlangen im Feuer, [19050] das schlug aus der glimmenden Glut, die, wenn auch mit Asche zugedeckt, Tag und Nacht in seinem Herzen nicht erloschen war. Sein Trachten galt nicht ritterlichem Ernst und Spiel, sein Herz und seine Sinne waren nur der Liebe zugewandt und ihren Freuden. Er suchte diese Freuden auf wunderliche Weise: [19060] Er bedrängte sein Verlangen, er wollte Liebe zu der Jungfrau Isôt empfinden und süße Hoffnung, seinen Sinn zur Liebe zwingen in der Erwartung, dass sie ihm etwas von der Last seiner Sehnsucht abnähme. Oft zielte er seine schmachtenden Blicke auf sie und schoss so viele auf sie ab, [19070] dass sie sehr wohl bemerkte, wie gut er ihr in seinem Herzen war. Sie selbst hatte vorher schon oft Gedanken an ihn nachgehangen und seinetwegen viel gegrübelt: Als sie gehört und erlebt hatte, wie der ganze Hof, das ganze Land ihn pries und rühmte, hatte sie ihm ihr Herz zugewandt, und als Tristan dann [19080] wieder einmal seine Blicke aufs Geratewohl zu ihr schweifen ließ, da erwiderte sie seine Blicke so innig, dass er zu sinnen begann, wie er es anstellen könnte, dass all sein Liebesschmerz gestillt würde, und bewegte es oft in seinen Gedanken. [19090] Er sah sie häufig und sooft es irgend möglich war.

Es dauerte nicht lang, da fielen Kâedîn die Blicke der beiden auf, und er brachte Tristan noch öfter zu ihr als früher, denn er hoffte, dass sie in seinem Herzen Fuß fassen könnte und er sie heiratete und dabliebe; so wäre [19100] dem Krieg im ganzen Land ein für allemal ein Ende gesetzt. Darum bat er seine Schwester Isôt eindringlich, sie möge im Gespräch mit Tristan nicht weniger zuvorkommend sein als er selbst und ja nichts tun ohne ihn und ihres Vaters Rat. Isôt gehorchte ihm, weil sie es doch selber gerne tat, und war noch aufmerksamer zu Tristan als vorher:

In ihrem Reden und ihrem Benehmen und überhaupt bot sie [19110] alles auf, was die Gedanken fesselt und Liebe im Herzen anfacht, und bemühte sich immerzu und in jeder Weise um ihn, bis er Feuer fing, so dass jetzt der Name, der ihm an diesem Ort so falsch geklungen hatte, süß in den Ohren tönte: Er hörte und sah Isôt [19120] mit mehr Entzücken, als ihm recht war. Und Isôt stand ihm nicht nach: Sie sah ihn gern und war ihm gut. Er hatte sie im Sinn und sie ihn, und so versprachen sie einander Liebe und innige Freundschaft, die pflegten sie auch mit Eifer jederzeit, wenn es mit Anstand möglich war.

Eines Tages, als Tristan so dasaß, [19130] überfielen ihn Gedanken, die kamen von seinem Erbschmerz. Er dachte in seinem Herzen an die vielen Leiden und Gefahren, die sein zweites Leben Isôt, die blonde Königin, der Schlüssel seiner Liebe, seinetwegen erduldet hatte, und wie unwandelbar treu sie in aller Not gewesen war. [19140] Da wurde ihm bitter weh, es machte ihn sterbenselend, dass er je eine andere Frau als Isôt aus Liebe in sein Herz schließen und auch nur daran denken konnte. Tief bekümmert sprach er zu sich selbst: „Ich Treuloser, was tue ich da! Ich weiß doch so gewiss wie meinen Tod: Mein Herz und mein Leben Isôt, an der ich mich in meiner Verirrung so vergangen habe, [19150] die liebt mit keinem Gedanken irgendein Ding auf Erden, und nichts könnte ihr je lieb sein als ich allein, ich aber liebe mit Herz und Sinnen ein Leben, an dem sie keinen Anteil hat. Ich weiß nicht, wie ich mich je so verirren konnte. Was habe ich da angefangen, ich treuloser Tristan! Ich liebe zwei Isolden [19160] und habe beide gern, Isôt aber, die mein zweites Leben ist, hat immer nur den einen Tristan lieb. Diese eine will keinen anderen Tristan als mich allein, und doch bemühe ich mich unverdrossen nach einer anderen Isôt. Weh dir, verrückter Mann, verirrter Tristan! Lass ab von diesem blinden Wahn, [19170] tu diesen unseligen Gedanken ab von dir.“

So kam er von seinem Willen ab: Der Liebe und seinem Verlangen nach der Jungfrau Isôt entsagte er, jedoch legte er ihr gegenüber in seinem Benehmen weiterhin soviel Freundlichkeit an den Tag, dass sie genügend Beweise für seine Liebe zu haben glaubte. Aber in Wahrheit verhielt es sich anders, alles geschah, wie es geschehen musste: [19180] Isôt hatte Isôt Tristan weggenommen, den inneren Tristan, der war wieder zu seiner angestammten Liebe zurückgekehrt: Tristans Herz und Sinn gaben sich ihrem alten Leid hin und keinem anderen. Doch übte er seine Courtoisie: Als er sah, wie die Liebe das Mädchen zu plagen begann, [19190] bemühte er sich darum, sie angenehm zu unterhalten; er erzählte ihr schöne Geschichten, sang ihr etwas vor und schrieb und las und war stets darauf bedacht, ihr die Zeit zu vertreiben. Er leistete ihr Gesellschaft und bot ihr allerlei Kurzweil mit seiner Stimme und manchmal mit den Händen. [19200] Tristan komponierte und erfand Lieder und schöne Melodien für Saiteninstrumente aller Art – viele dieser Stücke sind noch heute sehr beliebt. Damals erfand er auch den edlen Tristan-Leich, den man in allen Ländern so sehr liebt und schätzt und lieben wird bis ans Ende der Welt. Oft geschah es auch, [19210] wenn der ganze Hof beisammen war, er und Isôt und Kâedîn, der Herzog und die Herzogin, Damen und Barone, dass er Chansons komponierte und Rondeaus und höfische Liedchen, und dann sang er immer diesen Refrain: „Isôt ma drûe, Isôt m'amie, en vûs ma mort, en vûs ma vie!" Und weil er das so gern sang, [19220] dachten alle und glaubten ganz fest, er meinte ihre Isôt, und freuten sich darüber, und am allermeisten freute sich sein Freund Kâedîn; der sorgte dafür, dass Tristan da bei seiner Schwester ein und aus ging, und setzte ihn stets an ihre Seite. Sie war auch sehr glücklich, ihn bei sich zu haben, [19230] nahm sich gerne seiner an und umwarb ihn unverdrossen. Ihre lichten Augen und ihre Gedanken umspielten ihn, und immer wieder kam es auch vor, dass ihre schwache Jungfernschaft sich selbst zum Trotz alle schamhafte Zurückhaltung fahren ließ: Oft legte sie ganz offen ihre Hände in die seinen, [19240] als ob sie es Kâedîn zuliebe täte. Was immer aber der sich dabei gedacht haben mag, so ist doch gewiss, dass sie selbst Freude daran hatte.

Die Jungfrau tat alles, sich dem Mann so recht lieb zu machen mit Lächeln und Lachen und Schwatzen und Plaudern und Schöntun und Schmeicheln, bis sie sein Feuer wieder entfacht hatte, [19250] so dass er in seinem Herzen und in seinem Sinn wieder wankend wurde: Er war entzweit in seiner Liebe zu Isôt, ob er wollte oder nicht. Und es machte ihm wahrhaftig schwer zu schaffen, dass sie so lieb zu ihm war. Oft dachte er bei sich: „Will ich oder will ich nicht? Ich glaube nein, ich glaube ja." [19260] Da war dann aber die Festigkeit des Herzens wieder da, die sprach: „Nein, Herr Tristan, verlier nicht deine Treue zu Isôt aus den Augen, behalte immer die treue Isôt im Sinn, die nie einen Fußbreit von deiner Seite wich." Dann waren sogleich wieder jene Gedanken verjagt, und er geriet aus Liebe zu Isôt, [19270] seines Herzens Königin, wieder in solchen Jammer, dass er in seinem Verhalten und Benehmen ganz umgewandelt war und, wo er auch ging und stand, nicht anders konnte als zu trauern. Und wenn er dann wieder zu Isôt kam und mit ihr zu reden anfing, vergaß er sich selbst in seinem Jammer und saß seufzend bei ihr. Sein heimlicher Schmerz [19280] wurde so offenbar: Der ganze Hof war davon überzeugt, seine Traurigkeit und sein Leid kämen von Isôt. Damit hatten sie ganz recht: Tristans Trauer und seine Not hatten keinen anderen Grund als Isôt. Isôt war das Übel, an dem er litt, aber keineswegs diejenige, die sie im Auge hatten, [19290] die mit den weißen Händen, es war Isôt la bêle, nicht die von Arundêl, wie sie alle glaubten. Und auch Isôt selbst glaubte es und verrannte sich ganz und gar: Selbst Tristan schmachtete zu keiner Zeit nach dieser oder jener seiner Isolden so sehr wie sie nach ihm.

[19300] So brachten die zwei ihre Zeit mit Leiden hin, die sie doch nicht gemeinsam hatten. Sie härmten sich beide, und jedes hatte seinen Jammer, doch passte der eine nicht zum anderen. Ihre Liebe und ihr Sehnen trafen nicht zusammen, die beiden, Tristan und die Jungfrau Isôt, gingen nicht gemeinsam im Geleise gegenseitiger Liebe. [19310] Tristan wollte unbedingt eine andere Isôt, und Isôt, die mit den weißen Händen, wollte keinen anderen Tristan. Sie liebte ihn, zu ihm strebten ihre Gedanken, bei ihm war sie mit ihrem Herzen und mit ihren Sinnen, seine Trauer tat ihr weh: Wenn es geschah, dass er in ihrer Gegenwart bleich wurde im Gesicht [19320] und dann immer wieder so aus tiefster Seele seufzte, dann sah sie ihn innig an und stimmte in sein Seufzen ein. So nahm sie in enger Verbundenheit Anteil an seinem Kummer, der sie doch herzlich wenig anging. Sein Leid quälte sie so sehr, dass es ihm an ihr mehr als an ihm selber weh tat. [19330] Die unerschütterliche Zärtlichkeit und Güte, die sie ihm entgegenbrachte, machte ihn traurig, es erbarmte ihn, dass sie sich mit allen ihren Sinnen der aussichtslosen Liebe zu ihm ergeben und in so trügerischer Hoffnung ihr Herz an ihn gehängt hatte. Indes bemühte er sich immer um Courtoisie und war jederzeit bestrebt, [19340] ihr mit seiner ganzen Art und im Gespräch alle zarte Freundlichkeit zu erweisen, deren er fähig war, um sie aus ihrem Kummer zu reißen. Aber sie war schon zu tief darin versunken und steckte fest: Je mehr er sich plagte und abmühte, desto mehr und immer [19350] mehr entfachte er die Glut der Jungfrau Isôt, bis die Liebe vollends in ihr triumphierte und sie ihm mit Gebärden, Worten, Blicken solch innig süße Zärtlichkeit antrug, dass er von neuem, zum dritten Mal, in schwere Bedrängnis geriet: Wieder brachen schlimme Gedanken über das Schiff seines Herzens [19360] herein und warfen es hin und her, und das war auch kein Wunder, weiß Gott, denn die Lust, die einem Mann zum Greifen nah vor Augen liegt und ihn immerfort anlacht, blendet ihm die Augen und den Verstand und zerrt ohne Unterlass an seinem Herzen.

Hieraus können alle Liebenden lernen, dass es sehr viel leichter ist, [19370] Fernweh nach ferner Liebe auszuhalten, als der Liebe nah zu sein und nahe Liebe dennoch zu entbehren. Ja, nach meinem besten Wissen kann ich sagen: Süße Liebe kann ein Mann besser in der Ferne entbehren und aus der Ferne begehren als nahe begehren und nahe entbehren, und er wird leichter von der fernen Liebe loskommen als der nahen entsagen. In diesen Schlingen verfing sich Tristan: [19380] Er sehnte sich nach ferner Liebe, er litt um sie, die er weder hörte noch sah, große

Pein und entsagte der nahen Liebe, die er immerzu vor Augen hatte. Er
sehnte sich in jedem Augenblick nach der leuchtend schönen blonden
Isôt von Irland und floh die mit den weißen Händen, die stolze Jungfrau
von Karke. [19390] Nach jener verzehrte er sich, diese hier mied er. So
wurde er an beiden irre: Er wollte Isôt und Isôt und wollte sie nicht, er
mied diese und suchte jene. Die Jungfrau Isôt hatte ihre Sehnsucht, ihre
Treue, ihre Aufrichtigkeit ungeteilt dem zugewendet, der sie mied,
[19400] sie jagte den, der vor ihr flüchtete. Das war seine Schuld, sie war
betrogen worden. Tristan hatte sie so gründlich belogen – und zwar
doppelt: mit den Augen und der Zunge –, dass sie glaubte, sie könnte
seiner und seines Herzens ganz gewiss sein. Und so recht vollständig
machte Tristan seinen Betrug an ihr – [19410] das vor allem anderen
Trug war es, was ihr Herz in den Bann der Liebe zu Tristan schlug –, indem er immer sang: „Isôt ma drûe, Isôt m'amie, en vûs ma mort, en vûs
ma vie!" Das lockte ihr Herz unwiderstehlich zu ihm hin, das flößte ihr
Liebe ein.

Diese Verse nahm sie sich ganz zu Herzen und setzte dem Fliehenden
innig süß immer weiter nach, [19420] bis sie ihn im vierten Anlauf der
Liebe auf der Flucht einholte und ihn wieder an sich zog, so dass er sich
ihr wieder zuwandte und nun von neuem bei Nacht und Tag sinnen und
grübeln und mit Ängsten über sein Leben und sich nachdenken musste.
„Ach, mein Gott", dachte er, „diese süßen Gefühle machen mich ganz
wirr. [19430] Wenn diese Liebe, an der ich leide und kranke, die mir das
Leben rauben will und den Verstand, jemals auf Erden gelindert werden
sollte, so nur mit neuem, anderem Liebesglück. Ich habe doch oft schon
gelesen und weiß wohl, dass eine Liebschaft die Kraft der anderen bricht.
Der Strom des Rheins und seine Wasser sind an keiner Stelle so mächtig,
[19440] dass man nicht einzelne Flüsse davon ableiten könnte, so viele,
dass er schließlich ganz zerflösse und seine Gewalt verlöre: So würde aus
dem großen Rhein ein kleines Rinnsal. Kein Feuer ist so gewaltig, dass
man es nicht auseinander treiben und zerteilen könnte [19450] in lauter
einzelne Brände, bis es nur mehr schwach lodert. So ergeht es dem, der
liebt, der spielt ein gleiches Spiel: Er kann seine Herzenslust so oft und
immer wieder in einzelne Flüsse ableiten, sein Verlangen dahin und dorthin verzweigen und verzetteln, bis es so dünn dahinrinnt, [19460] dass
es keinen großen Schaden mehr anrichtet. So kann es mir auch geraten,
wenn ich meine Liebe und mein Sehnen zerleite und auf mehrere ver-
teile: Wenn ich meinen Sinn an mehr als eine Liebe wende, werde ich
vielleicht die Trauer los, die ich in meinem Namen trage. Ich will es
[19470] auf gut Glück versuchen, jetzt ist die rechte Zeit gekommen,
denn alle meine Treue und Liebe zu meiner Herrin nützt mir nichts: Ich
reibe mich auf und verzehre mein Leben in ihrem Dienst, und sie kann

mir nichts geben, was meinem Leib und Leben aufhilft – ich leide diesen Kummer und diese Not umsonst. [19480] Ach, süße *amie,* liebe Isôt, wir sind einander allzu fern. Es ist nicht mehr wie früher, als es für uns beide immer nur *ein* Wohl und *ein* Wehe, *ein* Glück und *ein* Leid gab, das wir gemeinsam erfuhren. Jetzt ist es leider anders, jetzt bin ich traurig, und Ihr seid froh: Meine Sinne sehnen sich [19490] nach Eurer Liebe, Eure Sinne, glaube ich, sehnen sich nach mir nicht allzu heftig. Das Vergnügen, das ich mir um Euretwillen versage, ach, das genießt Ihr, sooft es Euch gefällt, Ihr habt es immer bei der Hand in Eurer Kammer: Marke, Euer Herr, und Ihr, Ihr lebt daheim und könnt jederzeit beieinander sein – ich bin in der Fremde und allein. [19500] Ich glaube nicht, dass Ihr mich jemals für meine Leiden entschädigen werdet, und komme doch mit meinem Herzen nicht los von Euch. Warum habt Ihr mich mir genommen, da Ihr Euch doch so wenig nach mir sehnt und recht gut ohne mich auskommt? Ach, süße Königin Isôt, ich bringe mein Leben mit so viel schwerem Kummer um Euch hin [19510] und bin es Euch nicht einmal wert, dass Ihr in all der Zeit je Boten nach mir ausgeschickt hättet, um zu erfahren, wie es mir geht. Boten? Ach, was rede ich da! Wohin hätte sie die senden, wie hätte sie in Erfahrung bringen sollen, wie es mir geht? Ich bin nun doch schon lange umhergetrieben wie von ungewissen Winden, wie hätte mich irgendjemand ausfindig machen können? Ich wüsste nicht zu sagen, wie das möglich wäre: [19520] Wenn einer da sucht, bin ich hier, wenn er hier sucht, bin ich da – wie oder wo soll man mich finden können? Wo man mich finden kann? Na, da, wo ich bin – die Länder laufen ja nicht weg, und ich bin in den Ländern: Da kann man Tristan finden. Ja, wenn es jemand nur erst einmal anpackte, der würde suchen, bis er mich gefunden hätte. Wer einen, der auf Reisen ist, suchen will, [19530] der hat kein gewisses Ziel vor Augen: Er muss es darauf ankommen lassen, ob seine Mühe schlecht oder gut angewendet ist, wenn er je zum Erfolg kommen will. Weiß Gott, meine Dame, in deren Hand mein Leben liegt, hätte längst in aller Heimlichkeit Erkundigungen einziehen müssen in ganz Kurnewal und England, in Frankreich und der Normandie, [19540] in meiner Heimat Parmenîe, und überall, wo man ihren Geliebten Tristan gesehen haben wollte, hätte sie nachforschen können, wenn ihr etwas an mir läge. Aber ich bin ihr nicht die Mühe wert, ihr, die ich mehr liebe und die mir teurer ist als Leib und Seele. Um ihretwillen gehe ich anderen Frauen aus dem Weg und muss auch sie selbst entbehren: [19550] Ich kann von ihr nichts erlangen, was mir auf dieser Welt Glück und Freude schenken könnte."

www.ingramcontent.com/pod-product-compliance
Lightning Source LLC
Chambersburg PA
CBHW070410100426
42812CB00005B/1698